U0942978

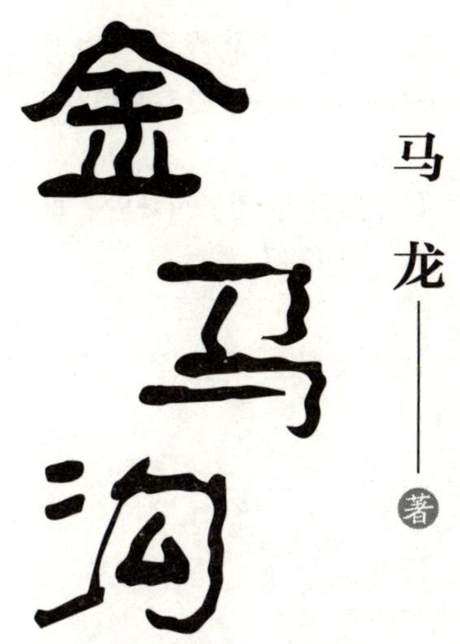

马龙 著

UNITY PRESS
團結出版社

图书在版编目（CIP）数据

金马沟 / 马龙著. -- 北京 : 团结出版社，2022. 12
ISBN 978-7-5126-9858-1

Ⅰ. ①金… Ⅱ. ①马… Ⅲ. ①长篇历史小说-中国-当代 Ⅳ. ①I247. 5

中国版本图书馆 CIP 数据核字（2022）第 216752 号

出　　版：团结出版社
（北京市东城区东皇城根南街 84 号　邮编：100006）
电　　话：（010）65228880　65244790
网　　址：www. tjpress. com
E - mail：65244790@ 163. com
出版策划：书香力扬
经　　销：全国新华书店
印　　刷：成都兴怡包装装潢有限公司

开　　本：145mm×210mm　1/32
印　　张：14
字　　数：305 千字
版　　次：2022 年 12 月第 1 版
印　　次：2022 年 12 月第 1 次印刷

书　　号：ISBN 978-7-5126-9858-1
定　　价：78. 00 元

目　录

楔　子

清明，毛毛细雨，淅淅沥沥。

马富田带着儿子马跃进回老家祭祖。马家人世居金马沟和龙王庙。金山上是马家祖坟地。一片坟头相依死寂，坟地石牌坊正面赫然刻着“大明昭信校尉马氏之茔”。坟地还有石狮子、石牛、石马、石鸡……着实气派。马正德一把山羊胡子，白羊肚子手巾裹头。他领着马家人默默无语祭祖上香磕头。

马正德起身念叨：“先祖安宁，福佑后人。”

马富田扶起他说：“大，时辰不早了，回可。”

这年头生产队集体劳作家家都穷。马家人祭祖简单回到马家大院吃坟会。一人一碗酸菜饸烙面。马家人血脉连着一条根。往日的磕磕绊绊，今天都化作怀念和亲情。他们吃的火热开心感叹祖先功名荣耀，寄望后辈登科富贵。马正德盘腿坐在大窑堂炕上掐指默算。后生马胜兵一身破旧黄军装，提着一瓶烧酒倒满一杯给马正德敬上。

马正德接过酒杯抿一口道：“快咧，快咧。”

马胜兵说：“老爷爷，我想当兵。”

马正德点点头说：“能成，咱们祖上就是军爷。”

第二天，雨还下个不停。龙王庙生产队的后生马向前急匆匆跑来。他跪在马正德面前痛哭流涕。老爷爷，祖坟让人掘咧！祖坟让人掘咧！马正德坐起眼睛冒着怒火吼叫。灭人咧，灭人咧。马胜兵进来得知这事怒气冲冲跑出去喊人。一会儿，院子挤满人。马胜兵提着一根木棒大声吆喝去上老坟看看。坟地一片狼藉。石狮子、石牛、石马、石鸡……墓碑砸个稀烂，唯有石牌坊孤矗立在那里。马家人围着石牌坊哭成一片。掘祖坟，灭人咧……枪打鬼，挨刀子的……他们简单修完坟地。马胜兵楞生二气喊叫领着大家去公社。马家人围在大堡子公社办公大院前，大吵大闹。民兵队长刘大山带着民兵荷枪实弹冲出来。马家人抄起棍棒强烈对峙。

刘大山大声呵斥："马家人想造反啊！你们偷偷摸摸集会搞迷信活动，我带民兵破四旧，砸烂牛鬼蛇神。"

马胜兵怒吼道："打他捶他。"

他话音刚落，人群里飞出一块土疙瘩打在刘大山头上。刘大山气急败坏举枪朝天放一枪。人群混乱，嘈嘈杂杂。马家人是贫下中农。你个挨枪子的。掘人祖坟要遭报应的。公社革委会主任听到枪声急忙出来。他头戴灰帽一身灰衣出来咋咋呼呼。马富田赶过来径直走到他面前。

主任大声喊道："你们想造反不成，回可，再胡闹扣去工分还要抓人。"

马富田没好气地说："大主任要抓我啊。"

主任定睛一看满脸堆笑说；"舅，回来了也不言语一声。走，办公室拉拉话。"

马富田转过身劝阻马家人先回去。人群情绪不满骂骂咧咧渐渐散去。马富田回来后，马家大院已围满人。他们愤怒冲动要求赔偿谢罪。马富田向他们一一解答说服。不能胡闹硬来，打成反革命要判刑坐大牢的。这笔账一定要记下。这时，一个后生过来大声喊叫。马胜兵过去了，马胜兵过去了。马正德知道这是鬼上身，祖先回来了。他不慌不忙把人挡在门外，进到马胜兵的窑里。他看看马胜兵，掐人中喂水。马胜兵身体僵硬一下坐起。他叽叽咕咕似祖先在说话。谁动我的房子？谁动我的房子？风水破咧，风水破咧。马正德一人陪着他三天三夜。马胜兵醒来要喝酒。他完全清醒过来气哼哼撂下话。刘大山走着瞧。这事不能完。

这毁坏祖坟是马家天大的事。马家人记下这笔账，全部按下手印。马富田吩咐马胜兵带人画出祖坟图，记录下每块墓碑碑刻。他又叮嘱各门户坟头守墓以防不测。大家怒气渐渐平静下来。马正德牵着马跃进的手，引马家人看马家老窑洞。一排窑洞破败似原始山洞。马家人悲痛齐跪祭奠。马正德十分伤感抚摸着窑洞神神叨叨。清朝乾隆年间，金马沟遭受一场暴雨毁了。马家人一支移居金马沟口，一支搬迁到龙王庙，还有两支走了南方……。

马胜兵咽不下这口恶气。他偷偷拿出祖上传下的三眼火铳枪报复。刘大山挨下一枪左腿落下残疾。朔水县公安局一直没有查出凶手。天知地知，人不知。马胜兵如愿当兵见过一些世面。他积恨深仇，退伍后把毁祖坟的事翻弄出来状告刘大山。他脾气倔强脑子打铁一般走到黑。他上告县、地区和省里。一次不成，两次、三次……一告十年没有结果。他跑到祖坟地放声大哭决意要去北京上访。公社和生产队改革变成乡和村。这个案子终于判决下来。刘大山被判出三年徒刑。乡政府分给金马沟村和龙王庙村各一台手扶拖拉机和一些农具。马家人总算吐出这口恶气。马正德临终前留下遗言。你们一定要重修祖坟。一个甲子年，马家要出一个三品大员。马家人含泪深深铭记在心里。

第一章 庙 会

黄土高原，粗犷苍凉。

大明万历年间，一个静悄悄的黎明，红格蛋蛋的太阳爬上山梁。马家园子的公鸡扯起嗓子打鸣了。

马家园子是一大户人家。山坡田地，麦子、谷子和稻黍……一块一块绿格生生。沟洼流水，柳树和枣树绿格荫荫。窑洞沿北山坡上下两排，干打垒夯土围成园子。园子里有大窑堂、卧房、家塾、祠堂、粮仓、织布和酿酒作坊。马家人日出日落年复一年面朝黄土忙活光景。他们朝耕暮耘勤俭持家，传到这一代，人丁兴旺子孙满堂。马家四个兄弟能文善武，操持家中事务。马家人上和下睦，光景过得富足有余。沟沟岔岔方圆几十里的人十分羡慕。

马家长兄马兴业一把山羊胡子容光焕发。他钢板硬正掌管着马家园子家事。马兴盛老实厚道掌管酿酒作坊。他把营生打理的井井有条红红火火。他的大小子马子忠身材修长相貌堂堂，一头长发披肩，鼻子高挺黑眉俊眼英气有神。他生性顽皮喜欢舞枪弄棒，胡闹捣鬼。家塾先生难以管教，经常把他关进祠堂背念家规家训。他没有消停几天又把园子闹得鸡飞狗跳。马兴发的二小子是马子忠的五哥。两人打打闹闹不服气又经常凑在一起。马家人上上下下多次向马兴业状告马子忠。马子忠是马兴盛心里一块疙瘩。马兴业看在眼里一直窝着火。马兴盛管教不成低下头赔礼恳求马家长兄出面。马兴业头戴黑色六合帽身着桃红色丝缎大袍端坐大窑堂。

马兴业脸色难看话不多硬生生撂下话："龟子怂，到处挖抓。挨打的货。掏炕灰，拦羊可。"

马兴盛低声低气说："能行。"

拦羊就拦羊怕什么。马子忠脾气倔强脖子一拧去拦羊。他长发披肩穿着一身灰色圆领布袍外套羊皮坎肩，每天扛着木棍跟着羊老汉去放羊。羊老汉早起把羊赶着钻沟上山。马子忠懒洋洋地跟在后面。羊悠闲地在山坡上吃草。马子忠就躺着嘴里衔着一根草胡乱哼着小曲。太阳西下，黄沙雾气。他灰头土脸吆喝着羊用木棍扬土，甩土疙瘩把羊拦回圈里。马兴盛婆姨心疼儿子生闷气。她不停地在马兴盛耳旁絮叨。娃憨着咧。拦羊不能行，学个手艺才能过上好光景……马兴盛也想把酿酒手艺传给马子忠。他思前想后难以为颜又去求马兴业。

马兴业慢慢腾腾说："这个挨打的货，只要不胡圪搅少惹事，能成。尔格还是拦羊可，往后再说。"

马兴盛抬眼看看马兴业："能行。"说完不声不响走了。

这可不是长久的事。马兴盛婆姨肚子里搁不住话。她一脸愁容在灶台前做饭。马子忠添柴烧火拉风箱。她流露出传授酿酒手艺的事。马子忠还是斗气怪声怪调。拦羊好，躺在山坡坡上看天天，唱小曲……马兴盛心里惭愧又要看兄长脸子，很是破烦。马婆姨心里也一直犯愁经常去祠堂上香祈求保佑儿子。她做个梦，马子忠笑嘻嘻领回来个媳子。她躺在炕上有意让马兴盛解这个梦。马兴盛听着就是不吱声。

马婆姨直接说："我看呀，不如给娃寻个媳子……"

马兴盛一听这话气不打一处来，转过身子粗声粗气说："我看呀，当兵去。让军爷好好拾掇他。"

马婆姨狠狠拧他一把说："死老汉，咋这样狠心啊！让娃当兵受苦哩。"

马兴盛迷迷糊糊说："让军爷好好拾掇他。"说完打起呼噜睡着了。

马婆姨心里一直难受哭哭啼啼去求大嫂子。马子忠没事似的，依然天天上山放羊。一天夜里，五哥悄悄来找他喝酒。两人翻进酒坊偷偷拿出一壶黄酒，钻进一孔黑格洞洞的破窑里。五哥蹲下从袖口里摸出一包风干羊肉。马子忠抓起一块羊肉塞进嘴里。

五哥拿起酒壶喝一口酒说："忠，哥哥想你咧。"

马子忠拿过酒壶喝一口说："尔格，我是拦羊娃。"

五哥："大妈说咧，不要胡圪搅，冬上就让你回来。"

马子忠："哼，五哥才是个搅茅棍。"

五哥喝一口酒说："不要胡言，哥哥有好事呢。明个仲秋，三皇庙有庙会，串可？我已打发羊老汉咧。"

马子忠嬉笑道："串可，五哥是瞅女子吧。"

五哥坏笑道："你这碎脑娃娃懂个锤子。"

马家园子根深叶茂，家大业大，建有三皇庙。三皇庙大殿伏羲、炎帝，黄帝庄严神圣。周边人家络绎不绝，焚香礼拜。每逢祭祀仪式后，庙会拉开场面。买卖生意红火，人头攒动。地摊摆货，唱戏，杂耍……人声鼎沸。马子忠没什么好心情，长发披肩头扎黑丝带，一身白色圆领布袍。五哥头戴黑色巾帽，一身青色圆领布袍显得几分儒雅。两人赶庙会就是来溜达看热闹。他们看戏看杂耍看买卖生意，晃来晃去。

晌午，仲秋的太阳暖格洋洋。饭摊地面飘着一股羊肉的香气。马子忠这才感到肚子咕咕直叫。他拉着五哥来到一家饭摊边要两碗杂碎面。两人坐下呼噜呼噜吃着香。五哥抬眼不经意看到对面站着一个碎花布衣裙的女子卖豆腐。女子长得白格生生，稚气的双螺髻发型，一对毛眼眼忽闪忽闪好生可爱。马子忠发现五哥直愣愣地眼睛张望，扭头一看。那女子露出洁白的牙齿冲他一笑。马子忠心头一颤酸眉处眼装着没在意。

五哥：“碎脑娃娃，看甚？”

马子忠低声说：“这是哪家俊女子？”

五哥：“咋咧，就你眼热，看看招牌旗旗上写得甚。”

马子忠抬头一看，布旗子上“杜家豆腐”故意提高嗓门说：“昂，肯定是杜家峁的女子。”

五哥按捺不住内心冲动说：“这女子可俊美。”

两人吃完饭转来转去眼睛离不开那个女子。赶庙会的人渐渐散去。马子忠远远地瞅一眼那个女子心有不舍。他壮着胆子走过去买豆腐。那个女子有点羞涩低着头秤好豆腐递给他。马子忠热辣辣地眼睛看看那个女子，一颗少年的心萌然跳动。五哥一眼看见那个女子心里一直扑腾扑腾地跳。两人心中有事，回家的路上也不说话。夜黑，五哥提着一壶酒，怀里揣上一包酥鸡又找马子忠喝酒。两人钻进那孔黑格洞洞的破窑里。他俩一边吃一边喝，心知肚明都不想开口说话。马子忠嘴里嚼着鸡肉不吱声。五哥喝一口酒长叹一声。

五哥还是先引出话题：“庙会上那家杂碎面可好吃。”

马子忠“呵呵”一笑说：“五哥，心里有事啊。”

五哥憋不住说：“那个女子可俊咧。”

马子忠拿过酒壶喝一口说："五哥想媳子咧。"

五哥又说一遍"那个女子可俊咧。"

马子忠话里有话："那个俊女子冲我笑呢。"

五哥猛然窜出一股子火："悄悄，碎脑娃娃贼眉溜眼，拦羊可。"

这些日子，马子忠整天懒洋洋地躺在山坡上。他心里开始不停地翻腾想着那个女子。他望着蓝天白云发呆胡乱唱几句小曲。"蓝茵茵的天吆，拦羊羊的娃。我的妹妹在哪哒，想你的夜看不见。蓝茵茵的天吆，拦羊羊的娃。我的妹妹在哪哒，想你的夜心烦乱。蓝茵茵的天吆，拦羊羊的娃。我的妹妹在哪哒，想你的夜看天天。"马子忠心里装着那个女子感到光景实在难捱。他对着一只公羊不停地说话。你的母羊在哪哒呢？你知道嘛，哥哥心上有个妹妹。我想抱着妹妹唱小曲。公羊"咩咩"地叫似乎看他笑话。马子忠拾起一块土疙瘩向公羊扔去。唉，心里痒痒自己抓咧。羊老汉看出马子忠有心事有意逗他。女人忧愁哭鼻子，男人忧愁唱曲子。碎脑娃娃想女子，长毛毛咧。想媳子咧。马子忠有点害羞不吱声。羊老汉笑笑戏谑打趣。山那边，妹妹在哪哒。哥哥翻过一道道山，腿腿跑成个罗圈圈腿……

男娃有了女子心里着实抓的慌。马子忠忍不住偷偷跑去杜家峁。他来回溜达四处张望。他认出那个女子在家门口买豆腐。他很冲动壮着胆子过去打量那个女子。一个买豆腐的人叫她"兰"。马子忠听得真切猜想一定叫"杜兰"。他等候买豆腐人离去上前要买豆腐。那个女子看他一眼好像认出他。

马子忠放下两枚铜钱提上豆腐盯着那个女子问道："你叫杜兰？"

杜兰抿嘴一笑面红耳赤低下头不言语。

马子忠有点紧张说："我叫马子忠，马家园子的。我还来买豆腐。"说完转身快步离开。

马子忠回到家里直挺挺地躺在炕上，心里像潮水一般起伏。他眼前和梦里都是杜兰的身影。他想很多，梦想着往后的事。他认定杜兰就是他的媳子。他又有点担忧害怕。杜兰那么俊也许有相好的，也许明日就要出嫁。这事把马子忠搅得心神不定。他不想对人说也怕传到父亲那里。他身不由己三天两头跑到杜家峁，远远地偷看杜兰。他一人躺在山坡上哼小曲。实在难受就对着杜家峁大声喊叫。杜兰，你是我的媳子……

看在眼里的俊美女子心就痒痒。五哥回来后日夜想念那个女子，没有心思念书。他打听到"杜兰"的名字，跑到杜家峁溜达转悠远远地偷看杜兰。他兴冲冲地把这事告诉马子忠。马子忠明白五哥的意思，只是淡淡一笑。五哥藏不住心里的事一股脑抖漏出来。

马子忠有意糊弄他说："那个女子已经有相好的咧。"

五哥一脸不高兴说："你咋知道，胡言传，谁家的？"

马子忠笑而不语。

五哥："咋咧，就你眼热，坏我的好事，试达一下。"

马子忠不服气地说："哼，圪梁梁上站个女子就是你的。"

其实，五哥看出马子忠的心思，一肚子火气。这个二货，说不准哪天惹出什么祸来。他打定主意不在对马子忠言传这事，一个人偷偷去看杜兰。天凑巧，麦芒掉进针眼里。他们在杜家峁碰到一起。他们没有看见杜兰显得尴尬。两人也不搭理往回赶路。五哥彻底看清马子忠气得咬牙得"咯咯"响。马子忠面无表情暗暗较着劲。杜兰站在圪梁梁上就是你的，人家女子没有对你笑。两人黑着脸在蜿蜒的山路上走走停停。

五哥喘着粗气一尻子坐下，气哼哼地说："你来干甚?"

马子忠没好气地说："杜兰又不是你媳子。"

五哥怒火中烧冲着马子忠大声吼叫："她是我的女人，看我捶死你。"

马子忠毫不示弱道："你个讨吃鬼。"

两个男娃为一女子斗气。五哥气不打一处来上来就是一拳。两人扭打在一起，你一拳他一脚翻来滚去从崖畔上摔下去。两人滚到沟里满身泥土。马子忠忍着疼痛站起来拍拍身上的土。五哥躺在地上疼得哼哼唧唧。马子忠害怕不安伸手去拉五哥。五哥一手捂着左腿动弹不得。马子忠慢慢把他搀扶起来。五哥左腿拖拉着迈不动步。马子忠一下气消背起五哥赶忙往回走。他们一回到园子，几个父辈赶过来看五哥。五哥躺在炕上不停地呻吟。马兴发打发仆人寻来大夫。

大夫来摸摸五哥的左腿说："腿折咧。骨头对好，半年就会好的。看他的造化，不要留下残疾。"

马兴盛："这钱我出。"

五哥怒气未消血红的眼睛瞪着马子忠。马兴盛拉过他低声问话。马子忠低下头不吭声。马兴盛把他拉回家追问。马子忠闯下大祸不敢直说"五哥先动手。"马兴盛火冒三丈逼问他，马子忠害怕就是不开口。马兴盛抓起一根木棒大骂"羞你先人。"举起木棒就打。马婆姨哭哭啼啼一把拦下。家家都有一本难念的经。马兴盛没办法提着东西拉上马子忠来到大窑堂赔罪道歉。马兴业端坐在椅子上正在与马兴发说这事。马兴盛没好气按住马子忠的肩头让他跪下。马子忠不情愿跪下显得很委屈。

马兴发平静气和问："小子，你好好说，你俩为甚事？"

马子忠低下头一声不吭。

马兴业和马兴发来回盘问。马子忠有口难言闭嘴不说。马兴发压住火气回家问五哥。五哥拖拉着腿躺在炕上闭嘴不言语。马兴业心想，这两个小子一定惹下大祸。

马兴业心沉住气说："一个槽子拴不住两头叫驴。这两个小子圪凑在一起就有麻达。是这，家有家规，打二十鞋底子，绑起来先饿三天。"

马兴盛惭愧低头不语。

门外进来两个仆人把马子忠捆绑挟出去。马兴发心烦又追问五哥。五哥还是闭嘴不说。马兴发大骂五哥。脑子被驴踢下咧。没出息，看你往后怎么寻下个媳子。五哥腿上疼痛委屈地流下眼泪。马兴盛窝火憋气躺在炕上翻来覆去睡不着。他起身喊叫婆姨拿酒来。马婆姨发愁也睡不着。她点着油灯拿来一壶酒和一盘酸萝卜。马兴盛端起杯子喝闷酒。

马婆姨端起杯子喝口酒，不耐烦地说："你就知道喝，这事咋办？"

马兴盛反问道："这两个小子不言语，不知为甚？"

马婆姨："这还不是像你，驴脾气。"

马兴盛："这两个小子一定有啥事。"

马婆姨："事情已经这样哩，你说咋办？"

马兴盛："腿折咧，三哥三嫂不会放过我们。"

马婆姨衣襟抹泪心疼儿子不语。

马兴盛："哭有甚用。这事还得大哥出面做主。"

马婆姨喝口酒说："明个去找大嫂子。"

这事出了唉声叹气没用，眼前也只能这样。两个仆人把马子忠带到一孔破窑里，门外看着。马子忠的弟弟马子孝偷偷送饭。两个仆人知道马子忠是个二货，不敢拦着。马子忠知道五哥不敢说出实情也就宽慰自己。他还是念想杜兰，她笑格盈盈真好看。他又没有好办法。说媒提亲吧，五哥肯定会胡闹。这可怎么办？我为这事把五哥腿弄断。自家兄弟丢人现眼。他们一定不会放过。马子孝听说还要使用严厉家法担忧哥哥受不住。他趁夜用烧酒灌醉两个仆人，送来一只鼓鼓囊囊的褡裢劝他快去舅舅家躲几天吧。他顶罪受着。马子忠不情愿走嘴里嘟嘟囔囔。马子孝推他一把打发他赶紧走。

马子忠摸着黑走走停停躺在山坡上不走了。他望着满天星星不想离开。他后悔自己莽撞心疼五哥又恨他。他顽皮倔强第一次感到孤单恐慌。窑窑里受罪，挨打挨饿受罚心安。他们怎么想的，五哥一定恨我。他们会撵我走吗？他胡思乱想，坐起身远远望着黑格洞洞的马家园子。他想回去向他们赔罪道歉。他又害怕不知道后果如何。他想起杜兰也不知如何向父母说出这事。他吐口气自我安慰走一步看一步，还是去舅舅家躲几天。

第二章　离家出走

天麻麻亮，两只蚂蚁爬到马子忠脸上。他起身坐起打落蚂蚁。他揉揉眼睛看看蓝格莹莹的天，背上褡裢跑了。马兴业得知十分恼怒在大窑堂召集家人。他训斥马兴盛要对他行施行家法。马子孝进来跪地道出实情。马子忠跑到舅舅家躲起来。马兴业勃然变色吹胡子瞪眼。他喊来仆人把马子孝拉出去打二十鞋底子。马兴发请求把马子忠找回来。一人做事一人当，必须重罚。马兴盛惭愧没有管教好孩子要自罚。他向家人保证，一定找回马子忠。

马兴盛亲自去大舅子家找马子忠。大舅子家人只是摇头，根本没有看见马子忠。马兴盛不相信，向附近的家家户户打听，还是没有马子忠的消息。他有点心慌担忧马子忠会出事，也不好向家人交代。他找三天三夜仍不见马子忠的踪影。他有气又怕回来不知如何向马兴业禀告。不论怎么样，这毕竟是马家的事。马兴业心里不是滋味吩咐仆人在周围的沟沟岔岔里找。马子忠活要见人，死要见尸。马兴盛婆姨哭哭啼啼求马兴业。马兴业知道马子忠秉性脾气马下脸子。害人鬼，死不了。

一个男娃私自离家还是有点胆怯。马子忠背上褡裢走走停停来到舅舅家门前。他犹豫不决心想这一走，父亲更不会绕过他。他越想越害怕，舅舅家也不是久留之地。他想起杜兰，神使鬼差来到杜家峁。他怕见到人躲在山坡上啃吃黄馍馍。他不停地张望杜兰的家门等待她的身影。杜兰终于出门卖豆腐。马子忠远远地看着杜兰，心中顿时升起一团跳动的火焰。唉，天不作美，怎么会弄成这个样子。他心急火燎想去见杜兰又怕碰到家人。他们一定提着棒子四处找人。他挨到第三天后晌，看见杜兰出门。他实在难受忍不住前去看她。杜兰认出他嫣然一笑。马子忠愣在那里，话到嘴边不知要说什么。不料，沟里上来三个后生直盯盯看着他。马子忠瞥一眼他们也不在意。他慌慌张张摘下头上的黑丝带放在杜兰的手里。马子忠的这一动作把杜兰吓住了。杜兰把黑丝带捏在手里不知如何是好。三个后生看在眼里，气冲冲上来就打马子忠。马子忠招架不住一边跑一边喊叫。兰，我等着你……杜兰听得真切，刹那间，一颗少女的芳心悄然跳动。

无奈反正就这样了。马子忠只有摸黑顺着路毫无目的的走着。他走走停停满脑子是杜兰笑格盈盈的脸庞。他已无法控制自己内心炽热的冲动。他深深喜欢上杜兰。如果回马家园子，这一切也许就完了……他脑子乱哄哄地坐在路边似梦似醒睡去。天大亮，一阵毛驴行走的蹄声把他惊醒。一个头戴青色巾帽，一字胡，身着灰色布袍的男人骑着毛驴。后面跟着一个头戴黑色圆帽的人身背褡裢。马子忠起身警觉地打量他们。骑毛驴的人不停地回头看看马子忠。马子忠拍拍身上黄土跟在后面走。骑毛驴的人是长城边关抚北百户所百户长叶树茂。叶树茂看马子忠清秀英俊，揣摩这是大户人家的后生。这个后生一定出事，敢走夜路不是一般人。叶树茂停下来自报姓名向马子忠打招呼。马子忠拱手回礼点点头。叶树茂看这后生有礼节且有性子，心生几分喜欢。他很有心机到处收罗没着落的流民为百户所增添人丁。

背着褡裢的人凑到马子忠跟前说："我叫蔡牛，那是叶百户。"

叶树茂递上一只水皮囊说："一路人，歇个脚喝口水。"

马子忠犹疑的目光看看叶树茂接过水皮囊"咕嘟咕嘟"喝几口，道声"谢谢。"叶树茂试探地询问，这位后生一定有难吧。马子忠暗暗摸一把身上的小刀没有应答。他向叶树茂行礼告别。他还是顺着路毫无目的的走着。他不知不觉走进大堡子。大堡子是个热闹的岔道小集镇。方圆几十里的人都来赶集。他望着眼前的沟沟岔岔一脸茫然。他第一次跑到这样陌生的地方有点后悔。他犹豫不决想再回杜家峁看杜兰，或着回家等着受罚。他又害怕过不去那道坎。他不由得犯脾气把心一横走哪算哪先吃个饱肚子。他来到一家面馆要一碗羊杂汤四个黄馍蹲在凳子上吃饭。叶树茂凑到一张桌子要一碗饸烙面。马子忠瞥一眼叶树茂心里破烦。

叶树茂看出马子忠心思面带微笑说："看我不是好人啊。"

马子忠："你老跟着我干甚？"

叶树茂："我看这位后生迷路咧。哪可？"

马子忠随口回道："不知道。"

两人话不多很快吃完饭。马子忠唤过店小二算账。店小二手指叶树茂一笑。这位客官已经算过。马子忠从袖口里摸出两枚铜钱放在桌子上背起褡裢就走。叶树茂起身盯着他，骑上毛驴放下一句话。边关收人当兵咧，要不跟我走。这句话打动马子忠迷茫的心。他不知所措一脸无奈。当兵还有碗饭吃。他走走看看远远跟在叶树茂后面。叶树茂看马子忠跟过来就在一个驿站等着他。

马子忠跟来报上姓名直言问道："你是军爷？"

叶树茂点点头亮出腰牌说："大丈夫行走四方，怕甚。"

马子忠这才放下心来又问道："军爷，为甚骑头毛驴？"

叶树茂笑道："军马精贵，留在边关打仗。"

马子忠犹疑地绷着脸说："军爷不能说谎，我会弄死你。"

叶树茂"哈哈"一笑递上水囊说："小子有种，你骑上毛驴。"

马子忠骑上毛驴现出男娃的秉性倒有几分自在。他开始相信叶树茂，有说有笑。蔡牛唱起小曲："哥哥当兵，你边关走。大碗酒肉管个够。哥哥当兵，你边关走。骑马舞枪打狼狗。哥哥当兵，你边关走。搂个婆姨亲口口……"

马子忠似乎忘记杜兰忘记家，开心地问道："边关好玩吗？"

蔡牛美滋滋地炫耀说："将军可威风咧。"

马子忠一下子来精神道："我祖先就是将军。"

叶树茂听到马子忠这话心里一喜说："这个小子往后是条汉子。"

抚北百户所是一片黄土峁荒草地，秋天稀稀拉拉的干草，零零散散的土窑洞荒凉破落。这里驻屯着百余户士兵和马兰堡士兵家眷。他们开田种粮放牧滋补马兰堡粮草。马子忠没想到抚北百户所那么遥远很是灰心失望。叶树茂把他带到一孔灰塌塌的大窑点着油灯，吩咐马子忠上炕歇着。马子忠打量一番窑洞，寒心地摇摇头坐在炕沿上。叶树茂指派人烧热炕，杀鸡宰羊。酒宴炖羊肉、酥鸡、羊肉汤烩菜、酸白菜、捞面……一样一样摆上炕桌。这时，两个膀大腰圆男人头戴乌纱帽，身穿长齐膝窄袖红胖袄，脚蹬黑靴进来。四人上炕入座。蔡牛斟上酒立在一旁。马子忠随叶树茂上炕盘腿坐下。这位来人是马兰堡的守备，又是叶树茂的长官。

叶树茂施礼："守备，在下有失远迎。"

马子忠一看两人是军爷施礼道："军爷，后生有礼。"

守备看一眼马子忠笑道："叶百户，今天刮得甚风，这么大动静。"

叶树茂说："守备，久违久违。在下这次下关中，带来些好货，不成敬意。"

四人吃完捞面。叶树茂端起酒碗敬酒。四人一碗酒下肚。马子忠一口呛住又咽下去。守备"呵呵"一笑拍拍他的肩。小子，这是烧酒。叶树茂这才相互介绍向马子忠使个眼色。马子忠明白向守备敬酒。

守备端起酒碗说："本官赵姓，赵奢将军，马服君后人，赵和马本是一家。"

马子忠深感亲切连敬三杯："赵马一家。"

四人酒到兴头开始猜拳喝酒。马子忠有些醉意看他们大声拉话大碗喝酒。他第一次领略男人的豪气。临别时，蔡牛呈上四个烧好的洋芋。赵守备品尝连连称赞。叶树茂介绍关中带来十分金贵的洋芋，也许可以栽种。他把赵守备送上马提及马子忠当兵一事。赵守备点点头一番叮嘱。这小子是块当兵的料，就是身子还有点单薄。先待在这里练练。叶树茂与马子忠躺在炕上。他想着如何调教马子忠。马子忠身体里热乎乎的充满男人的力量。他抑制不住酒的冲动滔滔不绝道出他的心事。叶树茂心生怜悯，他还是个孩子。

军爷只是听命不会讲大道理。叶树茂叮嘱马子忠给家里捎个信。马子忠偷跑出来面对陌生的人和地方自然想家。他非常愧疚捎信向父母说明自己的心事，承认错误请求悔过。马兴盛收到信心安神定向马兴业禀告。马兴业脸色难看很不耐烦。他把人腿打折跑咧，永远别回来。马兴盛吞声忍泪自我安慰。只要孩子当兵有口饭吃，往后再看吧。

蔡牛做马子忠的师父，去放马放羊。马子忠想不通与叶树茂吵闹。叶树茂向他耐心说明解释。当兵一事已上报马兰堡的守备备案。你就是跑掉也会从马家园子抓回来。眼下先跟着蔡牛学本事。蔡牛先教马子忠学骑马。马子忠骑上马一点不胆怯感到自己像一个威武的男子汉，一个军爷。他很快学会骑马在荒草滩里飞奔大喊大叫。叶树茂的女儿叶兰看马子忠骑马飞来跑去，长发飘逸洒脱的样子有几分喜欢。她向蔡牛打听马子忠想要与他一起骑马玩耍。蔡牛知道叶兰任性，只好答应她。

马子忠见过叶兰，只是礼节性打个招呼。蔡牛眼看马子忠骑术一天比一天好就带他去长城看看。一个晌午，他们准备好骑上马。叶兰白色丝巾蒙面外套羊皮坎肩骑着马跟过来。马子忠施礼也不在意。叶兰回礼主动搭话。马家园子的，骑马好玩吧。

马子忠看着叶兰骑马的样子打趣说：“妹妹骑马可是英俊。”

叶兰心里一喜一甩鞭子嗔怪道：“谁是你妹妹。”

蔡牛笑笑一挥鞭。三人向长城边奔去。黄土长城高大雄伟像一条巨龙跨沙漠越群山穿草原，弯弯曲曲延绵不断。三人来到长城脚下。马子忠望着气势磅礴的长城内心受到强烈的震撼。

蔡牛笑笑说：“秦始皇修长城，抵御匈奴。”他向东又向西指一指说：“那头连着京城。那头直到嘉峪关。”

叶兰：“马家园子的，这有甚好看的，走，咱们跑马比试一下。”

两人对看一眼翻身上马飞奔而去。蔡牛看着他们远去的身影拾柴点火，拾掇串羊肉烧烤。两人骑马跑得起劲欢实。马子忠憋着一股子劲不停地扬鞭策马。叶兰一直冲在前面不时回头看看。马子忠追上来喘着粗气。叶兰拉住缰绳“咯咯”地笑话他。马子忠几分敬佩瞥她一眼。

叶兰用鞭子指着长城说：“咱们爬城墙去。那西边是马兰堡。”

马子忠向西又向东张望问道“马兰是甚意思？”

叶兰说：“就是马兰草，春上，山坡上到处是紫蓝色的马兰花，生出淡淡的清香。”她指着北面接着说：“那面是鞑靼人。”

他们来到长城边，从一处豁口爬上去。大漠落日，残阳如血，雄浑壮观。马子忠望着空旷无边的大漠若有所思。他默默伫立眺望仿佛听见家塾先生吟诵“单车欲问边，属国过居延。征蓬出汉塞，归雁入胡天。大漠孤烟直，长河落日圆。萧关逢候骑，都护在燕然。”他深深被大漠落日的诗和画打动。戍守边关的将士，他们盘马弯弓迎接朝阳，目送落日，威风凛凛，雄姿英发。他热血沸腾，感觉自己像个守边的军爷。

夜静的怕人，不时传来几声狼嚎。马子忠躺在炕上难以入睡。他想尽快穿上戎装骑上马。他看见叶兰的样子又想念杜兰。他想把这里的大漠长城告诉她。蔡牛进来摆出一包烤肉和一酒壶。马子忠依然激动沉醉很想喝几口酒。

马子忠不客气拿过酒壶灌一口酒问道：“师父，啥时能穿上戎装骑上马？”

蔡牛：“你是念书的人，在这里多练本事，还要学会喝酒，当兵的很野。”马子忠点点头说：“我不怕。”

蔡牛：“这里狼多，外面有狼窝，不会祸害羊群。”

马子忠：“为甚？”

蔡牛：“狼通人性，我给它搭个窝，大风下雪天放些吃的。”

抚北百户所男人舞枪弄棒是必要的。蔡牛开始教马子忠刀法。马子忠有些底子学得很快。叶兰经常凑过来看热闹。马子忠与她一来一往渐渐熟悉了解。他们互称“忠哥”“兰妹”。

马子忠开玩笑问叶兰：“你咋不裹脚?”

叶兰羞答答地抿嘴一笑说：“自哒女子一满不裹脚。鞑靼人来哩，跑得快。”

马子忠提出教她识字。叶兰十分高兴欣然答应。叶树茂看在眼里庆幸没有看错马子忠。他只要赶集逛马市都带上马子忠。叶兰第一次在石板上写出“叶兰”二字，惊喜地咋呼“忠哥可牛咧，我喜欢。”马子忠心里装着杜兰，只是淡淡一笑。叶兰喜欢上马子忠整天粘着他。马子忠不能说出自己的心事，只是把叶兰当作妹妹。叶兰的母亲看出女儿的心思。她把这事告诉叶树茂。马子忠这娃识字明事理要想留住他。这桩姻缘可是好事。叶树茂自然答应下。他就是不知马子忠怎么想的。蔡牛有意引逗马子忠。你小子有艳福。叶兰可是百户所里的公主。马子忠笑而不语。

一晃又是秋天。马子忠长得壮实，脸庞棱角已显出几分粗犷。他想家想念杜兰。杜兰你要等着我。他向叶树茂告假道出心里话。叶树茂口头答应他。过几天，赵守备要过来。叶兰给马子忠做一身新衣裳，拾掇准备好东西。马子忠耐心等到这一天。赵守备身穿锁子甲威风凛凛领一队士兵。马子忠看见赵守备这身盔甲十分敬慕。叶树茂早已备好酒宴。

赵守备下马还没有进窑洞就粗声粗气喊叫马子忠。马子忠过来向赵守备施礼。赵守备看看马子忠的身子骨满意地点点头。他把缰绳递给马子忠，指令他骑上马遛遛。马子忠没有多想接过缰绳飞身上马。马扬起前蹄一声嘶鸣。马子忠紧紧夹住马肚大喊一声“驾!”马像离弦的箭“嗖”地狂奔而去。马子忠骑着马很快回来。赵守备当胸给马子忠一拳称赞他长本事咧。一个士兵给马子忠递上一把刀。赵守备下令比武开始。马子忠接过刀。一个士兵冲上来举刀就是劈杀。马子忠眼疾手快，三个回合就把对方的刀打落在地。赵守备满意地点点头。叶树茂招呼赵守备进入窑洞。赵守备指令马子忠坐在他身旁。马子忠这才明白过来。赵守备是来收他当兵去。酒足饭饱后，赵守备起身道别。叶树茂赔着笑脸想要解释。赵守备夸赞马子忠念过书，是块当兵好料。马子忠起身要随守备去。

第三章　沙柳关

马兰堡四方形，有城墙、瓮城、敌台、垛口、射击口、窝铺、角楼。城堡内有北门南门，三街六巷，有军事区和民居区。城堡外东面是马市。戍堡指挥官邸高大气派。赵守备指派一个把总带马子忠去兵营训练十天。第二天，把总带马子忠在城堡转悠，看瓮城、敌台、垛口、射击口……马子忠第一次看到铁炮、三眼火铳枪、火绳枪和神火混元球。他惊讶好奇地问这问那。十天后，赵守备领沙柳关何千总观看他的军事要领和枪击。他点头称道，任命马子忠为沙柳关什长，领军马一匹，三眼火铳枪一支，戎装两套，半年军饷。明日启程随沙柳关何千总赴任。

马子忠穿上戎装来到指挥官邸向赵守备告别。赵守备送上戚继光的《练兵实纪》简本嘱咐他。你是军爷咧。叶树茂和叶兰赶来送别。马子忠十分感动跪在叶树茂面前表达知遇之恩。叶树茂把他拉起身一番叮咛嘱咐。叶兰一身淡紫色的裙子楚楚动人。她含情脉脉看着马子忠。这一刻，马子忠的心怦然跳动。他浑身发热很不自在地瞥一眼叶兰。叶树茂向赵守备和何千总献上厚礼。

赵守备满脸喜悦大声道："端来上马酒，为马什长壮行。"

一个士兵呈上一碗酒："喝下这碗酒。"

马子忠端过碗一饮而尽放出豪言壮语："誓死守边孝忠!"

何千总带马子忠一路向西来到沙柳关。沙柳关卡在一道山沟，山上设有火路墩，士兵在这里把守。何千总看出马子忠有些来路摆下酒宴庆贺。他把马子忠安置到火路墩。马子忠安定下来又想念起杜兰。杜兰，一定要等着我。叶兰的影子也在他脑海里浮现。他在梦里看见杜兰的模样又看见叶兰含情脉脉的眼睛。他傻傻地笑自己。"杜兰""叶兰"一个"兰"字缠绕心头。

一个新兵蛋子充满好奇和激情，自然想要尽职尽忠立功。马子忠没带过兵还不知如何掌管。他手下的士兵非常懒散对他冷淡。李盾黝黑粗壮两眼凶气。他满嘴粗话根本不把马子忠放在眼里。一个干瘦的士兵艾巍山老实巴交主动接近马子忠搭话。艾巍山向他道出兵营实情。眼下长城北面暂时安稳，士兵一满想家想女人，喝酒赌博。你想拿住他们，要喝酒要用拳头，整住李盾就能行。马子忠记住艾巍山的话找个机会在营房请手下的兵喝酒。他客套地讲一番守边关的大道理，然后端起一碗酒喝干。李盾跳出来端起碗一干而尽。他胡言乱语数落马子忠。马子忠毫不在意与士兵对饮。他们或蹲着或站着一边吃肉一边喝酒高声划拳吆喝。李盾向身旁的几个士兵使眼色大声吼叫。小赌养家，大赌发家。来来来，跌骰子，扣明宝咯。艾巍山偷偷拉马子忠一把。李盾狠狠瞪一眼艾巍山，要与马子忠来跌骰子，赌大小。他从怀里出两枚骰子放进黑碗里。

马子忠不好推辞从袖口里摸出两枚铜钱放下说；"我猜大。"

士兵围过来起哄"大，大。小，小。"

李盾手持黑碗翻来转去摇动飞快扣下。两人轮番坐庄，你来我往互有赢输。士兵咋咋呼呼看热闹。马子忠应酬玩几把要退让给其他士兵。李盾看一眼马子忠押上银子纠缠着要再赌一把。

马子忠放下银子说："我猜小。"

士兵起哄吆喝："再来再来，怕球甚。"

李盾输了脸色难看不言语。

马子忠收起自己的银子说："你们玩把。"

李盾瞪着马子忠说："咋咧，看不起老子啊。毛还没长全咧。"说着抓摸马子忠的裤裆。

马子忠火冒三丈起身一脚踢翻桌子。李盾跳起来挥拳就打。马子忠飞起一脚把他踢翻在地。李盾大声吼叫让兄弟抄家伙。士兵起身看看李盾又看看马子忠，不敢动手。马子忠收起李盾输的银子交给艾巍山，指令把李盾捆起来关三天。这些银子分给兄弟喝酒。

李盾遇见个狠货，暂且服软顺从。马子忠这一动作镇住士兵。不经一事，不长一智。他一边研读戚继光的《练兵实纪》。一步一步把士兵收拢在身边。他渐渐成长，掌握带兵之道，应付自如处理上下官级关系。叶树茂每次过来运送粮草，就给何千总送上酒肉。何千总心知肚明私下里关照马子忠。他经常指派马子忠到千总部处理官书。马子忠俯首听命恪守职责。

一黑一白是一天，一青一黄是一年。叶树茂看着马子忠越来越成熟十分欢喜。他考虑要成全他与女儿的姻缘。他心想，如果要把这事办的稳妥就必须先去马家园子探探马家门风。他指派蔡牛办理这件事。蔡牛经过一番准备后先去看望马子忠。两人寒暄几句话。

蔡牛说明要去白榆城办事又探问："你有甚事？"

马子忠想许久叹口气说："大大，妈妈想我咧。捎封信，他们才安心。"

蔡牛临别时一番安慰嘱咐。马子忠心中没有放下杜兰又不好意思直言。他想从五哥那里得到点消息，顺便托蔡牛看望一下五哥。

蔡牛带上礼物去马家园子见过马兴盛。马兴盛看过马子忠书信，眼含泪水非常激动。孩子长大成人，懂事出息了。蔡牛眼见为实放下心来。马家是富贵大户，知书达理。他喜上眉梢向马兴盛道出马子忠婚姻大事。马兴盛和婆姨喜格蛋蛋地满口答应。马兴盛定下这桩婚事。他托蔡牛给叶树茂捎去书信约定日子下聘礼。蔡牛没有想到这事办得很顺利。他称心满意去看望五哥。五哥的腿留下残疾，走路一瘸一拐，没好气地回应蔡牛。马子忠别做美梦咧。杜兰是我婆姨。蔡牛不明不白询问马兴盛。马兴盛两手一摊摇摇头。我不知道龟孙娃的事。杜兰嫁过来半年咧。

说者无意，听者有心。蔡牛回来向叶树茂禀告。叶树茂看过书信如愿以偿。蔡牛没有道出杜兰的事。他还是先把马兴盛的书信交给马子忠。马子忠看过书信，面无表情不言不语。蔡牛不便多问悄然离开。马子忠陷入深深地痛苦之中。他独自一人躺在清冷的山坡欲哭无泪。我的杜兰，我的亲格蛋就这样嫁人了。她的笑容，我看得出她喜欢我的。我真恨我自己，不该离开。我真恨我自己，无能为力。我真恨我自己，那次相遇。我离开你，要怪就怪自己。如果没有遇见你，我不会是眼前的这个样子。

一个男人失去心上人当然难受。马子忠躺在山坡上酒入愁肠，却是悲痛入骨。他酒醒时分举头望夜空叹息，独自悲伤。他很孤单愁思茫茫。他吞声难言，想你的夜，黑的什么也看不见。这也许是命中注定，有缘无分擦肩而过。他心里实在难过很想当面问杜兰。他又想忘掉杜兰非常痛恨五哥。这让我往后如何回到马家园子，如何面对杜兰。艾巍山看出马子忠心情不好，陪他喝酒也不敢言语。

马子忠憋不住闷声闷气问道："你咋不说话？"

艾巍山看看马子忠的脸色慢慢吞吞冒出一句话："穿上皮袄喝

烧酒，烧心咧。”

日出日落，朝朝暮暮。马子忠渐渐眉头舒展开口说话。他主动找艾巍山拉话道出隐痛的心事。艾巍山笑笑油腔滑调。老天爷定好咧。不管你在哪哒，你的女子就在山那边等你呢。蔡牛过来三趟等待马子忠的回话。马子忠还是没有平静伤痛的心难以答复。蔡牛理解马子忠的心情一直观望等待他。马子忠想很久终于想开了。老天爷定好的。杜兰已是五哥的婆姨。叶兰在山那边等着呢。

马子忠向蔡牛吐口说：“这事还得由大大和妈妈做主。”

蔡牛舒口气笑道：“好事，父母之命，媒妁之言。”

两家约定操办马子忠婚事。马兴盛派人送来聘礼定下婚事。他向马兴业禀告商谈婚礼的事。马兴业毫不留情面地认死理。耕读传家，家有家规。他自作自受。马兴盛忍气吞声不知所措。蔡牛得知这事安慰马兴盛。军爷守边关为他人也为家人。人是活的，规矩是死的。他提出在抚北百户所安家办理婚事。马兴盛担忧寒心又向几个哥哥掏话商量。他们同情怜悯也无能为力。马兴盛皱眉跺脚狠狠心决定在抚北百户所办理婚事。

马子忠的婚礼办得红红火火。赵守备与何千总过来道喜。马兴盛要带马子忠回马家园子办喜宴。赵守备满口答应。马兴盛回到家带上马子忠向马兴业下软话赔罪。马兴业不依不饶吊着脸。丢人现眼，还有脸回来。马子忠跪地磕头悔过。马兴业口气缓和但没有直接回应。马兴盛示意马子忠退出要与马兴业商议办理婚宴的事。马子忠回到家里拉上叶兰带上礼物向五哥赔礼道歉。五哥不冷不热自言自语。糊脑怂能行，寻个婆姨回来。他有意吆喝杜兰进来。马子忠浑身不自在，不敢正眼看杜兰。他拉过叶兰向杜兰施礼。杜兰认出马子忠有点紧张不好意思。她回过礼转身快步出去。

家里人多心不公，河里鱼多水不清。马兴盛与马兴业没有商量通。马子忠十分恼火“长辈无情啊！”他要去与马兴业论理。马兴盛拦住他向两个哥哥掏话商量。马兴发沉默半晌说句公道话“忠娃是军爷。得饶人处且饶人，都是一家人，低头不见抬头见。”二哥点头附和。马兴发要向马兴业说说情。马兴业这才勉强答应，但是他拒绝参加。婚宴喜气洋洋红火热闹。五哥向马子忠敬酒凑到他耳边打诨讥笑。老天爷定好咧。杜兰是我婆姨。她的豆腐可好吃。

婚宴结束，客人散去。马子忠心里破烦害怕见到杜兰。他没在家里多留几日向父母告别。一路上，叶兰嬉笑调侃打趣。我看出来哩。她是你相好吧。马子忠不敢直面应答也不承认。叶兰一会生气一会又高兴。她嗔怪的脸上流露出得意的神色。老天爷定好哩。狗看星星，瞎欢喜。马子忠心里欢喜不敢直言相对。

马子忠打哈哈笑道：“狗看妹妹，眼仁仁想着你咧。”

叶兰用鞭子轻轻抽打他，“坏老汉。”

马子忠回到沙柳关摆下喜宴。何千总主持操办乐乐呵呵坐在主席位子。喜宴简便，酒肉丰盛。官兵大呼小叫，吃肉喝酒划拳唱小曲。艾巍山向马子忠敬酒，唱起小曲。“沙柳关小老汉，寻个婆姨真好看，暖窑窑，热炕炕，痴眯眼眼被窝里钻。沙柳关小老汉，寻个婆姨真好看，暖窑窑，热炕炕，山山沟沟你转个遍。沙柳关小老汉，寻个婆姨真好看，暖窑窑，热炕炕，公鸡打鸣你听不见。”众人一片欢笑。

两头叫驴犟在一起。李盾在另一孔窑里喝酒。他不服马子忠，一直窝着气。他经常在把总官那里说三道四。把总官是他乡党，但是他看出马子忠有些来路也不敢招惹他。马子忠过来敬酒。把总官一饮而尽向李盾使个眼色。李盾接过马子忠的敬酒提出两人连干三碗。马子忠毫不含糊连干三碗。

李盾酒至半酣眼珠子发红盯着马子忠说：“我和你还没完呢。”

马子忠听出他话里有话口气平和道：“改日改日再喝。”

李盾摔掉酒碗大声吼道：“你就是个怂货。”

马子忠恼怒无语，端起一碗酒泼在他脸上。

把总官勃然大怒起身一把揪住马子忠吼叫：“日能甚，小子欺负老子。”

马子忠弄开把总官的手瞪着他说：“老子怕你啊。走，外面去。”

两人拉扯着走出门外。窑里的官兵呼啦啦跑出来。何千总出门劝阻两人。把总官醉醺醺地破口大骂。何千总指派两个士兵拉住他。把总官挥拳把两个士兵打翻在地。何千总大声吼叫也制止不住他。他又指派士兵搬来一把椅子提上一壶酒来。

何千总坐在椅子上喝一口酒说：“你闹吧，老子看着。”

把总官指着马子忠大骂：“老子非要把你打趴下。”

何千总拍手“哈哈”大笑道：“老子看看谁是怂牛，不过有个条件。”

把总官查拳磨掌说：“咋么都能行。”

何千总一本正经地说：“军中无戏言，你输了，把总的位子就是马子忠的。马子忠输了掏出一锭银子。”

两人不服气掏出银子放下。马子忠压住怒火拉开架势。把总官犹疑的眼睛看看马子忠又看看何千总，憋着气要赌一把。人群散开，两人拉开架势。把总官下手狠挥拳就打。马子忠步伐轻盈闪过他三拳，一记重拳打在门面。把总官双脚离地仰面倒地。众人拍手乱喊乱叫。马子忠走过去拉把总官。把总官翻身站起又挥拳打来。

马子忠飞起一脚把他踹翻在地。把总官重重倒地无力起身。何千总拍手大笑，祝贺马子忠把总官，继续喝酒。

马子忠意外升任把总官，变得底气十足。他带兵有方爱兵如子。士兵另眼相看信服他。马子忠主动找李盾拉话。李盾心里还是疙疙瘩瘩。他母亲突然病重，告假回家看望。马子忠照准报请何千总。李盾接到批令十分感动。马子忠指令士兵向他捐钱。李盾感激涕零心服口服。明月照积雪，朔风劲且哀。沙柳关的冬天实在难过。何千总对大雪天气十分敏感。他守备边关多年，很了解大雪过后长城以北必有雪灾。黑草地鞑靼人冷饿交加必来偷抢。他往往指令官兵百倍警惕，加强防备。

大雪的冬天，马子忠的女儿出生。他又喜又忧地给女儿起名马兰花。他心疼婆姨大出血不能再生娃。这个冬天不平静。鞑靼人果然来了。马子忠带兵出关打打和和。何千总指派马子忠与黑草地鞑靼人首领谈判。首领口头答应又实言相告。这一带有一股鞑靼马匪四处偷抢，领头的叫布日古德。他是有意推卸罪责暗地里与布日古德勾结。马子忠提出双方联手合作打击这股鞑靼马匪。首领碍于脸面立字为证，并提出粮草条件。何千总允准送去一些粮草。

草原上的天气变化无常。这一带边关战事不断。马子忠不明白布日古德的马匪越来越多。他向何千总提出利用秋天出关攻打布日古德的老巢。何千总不想扩大战事依然消极防守。这股鞑靼马匪胆子越来越大越过长城明目抢夺。布日古德领马匪袭击抚北百户所肆意掠杀。叶兰挺身保护羊群不幸身死。马子忠得知这一下消息失声痛哭。士兵怒气填胸要报仇雪恨。

马子忠怒气冲冲向何千总请战：“守关，守关。婆姨都被人杀了，不出兵算球甚大丈夫。”

何千总心有怒气不敢轻易下令，模棱两可说："你自己看着办吧。"

杀妻之恨不共戴天。马子忠心里充满仇恨和愤怒。他已无法控制自己开始挑选精壮士兵，演练刀枪和火器做好出关行动准备。受人一饭，报人一石。李盾感恩马子忠，站出来提议出关行动必须先摸清布日古德的老巢。他请愿出关刺探老巢。马子忠指派他带上两人装扮成商贩出关。李盾出关二十余天摸清老巢和行动路线。马子忠向何千总请战要带兵出关征剿。何千总沉思片刻硬声硬气下令。马把总明天带兵马二百出击。

第四章　解甲归田

马子忠带兵马直捣布日古德老巢。马匪老巢乱了阵营。布日古德领十几个马匪向西逃窜。他没有想到中马子忠的火枪手伏击。马子忠手持三眼火铳枪对着布日古德。老子是马子忠。你抢劫杀人，杀我婆姨。布日古德和马匪跪地求饶。马子忠点火枪管喷出火焰。布日古德应声倒下。马子忠下令，取下布日古德首级，其他一个不留。士兵满腔怒火杀红眼。他们一路见人就杀，焚烧毡帐赶走牛羊。

鞑靼人首领得知沙柳关士兵肆意放火杀人勃然大怒。他召集兵马向马兰堡沿线各关口发动袭击。各关口拼死抗御。双方交战越打越大。马子忠向何千总呈上请战书，建立一支游击队主动出击。何千总准允指令马子忠率领一支二百兵马，随时机动出关。马子忠把这支兵马编排为火枪队，马刀队和弓箭队阵形，黑衣黑甲，起名秦兵队。他带领秦兵队经常神出鬼没打乱鞑靼兵马进攻部署。鞑靼兵不敢轻易进犯。双方交战打打停停持续五年。黑草地鞑靼人首领派使者谈判。边关再无战事，马市集贸又重新开通。

边关风云历练打造出一个个剽悍的汉子。马子忠一张古铜色的脸，眼神威武刚毅，蓄着八字胡。他长年的军旅生涯，说话粗声粗气几分霸道野气。他晋升为马兰堡守备。俗话说，铁打的营盘，流水的兵。一个寒冷的春天，一场大风过后，野草硬生生地露出绿叶。马子忠接到命令，他和李盾、艾巍山一同退伍。他心里十分沉重爬上长城久久望着北方，回想边关多少往事。他没有后悔戍守边关，嘴角露出坚毅的笑容。

马兰堡的送别会很是热闹。新任守备致欢送辞奖赏白银，赠送马子忠心爱的军马和三眼火铳枪。送别会上，士兵心情复杂，话在酒中。他们划拳喝酒唱酒曲。他们推杯换盏个个喝得醉眼蒙眬。他们有笑又哭朝天放枪宣泄心中的苦和乐。马子忠喝得醉打马虎躺在炕上模模糊糊听见清脆的唢呐声。唢呐声声一阵欢快，一阵悲凉又一阵似万马奔腾。他抱头禁不住默默流下眼泪。

马子忠与李盾和艾巍山一同先到抚北百户所。他拜见岳父说明退伍一事。叶树茂摆下家宴庆贺。马子忠看见女儿马兰花已经是十来岁的女子心里想起叶兰。他眼睛湿漉漉地十分难过。叶树茂问他往后打算。

马子忠从怀里掏出官书递上说："小婿还不清楚，要先去白榆镇总兵府报到领命。"

叶树茂关爱的口气说："到家咧，歇息几日。往后不是带兵打仗，要好好安生过光景。是这，蔡牛随你去，地方老爷不好侍候。"

一行四人来到白榆城。马子忠头戴忠静冠，穿着一身长齐膝窄袖红胖袄到总兵府报到领命。总兵坐在椅子上面露笑容，敬佩地点点头。他传卫兵向马马子忠，秦兵队敬酒。三个卫兵呈上三碗烧酒。马子忠、李盾和艾巍山向总兵表达谢意一饮而尽。

总兵"哈哈"大笑道："秦兵队守备长城，可是威风八面。鞑靼人不敢来犯。"

马子忠言词谦逊低调："守边护家是军爷职责"。

总兵："宣兵部嘉奖令。"

副总兵宣读嘉奖令："马子忠守备守关劳苦功高。论功行赏封昭信校尉六品官爵，官帽一顶，官服一套，布靴一双，封地三十亩，赏银二百两，粮四十石，免田税三年，朔水县衙安置。"

参将："马校尉自带官书到朔水县衙门办理安置手续。三位各自领赏，摆下酒宴为马校尉送行。"

三人抱拳屈膝行军礼。

朔水城三面环山，西面的朔水河夹杂着泥沙由北向南缓缓流过。城里东西两条街，县衙坐北向南，有商铺、饭馆、客栈、书院、作坊、庙宇、民居……楼阁、瓦房、窑洞混杂。

他们领上奖赏雇用三辆骡子木轮车拉上粮食向朔水城赶来。马子忠一路思绪万千。他守边关对沙柳关情深留恋。他不想打打杀杀看见死人。他累了平静下来要安生过光景，孝敬父母。他们一行在一家客栈住下。李盾提议回到家乡，明个串街看看热闹。艾巍山急不可待附言"能行，能行。"马子忠咧嘴一笑点头答应。蔡牛把马子忠拉到一旁低声交代一番。第二天，他们一起上街溜达。李盾和艾巍山多年没有出来。他们看到街面花花绿绿很是新奇激动。晌午，四人吃过羊肉面。李盾和艾巍山诡秘地笑笑还要串街。蔡牛带马子忠来到县衙周围打探一下县衙摸摸路子。

魏得喜知县文雅面善平顺温和。蔡牛心里打鼓，眼下好官不多，走走看看吧。李盾和艾巍山早已盯上一家红春园。他们走这条街，串那条街。他们先来到一家酒铺吃肉喝酒。李盾看天色已黑，起身来到柜台付钱。另一张桌子的两个醉汉也起身过来付账。他们醉眼迷离盯着柜台里的婆姨。一个抬手去抓婆姨的腔子。李盾看不下去挥拳把那人打翻在地。另一个见势不妙拔腿就跑。李盾看着躺在地上的人大骂。

夜深，李盾和艾巍山从红春园出来。他们眉飞色舞嬉笑谈论女人。他妈的，城里就是好，女人白格生生，肉格蛋蛋。沙柳关有吃有喝就是缺女人。真他妈的爽气。憋坏咧，明个再去。能行，换一个胖的，哈哈哈。他们一路眉开眼笑回到客栈。马子忠知道他们做什么去也不盘问。他与他们商量明天去县衙的事。

马子忠："明个去县衙，咱们就要各奔东西，你们如何打算？"

艾巍山想想说："我家兄弟多，还是跟着马校尉一起过光景。"

李盾说："我家三兄弟，也不缺我一个，跟着马校尉习惯咧。"

马子忠："昂，你们可要想好咧，这是一辈子的大事。"

两人十分坚定一口同声："我们跟着马校尉开荒种地。"

他们一同洗个澡梳理头发、胡须，换上新装。马子忠头戴乌纱帽穿上青色盘领窄袖绘彪大袍容光焕发。他们来到县衙等候知县升堂。衙役不屑一顾，随意打发。知县大人公务在外，今日不升堂。他们只好回到客栈等候。第二天，他们一大早又来到县衙等候。衙役冷眼相待依然是那句话。李盾勃然变色嘴巴不干不净骂人。蔡牛沉稳低声劝说。耐心等候，县衙老爷不好惹。

大堡子的刘玉佩员外，肉囔囔的胖子，圆脸盘浓眉下一对乌黑的泡泡眼。他接到里长委任书正在福来喜酒楼宴请魏知县。魏知县接到报告得知来三个军爷，笑而不语。

刘玉佩附在他耳边低声说："军爷是些野蛮的二货，不懂礼数。"

魏知县端起酒杯，"呵呵"一笑道："衣锦还乡，衣锦还乡。"

刘玉佩一口喝干，两人对视"哈哈"大笑。

魏知县："本官虽是一方小吏，还要为黎民谋利着想。"

刘玉佩点头哈腰道："那是，那是。知县就是朔水一方父母，大人就是土地爷。"

魏知县眼珠子一转说："不如把这三个军爷安置在大堡子。"

刘玉佩举起酒杯笑道；"这可是下官上任第一趟差事。"说完一仰而尽。

太阳高高爬到山梁梁上。县衙门前一对石狮子阔口獠牙面目狰狞。魏知县开门升堂。他头戴乌纱帽身着红色鸂鶒补子大袍端坐在公案前。大堂之上悬挂"明镜高悬"大匾。马子忠三人憋着气在门外等候。两个衙役押着一男一女进去办理完公务。马子忠三人进到衙门拱手行礼。魏知县一看马子忠一身六品武官服，起身回礼。三人自报姓名，马子忠呈上官书。魏知县接过官书细细过目后指派衙役搬来一把椅子。

魏知县满脸堆笑说："马校尉请坐。"

马子忠宽宽坐下，心里平静下来。

魏知县抿口茶慢条斯理道："边关将士劳苦功高，可为荣归故里。朔水县的山山沟沟都一样，马校尉意下如何？"

马子忠："遵从知县大人安置。"

魏知县："本官每年都要安置移民和流民。马校尉是有功之臣，当然可以优先挑选。"

马子忠："这山山沟沟，去哪达都是种地。"

魏知县看着马子忠眼睛，笑道："马校尉有如此胸怀。这样吧，你好生歇息，这是大事，再考虑一番。"

三人回到客栈碰见那两个衙役押着一男一女住店。马子忠客套地向他们施礼打招呼。艾巍山随口搭腔。一个衙役面色冷淡没好气回应。不关你的事，一个贬职流放官爷。马子忠无心喝酒吃过饭就回到客房与蔡牛商议。他认为魏知县心慈面善，善解人意，也许是个好官。蔡牛在衙门外倒是听见一句话“来衙门办事要懂礼数。”他早已听说来衙门里办事自有名堂。他劝导宽解马子忠还是回马家园子。马子忠心情复杂。他知道五哥膝下没个娃，一定怀恨在心。他也不想看马兴业和马兴发的脸子。他口气坚定不回马家园子。蔡牛引导他，魏知县的话冠冕堂皇，为什么不直接办理。这是要吃钱呢。不如宴请魏知县送些银两，往后日子长着呢。

马子忠硬声硬气说：“老子守边关就是为家乡安宁。他妈的，堂堂六品官爵岂能给七品知县送礼。”

蔡牛叹口气道：“那也是，在哪哒都是种地过光景。”

守边关的军爷不懂县衙规则礼数。魏知县没有等到马子忠的礼物，心里冷冷一笑。他装着若无其事的样子指派县丞拟好官书，送到客栈。马子忠接过官书一看，大堡子刘玉佩里长按照户部条令安置。他也不多想吩咐车夫套好骡子木轮车启程。两个衙役押着一男一女也套好木轮车动身。

艾巍山随口问道：“你们去哪哒？”

一个衙役回道：“大堡子。”

艾巍山：“一路，一路。”

那个男人背个包袱站在车后看见他们，斯斯文文主动行礼：“鄙人房学礼。”

那女人坐在木轮车上，马子忠这才打量那个男人。那是个中年男人，头发齐齐整整，发髻小冠笼巾，一字胡，几分儒雅之气。他尊敬地拱手回礼自报姓名。马子忠骑上马吆喝一声“驾。”他们一同慢慢腾腾赶路。

蔡牛骑着毛驴赶上马子忠说："马校尉，不如先回马家园子卸下粮食。"

马子忠回道："能行。"

他们路过金家湾打算在一家饭铺吃饭歇息一下。这时，一个年轻女子急冲冲跑到马子忠面前大喊"救命!"马子忠下马把那个女子护在身后。他看见一个领头带着四个精壮汉子追过来。

马子忠拔出刀大喊道："大白天抢人啊，"

领头拱手行礼道："在下是金家庄管家，那个女子是金家小姐。"

李盾和艾巍山也拔出刀来。马子忠回礼自报姓名。金管家一番解释说明事由。房学礼看不惯在一旁低声自言"缺乏礼教。"马子忠回头劝说那个女子。那个女子气哼哼地抬起头。马子忠一惊，这女子怎么那么像杜兰。他不经意脱口挤出一个字"兰"。那个女子听得真切，这个男人怎么知道我的名字。她偷偷瞄一眼马子忠心里一颤，这个男人好威武英俊啊！马子忠又是几句好言劝解。好女子，回家吧，不要胡闹。那个女子羞答答地低声自我介绍金兰。她不情愿随金管家走了。马子忠愣在那里心里念叨着"杜兰、叶兰、金兰。"他看见金兰不停地回头张望。

马子忠回到马家园子先去祠堂祭奠祖宗。他一番梳理后穿上官服去拜见马兴业。马兴业捋着胡须一看马子忠一身官服面露喜色。他吩咐仆人明个杀一头猪大摆宴席。马子忠感激涕零一股暖流涌上心头。他跪地三拜，大大认我咧！大大认我咧！马家园子大摆宴席，男女老少按长辈晚辈顺序分桌依次坐下。马兴业头戴黑色六合帽红色丝缎大袍满脸笑容。

马兴业起身举杯赞赏马子忠一番接着说："马子忠六品官爵回

家，给马家争光。一个甲子年快到咧。马家要出三品大员。”

马子忠又跪下向马兴业敬酒：“祝大大，福乐长寿！”

马兴业一饮而尽高声道：“马家金玉满堂，安富尊荣！”

众人欢喜举杯祝贺。马子忠激动地一一向长辈敬酒，唯独不见五哥和杜兰。宴席散后，他心里内疚上门拜见五哥。五哥疾言厉色把他挡在门外。李盾和艾巍山先回家安顿好再来一同前往大堡子。马兴盛劝马子忠留在马家园子。在家千日好，出门事事难。马子忠态度坚决，再三解释。马家园子人多地少，孩儿自立门户，义不背亲，必忠必孝。马兴盛不甘心去找马兴业。马兴业捋着胡须乐呵呵地认可马子忠。这小子有种，军爷气度。我看能行。马游四方得回家门。马家人走到哪哒也是马家鬼。马兴盛想想也就心安了。这小子多年在外，眼不见心不烦。马兴盛婆姨心疼担忧马子忠没有个家，怎么能过好光景。她与马兴盛商议，找个媒婆说门亲事。马兴盛叹口气点头答应。

这么多年过去了，一切安顿好就寻个媳子，好好孝敬父母。马子忠安慰自己。老天爷定好咧。不管你在哪哒，你的女子就在山那边等你呢。他想起杜兰没个娃，光景一定难活。他想起叶兰，心里一阵一阵揪得疼。他想起金兰，这女子白格生生，一对毛眼眼，双螺髻发式的模样勾起当年他那颗波动的心。他摇摇头自嘲地笑笑。缘来缘去，杜兰、叶兰、金兰。

八字命里难道真是犯兰花。金兰出逃金家庄已经多次。她性子倔强不裹脚布，抗婚跳崖。金老爷十分宠爱她又拿她没办法。他一直犯愁，金兰已是二十出头大女子。不知哪家后生能降住她。他思来想去决定给金兰找个军爷。金婆姨十分焦急下狠心。女子大哩没人要。军爷野气能收住她。金老爷心有不甘还是吩咐金管家办理这事。金兰不裹脚布，起初因为怕疼后来看小脚走路可丑。她三次抗婚一直与父母僵持不下。她遇见马子忠，记住他的名字。她的芳心第一次羞答答地萌动。马子忠英俊气度不凡敢于拔刀救人。她深深陷入甜蜜的梦乡，脑海里不时浮现马子忠的影子。

金管家请来一个媒婆。媒婆揣上订金乐呵呵地满口答应。金婆姨眉开眼笑把这事告知金兰。金兰面色平静不言不语。金婆姨这次向她允诺。这次是个军爷，威武英俊。金兰没有心思岔开话题。金婆姨看出金兰心绪担忧她拒绝，赶快告知金老爷。金老爷很不耐烦地吩咐婆姨。你要拿捏住她的心思，再慢慢掏话。金婆姨也没有什么好的办法，只是在金兰面前唠唠叨叨。金兰实在架不住母亲言语啰嗦，壮着胆子说心上有人哩。金婆姨一下愣在那里。

第五章 野狼沟

大堡子刘家高墙大院披红挂绿，门前吹鼓手吹吹打打扭秧歌。沟沟里、脑畔和碱畔上人头攒动，很是嘈杂热闹。刘玉佩新任里长，正在院里大摆酒宴庆贺。他头戴黑色六合帽，身着绿色丝缎大袍端坐大窑堂微笑着招呼客人。管家刘一六干巴清瘦光眉化眼，眼睛不停地眨巴。他张罗着跑前跑后看见外面有来个算命先生。算命先生身着破旧黄色布袍手持幢幡吆喝着。一阴一阳之谓道，乐天知命故不忧。刘一六向刘玉佩禀告。刘玉佩心想来的就是客低声交代。算命先生不能怠慢。招呼到下房，弄两个黄馍馍。刘一六热情请来算命先生。酒宴散后，刘玉佩想起算命先生，请上大窑堂。算命先生进来恭敬施礼自称白云山人。刘玉佩起身纳头便拜。两人一番客套坐定慢慢品茶。

算命先生；“我路过此地。恭贺老爷。”

刘玉佩说：“择日不如撞日。先生既然到此地就算一卦。”

算命先生：“一方安邦，大堡子。刘家家园平安福。”

刘玉佩听这话心里很是舒服，面带微笑道：“谢谢先生吉言，不过天知这往后……”

算命先生说：“吉人自有天相。信则有，心诚则灵。”

刘玉佩：“先生客气，那就看看八字。”

算命先生看看刘玉佩面相，一边掐指默算生辰八字。他不紧不慢说：“老爷贵人之相，天庭圆润，眉宇生辉，面色红润，血气旺盛，实乃吉也。不过这生辰八字……”

刘玉佩心里一紧说：“先生，但说无妨。”

算命先生：“老爷是木命，目下微有不宜之气。金克木……”

刘玉佩：“如何破解？”

算命先生从褡裢里拿出阴阳五行护身符，口中念念有词。刘玉佩深信不疑，跪地接过五行护身符。后晌，天空飘来几疙瘩黑云。算命先生离开刘家大院。刘家拦羊娃刘憨憨黑布裹头，青布长袍外套羊皮坎肩赶着羊碰见算命先生。他没见过这副模样的人以为是讨饭的。他从怀里掏出一块馍递给他。算命先生施礼表达谢意。

刘憨憨看他可怜顺口说：“天黑咧，都是受苦人，破窑里圪蹴一下。”

算命先生看看天色犹豫一下：“好人，行善积德。”

他跟着刘憨憨来到一孔窑里。刘憨憨熬上一锅小米粥，端上馍馍、酸白菜。算命先生心生感动要了刘憨憨的生辰八字。早上的阳光洒在炕头。刘憨憨起身要放羊去。算命先生随他一起出门。

刘憨憨：“受苦人，就此告别。”

算命先生向东北方向一指说：“憨娃厚道善良。你命里有金有贵人，眼仁仁瞅着点，沟沟里有块金疙瘩。”说完转身离去。

刘憨憨望着算命先生远去的背影感觉遇上仙人。他深信算命先生的话也想碰碰运气。他心想，如果拾到一块金疙瘩就可以寻到一个媳子。他赶上羊不知不觉往东北方向的沟沟里转悠。羊慢悠悠地在山坡吃草。他瞪大眼睛开始寻那块金疙瘩。这几天，刘憨憨一直在寻找，做梦都想那块金疙瘩。他胡乱转着山沟就是害怕不敢进野狼沟。野狼沟流水潺潺长满绿生生的野草，一道山梁分成两道小沟又汇合成一道沟。传说野狼沟有一群狼，一个猎户拾到一只狼娃。头狼带着群狼活活咬死猎户一家人。刘憨憨好奇壮着胆子赶羊进到野狼沟口。他小心翼翼向沟里张望。沟里静的瘆人，羊闻道草香味直往沟里钻。他拦不住羊只好坐在野狼沟口。

刘憨憨不停地向沟里张望，揣摩着野狼沟也没有什么可怕的。他大着胆子跟着羊向沟里走。他累了躺在半山坡上看着蓝天，伸伸懒腰睡着了。他迷迷糊糊看到一疙瘩黑云飘来，昏天暗地。忽然，两道金光闪亮晃眼。他揉揉眼睛看见有两匹金色马驹在水潭边饮水。他“腾”地坐起来，两匹金色马驹从他眼前一闪而过。一对金马驹在水潭边。这是梦还是真的。刘憨憨似梦非梦惊醒，想起算命先生的话“你命里有金。”他听过金马驹的传说。他十分激动欢喜认定梦里的金马驹是真的。他向野狼沟大声喊叫。空旷的野狼沟传出一阵一阵的回声。

他赶着羊往回走唱起小曲“红格蛋蛋的太阳呦，蓝格莹莹的天，野狼沟来个刘憨憨。黑公羊白母羊，半山坡上闹欢欢。红格蛋蛋的太阳呦，蓝格莹莹的天，野狼沟来个刘憨憨。金马驹水沟边，半山坡上梦不断。红格蛋蛋的太阳呦，蓝格莹莹的天，野狼沟来个刘憨憨。拦羊汉毛眼眼，半山坡上抱暖暖。”他实在想媳子，夜里做梦骑着金马驹迎媳子。他打算要进到野狼沟里寻找那对金马驹。他不顾危险背上酒壶赶着羊走去。野狼沟传来狼一阵一阵的嚎叫声。

马子忠送走蔡牛并告诉他“安顿好后就去接马兰花。”李盾和艾巍山返回马家园子。马子忠一身粗布灰色长袍跪地向父母告别。

马子孝提出要去帮一把哥哥。马兴盛点头答应。母亲心疼儿子拉过马子忠反复叮嘱。她一直把马子忠送到沟口。马子忠骑上马向乡约所赶来。乡约所高乡约一脸白胡子端坐在公案前。马子忠递上官书说明来意。高乡约慢条斯理按照县衙官书办理。他拿出圣谕六言宣读“孝顺父母，尊敬长上，和睦乡里，教训子孙，各安生理，毋作非为……”

高乡约递上《乡约十条》说：“你是六品官爵。切记，遵守乡规乡约，德业相励，过失相规，互相劝勉，礼俗相交，患难相恤。”

马子忠接过《乡约十条》道：“一定遵守乡规乡约。”

四个人来到大堡子，吃过羊肉面径直去里公所。门前一帮人或蹲或站晒太阳拉话。马子忠敲门没有应声。他接着拍门，里面传出懒洋洋的声音。他直接推门进去。刘一六斜坐在椅子上睁开惺忪的睡眼。马子忠拱手行礼说明来意。刘一六打个哈欠端正坐起一眼认出李盾。李盾也认出这个朔水城酒铺那个挨打的货。

刘一六立马板起脸说：“刘里长不在。”

马子忠：“刘里长何时办理公务？”

刘一六不耐烦地说：“明个再说吧。”

马子忠只好住在客栈等待。刘一六回到刘家大院向刘玉佩禀报。刘玉佩端坐在椅子上抿一口茶心想，魏知县已有书函。刘一六接着把朔水城酒铺的事添油加醋抖漏一遍。刘玉佩冷笑自言自语。兵匪一家。公事公办。第二天，里公所门外蹲着一些人拉话闲扯。他们交头接耳张望这几个陌生人。刘玉佩头戴黑色六合帽身着绿色丝缎大袍端坐在公案前。马子忠进来拱手行礼呈上官书。

刘玉佩打开浏览一遍，起身面带微笑施礼道：“马校尉，大堡子穷山恶水，可是座小庙。”

马子忠："那是虚的，在哪哒都是种地吃饭。"

刘玉佩想想说："自哒的山山沟沟都是地，但还是要公事公办。是这，落户后田地要按黄册划分登记造册。后个再说吧。"

李盾心里不踏实向马子忠抖漏出打刘一六一事。马子忠没当一回事。马子孝提醒他。刘里长官不大，言语圆滑。说不准是要吃钱呢。李盾蹲在地上心急烦躁。实在麻烦，还不如守关去。马子忠也烦闷耐着性子劝说他们。他吃过晚饭到集镇街面上闲走遇见房学礼。房学礼一副茫然若失的神态。他勉强露出笑容向马子忠行礼。

马子忠回礼道："房先生住在哪达？咱们可算有缘啊。"

房学礼笑而不语指着南面半山坡上："那三孔破窑。"

刘玉佩安置过一些流民尝到"吃钱"的甜头。他盘算着马子忠是个校尉官爵，褡裢里的银子不会少。他有意拖延两天看看马子忠是否有眼色。马子孝提议日子长着呢，宴请刘玉佩，送些银子。马子忠一口回绝，丢人现眼，堂堂六品官爵岂能给个小里长送礼。刘玉佩没有等到马子忠一点动作声响窝着一肚子火气。他心里骂道"六品官算个球，羊圈里的驴粪蛋。"刘一六在一旁煽风点火。自哒的天是刘家的，自哒的山山沟沟也是刘家的。野狼沟狼多肉少让这帮军爷受着去。刘玉佩心意已定狠狠地拍一掌桌子。

一个六品官爷不能在一个无品无位的里长面前低人一头。马子忠心里很不是滋味，沉住气挨到第三天来到里公所。刘玉佩心想，这两天来一个流放官爷，又来个军爷，都是人物。大堡子可是一座小庙。他端坐在公案前看到一个校尉官爵的人站在他面前很不舒服。他面色冷淡手里握着茶壶喝茶。刘一六点头哈腰倒显得热情。他拿过一把椅子请马子忠入座递上一杯茶。

刘玉佩喝一口茶道："马校尉，是这，我与几个大户甲首商议过，他们不愿意接受你们。这东北方有道野狼沟空旷没有人家。”

李盾圪蹴在墙边恼怒紧握拳头道：“嘁人呢！”

马子忠寻思半晌起身拖长声音道：“昂，能行。”

马子孝示意李盾不要动气。李盾忍住怒火观望马子忠的神色。他心想，马校尉怎么就怂咧。他一脸怒气又要张口。马子忠狠狠瞪他一眼。

刘玉佩嘴角挤出一丝笑说：“马校尉往后就是野狼沟的甲首。恕不远送，一路走好。”

刘玉佩办理好安置划地官书，指派两个人给马子忠带路。马子忠接过官书转身离开。刘一六在一旁幸灾乐祸坏笑。两个人把他们引到野狼沟沟口扭尻子离开。沟口山脚下一块大石头模样狰狞。马子忠下马走过去细细端详那块大石头若有所思。艾巍山看着大石头很不舒服。

李盾心里一直翻腾憋不住撂出话：“一个小里长日能甚。马校尉咋就怂咧。”

马子孝：“在人家窑下，哪能不低头。这野狼沟空旷没有人家，去有人家的沟里还要看甲首的脸色。”

马子忠过来拍拍李盾肩膀说：“怕甚，边关狼多肉也多。你们看，这野狼沟两道小沟流水汇集从这而出。两人一伙分头进去。”

马子忠和艾巍山从一道小沟进去。马子孝与李盾从另一道小沟进入。马子忠牵着马踏着青草缓慢行进，一边抬头向两边山梁张望。马子孝边走边看细细观望。他喝一口溪水品尝，抓一把黄土捏吧捏吧。好风水，好风水。四个人一直向东北在一水潭山湾会和。

马子孝眉欢眼笑道：“好风水，好风水。两道小沟是通的，这是前沟，是泉水头。”

艾巍山指着山湾半坡接着说：“有水有草可是好地方。窑房建在那。”

李盾神态轻松笑道：“草多必有野兔野鸡。”

马子忠向水潭扔一块土疙瘩面露笑容说：“这水潭黑绿深不见底，可是黑水潭。人是活的，野狼沟可以改改名。走，到山梁梁上看看。”

四人刚爬上山梁听见几声狼嚎，接着传来“救命”的喊叫声。马子忠寻声发现黑水潭边两只灰狼围着一个拦羊娃。他没有多想溜下山坡奔去。两只狼死死咬住拦羊娃的左腿。马子忠拔出刀劈过来。两只狼松开口跑了。

拦羊娃脸色苍白，大腿流出鲜血。马子忠撕下身上一块衣布给他简单包扎。李盾过来安慰他。马子孝询问他家在哪哒。拦羊娃惊恐未定，浑身发抖报上家门。马子忠把拦羊娃扶上马吩咐李盾赶上羊。他们赶回大堡子请来大夫到拦羊娃窑里。刘一六推门进来大声喊叫“刘憨憨”。马子孝向他简单说明。刘一六看看刘憨憨的腿板着脸呵斥。谁让你跑进野狼沟拦羊可。羊呢？李盾随口回应已经赶回羊圈咧。刘一六狠狠撂下话。丢下一只羊，看我怎么拾掇你。刘憨憨忍住疼痛起身下炕感谢救命之恩。艾巍山扶起他盘问他家人。刘憨憨孤单受苦，看着救命恩人泪流满面。他父母死的早，丢下他一个孤儿给刘玉佩家拦羊。

李盾手指马子忠说：“怕甚，往后咱们就在野狼沟安家种地，马校尉是甲首。”

刘憨憨十分惊讶抹一把眼泪说：“大大留下三孔窑洞，你们是救命恩人，先将就住下。”

马子忠一听这话认定这娃实诚知恩图报。他打发李盾和艾巍山弄些饭来。刘憨憨看马子孝也出门去，躺下哭哭啼啼嚎出声来。

刘憨憨“日塌咧，日塌咧，刘里长不要我咧。”

马子忠露出笑容安慰他。

刘憨憨：“腿坏咧，京城宫里去不下咧。刘一六就为这事来看我。”

马子忠笑道：“拦羊娃还知道个京城。”

刘憨憨慢慢坐起来说：“刘里长要送我去京城宫里，就不会拦羊受苦。”

马子忠一惊，刘玉佩如此歹毒要送娃去宫里当太监。他没有向他说明这些，简单说：“种地好，三十亩地一头牛，婆姨娃娃热炕头。跟我一起种地吧。”

刘憨憨胆怯地说：“那刘玉佩会打死我的。”

马子忠：“怕甚，我给你寻个媳子。”

刘憨憨眼睛一亮说：“真的啊。”

马子忠拍拍他的肩膀点点头。

刘憨憨神神秘秘说：“我去过野狼沟，看见水潭边有两匹金马驹，真真的。”

马子忠听过金马驹传说，有惊又喜。他一把紧紧拉住刘憨憨说：“可不准告诉外人，天知地知，你知我知，一说出口金马驹就跑咧。你等着，我一定给你寻个媳子。”

刘憨憨点点头说：“我信你的。”

大夫为刘憨憨清理伤口包扎。他们暂且就住在刘憨憨的窑里。集镇街面上传来唢呐和镲锣鼓吹吹打打的声音。刘憨憨知道是刘玉佩送别人去京城宫里，难过地流下眼泪。刘一六打发一个拦羊老汉过来把羊赶走。马子孝掐指一算春分已过去。他心急告知马子忠。

他要赶回马家园子拉来农具和家伙。这开荒种地要先修路，很费些日子。赶上芒种前后还能种下菜和谷子。

庄稼人面朝黄土，地里刨食。马子忠只想着有块地和几空窑洞安生过光景。他没有多想种地还有很多的道道。他又想起刘憨憨流露出那个意外的发现。这野狼沟的黑水潭金马驹一定是真的。俗话说“金马驹添风水，聚宝气，催产物。”他暗自庆幸得意。金马驹，金马驹。马家娃子不缺金。他定下心要把刘憨憨拴在身边。天色黑下来，一个黑亮亮的中年汉子小心翼翼进来。他自报家门，何家洼何甲首。马子忠不知他的来意礼节性客套一番。何甲首放下酒肉显得十分客气。大堡子来个六品校尉深感荣幸。我没什么意思，只是打个照面，往后多多关照。他笑容可掬地转身离去。

这到嘴边的肉不吃白不吃。李盾也不客气摊开摆好肉倒上酒。马子忠茫然笑笑，这人精明，一回生二回熟吧。他吩咐大家坐在炕上吃喝。艾巍山心想这人怪怪的，哪有白吃白喝的。李盾只是蒙头吃肉喝酒。刘憨憨认得何甲首，唧唧咕咕道出刘玉佩与何甲首争抢里长的事。马子忠无心喝酒耐心等待马子孝。马子孝拉来两车农具和家伙。他拿出开荒、打窑费用单子交给马子忠。马子忠细细过目，这过光景很是不容易。李盾提议三家干活吃饭搭平伙，开荒、打窑的费用由马子孝管理。马子忠点头赞同。马子孝交代修路可以由刘玉佩派劳役出工。

马子忠按照马子孝的交代去找刘玉佩。刘玉佩心烦，这人不懂礼数，油盐不进。他不冷不热几句话敷衍打发马子忠。马子忠心里不舒服眼睛盯着刘玉佩。四目相对霎时空气凝重。刘玉佩看着马子忠的眼神像两把刀。他心里发毛避开马子忠眼睛咧嘴笑笑要召集几个甲首，看看他们的意思。他提笔在一张纸上写几个字交给刘一六。刘一六一看心领神会去召集可靠甲首。

初来乍到，自然受人欺生排外。刘一六招来四个甲首暗地里已通好气。春上忙派不出人。四个甲首见过马子忠，客套行礼。刘玉佩向他们说明派劳役出工修路的事。四个甲首相互看看不言语。

刘玉佩拿腔作调道：“修路派劳役理所应当。”

吴甲首：“春上忙。”

李甲首点点头。

胡甲首：“抽不出人，秋后能行。”

何甲首不吱声。

刘玉佩盯着他又冲着马子忠说：“马甲首，你看这秋后如何？”

马子忠板起脸问道：“那这一年的粮你给，税你交吗？”

刘玉佩两手一摆推卸说：“我手里没有人。”

何甲首有意与刘玉佩戗着来：“我试达派些人出工。”

刘玉佩一听这话窝火憋气。他重重拍下惊堂木：“那就何甲首派人出工。”

何甲首听出刘玉佩话里有气冷言冷语道：“能行。”

何甲首果然派出二十人来修路。他派人出工自然有他的用意。他想笼络马子忠挤兑排挤刘玉佩。马子孝探好线路把农具和家伙拉倒野狼沟露宿。他吩咐李盾和艾巍山掌管膳食。修路工很是卖力。修路一天一天向山沟里延伸。夜天，野狼沟黑沉沉的，时而传出狼的嚎叫。他们胡乱倦宿在山坡上喝酒拉话女人，倒很自在。李盾看着天上的星星不停地念叨。还是边关好，这夜天就像边关，喝酒吃肉看星星。马子忠感激何甲首特意请他来野狼沟喝酒吃肉。何甲首酒醉三分道出刘玉佩的为人处世。他鸡肠狗肚霸道欺人贪财好利。魏知县是他的后台老爷……

土路沿着山沟修到黑水潭山湾下。马子忠看着这弯弯曲曲的路称心满意。他明白一个道理，受人一饭，报人一石。这里人生地不熟，一个朋友一条路，一个冤家一堵墙。他又带上礼物去何家洼登门拜谢。何甲首很是客气留下马子忠吃顿捞面。马子忠向他打听揽工的庄户人。何甲首点头答应不经意地收回前面的酒话。那天喝多咧，刘玉佩还是好心人，护着这沟沟岔岔的人。马子忠发现这人说话怪怪的，胡乱应付一句。

第六章　开荒打窑

何甲首介绍来三个老庄户人。马子孝领着他们在山山沟沟转悠看地。他们看山势坡度阴面阳面，选好一块地用撅头刨土，抓一把土捏吧捏吧。马子孝一边在地边做上土疙瘩标记。一个老庄户人有经验点点头。你们可以开荒平地咧。挨到什么节气就先撒点种子。人养地，地养人，锄头底下出黄金。马子忠又雇来一些揽工的人。他们自带镢头和铁锹。三个老庄户人引导他们平整土地。

野狼沟干活的人出出进进。山沟沟里、山坡坡上一满是人很是热闹欢实。庄户人刨土平地，黄土飞扬。春上的晌午，太阳一阵子凉一阵子热。庄户人退去上身衣掖到腰间露出黑油油膀子干活。山沟沟里、山坡坡上时而传出一段小曲。“野狼沟沟的太阳照山畔，哪哒来个庄稼汉。打窑窑刨土土，半山坡上流大汗。野狼沟沟的太阳照山畔，哪哒来个庄稼汉。油馍馍黄馍馍，过好光景要吃饭。野狼沟沟的太阳照山畔，哪哒来个庄稼汉。黑脸脸白腿腿，抱上婆姨睡得酣。”

庄稼人都看得见野狼沟山坡坡飞扬的黄土，听得见那一阵一阵的小曲。他们纳闷相互议论纷纷传来传去。野狼沟有人烟咧。哪哒来的人不怕狼。刘玉佩这个黑肚子害人咧……刘玉佩十分得意倒想看看这几个军爷能刨出什么土窝窝来。他虚情假意派刘一六去慰问一下。刘一六眉欢眼笑赶到野狼沟。他转悠看看山沟沟、山坡坡。一块块平整的田地展现眼前。他目瞪口呆心里有几分佩服。马子孝请他步伐丈量田地。刘一六冠冕堂皇慰问几句。野狼沟好风水，好地方。他们劳碌三个来月把荒地开垦出来。马子忠吩咐大家歇息三日。马子孝拿出账单和算盘一一清算。他掐指算好芒种节气提出可以一边准备下种子，一边打窑。犁地要买毛驴和牛。

刘憨憨一瘸一拐插话说："刘里长不要我，我给马校尉拦羊。"

马子孝一拍脑袋说："阳坡糜谷，阴坡黑豆。庄稼一朵花，全凭粪当家。这是要买羊还要养猪。"

马子忠脸色黝黑衣着不整，已是个地道的庄稼人模样。他身子劳累又看到希望。他坚定地点头答应。李盾闲着无事拉上艾巍山到集镇上喝酒。他们边吃边喝听见旁边桌子两个人拉话。他们要去吴家圪台牛羊集市。艾巍山转过身打探几句。李盾提出一起去看看。他们喝完酒一起赶到吴家圪台牛羊集市。集市在一块平坦的台地上。一个牛羊贩子蹲在牛羊和毛驴一旁吆喝着。牛驴是家宝，耕地拉车少不了。买家走来串去挑选牲口。李盾和艾巍山不懂行情转来转去。一个买家看中一头毛驴。他围着毛驴观望用手翻开驴唇看看牙又摸两把驴背，提起四个蹄细细打量。他来到牛羊贩子面前，两手在身上拍打拍打。两人开始袖口里摸价。买家和牛羊贩子相视一笑。买家付过银子牵上毛驴就走。

买牲口要有本事会看会摸。李盾看着心动跟过去打探行情。那个买家没有多言低声道出一句话。远看一张皮，近看四个蹄，上手先晃两只眼，再看牙口齐不齐。李盾与艾巍山合计，两人合买一头牛。他们径直来到一个牛羊贩子面前。李盾会看马装着像个老买家。他围着牛这看看那摸摸。他向牛羊贩子点点头。牛羊贩子伸过手。李盾为难不会袖口里摸价低声张口问价。牛羊贩子暗喜给出一个价。李盾和艾巍山点点头十分满意。他们牵上牛走了。李盾拍一把牛背乐呵呵地笑。一头牛，半个家。不料，牛走着走着卧倒不起口吐白沫。艾巍山惊呼受骗咧！受骗咧！

李盾怒气冲冲跑回牛羊集市揪住那个牛羊贩子就打。牛羊贩子心里有鬼大喊大叫装着无辜的样子。吴甲首得知带上十几个汉子，提着棍棒把李盾围起来。李盾道出原由。吴甲首强词夺理，牛是你买走的，死活都是你的。其他人跟着起哄。李盾一人难敌众口，一把夹住牛羊贩子的脖子要挟吴甲首。老子把守边关杀过人，你们这几个算个球。弄辆木轮车把牛拉上到里公所去说理。吴甲首心想到里公所怕什么。他吩咐两人赶来一辆木轮车拉上牛去里公所。

他们吵吵嚷嚷来到里公所。刘玉佩大声呵斥李盾。李盾拽着牛羊贩子说明事由。蔡牛过来看望马子忠，看见里公所门前围着很多人。他盘问艾巍山得知李盾出事。他来到木轮车旁翻看牛眼牛嘴又摸摸牛肚子，向围观的人大声嚷嚷。这是头老病牛。牛羊贩子骗人咧。马子忠提着刀过来冲进里公所。

刘玉佩一看马子忠大声吼道：“你竟敢带刀闯入，先拿你治罪。”

马子忠怒眼圆睁道：“这是头老病牛。你要光明公道。”

马子孝进来和和气气劝解要单独与刘玉佩说道说道。刘玉佩摆摆手示意马子忠、李盾和牛羊贩子退出。马子孝先自报家门。刘玉佩心里一惊，他知道马家园子是大户人家。

刘玉佩装出一副笑脸说：“原来马校尉是大户人家。”

马子孝：“这事不大不小。按照买卖规矩，要不去找乡约。”他探寻的目光看看刘玉佩，接着说："牛死活都是李盾的。不过这牛确实是头老病牛。"

刘玉佩不想把事闹到高乡约那里，一副很为难的样子不言不语。

马子孝："这牛可以宰掉，然后分咧。"

刘玉佩摇摇头说："朝廷有禁令，耕牛不可杀。"

马子孝："这是头病死牛。"

刘玉佩："咋咧，你有甚办法？"

马子孝："牛羊贩子退还一半钱，牛分你一半，另一半分给李盾和牛羊贩子。"刘玉佩捞个大便宜露出笑容说："这倒是个好办法，不过我那份……"

马子孝笑道："这事我来调解。"

刘玉佩把李盾和牛羊贩子招呼进来。他大声呵斥牛羊贩子。牛羊贩子吓得跪地招认。马子孝出面调解。牛羊贩子点头认同。李盾还是不服气。马子孝给他递个眼色。按照买卖规矩，这牛死活都是你的。和气生财，和气生财。李盾一拍脑袋叹口气。我胡脑子。夜天，半个月亮爬上来。他们偷偷在刘玉佩大院里杀牛。蔡牛杀牛开膛破肚子。

马子忠说："这牛杂碎也归李盾和艾巍山。"

刘玉佩显得很大气："能行，能行。"

蔡牛破开肚子掏出一堆牛杂碎。他这抓那摸摸出胆囊一块卵型硬物。他惊讶地不敢声张。他把臭杂碎倒进木桶里。蔡牛看一眼刘玉佩。刘玉佩没在意满不在乎吩咐把杂碎倒木桶里拿走。蔡牛感觉那卵型硬物是牛黄。他拾掇分好牛肉提起木桶要先回去拾掇杂碎。他回到刘憨憨的窑很快拾掇好杂碎把牛黄藏起。马子忠和李盾闻到香喷喷的杂碎。李盾吐口恶气要喝酒。蔡牛把他拉到一旁耳语一番。他们吃好喝好已是深夜。蔡牛拉起李盾要出去一趟。马子忠疑惑不解。蔡牛笑笑要回头再说。

蔡牛和李盾匆匆忙忙向朔水城赶去。李盾纳闷追问蔡牛。蔡牛亮一亮手里的褡裢。牛黄足有一斤，你发财咧。李盾还是不明白。蔡牛向他细细道出牛黄的黄金价钱。天亮，他们赶到朔水城在一家饭馆吃饭。蔡牛拿上一块黄馍嘱咐李盾在这里等候。李盾将信将疑，这牛杂碎能值几两银子。后晌，蔡牛急急忙忙回来拉起李盾就走。他们一口气翻过两道山梁。蔡牛这才停下来坐在山坡上。他让李盾猜猜这牛黄值多少两银子。

李盾累得一尻子坐下摇摇头说："也就五两，顶多十两。"

蔡牛伸出五指在他眼前晃一晃。

李盾吃惊道："五十两啊！"

蔡牛从褡裢里掏出银子压在李盾的手里说："足足一百两。"

李盾没见过这么多银子手紧握银子微微颤动。他激动地躺下偷偷抹泪。

蔡牛拍拍他的肩膀笑道："老天爷有眼啊。塞翁失马，焉知非福。"

李盾坐起身叹口气说："家有老母，婆姨病亡，丢下一个小子看家种地。"

蔡牛："这银子足够买牲口，打窑寻个媳子。"

李盾想想说："我还要弄回一头牛。马校尉会耻笑。"

蔡牛："牛金贵不如毛驴。毛驴便宜，能驮水，驮粪，拉磨还能拉车、犁地。明个天亮在金家湾牛羊集市转转。"他又叮嘱说："这银子与艾巍山分半，马校尉不会计较。不可外面瞎说。"

他们来到金家湾在路边一家饭铺歇息吃饭。金管家路过细细打量他们。他笑笑点点头打招呼。蔡牛满脸笑容拱手回礼。金管家认出李盾拉过一只板凳坐下套近乎。

蔡牛认出他惊觉地问道："你是金管家吧。"

金管家热情地招呼店家："上茶，这饭钱我掏咧。"

蔡牛一下摸不着头脑只是咧嘴笑笑。

金管家低声问道："你们是哪哒的？马子忠，你们可认得？"

李盾嘴快："马校尉是马家园子的。"

金管家："昂，马家园子是大户人家。"说完放下饭钱走了。

他们感觉这人怪怪的也没当回事，径直去牛羊集市。蔡牛转来转去挑选买两头叫驴两头草驴。李盾这下开眼很佩服蔡牛。男人相女人，叫驴配草驴。鸡叫三遍，大堡子灰蒙蒙地醒来。他们骑着毛驴赶回来。蔡牛这才偷偷向马子忠说明。马子忠惊喜心里着实佩服蔡牛。蔡牛神秘一笑。金管家打听你呢。马子忠联想起金兰摇摇头自嘲地笑笑。

蔡牛把李盾和艾巍山喊过来郑重其事说："窑洞打好要把家人带来。男人没个女人就不像人。女人在家，窑窑才暖。"

马子忠点头说；"师父说的在理。"

打窑盖房，一世最忙。马子孝带来风水先生、打窑和木匠师傅。他们一同来到野狼沟黑水潭山湾。风水先生身着黑色袍子爬到黑水潭山湾梁梁上，拿出罗盘看地势定方向。他又上到黑水潭山湾左侧山梁上向西观望。前方山顶闪着一道金光。他点点头指一指脚底下。马子孝立马砸下木桩。

风水先生："背靠东山，前有聚水，四面拱山。前面有山，自哒望去山顶平夷，金光闪耀，可为怀抱金山，大贵也。"

马子忠惊讶地望着前面的山顶若有所思，喜不自禁：“金山，金山。”

马子孝、蔡牛一听这是好风水地，提出也在这里打窑。风水先生一一给他们选定打窑宅地。马子孝提出种地打窑同时开工。桃三杏四梨五年，枣树当年就还钱。他们在沟里栽下柳树、枣树和榆树。他们雇来一些庄稼汉开犁、平整田地种草肥地，试种些白菜和谷子。李盾看着栽下的枣树乐乐呵呵。枣树忠勇，风雨不折可是神木。

他们选好吉日请来工匠开始打土窑。工匠流水做地基、剖靠崖面、挖窑洞、剔出拱形，窑面刨光平整。窑洞抹完粘泥开始做花栏、倒旋土、垫垴畔、安门窗、盘炕、砌锅灶。马家五孔窑洞，李家和艾家三孔窑洞。选好吉日，匠头怀抱铜线、碎馍，碎糕、五谷……边撒边念。金宝银宝撒满地，大伙都来拣福宝。抢着钱，堆上云端如金山。掐上馍，酸菜烧酒就黄馍。拣到糕，生个官爷步步高。拈谷子，龙王保佑好光景……马家中窑贴上大红门联“开荒打窑过光景，五谷丰登堆满仓，”横联“子孙满堂”。他们在自家窑洞前摆上香、黄裱、酒壶、酒盅、米糕，叩头谢土。马子忠闲下就提上一罐水蹲在田间地头看犁地，撒种子。他看着自家的地就像看着自家的娃那样亲切。庄稼人的地就是命根子。

马子孝说：“早起的鸟有虫吃。种地是个细活，一年忙到头。”他手指田地里干活的人说：“哥看这，一人赶驴耕地、一人点籽、一人拿粪、一人打土圪瘩很有道道。安谷三条根；撒谷一条根。”

马子忠激动地说：“总算有自家的地咧。”

满天星星，马子忠与李盾、艾巍山睡在田地边。他们心里有希望盼着第二天就长出绿生生的苗子来。新窑新家着实让人欣慰欢喜。他们居住新窑合伙请客暖窑。几个甲首和刘一六都来道喜。何甲首偷偷把宰牛的事告到县衙。刘玉佩心里破烦。他听说牛肚子里有牛黄还被人告到县衙。魏知县传唤审讯宰牛一事。刘玉佩说明事由辩解并找来李盾作证。魏知县揪住不放含蓄地提示牛黄的事。刘玉佩有口难言，那帮军爷吃掉了。他放下十两银子。魏知县这才训斥他。球势咧，如果一斤牛黄，十头牛换不下。刘玉佩回到大堡子着实后悔。他窝火憋气不知是谁告发他。

日头背到西山。马子忠新窑院子张灯结彩里。一阵鞭炮声，毛驴“啊—呃—啊—呃—”叫得欢。他宰一只羊简单的羊杂碎和水煮羊肉。客人嘻嘻闹闹吃肉喝酒。马子忠非常激动不停地向客人敬酒。李盾几杯酒下肚嚎啕大哭。艾巍山眼含泪水蒙头喝酒。客人在酒席上畅饮说笑。何甲首闹得欢醉醺醺地唱起小曲“进了校尉家，把我眼看花。新窑新门新人家，炕头婆姨抱娃娃。左邻右舍笑哈哈，叫老兄，拉个话，五谷丰登年年余，过好光景没麻达……”

客人散去，院子一下寂静无声。马子忠相信黑水潭出现过金马驹，视它神水潭。他来到黑水潭敬拜金马驹。他又洗过自己心爱的马，回到窑里躺在炕上。他感觉空空荡荡的喊叫刘憨憨，没有应答。刘憨憨坐在院子里很想静一静。他感激马子忠看着新窑又有点心酸。我没有新窑哪来女子跟我过光景。他又想起去京城宫里的事眼泪止不住下流。他拿出心爱的唢呐吹一首伤感的拦羊曲。唢呐声声低沉哀婉、如泣如诉在野狼沟悠悠飘荡。马子忠迷迷糊糊听见唢呐声。唢呐声声入耳抓弄他孤单的心。他下炕走到院子蹲在碾子上静静地聆听。刘憨憨这娃不憨。他想起答应刘憨憨的事。咳，野狼沟这帮男人要有女人。他吩咐李盾和艾巍山接来家人。

马子忠立下规定，不准向黑水潭扔杂物，不准在黑水潭里洗澡，不准饮水牲口。李盾和艾巍山接来家人安顿下来。李盾的小子李二蛋长得敦实。这后生是个种地行家里手。他们自愿合伙种地，每天盼着谷子露出绿芽。一天清早，艾巍山急匆匆跑来砸马子忠的门。出苗咧！出苗咧！他们一起来到田地，望着绿格生生的苗子露出收获的喜悦。马子忠按照马子孝的指点该要浇头水。他吩咐李盾和艾巍山拉毛驴驮水浇地。刘憨憨拦羊拾粪没有忘记金疙瘩的事。日子光景就这样开始。他们日出而作，日落而息。傍晚，马子忠简单吃过一碗小米稀饭就蹲在黑水潭边守着。他很想看见金马驹显身。不料，一只狼娃子悄悄卧在他身后。马子忠吓一跳揪起狼娃子。他发现狼娃子腿受伤。狼娃子很乖不停地舔他的手。马子忠一下乐了，有个小畜生陪伴也好。他把狼娃子的腿包扎好，天天抱在怀里喂吃喂喝。狼娃子的渐渐好起来。一只母狼来了在院子外不停地嚎叫。马子忠记起蔡牛的话“狼通人性”。他在窑洞外半山坡上挖出一个洞做狼窝，他抱着狼娃子放在里面。母狼眼尖嚎叫两声钻进狼窝。它领出狼娃子撒欢。马子忠看在眼里招招手。母狼又嚎叫两声像是在报恩。

艾巍山带来马兴盛口信。马子忠不知家里有什么事，向艾巍山交代一番，赶往马家园子。马子忠回到马家园子一进家门。母亲乐呵呵地告诉他。定下亲哩！定下亲哩！马兴盛端坐在椅子上不言不语。马子忠糊里糊涂摸不着头脑，跪地向父母拜礼。

马子孝：“大大，妈妈给你定下一门亲事。”

金管家过来向马子忠行礼说：“父母之命，媒妁之言。马校尉威武，金家小姐金兰看中你。都办好咧，今个选定订亲日。”

马子忠认出金管家喜出望外给他倒茶。

马兴盛：“提亲、合婚已走过，两家看过门风和光景，互换儿女庚帖，看过生辰八字。聘礼已定，婚事就在马家园子办，家俬都安顿好咧。”

没想到竟有这般喜事。马子忠回想金兰的模样又想起杜兰，抑制不住内心的喜悦。他信自己的命里有兰花。金管家还是有点不放心。他按照金老爷的意思随马子忠一起来到野狼沟。金管家看看新窑又查看田地。他感觉不错不停地点头赞许。他指着山沟里泉水溪流指指点点。这下面要修一方水池，吃水干净。马子忠一口答应。金管家听到“野狼沟”的名字很硌硬。他嘴里挤出“野狼沟”三个字。马子忠不好意思干干笑两声。金管家想想出口定下。我看就叫金马沟。马子忠一下联想起金山、金马驹、金兰。他十分满意开怀爽朗的大笑。我怎么没想到，就叫金马沟。今个好好喝酒。李盾和艾巍山听到这名字十分高兴。艾巍山提出把“金马沟”刻在山沟口那块大石头上。马子忠来到大石头旁乐呵呵地赞同。李盾抚摸着那块大石头。这可是一匹骏马。马子忠兴奋不已吩咐李盾明日就请石匠。

金兰第一次遇见马子忠后心里就有他。她情不自禁越来越想念马子忠。他威武英俊拔刀的样子像个刀客。她拒绝不听父母的话，四下打听马子忠。她得知马子忠的情况后就向父母摊开。金老爷大为恼火搬出“三从四德”。金兰听不进去撂出话“我相中的人，非他不嫁。”金老爷拗不过金兰就吩咐金管家打探马子忠。金老爷嫌弃马子忠年龄大，但是得知是马家园子的也就勉强答应。他请算命先生看过两人生辰八字，才正式答应这门亲事。金管家回来向金老爷报喜。金老爷得知选好定亲日满心欢喜。马兴业吩咐马兴发和婆姨陪同马兴盛和婆姨前去定亲。马兴盛明白马兴业用心，都是一家兄弟亲。

两家定亲日欢欢喜喜。马兴发和婆姨，马兴盛和婆姨、舅舅、妗子、姨夫、姨妈来到金家庄。马子忠头发竖起身着红色圆领长袍。他恭恭敬敬跪拜金家长辈，敬上金银、酒肉、馃馅、头簪、耳环、兜肚、衣裙礼物。金老爷见过马子忠满意地点点头。金管家回敬鞋、帽、点心、食盐礼物。酒席男人女人分坐喜气热闹。金兰双螺髻发式，一身淡红色衣裙。她不停地瞄一眼马子忠心里着实欢喜。我的老汉还是长发威武。马婆姨喜格蛋蛋看着金兰。这女子真俊像杜兰，比杜兰漂亮。双方父母定下结婚吉日。金老爷提出女子出嫁要凤冠霞帔。

第七章　欢喜临门

鸟儿叽叽喳喳欢唱，虫儿“吱吱”鸣叫。马子忠蹲在田地边望着绿格生生的谷子盼着结婚的日子。马兴业吩咐马兴发婆姨和五嫂做引人婆姨。马子忠听说杜兰做引人婆姨很是别扭。

马子忠不好直说随意问母亲：“那么多嫂子，非要杜兰去。”

母亲嗔怪道：“咋哩，她是你嫂子。五嫂子手可巧哩，你洞房的囍字窗花都是她剪的。”

马子忠心里一热，不再提起这件事。天上一片红霞。马子忠身着校尉六品官服胸戴大红花，骑上心爱的马迎媳子。他感觉这是做梦。金马驹、金兰、金马沟一直在他脑海萦绕。野狼沟是块风水宝地，一定不能亏欠下刘憨憨。迎亲的队伍里一顶红轿子格外显眼。引人婆姨妆饰艳丽，满脸喜气骑着毛驴。两辆骡子木轮车装满礼物，四头毛驴头挂红花随后。吹鼓手一路欢快地吹吹打打。

迎亲的队伍来到金家庄门前。一阵爆竹响过，唢呐嘀嘟嘀嗒高奏，锣鼓喧天。金老爷和婆姨出来笑脸相迎。脑畔和碱畔上围着看热闹的人群。大院内酒宴桌子摆着甜糕、枣糕、油糕、糖糕角、油馍馍、花生、红枣、瓜子。客人坐齐，嬉笑拉话。金管家高喊一声“开席!”仆人齐齐上满烧肉、小酥肉、肘子、清蒸羊肉、排骨、清蒸丸子、酥鸡、炖肉八大碗。席宴推杯换盏，喜笑颜开好不热闹。金兰坐在闺房，发髻梳理发成扁圆形桃心髻，头戴凤冠，红盖头。蓝色霞帔，红色的长袄搭配一条马面裙，十分艳丽。喜宴结束，两个送人婆姨引出金兰。唢呐声清脆悠扬响起。马子忠过来背起金兰上轿。木轮车拉着一对红门箱、衣物等嫁妆。送人婆姨跟在后面。引人婆姨喊声“起轿。”马子忠喜气洋洋骑上马，吹鼓手吹吹打打启程。迎亲的队伍走出金家湾。金兰在轿子里大声喊叫。马子忠下马走过来问个究竟。金兰探出头掀开盖头任性地要骑马。马子忠一脸无奈地笑笑。众人围过来不可思议摇头起哄。马子忠一把抱起金兰，放在马背上。

金兰怯生生地说：“我害怕，你也上来。”

马子忠嬉嬉笑笑跳上马喊一声“驾”。

金兰一把搂住他的后腰，笑盈盈地说：“马老汉，你是军爷啊！”

马子忠笑而不言。

金兰：“我第一眼看见，就知道你是个猛汉。”

马子忠笑道：“你这女子任性，看我往后拾掇你。”

金兰拧一把马子忠的胳膊说：“你身上有股子野味。我喜欢。”

马子忠“哈哈”大笑，两腿一夹马飞奔起来。清早，太阳红格蛋蛋喜人。马子忠背起金兰放进轿子里。迎亲的队伍进到马家园子。爆竹“噼啪”响起，吹鼓手欢舞高奏报喜。脑畔和碱畔上围来看热闹的人群。马子忠和父母满脸喜气笑迎送人客。马家园子大摆喜宴宾客满堂，十分热闹。引人婆姨搀扶金兰下轿踩红毡，新郎、新娘手挽着绣球红绸带，缓步来到供桌前。司仪念念有词，一拜天地，欢天喜地。二拜高堂，孝敬父母。夫妻对拜，永结同心。新郎抱起米斗，新娘执宝壶进入洞房。马子忠抱着谷子斗米放在炕头。引人婆姨指点金兰上炕，绕炕一周“踏四方”，面朝米斗坐下。马子忠用插在米斗上的箭挑去红盖头。他轻轻捏一把金兰的红色绣花鞋。两人相视幸福地一笑。金兰开箱取出梳妆品与马子忠背靠背坐下。送人婆姨将金兰辫梢搭在马子忠肩上，用木梳为双方作梳头动作。她精心为金兰梳头，一边梳头一边唱：“头一木梳金，二一木梳银，金家的女子嫁到马家的门。对对囍字双双雀，早生儿女满地跑。养女的，要巧的，金兰花花长得好。养小子，像老子，穿补服，戴官帽。”唱完后把金兰的头发盘成堕马髻。马婆姨进来把枣、核桃等压在四个炕角念叨。好婆姨，上炕针线，下炕灶饭。女仆呈上儿女扁食。

司仪高喊一声“开席!”唢呐高奏，爆竹“噼啪”响过。喜宴八大碗多加一条黄河鲤鱼。马兴业头戴黑色六合帽，红色丝缎大袍喜气洋洋。今个，马兴盛的大小子荣归故里，迎娶媳子，马家大喜。感谢诸位捧场，吃好喝好……喜宴欢声笑语，开怀畅饮。五哥在窑里躺在炕上心里不是滋味。马子忠端着酒菜嘻嘻哈哈进来。他拉起五哥喝酒。五哥勉强喝酒三杯。马子忠向艾巍山敬酒。艾巍山端起酒杯唱起小曲。“马校尉六品官，引个媳子可好看。马家人，金家人，拉上手手对眼眼。马校尉六品官，引个媳子可好看。马家人，金家人，洞房花烛闹得欢。马校尉六品官，引个媳子可好看。马家人，金家人，生个小子金蛋蛋。”众人一片欢笑。

马子忠带金兰回门。杜兰这才看清金兰的模样。她们惊奇地打量对方。四目相望好像久别的姐妹。她们心中油然而生特别的亲切。杜兰看到金兰心情潮水般不能平静。她回到窑里拿起铜镜看自己。她对着镜子淡淡一笑念叨“金兰”的名字。马子忠牵着马走幸福地哼着小曲。金兰骑在马上脑海里浮现杜兰的影子。

金兰喊住马子忠，问道："那个引人婆姨是谁？"

马子忠明白她问得是谁，不好意思转过头回应："哪个引人婆姨？三妈还是五嫂？"

金兰："那个年轻女子。"

马子忠："那是五嫂子杜兰。"

金兰下马拉住马子忠追问："我俩模样像姐妹——哪个俊美？"

马子忠嘻嘻哈哈："叶兰兰、杜兰兰，我的金兰最好看。"

金兰抿嘴一笑地说："往后叫她姐姐。"

马子忠心里一颤，脑海里浮现杜兰的影子。他干干一笑，不知如何应答。他和金兰新婚如胶似漆度过一段甜蜜日子。他们离开搬回金马沟。夜沉沉，金马沟空荡寂静，不时传来狼的嚎叫声。金兰害怕畏缩在马子忠怀里。马子忠抚摸着她的头安慰她。没麻达，狼在唱小曲祝福咱们呢。这时，院子里有响动。马子忠点着灯出门放下几块骨头。两只狼叼上骨头温顺地走开。

马子忠回窑躺在炕上说："狼来咧。"

金兰紧紧搂住马子忠怯怯地说："我怕。"

马子忠亲一口金兰说："没麻达，外面有咱家的狼窝呢。自哒的狼就是看门的狗。"

金兰摸着马子忠腔子说："马老汉，我听说杜兰是你相好的。"

马子忠有点不耐烦："那是老黄历咧，不要提她。"

金兰："我俩拉话话哩，我叫她姐姐——你心里还有她吗？"

马子忠："歇息吧，明个看看庄稼。过几天还要请客，烧烧烟火气。"

大堡子南山圪梁梁上有一对百年枣树是王母娘娘身边的金童玉

女。自哒人都去敬拜两棵神树。金兰听说后撒娇要马子忠一起去上香。马子忠满心欢喜一口答应。天亮，两人喜格蛋蛋欢快赶路。两颗枣树立在圪梁梁上，枝头上挂着红艳艳的枣子，枝杈上一满飘着红布带。朝霞映得红格彤彤。两人感动相视一笑。他们上香敬拜，把两条红布条系在树枝上永结百年。金兰摘下一颗红枣露出幸福地笑容。她把红枣放进马子忠的嘴里。马子忠摘下一颗红枣。金兰害羞闭上眼睛。马子忠亲口口把红枣甜在她心里。

刘玉佩收到马子忠的请柬有点犹豫。他们开荒打窑热火朝天，没有想到这帮军爷在野狼沟住下来开始过光景。他又想来看看装装样子，可是心里总是疙里疙瘩。马子忠一个六品武官解甲归田。房学礼一个朝廷五品文官流放贬职。刘玉佩始终感到矮人一等。他心里没有底气不知如何管教他们。他摆出家长架子盘问刘一六。刘一六诡秘一笑出坏点子。刘里长吃席是体恤民情给脸面要送大礼。狗不咬粑屎的，主不打送礼的。马子忠姓马，那就送他一头病驴。刘玉佩点点头露出得意的笑容。

马子忠烧火拉风箱。金兰做出八大碗喜宴。高乡约带着四件农具礼物早早如约赶来。刘玉佩骑着一头毛驴，刘一六牵着一头病病歪歪的毛驴一同赶来。吴甲首、李甲首、胡甲首、何甲首……带着礼物随后赶到。刘玉佩到金马沟没有歇下。他到圪梁梁上沟沟里转个遍。他有点羡慕不停地念叨。好风水，好风水。马子忠在院子里摆下两桌酒菜。刘憨憨一瘸一拐倒酒。刘玉佩不想看到他，脸色难看让他走开。

马子忠赔着笑脸说：“尔格，他是金马沟人。”

艾巍山宣报礼单：“高乡约四件农具。刘玉佩驴一头。吴甲首鸡一对。李甲首缸两口。胡甲首对联一副。何甲首被面一对……”

胡甲首坏笑道："刘里长一头驴，不嫌脸长。"

众人哈哈大笑。

刘一六没好气地说："莫非对联写着两个驴字。"

胡甲首："俗气。"亮出上联"一二三四五六七"接着说："谁能对出下联，二两银子。"

众人相互看看，目瞪口呆。

艾巍山起身走过来笑道："把银子拿出来吧。如果不能成，我给二两银子。"

众人嘻嘻哈哈"能成，能成。"

胡甲首掏出银子放在桌子上。高乡约温文尔雅，笑而不语。

艾巍山："下联，高刘吴李胡何马"

众人拍手"好！好！"

马子忠起身举杯道："今个是喜宴，感谢高乡约、刘玉佩、各位甲首赏脸，马家寒门生辉。往后还要多多关照。"

高乡约举起酒杯清清嗓子慢慢悠悠有感而发道："马校尉解甲归田，开出金马沟，乃大堡子楷模。往后乡里乡亲要相互相爱，遵守乡约。敬贺，敬贺。"

刘玉佩面带微笑举杯道："第一杯，没想到野狼沟好风水。第二杯，没想到野狼沟变成金马沟。第三杯，没想到马校尉吃个嫩草草。祝贺，祝贺。"

众人哈哈大笑，连喝三杯。四个甲首借着酒劲嬉嬉闹闹要看婆姨。马子忠大声喊叫金兰。金兰出门行个礼又回到窑里。刘一六敬酒，打趣唱小曲："老马吃个嫩草草，上到炕上叫得欢。俊女子白腿腿，骑在身上摇船船……"艾巍山端上酒过来叫上劲："一头驴，驴一头，四个甲首没空手。大碗肉，大碗酒，吃饱喝饱别献丑。谁喊叫，驴叫欢，回到家里被窝钻。”哈哈哈……高乡约摆摆手一副正经样子。言语过咧，过咧。艾巍山对刘玉佩送毛驴这事憋着一口恶气。他心里骂“羞人咧，刘驴长。”他想借酒劲羞辱刘玉佩。马子忠把他拉到一旁低声耳语。咱有礼不打上门客。毛驴留下要干活的，过年再还给他这个大礼。艾巍山灌一口酒憋不住笑喷出口来。喜宴热闹杂乱，开始划拳吆喝、跌骰子、扣明宝。李盾默默喝酒不吵不喊。吴甲首为那次牛的事还心存芥蒂。他凑到李盾身边有意要灌他酒。他们划拳吆喝不分上下喝得面红耳赤。

艾巍山凑过来道：“他是老光棍，酒量可大。”说着掏出两枚骰子放进一只黑碗里。

李甲首：“赌银子押大小，这个刺激热闹。”

李盾一下来精神。他看一眼吴甲首如同看见那头牛。吴甲首好不客气抓起黑碗翻来转去摇动飞快扣下。两人轮番坐庄你来我往。吴甲首输掉二两银子心里有点撑不住。李甲首在一旁胡乱搅合。最后一把三两银子，吴甲首如果赢了，给你寻个媳子。两人揣摩对视一番。吴甲首抓起黑碗由慢而快翻来转去摇动扣下。艾巍山给李盾做个握拳手势。李盾瞄一眼押中了。吴甲首一下愣住半吐半吞说不出话。李盾把银子推到吴甲首面前抱拳笑笑。不打不相识，银子就算咧，图个热闹。吴甲首心里一热，举杯敬上一杯。

欢乐喜气散去，夜一片寂静。刘憨憨心底里孤独惆怅。他偷偷听洞房金兰的叫炕声。他实在难受跑到圪梁梁田地边喝酒。他想女人偷偷流泪。他信得过马子忠又担忧他像刘玉佩。他很想打窑盖房又不敢提起。他胡思乱想，富人家没有一个好东西。他一边喝酒一边吹唢呐。唢呐声声杂乱无序幽幽在金马沟孤魂一样飘荡。他夜夜喝酒吹唢呐把马子忠搅得心烦。马子忠可怜这娃心里有数，不打听也不过问。金兰听到唢呐声心里很不是滋味。她多次盘问马子忠。马子忠淡淡一笑也不作应答。

吴甲首回到家把婆姨折腾一番还是睡不着。他把李盾细细梳理一遍。他想起李盾那句话“不打不相识，银子就算咧，图个热闹。”这句话着实让他佩服。他无意得知李盾是个光棍心生一个念头。他妹妹吴冬阳二十大几的女子是吴家一块心病。吴冬阳脾气大古怪气走五个媒人。吴甲首一直犯愁想把妹妹打发出嫁。如果把妹妹许配给他兴许是件好事。这帮军爷有胆敢做把野狼沟弄成金马沟，很有些本事。吴甲首多次打探李盾，认定他是条好爽汉子。他把这事告诉婆姨。婆姨破烦没有好脸色。赶快嫁人吧，没人要哩。吴甲首托媒人去找马子忠。马子忠十分高兴欣然答应。他向李盾道出这门亲事。李盾坐在碾子上喝茶。他心里喜悦又诚惶诚恐。

马子忠坐在他身旁说：“天上掉下个黄花女子。听说不丑，就是脾气大，胖格蛋蛋白格生生。”

李盾露出笑容不敢直接应答。

马子忠起身命令的口气道：“我做主，这门亲事定咧。”

李盾喝口茶默默点头。

艾巍山得知这事羡慕打趣。老牛吃棵嫩草草，不要憋坏咧。白花花的，肉格蛋蛋摸着滑格溜溜。沟沟岔岔传言野狼沟来的这帮这帮军爷野气。媒人把李盾夸到山梁梁上。吴甲首在一旁添油加醋。吴冬阳有自己的心思，喜欢直爽硬朗的汉子。她明白自己已过好时光不敢多想那个汉子的模样。她心意已定黑天挑老汉，老天给的命。军爷野气，野狼沟不是一群狼。吴甲首没想到妹妹这样痛快。他长舒口气偷偷一笑。这两个家伙，五百钱挑两头。他忙前忙后抓紧张罗婚事。两人如愿以偿喜悦幸福。

洞房花烛夜，李盾急不可耐撩起吴冬阳红盖头。两人近前细细端详相视一笑。李盾一把抱起吴冬阳放在炕上。吴冬阳笑格咪咪要喝杯酒。李盾喘着粗气把她重重压在身下。黑天打动，刘憨憨偷偷听洞房。李二蛋发现把他捶一顿。刘憨憨倒觉得解气。他跑到圪梁梁上一连吹起迎媳子，花轿子、洞房小曲。李二蛋心里骂他“正月的光棍二月的猫，三月的叫驴满山嚎。”马子忠提上一壶酒找到他。他蹲在他身旁一边喝酒一边听他吹小曲。刘憨憨吹累了拿过酒壶喝闷酒。马子忠拍拍他的肩膀给他许愿。回可歇息。明年春上给你打窑。刘憨憨起身对着黑蒙蒙山梁吹一曲喜乐的“俊妹妹一对毛眼眼……”

秋上一十八百草结疙瘩。马子忠、李盾和艾巍山蹲在田边看着黄灿灿的谷子。谷子是喜悦的，人也是喜悦的。马子忠心里充满硕果累累收获的激动。他提起酒壶“咕噜”灌一口看看天。喜悦地记住这个日子。他把酒壶递给李盾。艾巍山灌口酒兴奋地唱起小曲。金兰一身碎花布衣裙操持家务。马子孝送来鸡娃、猪娃，一车白菜、萝卜。他帮着收完谷子，压好一缸酸白菜。他指点打好的新谷子高高堆在打谷场里，把打谷用具插在谷堆上，献上天糕、油糕。他们点香烧纸磕头，庆贺谷神保佑好收成。马子孝又细细交代，出门上下坡，担背累死人。明年春上雇些庄稼人，学着做农活。

刘玉佩得知吴甲首妹妹的嫁到金马沟很不舒服。金马沟的烟火勃勃生气又联上个吴甲首。吴甲首到时也会拐到金马沟的。刘一六看出刘玉佩有心事，陪他喝酒解闷。他暗示刘玉佩去朔水城散散心。刘玉佩正想去朔水城与相好的巧儿亲热亲热。他独自骑上毛驴哼着小曲进城。巧儿一见面扭腰摆尻子嗲声嗲气搂住他。一只手摸进他的褡裢。刘玉佩顺势一把抱上炕坏笑。吃过白肉肉，有你的。

他扯下她的衣裳，欢实爽快一番翻身躺下。

巧儿一只腿压在他腿上笑格眯眯说：“你这几下子就怂哈哩。”

刘玉佩掐一把她肉肉的尻蛋子；“挨球的货。”

巧儿收起笑脸摸着他的腔子问道：“心里有麻烦事？我给你要些酒菜来。”说完穿上衣裳出门。

她很快回来把酒菜摆在炕上。刘玉佩拿起酒壶“咕噜咕噜”喝一大口。他断断续续露出心里话。巧儿无意打探“这金马沟是不是有金疙瘩。”这句话引起刘玉佩的联想。“金马沟，金字……”他想起算命先生的话“贵人是木命，目下微有不宜之气，金克木。”他又灌一口酒喃喃自语“金克木，金克木。”一个女子匆匆进来咋咋呼呼。大堡子来人哩，在县衙击鼓告状呢。刘玉佩心里一惊。大堡子破事多。

第八章　背黑锅

刘玉佩整理好衣装赶忙去县衙。魏知县脸色难看正坐在公案前。刘玉佩赶到看见房学礼正高高举着状子。房学礼面无表情说明理由。按照朝官办事秩序上告。里公所无人，高乡约有病，只有到县衙禀报案情。刘玉佩看一眼魏知县劝说房先生有事回里公所处理。房学礼流放大堡子安心思过劳作。秋日收获，谷子却被贼子收割盗取一半。他要知县大人明察法办，以正民风。魏知县知道房学礼也曾是委任一官，懂得朝官办理公务规则。朝里一定还有人。这贬职的官不能给留下把柄不知哪天又戴上乌纱帽。他不想管这事举起惊堂木拍于公案上训斥刘玉佩一番。他指派刘玉佩回里公所查办处置。

这个案子一定明察法办。魏知县提醒刘玉佩，贬职的官不好拿捏。刘玉佩掂量着魏知县言语的分量，他谦和客气地把房学礼领回大堡子。他打发刘一六带两个人去探查。一连三日没有结果。刘玉佩坐立不安召集所有甲首商议。各甲首面面相觑没有好主意。何甲首表面斥责盗贼，态度坚决实则幸灾乐祸。刘玉佩亮明意见想法。检举告发者赏银二两，否则各甲首分摊出粮赔偿房学礼。几个甲首站起身表示不满。麻糜不分，案子破不了，我们为什么担着。案子破不了，上报县衙。分摊出粮赔偿，贼娃子扭尻子高兴。

马子忠：“再查查看。”

刘玉佩急红眼撂下话：“如果在哪哒查出来，罚甲首银子五两。”

各甲首满不在乎胡乱应承一下。马子忠要帮着查出贼人。刘玉佩没有想到，十分感激。李盾在沙柳关可是追踪猎物的好手。马子忠吩咐他暗中探查。李盾很快查出偷运谷子痕迹。他一直跟踪到何家洼一家农户。他秘密监视记下谷子藏匿地。他又从一个后生那里得到消息。他们还要去金马沟偷割谷子。马子忠布下埋伏抓个正着。刘玉佩得知抓人抄出藏匿谷子。他派人贴出告示，重打盗贼三十鞭子，罚银加税。何甲首自知理亏赔罪。刘玉佩揣上罚金还不依不饶把何甲首带到县衙公堂。魏知县语气平和说理训诫，赏罚分明。何甲首明白这是刘玉佩借此有意整治他。他窝着一肚子气还要装着一副愧疚的样子。

这年秋上庄稼收成好，收缴田税有油水。各甲首俯首帖耳明里暗里围着刘玉佩投其所好。刘玉佩借这个案子树立威望。他按照“一条鞭法”收缴。他拿出大堡子黄册全面摸底查看往年各户田地又实地丈量，造出阴阳两份账册。他表面上显出公明正道暗地里与甲首讨价还价。各甲首心知肚明这老套规则催促各户缴纳赋税。何甲首明白刘玉佩心思忍气吞声。大家和气生财，何乐不为。刘玉佩舒展眉头依然稳坐里长交椅。

金马沟这帮军爷三年不上税也不知规则道道。他们相安无事过这一段平静日子。何甲首无处发泄提上羊杂碎找马子忠喝酒。他把刘玉佩贬得一无是处。他又道出收缴的老套规则。马子忠没把这些事放在心上。他就想着平平安安种地缴税过光景。

何甲首有意挑事："我看，马校尉坐里长的位子合适。"

马子忠："不许胡说。我带个兵还能成。"

何甲首："这里长的位子又不是刘家的，轮流坐。"

马子忠心想，一个六品官爵看不上那小小芝麻官，嘴上说："当个里长麻里十烦，还是赤尻子庄稼汉安生。"

何甲首很想套近马子忠。他常来金马沟拉话帮着指点农活。何甲首有意让人知道他经常去金马沟。他看时机成熟放出"马子忠要当里长的话"。这话很快传到刘玉佩那里。刘玉佩相信无风不起浪心里很不舒服。马子忠看似军爷野气也有城府。他收到毛驴大礼却不动怒依然笑纳。他又想起算命先生"金克木"那句话。他心里提防何甲首还不知如何应对马子忠。刘一六提醒他。算命先生既然能算出命里那道坎就有法子破解。刘玉佩认定心诚则灵，请来算命先生。算命先生掐指一算心里有数。这要请风水先生破金马沟风水。

破风水，刨祖坟那是大忌大恶。刘玉佩重金请来风水先生。风水先生偷偷摸摸到金马沟。刘憨憨看见告诉马子忠。马子忠心虚感到奇怪把风水先生请到家喝茶拉话。他没有套出话拉下脸直接盘问。风水先生想两头吃钱闪烁其词遮遮掩掩。马子忠拿出银子放在桌子上。风水先生笑而不言语。马子忠又加一些银子。风水先生断断续续道出实情。马子忠心想，刘玉佩为何要破金马沟风水？这人阴险狠毒。风水先生既然看过风水，一定能破坏风水。他惊出一身冷汗要风水先生闭嘴离开。风水先生乐呵呵离去。马子忠越想越怕心一横跟着去。夜黑，沟沟岔岔里的蛐蛐"吱吱"叫得欢闹。刘玉佩在家焦急等待风水先生。接送风水先生的仆人慌慌张张进来禀报。风水先生死了。

刘玉佩大吃一惊问道："在哪哒？"

仆人："我在路口等他，只见风水先生摇摇晃晃走来倒在路边。我上前把他背回来。"

刘玉佩吩咐仆人掌灯来到院子查看尸体。他没有发现外伤，身上银子不见了。他断定是遇到打劫贼人。他内心惊慌思绪纷乱。他请来的风水先生，不好交代。他叫来刘一六合计。

刘玉佩倒背双手来回踱步："风水先生是我请来的，他家人会来找麻烦。"

仆人："抓住打劫的贼娃子就好办咧。"

刘一六："如果是流窜贼人，案子就难办。"

刘玉佩吩咐仆人拿酒，喝口酒定一定神说："风水先生既然死了，不能死在大堡子，死在外地，案子也可解脱自身。"

刘一六："他去过金马沟，就把尸体仍进金马沟。"

刘玉佩揣摩半晌摇摇头道："这不合理，他去金马沟干甚？他已回到大堡子，也许有人看见咧。"

仆人："他来时，我在何家洼接的他。"

刘一六："这个合情合理，他回去也走何家洼。"

刘玉佩眠想出一条计策。一不做二不休，半夜把尸体扔到何家洼一个不起眼的沟里。一大早，何甲首气喘吁吁跑来报案。刘玉佩磨磨唧唧来到里公所。他听完案情先训斥何甲首一番。何家洼老是出事，你这甲首如何看家教化子民的。

何甲首不服气道："案子还不明了。"

刘玉佩擂鼻子瞪眼："这人是我请来的，死在何家洼，家家户户都脱不了干系。"

何甲首惴惴不安低头不语。

刘玉佩看出他的神情提高嗓门道："那就报县衙。"

何甲首心里快速盘算着。报县衙影响大，何家洼人人过关。如果真是何家洼人干的，他也逃脱不了干系。他向刘玉佩要杯茶喝一口支支吾吾。也许是流窜贼人所为。刘玉佩举起惊堂木拍于公案上。何家洼如何安保，这案子户户要连坐。何甲首心里一震手中的杯子掉在地上。他越想越害怕身上直冒冷汗。刘玉佩察言观色等他出口。

何甲首瞄一眼刘玉佩探问道：“如果不报县衙，咋处置？”

刘玉佩装着很难为情道：“死人是大事，他家人会向我要人。”

何甲首明白他的意思自认倒霉。他也想给自己留后条路。这人也许是走夜路不小心崖畔上摔死的。刘玉佩微微闭上眼睛不吱声。何甲首咬咬牙自认倒霉。就是这，摔死的。何家洼处理后事。刘玉佩睁开眼慢慢品茶。何甲首看看他又把话重复一遍。

刘玉佩：“吃官司比吃屎都难受。折腾几年，家就日塌咧。”

何甲首给刘玉佩倒茶点点头道：“那是，那是。”

刘玉佩假意关爱的口气说：“乡里乡亲的，你们私了吧。”

刘玉佩不放心写下案情和处置过程。何甲首颤颤巍巍签字画押。这亏心事做下了自然心有余悸。马子忠一直观望这事结果。刘玉佩召集甲首通报案情，训诫各甲加强安保严防犯罪。马子忠没想到风水先生摔死在何家洼。他有点后悔遛马溜到何家洼。他偷偷为风水先生烧纸送行安慰自己。他联想到刘玉佩与何甲首的积怨。刘玉佩甩锅，何甲首背黑锅。这手段阴狠毒辣。何甲首这个胡脑子气得一病不起。刘玉佩摆出一副家长样子去看何甲首。何甲首窝气闭眼不想见他。马子忠提着一块羊腿过来看他，把这事明白推到刘玉佩身上。何甲首起身哭丧着脸大骂刘玉佩。马子忠又好言宽慰他。何甲首撂狠话“我与他没完。”

这事谁也没有怀疑到马子忠。马子忠只想保住这片风水泽恩后世。他心想，人已经死了，担忧人多口杂，不想道出实情原由。他开始提防刘玉佩，也许他还会有动作。他又想起刘憨憨要把女子马兰花接过来成婚。他把这桩婚事告知金兰。金兰摇头实在想不通。她倒是看上后生李二蛋。吴冬阳听说马子忠有个女子就向金兰打探。金兰明白她想两家连亲。她心里心里自然向着自家老汉不想随意出口。

腊月大雪纷飞，山梁梁沟岔岔一片银白。金马沟人家祭天拜地祈福第一个年。家家祭灶神，蒸馍馍、炸油糕、杀鸡宰羊、挂灯笼、贴对联、贴窗花、放鞭炮……马子忠接来女子马兰花。金兰身怀六甲挺着大肚子。她娘家送来一个奶娘伺候。马子忠一人偷偷来到黑水潭敬拜金马驹。他发现这黑水潭水旺水小可知雨水。初一，一家人团团圆圆吃扁食。初二，李盾与艾巍山两家给马志忠家拜年。三家热热闹闹吃饭喝酒。刘憨憨看见马兰花，眼睛痴痴地看她。他这才明白马子忠的用心。李二蛋也在不停地瞄着马兰花。吴冬阳看在眼里喜在心里。马兰花出门端茶。吴冬阳向李二蛋挤眉弄眼。李二蛋跟出去帮忙自我介绍。马兰花笑格盈盈不言语。吴冬阳回到家里把这事道出。李盾露出笑容打趣。你要生个小子。

大年初三，马志忠一家回马家园子敬孝父母。不料，金马沟又出事了。吴家圪台一个拦羊汉跑到金马沟放羊，偷两只羊还动手打刘憨憨。李盾火冒三丈拉上拦羊汉去里公所。拦羊汉的羊群有一半是吴甲首家的。吴甲首自然出面向着拦羊汉。刘玉佩刚从魏知县那里拜年送礼回来。他心里破烦难断这事。他眼珠子一转，“金克木”浮现在脑海，只要与金马沟闹腾是好事。刘憨憨哭哭啼啼不停地说明两只羊是马校尉的。吴甲首讲歪理不承认。黑羊白羊一球样，你说是你的就是你的。我说你婆姨是我的，能行吗？刘玉佩训斥刘憨憨一番有意向着拦羊汉。李盾与吴甲首争吵起来。刘玉佩火上浇油越劝两人越凶。

刘玉佩寒碜刘憨憨：“拦羊娃到金马沟，日能咧。你喊两声，羊跟你走就是你的。”

刘憨憨拿出唢呐认真地说：“能行。”

李盾跟着拦羊汉把羊群赶到大堡子。人群呼啦啦围过来叽叽喳喳。刘憨憨拿起唢呐吹起小曲。两只羊“咩咩”地跑到刘憨憨跟前。刘憨憨眼含泪水蹲下抚摸着羊。人群吆喝起哄“偷羊贼，贼娃子。”拦羊汉灰溜溜地低下头。刘玉佩一愣尴尬地笑笑。吴冬阳过来照着拦羊汉甩一个耳瓜子。她大声喊叫骂人。贼眉溜眼，偷羊还想偷人哩。这羊是你家婆姨下的嘛，生个娃没屁眼，死可。拦羊汉吓得躲到吴甲首身后。吴甲首无理辩三分。吴家女子不向着吴家。吴冬阳有理霸份指着吴甲首喊叫。吴家人也要讲理，管好你的贼公羊。丢吴家人的脸。你以为金马沟的人好欺负。赔下两只羊，要不上县衙评理去。人群吆喝向着刘憨憨。吴甲首探寻的眼睛看看刘玉佩。刘玉佩没料到出来个泼妇，一时无法控制局面。吴冬阳喋喋不休把刘玉佩说得头疼。他“嘿嘿”一笑起身离开。清官难断家务事，闹去吧。吴甲首自己看着办。吴冬阳朝拦羊汉“呸”的一口。她从羊群里挟起两只羊娃子走了。

马子忠回来哈哈大笑戏谑李盾。“叫驴草驴都是驴。不是一家人，不进一家门。”

李盾笑得合不拢嘴：“军爷生得是兵蛋蛋。庄稼人下得是土疙瘩。”

马子忠拉上李盾和艾巍山给刘玉佩拜年。他果然牵上那头驴送礼。他要狠狠还他一个大耳瓜子，让他明白马是马，驴就是驴。马子忠的这一举动气得刘玉佩似吞吃一坨屎。他强装笑脸陪着喝酒。吴甲首不知其中的事觍着脸要那两只羊娃子。

马子忠打哈哈道：“给你喂养大，看你能不能把它唤回去。”

艾巍山挤眉弄眼笑道：“羊娃子放在妹妹家里怕甚。下两只羊送给你。”

刘一六看出刘玉佩为那头驴窝着气，喝酒不多言语。胡甲首阴阳怪气提起“马校尉当里长”的传言。酒桌上气氛一下凝固。马子忠端起酒杯“哈哈”一笑，还是那句话。当个里长麻里十烦，还是赤尻子庄稼汉安生。

风水先生的死虚惊一场，总算糊弄过去。刘玉佩一直搞不清心里还是有个疙瘩。他冥冥中看到马子忠骑着那匹马晃晃悠悠，幸灾乐祸。这两件事都与金马沟有关。他越来越觉得马子忠不好摆弄拿捏。他总有一天会跳出来。刘玉佩一筹莫展暂且忍耐在心里。刘一六讨好巴结提醒他。马子忠在百户所有个女子接回来了。刘玉佩眼前一亮，自古联姻两全其美。他的大小子害病落下腿疾。他思来想去，请来媒婆去说亲。

马子忠为风水先生的事，看清刘玉佩为人做事奸毛厌诈。他把刘玉佩连亲的事看的一清二楚。他也不想招惹他，亲自上门说明女子已许配人家。刘玉佩干干地笑笑。亲家不能成，也不是冤家。今个咱两喝两杯。马子忠不好推辞随他一起上炕。刘玉佩客气地称呼马校尉。他一边夸赞马子忠，一边诉苦骂刁民。马子忠言语不多洗耳聆听。刘玉佩漫无目的拉话，只想表明与马子忠无怨无恨。马子忠听得出来亮明态度。两人边喝边聊嘻嘻哈哈，好像一对相好拜识。他们心里都有戒心不想招惹对方。

好话不出门，儿话传千里。何甲首背黑锅受人摆弄和欺负。他整日闭门不出喝酒消愁。堂弟何四六是个醉鬼赖汉。他经常过来耍赖要酒喝。何甲首破烦拾掇一顿。何四六死皮赖脸还来要酒。

何婆姨日歪他。“丢人现眼，女子何花长大哩，要嫁人呢。”

何四六醉眼斜着憨笑道：“嫂嫂给娃寻个大户人家，只要管好酒喝。”

何婆姨把这话当真记下。她把这事告诉何甲首。何甲首也想躲开这个麻缠赖汉。何婆姨嘀嘀咕咕夸何花俊着呢，听说是个白虎。何甲首一惊叮嘱婆姨。这事不能胡言传。何甲首记挂这事反复琢磨掂量。他终于想通了，在人窑窑下怎能不低头。能伸能屈是丈夫。马子忠靠不住。马没了，使驴哩。两人搐鼻瞪眼不如喜眉弄眼。他听说刘玉佩向马子忠家说亲没能成，脑子一转要做件好事。他与婆姨合计这事。何婆姨笑格咪咪提上酒去找何四六。何四六醉打马虎答应下。何甲首高兴地屁颠屁颠去找刘一六。刘一六提上礼物探望何四六，看过他女子何花。何甲首摆下酒宴就把这事定下。刘一六很快向刘玉佩报喜。刘玉佩喜上眉头自言自语。刘家当然娶得是俊美女子。他爽快得答应这门亲事。何甲首攀上这个亲戚自饮偷乐。他不停地念叨白虎克夫是福是祸？

第九章　家　谱

日月如飞，时过境迁。金马沟村和龙王庙村的马家人富裕了。清明，马胜兵上完祖坟后来到马家老窑里上香。他看看外面的天，抽根烟迷迷糊糊歪倒在土炕上睡去。他梦见一个白胡子老人怀里抱着一个罐子喊叫他。一声惊雷把他吓醒。他环视四周细细揣摩那个奇怪的梦。他神使鬼差走到后墙，盯着一道裂缝。他扒开一块泥皮露出一个墙洞。他伸手摸出一个罐子。他打开罐子取出一本残破的册子《金马沟马氏家谱》。他回到家小心翻开第一页。大明万历年间，一串串人名按辈分清晰排列。他联想起祖坟墓碑碑刻潸然泪下。这是祖上家谱是马家家史。他给马富田一封家书。马富田回信，我一直有这个愿望，一定要重修祖坟，续修马家家谱。

马胜兵弄清《金马沟马氏家谱》四支的排位。金马沟先祖马子忠，叶氏、金氏、杜氏……长子马金北……次子马金文……三子马金武……四子马金宝……金马沟村是马金北后代。龙王庙村是马金宝的后人。马金文、马金武再无后人收录。马胜兵心里已有想法。他与马向前商定举办马家祭祖大会，重修祖坟，续修马家家谱。大年初一，马胜兵打来电话向马富田拜年问候。两人拉话激动兴奋又有几分伤感。

马胜兵声音呜咽道：“大爷，日子拖得太久咧。今年要举办马家祭祖大会。”

马富田语气肯定地说：“祭奠祖宗是马家大事，我一定得回去。”

这年，马跃进退役陪着马富田回老家。家人亲戚见面十分激动喜悦。他们早已备下酒菜家人团聚。马胜兵白羊肚子手巾裹头，蓄着山羊胡子。他毕恭毕敬敬酒眼含泪水不停地重复说话。大爷还是有远见。大爷回来我心里就踏实咧。马跃进是个退役将军低调话不多。马胜兵向马跃进递烟敬酒。当年你还是个男娃，现在是将军。回来好，你是马家后辈长子，吃公饭有文化。马家人喝酒拉话其乐融融。马胜兵性子急简单道出马家祖上四支排位和举办马家祭祖大会的方案。马富田十分沉稳静心聆听。马胜兵搬出老家谱兴奋激动滔滔不绝。马富田提议召集几个年长家人商议。马胜兵召集来六个年长的家人一起商议。他们一至赞同举办马家祭祖大会。马跃进提出祖坟还没重修，举办祭祖大会有点不妥。大家七嘴八舌议论纷纷。有人提议，两个村的马家人能来就成。有人建议简单办一下。有人担忧费用出钱难办……马胜兵正式把老家谱交给马富田。大家目光都投向马富田。他们等待着他拿主意。

马富田不紧不慢坚定地说：“我想过了。是这，先要集资筹款，重修祖坟，续修家谱，举办马家祭祖大会。”

马胜兵一拍腿高兴的说：“大爷好主意，能行。”

大家一致同意马富田做主。

马胜兵看看马跃进道：“大大还有甚好主意。”

马跃进想一想说：“这事不能太急，马家后人多，各地都有人。重修祖坟，续修家谱是大事，需要几年时间，必须成立个委员会，各负其责……”

马胜兵听取马跃进的建议，认定这事繁琐麻烦。他信任马跃进非要他出面执笔续修家谱。马跃进没有做过这事很难为情。他又三番五次恳求马富田。马富田慎重考虑后应答下来。马富田三番叮嘱马跃进。修家谱，树家风，传家教。你已经退役就安心待下把这事弄完。

修家谱是马家大事，也只好担起这个重任。马跃进琢磨考虑一番基本理出个思路。他先走访朔水县委史志办。李晓光主任得知是从马兰堡市回老家的将军，十分敬重，热情提供方便。马跃进谦逊感受到家乡人的情意。他查阅资料学习研究家谱，心里大概有家谱基本提纲。他与马富田商量后，召集马家人成立《金马沟马氏家谱》续编委员会。马富田是主事，藏谱人。马跃进掌管续修家谱。马胜兵掌管重修祖坟和财务，马向前掌管协调联络事务……马胜兵郑重其事把老家谱和墓碑碑刻资料交给马跃进。马跃进深深感受到这份责任沉甸甸的，也是一份荣耀。

马跃进与李晓光见过几次面，已经相识熟悉。他在县史志办整理打印老家谱，预算续修家谱费用。他无意间发现一部《朔水图记》马金宝著。他大为震惊收集关于马金宝的档案资料。李晓光抽空就过来拉话称赞修家谱是为家乡，为史志做件大事。马跃进十分感激提起《朔水图记》的事。他请吃饭也想和他拉拉话。李晓光没有推辞，还带来一男一女坐陪。县作协主席艾立文几分儒雅之气。民间文艺家协会主席刘雅颂，一对毛眼眼，白格生生，丰腴圆润。李晓光引荐热情握手。马跃进与刘雅颂对视似曾哪里见过。刘雅颂仿佛听见这熟悉的声音，异样的眼光看一眼马跃进。马跃进心里掠过一丝惊讶和亲切。他起身向大家行个军礼。酒过三巡，菜过五味。李晓光打开话匣闲话县史，民风民俗。四人边喝边聊气味投合谈笑风生。艾立文唱一首酒曲敬酒。这杯酒和小曲热烈一下点燃马跃进的情绪。马跃进欢快兴奋频频敬酒。

李晓光敬佩的眼神说：“马将军，第一次见面，咱们就似曾在哪里见过。你已退役可以回到家乡来。你是将军见过大世面，咱们可以合作为史志做点事。”

马跃进点燃一根烟，笑而不语。

李晓光：“我家祖坟在金马沟。修家谱的事，我尽力支持帮助。”

马跃进提及《朔水图记》的事。

艾立文笑道：“我爷爷世居金马沟村，这里祖上大多是守边的军人，也许五百年前是一家。”

刘雅颂瞄一眼马跃进说：“马将军，军人可有大作拜读？”

马跃进看一眼她，感到就是见过。随口道：“发表过几篇散文。”

艾立文：“回到老家，可以写写老家。”

马跃进：“咱们这一代人总是怀旧，回忆过去。我写过一些家乡散文。现在不知写什么好？”

刘雅颂敬一杯酒笑道：“老家是每个人的根。”

马跃进：“我的家乡像个营盘。”

李晓光：“尔格，人都是把家乡放在心里，不会回来生活的。”

艾立文感慨地说：“我也常想这个问题，家乡在哪里？”

马跃进：“咱们的故事就是从家乡开始。”

刘雅颂看一眼马跃进说：“我生本无乡，心安是归处。”

马跃进心里一震快速搜索着在哪里见过这个女子。

李晓光："读志书，知家乡，爱家乡。修家谱也是如此。尔格，修家谱不同旧家谱，可以收录图片，辑录家族文献。"

刘雅颂："还可以收集一些家族轶事传说。"

李晓光举杯道；"来来，为家乡，为家谱，干杯！"

……

夜里，马跃进做个奇怪的梦，刘雅颂一身白色古装衣裙，远远站在圪梁梁上，又好像在云里向他招手。刘雅颂给他发来一条短信。我一时想不起在哪里听到过你的声音。好奇怪，这是梦，还是……

这本老家谱编于清朝乾隆四十一年。《金马沟马氏家谱》续编委员会通过按照"遗址文物图片""家族世系分布""家族文献辑录"三卷提纲编写。这件事分工后，各司其职。马胜兵带着马跃进核对老家谱与祖坟墓碑，做出修坟初步预算。马富田提出重修祖坟，续修家谱，出大份钱。初步预算费用暂时不要分摊发出去。大家一致赞同。马向前发出重修祖坟，续修家谱通知。他联络各门户坟头拓录墓碑资料。

马家老窑洞已是遗址。马胜兵特意带着马跃进去看要感受一下祖上家园的沧桑。他激动地介绍这条沟里马家窑、李家窑，还有艾家和蔡家窑……他指着一孔窑洞说明老家谱就是这孔窑里发现的。他俩钻进钻出一一拍照。不料，他们在另一排窑洞里发现一个墙洞。马胜兵伸手掏出一个陶罐子。他细心打开是三本册子。马跃进拿过一本翻开一看是祖上马金宝手记。他如获是宝，这可是马家文物。他想起那部《朔水图记》，各家也许有珍藏家传物件。马富田记起大跃进大炼钢铁拆寺庙打神像。龙王庙有一口铜钟上面有刻字，不知丢哪哒咧。马富田想得多担忧外县外省的马家人不好找到联系。马跃进给他打气，事已至此，一定能行。马富田提出马金文、马金武这两支一定要找到，马家家谱才能全乎。各门户坟头报上墓碑碑刻资料，马跃进整理发现有些墓碑缺失。续修家谱不能完整延续下来。委员会商定再跑坟头一一核对，走访各门户。他们走访还是获得一些线索，也收集到一些轶事传说。各门户不愿拿出家传物件。他们再三解释，只是拍照，登记造册。各门户似乎串通好，拍照要出钱。

马向前："尔格，人都精明，有人打探修家谱出钱的事。"

马胜兵摇摇头说："这才开始，事情麻缠不好弄。"

马跃进安慰说："咱们还是要多宣传，节日搞些马家人集会亲情活动，拿出家谱样书也许就会理解。"

马向前："都说那两支走了南方。"

马跃进："可以借助网络发布消息。"

马胜兵一拍脑袋说："我孙子马行道在江天大学念书，把这事交给他办。"

这事也只能这样，好歹试试看。他们一边走访收集资料，一边整理核实收录人名。马胜兵眼看着马跃进跑来跑去非常辛苦。他关心起马跃进个人生活。听说你娃当兵咧。你一人，不如在家乡寻个媳子过光景。马跃进笑而不语。

县文联一个民间文化采风活动。刘雅颂邀请马跃进参加。这事令他兴奋，老家的文化陌生，又有几分亲切。马跃进按照约定时间在大堡子等候。一帮文人嬉嬉笑笑从车上下来，打着横条标语。李晓光、艾立文向马跃进打招呼。刘雅颂向大家介绍来人。李晓光握着马跃进的手显得热情。刘雅颂主席可是大堡子人。也许你们能攀上亲戚。大家聚到一起拍照留念。刘雅颂按照采风方案分组。李晓光、艾立文和马跃进为传说采风小组。艾立文指着沟沟岔岔感慨一番。这地方看似荒凉，文化底蕴厚着呢。

他们走访收集到几个故事，确实有些感触。很有意思，几道山沟里都传说金马驹同样一个故事。传说很久以前，这里十年九旱。人们开始成群结队四处逃荒。那年惊蛰微风，天色灰蒙蒙的。一个拦羊娃似梦似醒看见两匹金马驹在山沟泉水边饮水。霎时，天空电闪雷鸣，飘起大雨。从此山沟里冒出很多泉眼，流淌着清格粼粼的水。泉水甘甜，涌流不竭。于是，人们又纷纷回来敬拜金马驹，围泉而居……他们讲完这个故事，都认定发生在自家山沟沟里的。艾立文解释这个传说。他们争抢这个故事是他们的祈望。现在都在敬拜金马驹。金马驹一定是当地人祈福的神马。

大堡子采风两天取得一些收获。马跃进脑海里一直萦绕金马驹这个故事。他又联想起“金马沟”这个地名。家谱上记录祖上娶的是金氏。这个地名来历是否？刘雅颂召集大家进行座谈。文人多愁善感感受颇多。马跃进提出“金马沟”这个地名由来与金马驹的故事。刘雅颂语气十分肯定。县志记载，金马沟地名与金家湾金氏有关。大家意见一致，金马沟没有金马驹的传说故事。刘雅颂总结要求各位整理拿出作品。

李晓光高声宣布刘主席宴请大家吃顿家乡饭，继续交流。大家欣然高兴欢呼。刘雅颂把大家引到一家“红旗公社”农家乐。农家乐掩映在一道山沟。山坡上大院墙围着五孔窑洞。五孔窑洞门牌匾额分别标着“红星队、解放队、跃进队、大寨队、合作社”脑畔和硷畔上插满红旗。马跃进心里发笑，这是怀旧还是别出心裁招揽顾客，难道要请吃公社大锅饭。呵呵！不会是吃当年“忆苦思甜”饭吧。

刘雅颂向大家引荐家主。刘大山是我四大，当年是公社民兵队队长。刘大山串脸胡子，头戴当年黄军帽，一身旧式黄色军装。他一脸喜悦，一瘸一拐点头打招呼。刘雅颂引大家参观讲解。院子里有老式石磨、石碾。一处墙边摆放着镢头、铁锹、铁钯和门箱、木风匣、瓮甑等老式农具和家俬。很有农家传统氛围。马跃进看到这些老物件很感兴趣。这里透着农耕文化。他这才注意到刘大山黄军装怪怪的不合时代。刘大山招呼大家进“红星队”窑里。窑里一张大炕，炕上摆着方桌。墙面上贴着几张老旧的宣传画。大家上炕盘腿就坐。一个年轻女子身着碎花对襟短衣，笑格盈盈端着木盘呈上黑面馍馍和一锅野菜汤。马跃进好奇纳闷扫一眼饭菜。大家面面相觑，有人笑出声来。刘雅颂咬一口黑馍馍装模作样点点头。大家相互看看咬一口黑馍馍。

艾立文抓起一个黑馍馍打趣说：“不忘阶级苦，牢记血泪仇。革命不忘本，先苦后甜。”

一个女子莞尔一笑说：“油馍馍，油馍馍。”

李晓光“哈哈”一笑拿起汤勺舀汤道：“这忆苦饭可是羊肉野菜汤，绿色环保。男人喝了壮阳，女子喝了养颜。”

众人哄堂大笑。大家吃罢大锅饭。女子端着木盘一样一样呈上四素四荤八碗。刘大山送上两瓶烧酒、两瓶黄酒。刘大山眉开眼笑推荐自家菜。这是自家配的八碗，驴板肠、羊杂碎和碗托可是刘家私房菜。酒也是自家酿的……文人骚情客，把酒开怀乐。他哼着小曲出去。

酒过三巡，大家相互敬酒。刘雅颂起身献上一曲民歌。大家开始吟诗、唱酒曲，欢声笑语。马跃进没有多言尽情感受这里的文化。李晓光举杯敬一杯大声吆喝马跃进来一个蒙古舞。众人拍手赞同应和。马跃进无法推辞起身下炕。音响响起欢快的马头琴。马跃进酒酣耳热，两臂伸开昂首挺胸随着音乐旋转。众人拍手欢呼称道。刘雅颂陶醉感染情不自禁下炕与马跃进对舞。她身子绵软双臂轻盈优美旋转舞动。众人拍手吆喝着齐舞，赞赏蒙古歌舞。艾立文感叹这蒙古歌舞，欢快热烈，粗犷豪放。刘大山进来唱着酒曲一一敬酒。他斟满酒向马跃进敬酒。刘雅颂向他介绍。刘大山摆手示意没说话一口就喝干。马跃进一愣干干一笑抿一口。刘雅颂一脸尴尬自罚一杯。

刘大山把刘雅颂拉到一旁，板着脸说：“咋咧，你把金马沟村的人拉来干甚？”

刘雅颂明白他的意思解释说：“他是回来探亲的。”

刘大山黑着脸说：“那也不能成。”

刘雅颂强装笑脸道：“那都是多少年前的事哩。”

刘大山狠狠撂下一句话：“我不想见到那个人。”

刘雅颂又向马跃进圆场应付。马跃进本来兴致很高，刘大山敬酒一事把他弄得莫名其妙。他模模糊糊记起马家人与刘家的那场矛盾争斗。这两家难道还在仇视？马胜兵得知马跃进去红旗公社农家乐喝酒的事很不高兴。他把刘大山毁坏祖坟一事细细唠叨一遍。

马胜兵：“那时你还小，不懂，毁坏祖坟这仇永远放不下。”

马跃进问道：“谁打他一枪？”

马胜兵点燃一支烟没好气地说：“他活该，早早死可。除非他到咱祖坟上磕头认罪。”

这事或多或少在马跃进心里留下影子。马胜兵叮嘱马跃进，不要与大堡子刘家人来往。马跃进心想，刘雅颂一定知道这事。她很开朗好像没把这事放在心上。他又努力思索这个女人。他不想卷入两家风波，修完家谱又是远隔千里。他开始整理金马驹的传说。他走访金马沟村里的人。村里人有的听说过，有的摇头。他们都以为金马沟是马家娶个金家女子。他又去龙王庙村走访还是这个说法。他忽然想起那本手记。他沉下心细细翻阅，惊奇地发现一篇关于金马驹传说的记录。他兴奋又有点恍惚不知如何完稿。

第十章　联　亲

马子忠心里早已定下女子婚事。他推掉刘玉佩这门亲事，终于向刘憨憨道出他的心思。刘憨憨流着眼泪跪地谢恩。马子忠提出条件要他入赘。刘憨憨点头直接喊叫“谢谢大大。”他深信算命先生的话“你命里有金有贵人。”他心里有真真的女人又不敢直视，只是偷偷瞄上几眼。他只有拦羊时大声地唱小曲。他拾粪、捡柴、担水……十分下力气。吴冬阳一直鼓动李二蛋接近马兰花。李二蛋第一眼就看上马兰花。他心里有马兰花，就主动接近她。马兰花不反感李二蛋。他们渐渐开始拉话眉来眼去。吴冬阳有意放出风。李二蛋和马兰花对上眼相好。马子忠不在意没往心上去。

正月二十三，家家吃杂面。院子点起堆火，祈求老君爷。一过惊蛰冻土融化，万物复苏。金马沟人家开始忙活春耕，拾掇农具，驮粪土送田地。马子忠蹲在田地边发愁下什么种子。马子孝拉来种子掐指算天天看田地。他定好下种日子，先种阳地，后种背洼；先种平川，后种山峁。马子忠雇来一些庄稼汉开始下种麦子、谷子、稻黍、金稻黍。他跟着庄稼汉学做耕地、点籽、上粪、打土圪瘩。赶驴拉犁拉耱，运肥上山。艾巍山婆姨挑着坛坛罐罐送饭送水。他们或蹲或坐围在地头说说笑笑吃下籽馍馍。

马子忠笑道：“尔格，吃下下籽馍馍，往后金马沟年年有余。”

马子孝：“大旱小旱十年九旱，多开些地。可以种谷子。靠天吃饭，见缝插针，广种薄收。”

马子忠一边忙农活，请来工匠开始给刘憨憨打土窑。李二蛋跟着父亲天天下地干活。太阳落山，他就找马兰花拉话话。两颗心开始萌动燃烧。李二蛋想马兰花想她的身子。他一人在田地干活，一人躺在炕上浑身骚动。他梦里紧紧抱着马兰花喊她的名字。马兰花来到金马沟，一眼看上李二蛋。他长得敦实满身是劲像一匹抚北百户所的骏马。她没把刘憨憨看在眼里。她信命认定这是老天安排下的。她从李二蛋的眼里看出那颗跳动的心。她情不自禁想念李二蛋。她跑到地里看他干活。

男人和女人的情爱一个是地一个是水就像田地里的绿苗苗。李二蛋与马兰花开始偷偷拉手躲到山沟旮旯拉话。两人卿卿我我沉醉在男欢女爱的蜜罐罐里。他们嬉笑打闹对眼眼，描画往后美好的光景。李二蛋心里还是不踏实。这是大事，父母之命，媒妁之言。他害怕马子忠，不知他是什么心思。他紧紧握着马兰花的手询问新窑的事。马兰花羞答答“你大有心会给你打新窑的。”李二蛋记下这话向母亲道出他们的事。吴冬阳兴冲冲道出这事让李盾拿主意。李盾咧嘴笑笑不言语。

吴冬阳板起脸子道：“这事美气——咋怂哩。”

李盾：“你知道那新窑给谁打的。”

吴冬阳：“哼，我去找金兰。”

金兰做不了主还是不好吐口。吴冬阳猜不出马子忠心思又不敢找他。刘憨憨的土窑打好了。马兰花憨头憨脑认为这新窑留给是她的。她笑格盈盈拉上李二蛋去看新窑。他们进到窑里亲切地这看看那摸摸，仿佛这是他们的洞房。李二蛋以为这是真的，一股火热的力量骚动。他一把抱住马兰花亲吻抚摸。马兰花身子软软地贴在他身上。他们品尝着男女身心奇妙的感受。李二蛋无法控制自己喘着粗气把马兰花放在炕上解衣裳。一声响雷，淅淅沥沥下起大雨。李二蛋心里一震有点害怕。他整理一下衣裳“呵呵”一笑。他背起马兰花哼起小曲往回走。马兰花感到李二蛋肩背像一座山，流下幸福的眼泪。

刘憨憨看到这一幕气得擦拳抹泪。他含泪向马子忠诉苦。马子忠认为这事再瞒下去会出大事。马子忠摆下宴席召集三家人，当众宣布刘憨憨与马兰花的婚事。李盾与艾巍山一愣，吃惊地望着马子忠。吴冬阳脸色难看张口要发火。李盾冲她大声喊叫“倒酒。”马兰花气得跑出门外“呜呜”直哭。李二蛋如五雷轰顶端起酒杯猛猛灌一口。他强忍着怒气眼泪在眼睛里打转。金兰给刘憨憨使个眼色。刘憨憨走出门战战兢兢站在马兰花身旁。他不知如何安慰马兰花。他自责好像是他犯下大错。马兰花不看他一眼抹一把泪进到自己的窑里。

为了黑水潭金马驹一方好风水只能忍痛割爱。马子忠为了金马沟心里也很难受。他独自一人时，每次念想起叶兰。他心里有愧向她道歉请求理解他。李盾揣测到这事，只是没有太在心。他很想与马子忠连亲，但是不明白他的心思。他知道马子忠心里有事很有主见。他不想了解这里面的缘由。吴冬阳不依不饶责怪马子忠是个胡脑子。李盾理解马子忠训斥婆姨。你懂个屁，马校尉是个讲情义的人。他这样做有他的道理。他说下钉子就是铁……他又去说服李二蛋。李二蛋窝着一肚子气根本听不进去。

这事也不知如何说服马兰花。马子忠吩咐金兰看着她，操持家务。马兰花不敢向父亲动气，一肚子火发在金兰身上。她整天吊着脸干活不说话。马兰花想起母亲偷偷流泪。她念想李二蛋经常坐在院子里发呆。金兰管不住她由她与李二蛋偷偷摸摸往来。金兰拿她没办法就催促马子忠赶紧把婚事办了。马子忠去趟抚北百户所，向岳父、蔡牛道出自己的心里话。叶树茂来到金马沟劝说马兰花。马兰花哭闹任性心里只得认命。

县衙传来指令。大堡子抽派人劳役去朔水城出工。马子忠想到李二蛋，与李盾商议。李盾明白他的意思，二话不说打发李二蛋去劳役。李二蛋满脸怨气出走。马子忠开始着手办理刘憨憨的婚事。马兰花拗不过父亲的脾气和压力。她哭哭啼啼穿上新娘衣裳与刘憨憨拜堂成亲。刘憨憨感恩跪在马子忠面前泪流满面。洞房花烛夜，马兰花心里装的一满是李二蛋。她大哭大闹不让刘憨憨上炕。

这个心事了结以为这才把刘憨憨牢牢拴在身边。刘憨憨亲近不了马兰花的身子，火急火燎憋气无奈。他不敢对人诉说，十分丢人。艾巍山看出他心情不爽气有意逗他。憨娃，能行不？两个白馍馍好吃不？白腿腿黑草滩。憨娃娃干得欢。刘憨憨忍不住露出难以启齿的苦衷。

艾巍山“哈哈”大笑道：“送给你的女人，你不管用，叫驴都会上的。”他一边给他打气，一边探问：“马校尉感恩你，把你收为女婿。”

刘憨憨：“马校尉是好人，他早早答应下的。”

艾巍山：“你咋成马校尉的金疙瘩？”

刘憨憨不好回应，低声唱起小曲。“红格蛋蛋的太阳呦，蓝格莹莹的天，野狼沟来个刘憨憨。黑公羊白母羊，半山坡上闹欢欢……”

艾巍山“哈哈”大笑道：“憨憨笑得多，母猪尿的多。”

刘憨憨听下艾巍山的话，喝过酒壮着胆子把马兰花压在炕上。马兰花大喊大叫厮打乱咬。刘憨憨连续几天下手越来越重，也没有整治住马兰花。他恨自己无用跪在马兰花面前打自己嘴巴。马兰花没好气大喊。没出息的，站起来。你再胡闹我就死给你看。这句话把刘憨憨吓住。艾婆姨知道这事引导他。拦羊娃，没有看过公羊骚情母羊啊。打哈的婆姨，揉哈的面。看星星下软话，女人不是土疙瘩。刘憨憨记下这话，多干活少说话，细心伺候马兰花。

一对燕子在马家大窑堂门上面搭起窝，叽叽喳喳飞进飞出。金兰与吴冬阳约定好似的，一前一后分娩生娃。马子忠喜得个大胖小子。李盾喜滋滋抱上个女娃。娘家送来谷子斗米斗面。两家请来房学礼给娃起名。房学礼温文尔雅起名圆两家父母的心愿。马子忠小子，马金北。李盾女儿，李彩。马子忠请来一对敦实憨厚的炕头石狮子。杜兰捎来两双虎头鞋。金兰与吴冬阳欢天喜地一起带俩娃。吴冬阳直言不讳要与金兰连亲。两个婆姨心心相通相互给娃喂奶。两个娃热热闹闹过百天。两家喜喜庆庆定下娃娃亲。李二蛋劳役出工回来又黑又瘦无精打采。他看出父亲对他冷淡。李盾看他这般模样给他下话。给你打窑，寻个媳子。

李二蛋与他憋着劲生硬地回应：“马校尉不是好人。我要回老家。”

李盾：“不许胡说。老子都很敬重他。”

李二蛋：“大，金马沟装不下我，我要走。”

李盾向马子忠提起李二蛋的事。马子忠想起当年离家出走的事。他有点后怕，这小子待在金马沟会弄出大事。李盾心想，打窑，寻个媳子也不是一天两天的事。他如果不走，马兰花心不死。

万一这两个娃做下丢人的事，金马沟人怎么去见人？他思前想后决定送李二蛋去当兵。李二蛋窝着一肚子火气答应下。

李二蛋见过马兰花几面。两人默默相望不搭话。李二蛋整天一人躺在田地里，嘴里衔着一根草看天空发呆。他想不通马子忠为什么要把马兰花嫁给一个拦羊娃。他记恨马子忠，怨恨父亲。他远远看见刘憨憨，一股怒火窜起很想捶他一顿。他很想马兰花，心里实在难受。大堡子里公所门前贴出白榆镇总兵府征兵告示。李二蛋看到自己的名字悲伤和喜悦交织在一起。马兰花知道李二蛋去当兵欲哭无泪。她茶饭不思很想见他一面。李二蛋看见刘憨憨赶着羊翻过一道圪梁梁，壮着胆子去马兰花的窑里。两人紧紧相拥悲悲戚戚落泪。

马兰花忧伤地看着李二蛋说：“咱们一起走吧，去抚北百户所。”

李二蛋摇摇头说：“不能成，马校尉、大大以后咋见人。”

马兰花低下头说；“我没让刘憨憨粘我的身子。”说完盯盯看着李二蛋。

李二蛋不语一把抱起她放在炕上。

马兰花紧紧搂住她说：“我不怕，我要给你生个娃。”

李二蛋脱下马兰花的衣裳看到红艳艳的肚兜。他扯下红肚兜，猛烈地冲击嘴里不停地喊叫：“我要揣上你的肚兜。我要揣上你的肚兜。”

李二蛋临行前，马子忠摆下家宴为他送行。李二蛋没有吱声揣上肚兜离开。这事没有想到啊。刘玉佩琢磨不透马子忠招刘憨憨这个女婿，但还是给刘憨憨搭份礼。他开始给小子刘兴筹办婚事。他对何甲首有点过节。这件事把他心里的疙瘩渐渐磨平。他有意放出风去。刘家与何家连亲。他要告示拿捏一下其他甲首。其他甲首开始向何家走的勤。吴甲首提上礼物来到金马沟假意为羊的事道歉，有意抖露刘家与何家连亲的事。他知道何甲首心眼子弯弯多，他没当上里长攀上刘家就有靠山势力。他也想当里长，这下没希望了。他心存疑虑担忧怕事。他想到马子忠，想到与金马沟连着亲。吴冬阳送还他两只小羊娃。往后别让人家看自家笑话。吴甲首心里热乎乎的与李盾喝酒拉近乎。他夸赞军爷敬佩马子忠。李盾毕竟看他是亲人道出心里话。做人要正心要大。不惹事也不怕事……

刘玉佩开始给刘兴筹办婚事。何四六那里却是忽冷忽热。这是何甲首拿捏刘玉佩的主意。他的目的就是多出彩礼给他一点颜色看看。刘一六两头跑要何四六做主下话。何四六醉打马虎地要哥哥的做主。他又找到何甲首商量。何甲首每次不把话说全乎。彩礼眉目繁多次次加码。刘一六认为何甲首有意捉弄人快沉不住气。他在刘玉佩面前大骂何甲首。刘玉佩不言语直接去找何甲首。两人见面脸面上客套热情。刘玉佩话很多把每个甲首说个遍。他叹息里长不好做，破烦事多还惹人不落好。他假意给何甲首许愿要稳住他。里长轮流坐，下一任你来当，反正都是一家人。何甲首心眼多笑呵呵拿出笔墨要刘玉佩写下字据。刘玉佩一惊心里骂道“驴日的，人没尾巴比驴难认。”他强忍着火气立下字据。

何四六带着何花去朔水城走亲戚吃喜宴。何花第一次进城很新奇，这跑跑那看看。瞎雀碰在谷垛上。城里的人都知道县衙主簿常运福的公子招鬼害下相思病。今个真是邪门走运。常公子与何四六在一家酒馆吃喜宴。他出门正面碰见何花。他醉眼一亮一直尾随身后。他很快打探到是何四六的女子。他回到家耍酒疯胡闹要找媳子。常婆姨围着他问来问去。他一边胡乱砸东西大声喊叫“我梦见她，看见她咧，就是她。”常婆姨请媒婆介绍媳子。神婆子驱鬼都无用。她知道他的相思病又犯了。常运福回家看到小子胡闹大声训斥。

常公子突然停下手低下头一本正经说：“我看见她咧，何家洼的。”

常运福心里明白急切地问：“哪家女子？”

常公子：“何四六。”

常运福即刻吩咐仆人请媒婆。常公子跟着媒婆来到何家洼。媒婆打探到醉醺醺的何四六。常公子指着何花低声认定“就是她。”媒婆看她脸色光亮，笑格蛋蛋心里有底。她赶回来向常运福报喜。常公子嬉嬉笑笑耍脾气。妈，就是她。我要娶她。常运福一看小子正正常常就吩咐媒婆带上礼物说亲。媒婆来到何家听说何花已经许配刘家。她心凉半截子。常公子任性就要何花。常运福无奈指派两个仆人找刘玉佩。刘玉佩知道这是明抢又担惊受怕。他与他们周旋说理下软话。他们根本听不进去。刘玉佩有意拖延要与何家商量。这事不知是喜还是忧。何甲首知道这事，一直琢磨着如何处理。他自然想攀上县主簿。他盘算着两头孰轻孰重，又理亏不好在做人。他心里犯愁，这烫手的山芋不好吃。刘玉佩找上门来与何甲首合计谈判。何甲首揣摩刘玉佩心思不言语。刘玉佩寻思从炕上跳下倒背双手来回踱步。

何甲首看出他犹豫不决探问道：“常主簿是县老爷，惹不起。成全一对子，多活半辈子。”

刘玉佩十分气愤道：“这里还有王法嘛。自家婆姨送给别人。羞他先人咧。”

何甲首斜他一眼道：“小胳膊拧不过大腿。这往后大堡子光景咋办?”

刘玉佩心想，常运福这是官人还要常来常往。急得团团转自言自语:“这咋办，这咋办。”

何甲首:“可以与他做一笔。”

刘玉佩眼睛一亮问道:“这要有个说法。”

何甲首:“昂，里长仁义，小子有病，不能耽搁何家女子。”

刘玉佩盘算掂量着眼仁子一转道;“那送给何家的彩礼呢?”

何甲首“嘿嘿”一笑道:“里长大人大量。何花已许配给刘家，常主簿会有大彩礼。”

刘玉佩权衡利弊把心一横，笑呵呵拉住何甲首的手点点头。何甲首暗喜得到一份彩礼又攀上常主簿。刘玉佩出门吊个驴脸心里大骂。狗日的，遇到这桩晦气事，都不是好货。

第十一章　官　司

常运福为公子下大彩礼得到何花，一家人欢喜。他给刘玉佩许愿，免一年田税。何甲首收下大彩礼心里总算得到安慰。他也想通能攀上常主簿，可是大油水。他如意算盘打得“噼里啪啦”响。他手里还攥着刘玉佩的字据，球眉鼠眼偷笑等待着时机。常运福为公子举办婚礼，请来刘玉佩和何甲首。他们穿着丝缎长袍喜上眉梢着实风光。两人吃完喜宴骑着毛驴一同赶路回家。

刘玉佩戏谑道：“这下何家沾光咧。”

何甲首得意地笑笑：“里长的小算盘打得精。”

刘玉佩“哈哈”大笑：“黑老娃笑猪黑，一球货色。”

天刚亮，刘玉佩家的狗叫个不停。仆人打开门，刘一六气喘吁吁要见刘玉佩。他神色慌张向刘玉佩禀报。洞房花烛夜，常公子头破出血昏迷不醒。刘玉佩没放在心上认为过两天就能好。常运福为公子办完喜事了却一桩心事。他没想到会出这样的事。大夫把脉摇摇头。饮酒摔倒出血，也许是中风。常运福很丢脸面，一肚子火气洒在刘家、何家身上。十天过后，常公子仍然昏迷。常运福把刘家、何家告上县衙。两个衙役逮走刘玉佩、何甲首和何四六。魏知县端坐在公案前升堂。他拿起常运福的状子一亮。刘家、何家合伙欺诈骗婚。洞房花烛夜，何花欲逃跑与新郎厮打导致头破出血，不省人事。三人大喊冤枉。

魏知县：“一一从实招来。”

刘玉佩从头到尾道出实情。何四六点头附和。

何甲首：“何家嫁女子，按照婚俗约定欢喜圆满送到常家。新郎新娘出事是常家事。”

常家仆人：“下人听见洞房有厮打声。”

何花含泪申辩道：“不是小女子所为。新郎饮酒大醉，自行摔倒。”

魏知县：“何来证人？”

刘玉佩：“洞房花烛夜，自然是新郎新娘二人那事动作大。”

魏知县重重拍下惊堂木道：“何家出嫁女子，为何与刘家搅在一起。分明是一桩婚姻买卖。押进大牢，等待常公子醒来再审。”

这起案子没有直接证据，可判有罪或无罪。魏知县一边安慰常运福冷静等待，一边吊着刘家、何家的心。刘玉佩受着牢狱煎熬不敢有心思动作开口胡言，反而抓住把柄。他毫无办法又担忧何甲首。何甲首后悔不该掺和这事。连亲连个屎疙瘩。白虎克夫，白虎克夫。他盘算着如果用刑，如何把刘玉佩推到前面。他们在牢里一月有余实在熬不住开始胡思乱想。常公子躺在炕上目光呆滞不能言语。他突然大声喊叫眼角挂着眼泪。一家人惊喜围着呼唤他。常公子眼睛一会儿闭上，一会儿睁开。常运福请来大夫。大夫一边号脉，一边看着他的眼睛。他把常运福拉到一旁眼睛露出一线希望。公子眼里有话，把他婆姨喊来。常运福把何花从牢里弄出来，两个衙役跟着过来。何花回到家里洗漱打扮一番，进来看常公子。常公子看见何花嘴一张一张的说不出话。何花坐在他身边握住她的手。

常公子眨巴一下眼，泪水止不住流出来。

常婆姨把常运福拉出门外偷声换气。新进门的婆姨受委屈。小子看见她，眯眼眼闪动。她在身边伺候，也许小子能活过来。常运福厉声厉气还是不满。这婆姨克夫。刘家、何家还是逃不过。他想来想去既然把何花留下，以后与何家还是亲家。他咽下这口窝囊气找魏知县撤诉赔偿了结。魏知县拿到常运福索赔状子。他又加上一倍，一一审讯调解。刘玉佩、何甲首据理力争。魏知县慢条斯理提醒他们坐牢还是赔钱？刘玉佩无奈要赔钱，心里骂道“官官相护，欺负人咧。”他反应过来推卸主要责任。知县大人明鉴，这大头可是何家。魏知县抿一口茶不搭理。何甲首愿意赔钱又大喊冤枉检举刘玉佩。

魏知县重重拍下惊堂木道：“刁民不可胡言，此案已明了。何家嫁女子，还是刘家嫁女子。”

何甲首低下头无言以对。

一只老鼠，害一锅汤。刘玉佩与何甲首叫苦喊冤。魏知县单独请刘玉佩喝酒压惊。他一副正气凛然的神态向刘玉佩解释。县衙不是为哪家开的。正要压邪是大道。回去堂堂正正管好大堡子……刘玉佩联想这段时间发生的事把一腔怨恨记在何家。何甲首自认倒霉，这女子真是个白虎害人精。何花把何四六接到常家。常运福忍着怒气没有好脸色。亲家赔钱就算咧。何四六这次清醒教诲何花。大大酒醉心里明白。常家是官家脸面大，给常家生个小子，你就好活。

搭上女子又陪银子。沟沟岔岔看笑话的人指指点点议论纷纷。这次何家、刘家丢人丢大了。刘玉佩躲在家里不好意思见人。他指派刘一六处理里公所的事务。这件事渐渐平息下来。刘玉佩出门骑上毛驴在沟里胡溜达。他似乎看到别人看他是那样怪怪的眼神。他想发火想骂人，可是遇见打招呼的人又不敢吱声。他很想整治何甲首还不知如何下手。他不知不觉走出大堡子。毛驴好像知道他的心思径直向朔水城走去。天阴沉沉地下起雨。刘玉佩四周看看山沟两腿一挟毛驴向朔水城赶来。

常家暂且平静下来，一家人心思都放在常公子身上。何花十分愧疚给常家带来不幸。她要好好补偿感恩常家。她整天下力气做家务跑进跑出细心照料常公子。常公子离不开何花，她一走就大喊大叫。常婆姨看在眼里十分欢喜盼着公子来日康复。一个女仆非常嫉恨何花占她的窝。她气愤恼怒经常在何花面前吊脸白眼。她有意找麻烦数落叱骂何花。何花心里有愧倒像个仆人不敢吱声。女仆偷偷做个布娃娃，每天用针扎诅咒何花。

一天，女仆偷上常婆姨的一对银手镯放在何花的梳妆盒里。常婆姨发现丢手镯，大发雷霆。仆人吓得四处寻找。女仆在何花的梳妆盒里找到手镯。常婆姨脸色骤变，动用家法打二十鞋底子。女仆满腔怨恨拿过鞋底子打在何花身上。何花嚎哇哭叫没人理会。何花知道是那个女仆害她有口说不出。她想不通越想越委屈。她受不了趁夜色跑出院门。她想回家一走了之。她忍着疼痛漫无目标走着。她身子又疼又乏实在迈不动腿，昏昏沉沉倒在一家门口。

何花半醒发现有人把她抱到炕上给她喂水。昏暗的窑洞摇曳的灯光。她隐约看见一张女人的脸。这窑洞正是刘玉佩的相好巧儿家。这时，刘玉佩醉醺醺推门进来上炕就扯巧儿的衣裳。巧儿推开他低声提醒“自哒有人。”刘玉佩定睛一看认出何花。他不知道这女子又怎么了，怒火欲火一下升腾爆裂。他咬牙切齿自言自语“这个害人精是鬼啊。老子弄死你。”他猛地骑在何花身上扯衣裳。巧儿使劲也拉不住他。刘玉佩爆发出强烈的怨恨要释放。何花趁机咬住他的左手小拇指。刘玉佩疼痛大喊一身翻身下来。

何花吐出血淋淋的半截小拇指直硬硬地躺着。她浑身无力悲痛得哭不出声来。刘玉佩一看没了半截小拇指，愤怒地掐何花的脖子。巧儿害怕一把推开他。刘玉佩起身喝一碗酒定定神低声与巧儿耳语一番。巧儿一边安慰她，一边给何花喂稀米汤。她又帮她擦擦洗洗身子把她送到黑格洞洞的街上。何花哆哆嗦嗦担惊害怕。她不知方向摸着墙边走。她羞愧丢人想回何家洼死到家里。

马子忠骑马赶往白榆城办事。他走着走着发现路边山坡下躺着一个女人。这个女人正是何花。他下马过去呼喊没有应声。他一摸脉搏人还活着。他没多想救人要紧。他抱起何花放在马背上向朔水城赶去。马子忠把她带到一家药堂。大夫号脉诊断体虚，受到惊吓。她给她喂一粒药丸。马子忠守在何花身边等她醒来。何花醒来慢慢睁开眼睛。她惊恐地看看四周。

马子忠问道："这是朔水城一家药堂。你家在哪达?"

何花尖叫一声说："为甚救我？为甚救我?"

马子忠一脸茫然。何花蒙住脸"呜呜"哭得伤心。她身子瑟瑟发抖，那可怕的一幕在脑海浮现。她没脸见人不敢回常家，想去死。常家的两个仆人找过来呼唤她。何花胆战心惊昏迷过去。马子忠向他们说明事由准备离去。仆人挡住他要等常家主人来。大夫在一个仆人耳边低声言语。这女子下身有血迹。常运福过来一看这情形询问大夫。他看看马子忠，拦住不让走。大夫递上三付药包叮嘱这女子无大碍，回家好好调养。常运福吩咐仆人把何花送回家。他把马子忠带到县衙。

县衙威严升堂。魏知县一看是马子忠，冷眉淡眼。马子忠很坦然接受询问说明缘由。常运福提出暂且关押等何花醒来对质。马子忠莫名其妙只有从命等待。何花醒来只是流泪不说话。常公子哭闹不停。常家手忙脚乱急得团团转。常运福把家人上上下下训斥一遍。他吩咐婆姨要查出丢手镯的事。常婆姨哭丧着脸。不该使家法，丢死人哩。丢手镯的事一时没有查出。常运福不想家丑外扬，一纸状子讹上马子忠。

何花身心还是恐惧波动。她不停地自言自语“不是我拿手镯。不是我拿手镯。”她脑海一出现那一幕就大声尖叫。常家终于查出那个女仆把她赶出家门。常婆姨安慰何花抹泪自责。她心细慢慢盘问何花。何花心想不能道出那事，要不还不如去死。她一时不知如何编出个理由。常婆姨诱导她，马子忠路见女子顿起歹念行为不轨，抢劫欺辱良家女子。何花没什么法子没头没脑点点头。

魏知县亮出常家状子审讯马子忠。马子忠振振有词极力申辩。知县大人明察，我是堂堂正正救人。大夫可以证明。那女子何人?竟如此蛇蝎心肠。魏知县摆摆手不让马子忠说话。不要冲动，她会来与你对质。何花出现在公堂上。她心里有愧不敢正眼看马子忠。她面前明明是救命恩人还要指控他。她一时没有法子哆哆嗦嗦指着马子忠，我回何家洼路上遇见就是他。马子忠怒眼圆睁大骂何花。大夫收下常家银子附和何花证词。

马子忠大声喊道：“天理何在?脚正不怕鞋歪，心正不怕影斜。我是堂堂正正救人，竟落下个罪人之名。”

魏知县：“本官自会明断。”

这起案子很快传到大堡子。刘玉佩惊慌之极面目变色。他看看失去的半截小拇指痛恨何花。这个害人精不知如何讹上马子忠。他侥幸脱离每天打探消息。他揣摩如果何花指认告发他，如果排查到巧儿怎么办。他想到这些很是后怕。他跑到巧儿那里打探案情情况。巧儿宽慰他安心。良家女子说出这等丑事往后怎么活人。常家讹上那个人只是告他打劫抢人。刘玉佩轻松吐口气对马子忠倒产生一丝怜悯。他遇上了算他倒霉。

金马沟的人找刘玉佩和其他甲首评理说情。何甲首躲在窑里不敢出来。何花克夫。何花克夫。四个甲首看不过去来到里公所盘问案情。他们不相信马子忠会干出这样下流卑劣的事。他们请愿要刘玉佩把马子忠担保出来。刘玉佩说明案情利害关系极力反对。李盾心急火燎来到牢里看马子忠。马子忠简单道出事情经过。李盾愤怒要去找县衙评理。

马子忠："不要胡闹，一切会搞清楚的。我去白榆城是为李二蛋的事。他两次逃跑被抓住。你去吧，把他送到沙柳关好好历练。"

李盾坚定地说："校尉放心，我回来一定想办法救你。"

李盾回来也没什么好办法。他找到马家园子、金家庄请求帮忙。马家、金家四下求人没有结果。马子孝来到常家提出私了。常运福冷眉淡眼指责马子忠下流卑劣。他心想私了就是认定事实。他摸清马子孝心里假意提出要有书面私了约定。他要死死抓住证据套住马家。马子孝看出这人奸猾有意托词明日呈上约定。他来到牢里看马子忠道出他的想法。马子忠认定这是认罪给常家留下把柄。他有点撑不住胡思乱想，也许是弄死风水先生的报应。他忽然想到房学礼。他是个文官，见过的世面多，也许能辩出个道道。他给马子孝捎话央求房学礼出面。

这个野种怀上反应很大。何花恶心翻吐想有意弄掉。常婆姨发现吩咐女仆悉心照料看着。她疑心重重如果是马子忠祸害的怎么办。何花已经回到家说不清楚更不能告上县衙。她把这事告诉常运福。常运福如同灌一口恶水，吐又不出来。他联想起何花进到常家以来发生的事。这婆姨克夫。这婆姨克夫。他想休掉何花，她肚子里的娃怎么办。常婆姨三番五次盘问何花。何花闭口不说怀孕的事。

常婆姨无奈威胁她说："不说，常家把你休哩。"

何花受到惊吓指指常公子含糊其辞说："他那里又没坏。"

常婆姨将信将疑如释重负松口气。房学礼接到马子忠的状子，十分气愤。这案件有辱伦理道德，践踏道德。他义不容辞来到县衙击鼓鸣冤。魏知县坐在公案前看见房学礼，脑袋"嗡"一下大了。他知道是为马子忠来伸冤。

魏知县故作镇静道："房大人有何冤情？"

房学礼拿出状子道："为民伸冤。马子忠一案是恶人陷害。"

魏知县："房大人不要胡言，大闹公堂。马子忠一案人证物证俱在。你有何证据？"

房学礼："请问罪犯打劫，为何又把受害人送往药堂救治？这不合常理。打劫何物？有无现场证据？"

魏知县："受害人告他。马子忠说不清。"

房学礼："证据不全，如何定案？大人须明察。"

魏知县很不耐烦道："房大人流放期间好好思过改造，不可扰乱公堂。"

房学礼："我会去找常家的。"

马子孝带房学礼来找常家。常运福一看这情形脸色难看关上院门。马家园子、金家庄的人看不下去，怒气冲冲拿着棍棒来到朔水城。一帮人击鼓鸣冤，一帮人跑到常家大闹。魏知县一看这阵势躲在家里不出来。一帮人砸开常家院门冲进去抓出何花。魏知县指派衙役抓人。马家和金家人会到一起与衙役形成对峙。房学礼击鼓大喊伸冤要魏知县出来升堂。魏知县终于出面难以安抚众人，表示要重新审理。众人嘈嘈杂杂必须要当场审理。魏知县瞪一眼房学礼，让他解释聚众闹事什么罪？房学礼义正词严态度坚定。为民伸冤，匹夫有责。这案子了结，愿意坐牢。魏知县重重拍下惊堂木升堂。这时，一个女子击鼓冲进来。

第十二章　日谋夜算

这个女子正是常家女仆。她不想看着一个好人受冤。她振振有词证明何花是受家法逃出常家的。魏知县重重拍下惊堂木。何花如实招来。何花吓得浑身哆嗦。她环视四周又看看马子忠，说出实情。众人交头接耳声音混杂一片哗然。

魏知县：“传大夫。”

大夫看这阵势神情慌张道：“草民治伤听见这女子声音孱弱，为甚救我？”

魏知县瞪着他道：“为何作假证，拉出去三十大板。”

何花跪地泪流满面：“小女子受过家法一时想不通，想回何家洼。只是身子又疼又乏，昏倒在地。”

魏知县重重拍下惊堂木道：　“大胆刁民，欺骗本官，该当何罪。”

何花跪向马子忠道：“感谢救命之恩。小女子不敢回家，一时糊涂。”

众人吵吵嚷嚷：“挂牌子游街，三十大板。”

马子忠：“一定要赔偿。常家必须到金马沟登门谢罪道歉。”

魏知县盯着常运福，想给他台阶下。常大人，这样如何？向马子忠鞠躬赔礼道歉。常家小婆姨身子有孕不便。常运福沉思良久答应愿意赔偿。魏知县拍板断案退堂。他逮捕房学礼，关进大牢。常运福丢尽脸面回到家里咽不下这口气。他盘算着如何整治大堡子。魏知县传来话指责常主簿不能丢县衙的尊严。何花一人去金马沟登门谢罪道歉。常运福自然不愿去丢人现眼。何花哭哭啼啼愿意与父亲一同前往。马子忠接到何四六的话。他摆下酒宴有意请来刘玉佩和四个甲首。何四六带着何花过来放下银子。他们跪在马子忠面前三磕头。马子忠受不下这样冤气，开口还要四只羊。吴冬阳上去给何花一个耳光。不要脸，那家汉子裤裆栏哩。疯狗一样胡乱咬人。何甲首忍气吞声，这马子忠得理不饶人。他咬定何四六牵来四只羊。马子忠认为这女人晦气冷言冷语地。做人要正。你们走吧。何花起身看见刘玉佩。她怒火中烧，狠狠“剜”他一眼。

马子忠看出房学礼是一个有学识傲气的人，心里有几分敬畏。这起案子让他内心着实敬佩。他去牢里看望房学礼，帮着他家里干些农活。房学礼出狱后，马子忠摆下家宴谢恩。房学礼不失礼节赶去赴宴。他初识马子忠，认为他有些军爷习气。这起案子让他看到马子忠做事为人坦荡正直。房学礼信奉儒家之道，自命清高，厌恶官场风气和世俗习气。随乡入乡，入乡随俗。他渐渐适应融入这黄土高坡的人间烟火里。他零零碎碎听到这里发生的一些事。他看不惯那些违背礼教，伤风败俗的事，开始出面说教斥责。他端端坐着品茶不饮酒，不宣扬他的过去。马子忠不知如何感谢表达。

房学礼：“君子之交平淡如水，不尚虚华。”

马子忠行大礼，举杯感慨道：“我诚心拜你为先生。”

房学礼端起茶碗：“幸会，鄙人在这荒山边关结交上一位军爷。”

马子忠摇摇头感叹道："这县衙不能进，官司可打不起，输家赢家都得扒一层皮。"

那事逃过一劫，心里落下一块病。刘玉佩深信巧儿的那句话，何花这是鼻梁梁碰着锅底灰。他还是心虚经常做噩梦。何花挺着大肚子瞪着仇恨的眼睛。他胡乱揣摩往后会如何。他担忧常家不会放过他。他骑上毛驴慢慢悠悠溜达到何家洼。他想在何四六那里打探一下风声，正碰上何甲首扛着镢头往回走。何甲首向他打招呼。刘玉佩从毛驴背上下来干笑。两人同病相怜，为何花的事垂头丧气。

刘玉佩："庄稼如何？可有好收成？"

何甲首提高嗓门道："庄稼比人活得好。"

刘玉佩："昂，受苦人过光景，好活要活，难活也得活。"说着跟着何甲首进家院。

何甲首发现他残缺的小拇指问道："里长大人，这是咋回事？"

刘玉佩右手捂住左手没好气地说："不知哪家恶犬。"

何甲首"嘿嘿"一笑："母狗咬的吧。"

两人坐在碾子上喝茶拉话。刘玉佩东扯西拉引出何花的事。他没有套出什么话来，长吁短叹。刘玉佩不想回应这烦心事。何甲首接着掏出心里话。常主簿不会放过大堡子。

人与人结下仇是个难解疙瘩。何花记着不会放过刘玉佩。她安心养胎等待孩子出生。常运福赤尻子推磨丢一圈人。他心痛小子还是怨恨何花。他一直怀疑何花肚子里的孩子是野种。他心里淤积下仇恨，眼前经常出现刘玉佩、何甲首和马子忠的影子。他认定这几个都是奸毛厌诈的刁民。他把怨恨发泄在他们身上。他等待寻找时机，第一个要对刘玉佩下手，扯下他里长的帽子。

夏收麦子，秋天抢粮，尽早入仓。庄稼人开始收割谷子、稻黍和金稻黍。刘玉佩四处溜达看着各户田地里金灿灿的谷子，喜上眉梢。他心里喜的是秋收可是收的白花花的银子。他来到金马沟看他们收割谷子。他们没工夫搭理他。他一人蹲在田地边，妒忌他们免收田税，盘算起如何勒索杂税。吴冬阳提着两罐子水过来白他一眼。

刘玉佩满脸堆笑道："李家婆姨，这好收成啊。"

吴冬阳没有好脸子："里长大人，钻沟遛洼干甚？"

刘玉佩打哈哈："看着好庄稼，心里爽气。"

吴冬阳："哼，心里看的是白花花的银子吧。"

吴冬阳嘴不饶人叨叨不停数落他。刘玉佩听得头疼，说几句废话灰溜溜走开。他回到家沾沾自喜打开大堡子黄册。庄稼人田地里忙活。常运福得意地指派一个粮长和两个衙役专门去大堡子监督征收。杜粮长也是常家的管家。常运福指派他去，很有用意。杜粮长带上衙役慢慢悠悠来到大堡子。刘玉佩一看杜粮长，傻眼了。该来的不来，不该来的来了。他如芒在背强作笑颜。一年免税球势了。他极力控制自己应付杜粮长。杜粮长要去黄册，带着刘玉佩和各甲首查看各户田地。他按照常运福授意针对大户造出田税和杂税账册。刘玉佩天天陪吃陪喝想看一眼那本账册。杜粮长沉得住气，亲自从里长、甲首大户征收。

杜粮长向刘玉佩亮出他家应缴的田税和杂税。刘玉佩意乱心慌向杜粮长下软话送银子。杜粮长收下银子假惺惺给他指路。常运福下派的征收指标。他也许可以高抬贵手。刘玉佩不知如何求见常运福，又怕见到何花。他去找何甲首出主意。何甲首明白田税和杂税的事牵涉到各户利益。他认为何家与常家连着亲，也许还有期望盼头。他不会去抛头露面掺和指点他。他推脱不便去，指点刘玉佩带上礼物道歉化解误会。常主簿大人有大量。狗不咬粑屎的，官不打送礼的。刘玉佩无奈觍着脸带上礼物去求见常运福。

刘玉佩点头哈腰，赔罪道歉放下礼物。热脸贴个凉尻子。常运福面色冷淡拿腔作调。刘玉佩吞吞吐吐道出田税和杂税的事。常运福黑着脸先把他训斥数落一番，然后平静下来。这与往年一样，各种税收指标是衙门一级一级下达定下的。刘玉佩拐弯抹角暗示粮长辛劳费力。常运福心知肚明佯装糊涂。大堡子的事还是里长和甲首忙活拾乱。刘玉佩不甘心还想多言麻缠。常运福模棱两可断了他的念想。时势如同这庄稼——你先回去吧。刘玉佩有点尴尬离开常家。他琢磨不透常运福的这句话，又想去求见魏知县。他也不清楚常运福与魏知县的关系。他犹豫不决走走停停还是回大堡子。

这怎么弄，讨吃鬼不好打发。刘玉佩回到家心里很难受。他心想，杜粮长是受常运福的指派来整治大堡子。杜粮长是个吃油糕不沾油手的讨吃鬼。如何应付如愿以偿？几个甲首十分不满来找刘玉佩。刘玉佩不露声色想听听他们的对策。几个甲首吵吵嚷嚷直奔一个主题。按照往年老规矩，还是刘里长掌管田税和杂税事务放心。

刘玉佩摇摇头道；“杜粮长是县衙指派的，如何打发走？”

李甲首：“各甲首挨个派饭，让他们天天酒醉不醒。”

胡甲首嬉笑道：“胡家坪——哦，河东来个投亲戚的白寡妇。草驴跳槽，叫驴一定会嚎。”

吴甲首：“马校尉也许有办法。”

这如意算盘还是先礼后兵。刘玉佩认为何甲首靠不住，去找马子忠讨主意。他骑着毛驴进到金马沟，发现半山坡上有只狼盯着他。他害怕心虚停下来。艾巍山背着一捆稻黍杆杆远远地喊叫打招呼。刘玉佩赶过来指着那只狼。艾巍山冲他笑笑。野狼沟的狼只咬恶人。

刘玉佩："马校尉在哪哒?"

艾巍山指指圪梁梁说："地里收稻黍呢。"

刘玉佩牵上毛驴过去。马子忠正蹲在田地边喝水歇息。

刘玉佩凑上来拿出一壶酒说："金马沟好收成啊。来喝口酒。"

马子忠也不客气，拿过酒壶灌一口。他知道刘玉佩无事不登三宝殿。不言语。

刘玉佩挑出话题："这好收成免去田税，可还得缴纳杂税。"

马子忠："哼，你这肚子里又没憋啥好屁。"

刘玉佩："嘿嘿"一笑说："我可是为大家好。杜粮长日能的很，这次是他要整治咱们。"他把常运福推出来，说三道四。马子忠想起那起案子，依然窝气记恨常家。他诅咒常运福就是枪打鬼。

刘玉佩："杜粮长狗仗人势，巧立名目盘剥税收。"

马子忠喝口酒沉默不语。

刘玉佩："我们一起去县衙告他。"

马子忠："官官相护，又能干甚?"

刘玉佩："这是各家各户大事。马校尉好好思量。"说完起身走开。

马子忠听刘玉佩的话涉及自家利益，心里不舒服。他把这事和那起案子联想起来，认定常运福暗地里报复。他十分气恼告诉金兰。金兰以为杜粮长是为衙门办事。常运福惹不起斗不过。招惹他就是与衙门过不去，就是犯上。马子忠一脸怒气，大声争辩。

金兰平静地说："不要动气，这里不是沙柳关，大喊大叫，冲冲杀杀。"

马子忠："那也要把这事弄清楚。"

金兰递上一碗茶说：“刘玉佩拉你是当枪使。我看你就是一杆火铳枪。”

马子忠咧嘴一笑。

金兰：“缴上税不怕官。我嫁过来听到很多刘玉佩的风言风语。离这个人远一点。”

马子忠“哈哈”大笑道：“婆姨还是个精格蛋蛋。”

金兰：“缴税的事，可以讨教一下房先生。”

一句话点醒马子忠。马子忠拜见房学礼，请教田税与杂税一事。房学礼沉默良久摇摇头。他黯然神伤不想谈论这些事。他深知各级朝官在田税和杂税上一级一级盘剥，最后受苦的是庄户人家。他深恶痛绝也很无奈。他看得很远，朝廷如果这样下去……他心里流泪不敢往下想。他意味深长地告诫马子忠。这事你管不了，把每年的账记下来。马子忠看房学礼脸色凝重不便再问起身离开。房学礼想很多，按捺不住去找魏知县。魏知县一团和气假惺惺赞许房学礼体察民情。他摆出很无奈的神态说明朝廷的田税和杂税。他两手一摊有意叹气。小小知县只是奉命行事。你可以上报州衙门。房学礼默然无语悻悻离去。

刘玉佩没有得到马子忠的消息，指使各甲首轮流给杜粮长派饭灌酒。马子忠不想掺和这些事还要应付，这毕竟是各家各户利益。他听取金兰的主意，管饭不管酒。刘玉佩的小九九没有套住杜粮长。杜粮长连吃带拿心中暗喜。刘玉佩心里骂道“狗日的，瞌睡给了个枕头。”他想起胡甲首那句戏言暗喜。寡妇的肚子上边没人。他招来胡甲首询问白寡妇的事。他胡乱编些理由推辞。刘一六把这事放在心上出一个主意。套住杜粮长，寻寡妇费时花银子。找几个黑痞把他打发走。

日弄鬼不怕，黑痞难缠。刘一六果然找来三个要饭的黑痞。他们遇见杜粮长讨吃要钱。杜粮长施舍点银两打发他们。刘一六管他们一顿饱饭，指使他们跟着杜粮长。杜粮长破烦，两个衙役撵他们走。三个黑痞编起顺口溜骂杜粮长。杜粮长生气愤恨，找到刘玉佩。刘玉佩两手一摆摇摇头。他们看你是外乡人。给点银两打发他们，不要招惹这几个黑痞。杜粮长就不当回事，但是三个黑痞还是纠缠他。杜粮长直接威胁刘玉佩妨碍公差。刘玉佩抓住三个黑痞，当着杜粮长的面训斥一番。杜粮长前脚走，三个黑痞又堵他们的路。衙役动怒大打出手。三个黑痞耍赖躺子地上，任人打骂不还手不还口。杜粮长训斥刘玉佩，大骂大堡子刁民。刘玉佩躲到远远地看笑话。众人起哄推推搡搡撵杜粮长走。

杜粮长怀疑是刘玉佩怂恿民众闹事。他向常运福禀报刘玉佩。县衙指派衙役向刘玉佩训话，抓走三个黑痞。三个黑痞嬉嬉笑笑，向着看热闹的人挤眉弄眼。牢里蹲着好有饭吃咧。刘玉佩还是不甘心想起胡甲首。他板起脸怂恿鼓动。这是大家的利益。胡甲首心想，这事麻烦要出银子。他装作很为难的样子不吱声。刘玉佩看出他的心思，答应事成后减免杂税。胡甲首担忧不放心要立字据。刘玉佩拿过笔墨立下字据。这事情不能成，杜粮长把银子弄走，看我怎么拾掇你。

那个白寡妇白花花的有几分姿色，胡甲首心里痒痒早已惦记上。他想借此占个便宜，又可诈取杜粮长一笔银子。他盘算得花心怒放，拦羊的打酸枣。他开始一步一步从白寡妇亲戚家下手。白寡妇没有孩子，死了老汉，被公婆家人休了。她没脸见人投到堂哥家。白寡妇在哥哥家寄人篱下出力干活。胡甲首以落户为名常来办事偷看白寡妇。一天后晌，胡甲首在地里看见白寡妇一人吃力地背起一捆谷子。他大着胆子过来扶一把，一只手有意摸一把她的屁子。白寡妇头一低默默向前走。胡甲首凑上来答应“落户的事一定办。”他看看周围没人上手摸白寡妇的脸。白寡妇害羞不敢吱声。

寡妇门前是非多。胡甲首心里有底开始有意接近白寡妇，对她挤眉弄眼。白寡妇孤单寂寞想法简单。胡甲首嬉皮笑脸挑逗她。她倒觉得有人在意她。胡甲首偷偷给她银子。她从来没见过这么多银子，夜天捂在怀里想男人。白寡妇收下银子不言语。胡甲首看好时机在金稻黍地里把白寡妇压在身下。白寡妇很久没有男人这样用力冲击她。她的身子爽气却“呜呜”地哭。她坐起穿好衣裳抹一把眼泪一副哀求的眼神。落下户，我不怨你。

刘玉佩不停地催促胡甲首。胡甲首很不情愿把白寡妇推给杜粮长。杜粮长见过白寡妇，身不由己要吃到嘴的肉。他大把大把的给白寡妇送银子。白寡妇面带羞涩身子却是一团火。杜粮长醉醺醺地来到白寡妇窑里。他一把把白寡妇扑倒在炕上。白寡妇身子软软的哼哼唧唧。杜粮长疯一般扯下她的衣裳。白寡妇话不多，只是提出“落户的事”。杜粮长兴奋还满口答应“免税，免税”。他自以为白吃白拿白占，一次又一次折腾白寡妇。他已经离不开她的身子。胡家坪的人很快传开。刘玉佩瞄中时机派人把杜粮长堵到白寡妇的炕上。

第十三章　二月二

白丁是白寡妇的堂哥，厚道老实。他眼看着妹子那样忍气吞声。杜粮长与白寡妇的事风言风语传来传去。他感到实在丢人去找胡甲首。胡甲首装模作样破口大骂，要为白家出气。杜粮长被抓到白寡妇的炕上，事情弄大了。胡甲首怂恿白丁告发杜粮长奸淫女人。白丁气得受不了动手打白寡妇。他要撵她走，又觉得可怜。他明知杜粮长欺负人，又胆怯害怕衙门抓人。他惴惴不安求胡甲首把这事放弃算了。胡甲首训斥他一顿，吆喝煽动众人。刘玉佩来到胡家坪，一副愤愤不平的架势。他亮出一纸诉状要胡甲首画押。胡甲首毫不犹豫签字。白丁和白寡妇没头没脑，颤颤巍巍摁下手印。

刘玉佩带上杜粮长和白家人去县衙。杜粮长担惊受怕，一路掂量寻思如何私了。他们一进到朔水城，刘玉佩慢慢悠悠等着杜粮长张口。杜粮长沉不住气把刘玉佩拉到一边央求私下解决。他们一番讨价还价达成一致。刘玉佩的目的不仅仅是收到钱。他要把杜粮长赶回家老老实实待着。他施加压力又暗示杜粮长身体有病。杜粮长领会他的意思交出账册，一同去常家。他一见到常运福，大加赞赏刘玉佩征税辛劳。常运福看看刘玉佩，静静聆听。杜粮长提出近日身体欠佳。他瞄一眼常运福，战战兢兢。我信得过刘里长。我看暂且由他代理征税。常运福心里一紧，不知杜粮长犯什么事。他把刘玉佩打发走，询问杜粮长。杜粮长支支吾吾道出实情。常运福嘴上怒斥杜粮长道德败坏，心里骂他憨怂，决板筋。

常运福迫不得已只有指派刘玉佩。刘玉佩得意好不快活。他意味深长地向常运福保证。来日方长，细水长流。刘玉佩如愿以偿，胡甲首心满意足。各甲首欢畅开心围到刘玉佩身边，请求修改账册。刘玉佩不动神色平静应许“不会亏了各位。”他打着如意算盘，自然是看人下菜修改账册。何甲首暂且不能变动。马子忠应该按照杜粮长规定缴纳杂税。马子忠这次看刘玉佩脸子，求上门来。刘玉佩等着这一天，马子忠油盐不进不近人情，要看看他这回怂样子。他摆起架子面目冷淡。马子忠低声下气提出杂税一事。刘玉佩有意翻出账册看看，粗声粗气。按照县衙杜粮长规定缴纳杂税。马子忠憋着火气不敢发，悻悻地离开。

庄稼长得好，人可是难活。马子忠回到家里想很多。这沟沟岔岔人多杂乱。刘玉佩不管怎么样可以拿捏住人。马子忠心里还是放不下刀枪有一股子火气。这次他碰一鼻子灰火气没处发。他想起金兰那句话。你就是一杆火铳枪。他坐在磨盘上自斟自饮自嘲地发笑。他把这事告诉李盾和艾巍山。李盾不屑一顾，气哼哼地骂人。球货，提上夜壶坐大堂。艾巍山心眼活泛，已经适应庄稼人生活。

艾巍山平声和气道：“尔格，咱们手里不是刀枪，是镢头锄头把子。种庄稼看天天，也要看人咧。眼合着心要活。”

马子忠听话听音不语，心里自然有些波动。

缴纳杂税的事却是引起三家波动。三家人开荒种地获得好收成。三家婆姨为分粮开始斤斤计较。金兰认为马家开荒出的钱财多，老汉又是甲首，分得粮食应该占六成。吴冬阳没有多想，反正往后是亲家。艾婆姨算得精，农具、牲口喂养、出工……样样记在心里。往后家家还要缴纳田税，分不公平算不清。她打起小算盘，吹枕边风。马子忠心里明白分地是迟早的事。他重情义磨不开脸面提出这事。艾巍山听婆姨的话，心里有想法。

官大官小睁一只眼闭一只眼糊弄上上下下。刘玉佩收完田税杂税，扎实搂了一耙子。他沾沾自喜跑县衙送礼宴请各甲首。何甲首看着眼红，怀揣着那个字据怪声怪气给刘玉佩撂话。刘玉佩耻笑他，心有余悸又提防他。他来到巧儿的窑里快活一番，迷迷糊糊睡去。他似梦非梦，看到一座山上一眼泉水哗哗流淌。他口干舌燥爬上山顶喝完水，一觉醒来。他却是口渴下炕喝碗水。他一连三夜都做这个梦。他觉得奇怪，回想那个梦。那座山迷迷蒙蒙好像在大堡子。他反复细细回忆那梦里的山，确定就是大堡子那座蒿子山。刘玉佩把这个奇怪的梦告诉巧儿。巧儿取笑他想女人。刘玉佩担忧大堡子会不会出什么大事。他向巧儿交代一下要离开。

巧儿一把搂住撒娇地说："一个梦把你吓住哩。睡在我的炕上还想婆姨。"

刘玉佩："这是有人托梦咧。"

巧儿哼哼唧唧："不就是一个梦呀，城里有个瞎子算命解梦可准哩。"

刘玉佩咧嘴笑笑勉强答应："瞎子算命，不会是瞎算。"

巧儿："瞎子摸相可灵哩。"

刘玉佩拍一把她的尻子说："那就请来。"

巧儿把瞎子请到窑里来。两枚铜钱压在他手心说："好好给这位官爷算算。"

瞎子双手摸刘玉佩额头脸颊，要生辰八字。掐指默算道："贵人之相，天庭圆润，眉宇生辉，实乃吉也。这生辰八字是木命……家住何方？”

刘玉佩报出家乡大堡子。

瞎子掐指默算道：“贵人夜天可梦见山水？”

刘玉佩一惊，道出夜天梦境。

瞎子：“水生木，贵人来年是属相年，山上有座庙方可大吉大利。”

水生木，木生火，火生土。刘玉佩深信瞎子的算命吉言。他回到大堡子，冒雨爬上蒿子山转悠溜达。他折一枝蒿子翻来看去。他上到山梁看看天，口中念念有词。水生木，水生木，山上有座庙……他一拍脑袋醒悟过来。龙王显灵，龙王庙。烧香祈愿，龙王治水，风调雨顺。建庙请龙王可是保佑大堡子五谷丰登是大事。他想很多也心虚，修建龙王庙保佑他不安的魂。他又想起算命先生那句话“贵人是木命，目下微有不宜之气。金克木……”龙王庙兴许能镇住金马沟。

修建龙王庙是行善积德的好事。刘玉佩把他的想法告诉婆姨。婆姨喜格蛋蛋，夸赞刘玉佩。敬奉龙王是祖上传下来的。龙王庙聚民心，汇财气，惠泽一方。刘玉佩心想这是一举多得的善事。他决定修建龙王庙。刘一六提醒他，修建龙王庙是好事，这钱可是一笔大数目。刘玉佩一想到出钱就犯愁。他明白倡导发起修建龙王庙，自然是他出大头。他要算清这笔账再细细琢磨。他请来一个工匠师傅预算，心里有底。他盘算着要各家各户捐款出钱。

这事要召集各甲首到里公所商议。刘玉佩主意已定传出话。艾巍山告知马子忠。马子忠正在招呼毛驴拉磨磨面。他还是厌烦里公所的事，打发艾巍山去。刘玉佩很客气地给各甲首倒茶。他满脸堆笑着先编出一个遇见风水先生的故事。然后讲些敬畏神灵，敬神保佑一方安乐的话。他们等待着刘玉佩把话说完。刘玉佩道出在蒿子山修建龙王庙的想法。各甲首的心里有龙王，龙王是神圣的。他们在家里默默烧香祭拜。各甲首相互看看基本赞同。刘玉佩提出各家各户捐款出钱的事。各甲首叽叽喳喳，议论纷纷。胡甲首同意修建龙王庙，不过这预算要公开。大家一致同意。刘玉佩有他的小九九自然赞许。何甲首不想出钱愿意出工。

各甲首基本赞同修建龙王庙。艾巍山向马子忠通报。马子忠不以为然地一笑。他早有他的想法主意。他要在金山上建家坟，修建土地庙。艾巍山想不通，劝他跟着大家一起敬奉龙王庙。马子忠一边搓着金稻黍棒子，认定他敬他的神。艾巍山为这事看不惯马子忠，认为他还放不下摆架子。金兰也以为修建龙王庙是好事。

马子忠把她带到金山上指指点点说：“金山好风水，咱家坟地在自哒。五行相生相克，土生金。自哒建座土地庙。”

金兰点头露出微笑说：“马老汉精着哩，听你的。”

艾巍山愿意掺和修建龙王庙。艾婆姨高兴，也为这事露出不满心绪。她憋了很久，马子忠不是家长，不愿意围着他转。她鼓动艾巍山分地。艾巍山一直不好意思向马子忠吐口。艾婆姨唠唠叨叨把这事挂在嘴边。艾巍山犹犹豫豫探李盾口风。马子忠得知这事，同意分地。三家婆姨坐不住，叽叽喳喳还要分农具和牲口。艾婆姨为分毛驴和羊不满大吵大闹。艾巍山怒言教训她。你这张破嘴就是说人的。他丢下脸面甩她一个逼斗。马子忠按三家意见分配，又听取艾婆姨看法。

艾婆姨委屈地抹着眼泪嘟囔：“我愿意，但有两只怀羊娃的羊——给艾家。”

李盾破烦随口说："昂，能行。"

马子忠心里吐口气慢慢悠悠说："亲兄弟明算账，还是早分早了。不过再开荒地，三家商讨，我做主。"

大家相互看看默认点头同意。

龙王庙修建一事很快传开。大多家户愿意出钱敬奉龙王。各甲首鼓动那些摇摆不定的家户。五个甲首犹豫不决，观望要看出多少钱。他们陆续来到金马沟探马子忠口风。马子忠就一句话"没有银子，心里有龙王就能行。"何家洼的人坚持出工不出钱。刘玉佩收到这些消息，还算满意。他猜测马子忠有意与他过不去。何甲首麻缠不好惹。他记下这两笔账，开始做起阴阳预算账册。他担大头向各甲首公布通报。各甲首讨价还价，修订好账册摁下手印。刘玉佩最后撂下一句善解人的话。个别家户实在出不起钱，可以出工。

二月二龙抬头。刘玉佩忙前忙后备好一切工料，龙王庙奠基开工。蒿子山头围满了人。刘玉佩头戴黑色六合帽，身着桃红色丝缎大袍，高声宣布"龙王庙奠基开工。"鞭炮"噼啪"震天响。唢呐锣鼓齐奏。高乡约宣读致辞"龙王圣王，万物生旺，积德行善，风调雨顺，五谷丰登，六畜兴旺……龙王庙奠基开工圆满，保佑善男信女家家安康，添丁进财。"刘玉佩打头捧一把土撒在一块基石上。众人齐齐跪地磕头。一个身着黄色袍子的神汉做完法事，提笔写下"龙王庙"　"龙王降水润泽山川大地，风调雨顺哺育万物生长"门联。

正是这个日子，何花生个大胖小子。小子一声啼哭声若洪钟。常婆姨抱起孙娃。乐得合不拢嘴。女仆急急慌慌尖叫"公子起身说话哩！公子起身说话哩！"常运福听到喊声，赶过来看望公子。常公子坐在炕上咧嘴笑笑。大，我听见小子哭闹咧。常运福简直不敢相信，激动得两眼湿润模糊。他十分激动，带上婆姨去娘娘庙还愿。女仆搀扶着常公子过来看小子。常公子逗小子说着话。何花眼角挂着泪花。她高兴为常家带来喜庆，看到小子心里有说不出的难受。她听说刘玉佩动土修建龙王庙，感到这事那么巧合。她心里冥冥之中有些安慰。常公子轻轻抹去何花眼角的泪水。婆姨是常家功臣。何花感动得哭出声来。

这个小子只有天知地知。刘玉佩听说何花生个小子，心里疙里疙瘩。他还是恐惧这个晦气女人，尽量躲着常家与何家。常家孙娃百天大喜，起名常彪。常运福欣喜又不踏实。他带上一家人又去娘娘庙上香祈福感恩天赐孙娃。他摆下大宴，请来县衙，乡里有头有脸的人。刘玉佩接到请帖，心知肚明。他诚惶诚恐来到巧儿这里，忽然想起眼前还有个知情知底的人。他疑神疑鬼犹豫不决。

巧儿倒在他怀里嬉笑道："给你的野种送啥大礼?"

刘玉佩没好气地推开她，阴着脸说："不可胡言。何花找过你吗?"

巧儿拧一把他的胳臂嗔怪道："哼，穿上衣裳就不认哩。她敢嘛。"

刘玉佩心乱不想说话。

巧儿搂住他撒娇地说："你还要谢我呢。"说着一手抓他的褡裢。

刘玉佩一本正经地说："你说去还是不去?"

巧儿伸出手，看着他的眼睛。刘玉佩一把抓住她的手，心里掠过一丝恐慌。他掏出银子放在她手上。巧儿又伸出另一只手。刘玉佩又拿出银子放在她手上。巧儿笑格盈盈看着银子。当然要去。不去的话心里有鬼。魏知县、常主簿，还有其他人怎么看你。刘玉佩露出笑容满意地点点头。

福来喜酒楼宾客满堂，欢喜热闹。刘玉佩进来给魏知县、常主簿行过礼，躲在偏僻一角坐下。何甲首微笑着过来行礼坐下。刘玉佩不自然地笑笑回礼。何甲首随口都过去咧，好事好事，冲冲喜气。刘玉佩不知他什么意思，一听到“冲冲喜气。”如芒刺在背。

刘玉佩连连点头说：“好事好事。”

何甲首端起一杯酒笑道：“干杯，这好酒苦酒都得喝。”

刘玉佩喝下一口酒，强压着咽下去，身上发虚冒出冷汗。他如坐针毡想离开，也想一醉了之。何甲首看他心神不宁，又端起酒杯无所谓的样子。既来之则安之。来日方长。刘玉佩实在坐不住，一口喝干推脱“龙王庙工地上忙。”他起身要走。常运福过来拍拍他的肩膀敬酒。刘玉佩硬着头皮端起酒杯。

常运福一脸堆笑道：“刘里长，不能走。你是功臣，行善积德，蒿子山龙王庙醒目，大堡子可是显眼咧。”

刘玉佩强装笑脸说：“那是，那是。”

两人对视干干一笑，一饮而尽。刘玉佩迷迷糊糊感觉是逃离酒楼。他心里有鬼，看到那些人，听到那些话好像都是冲他来的。他回到大堡子定下心来，忙着跑龙王庙工地。巧儿把住他的脉，不停地张口索要钱财。刘玉佩扛不住开始厌烦躲避她。巧儿撒娇不依不饶。刘玉佩还是小恩小惠哄着她。巧儿一见到他，话里不软不硬露出威迫言语。刘玉佩心想，这头草驴胃口越来越大，吃下石头粑出沙子来。他隐隐感到不妙，揣摩起如何拾掇她，或者把她卖给别人。不该来的来了。何花听说刘玉佩也来参加孩子百天喜庆，心中闷闷不乐。她不明白常家为什么要请来他。她抱着孩子盯盯看着发呆。

何花看见父亲只是流泪说：“何家往后光景好，大大少喝酒，好好享福。”

常婆姨不停地解释说：“娃受委屈哩，娃受委屈哩。”

何花还是做噩梦，梦见那个可怕的夜天，梦见刘玉佩来要孩子。她抱着孩子又痛恨是抱着仇人。她恨自己，有时掐自己，有时拧一把孩子。她甚至产生一个念头，她想把孩子偷偷送出去。她咬咬牙要给常家再生一个小子，两个小子……慢慢抹去那个黑影。常家人待她很好，已把她摆在主人的位子。常公子心疼她，天天陪着她和孩子。她心里越是难受，止不住流下眼泪。她去找过那孔窑，远远地认出刘玉佩的相好。她不敢上前认她，更害怕她认出自己。她要报仇不知如何去做。她把仇恨深深埋在心里。这事不能完，刘玉佩等着，让你难活受着。

第十四章　三个婆姨

金马沟三家分地后，马子忠叮嘱李盾和艾巍山。田地分开还是金马沟人。人有三灾六难，全靠邻家对门。农事大忙相互扶助。艾巍山心里轻松舒畅许多。他想自己单干，不想再受马子忠家长似的管束。他添加一些农具，买两头驴，田地该种什么就种什么，打理的井井有条。农闲时，他把地里活交给小子艾守兵，穿上一身干净的灰色布衣袍到大堡子集镇上溜达。他有主意，想遇到一些人拉拉话套关系。他也跑到龙王庙工地，有意接触刘玉佩。刘玉佩对艾巍山掺和龙王庙的事有点想法。这人活泛，但还是要谨慎。他试探地给艾巍山派些工活。艾巍山灵活做事麻利。刘玉佩看在眼里，心情好就给他些碎银子。两人各自有小算盘，渐渐走得近。刘玉佩开始有意无意打探马子忠。艾巍山也不遮遮掩掩。马校尉讲义气，直格挺挺，不好捉摸。

李二蛋当兵走后，马兰花肚子里怀上娃。她不理解父亲，天天念想着李二蛋，面对着刘憨憨。她渐渐对刘憨憨那颗热乎乎的心产生怜悯。她忍着痛苦与刘憨憨过光景。她含着眼泪认命，把身子交给刘憨憨。刘憨憨把马兰花当成仙女，第一夜看着她光光的身子，恐慌不能入睡。他十分幸福，兴奋得好像有使不完得劲。白天，他忙活地里，拦羊喂牲口，夜天猛烈释放压抑已久的身子。马兰花生下一个小子，着实为李二蛋欢喜。她给小子起名马兵娃。刘憨憨瓷脑瓜怂，天天咧着嘴乐呵呵的。

羊“咩咩”叫个不停，不想分开。刘憨憨为三家分羊时，哪家的羊心里有数。他还给每家的羊起个名。他吆喝喊着喊着，羊都乖乖地听他呼唤。他精心呵护看着马家的羊。李盾和艾巍山的羊有几只经常乱跑串过来。马家的一只公羊马黑头是羊群头羊。艾家的一只母羊艾水水。这两只羊交配下过羊娃子，形影不离难舍难分。一天后晌，刘憨憨正要赶羊下山回家。艾水水发情串过来挨着马黑头。马黑头温情地舔着艾水水脸。艾水水伤感地“咩咩”叫。两只羊耳鬓厮磨，叫声此起彼伏。刘憨憨对羊有感情，看得心酸。

“主人分地咧，咱们咋办？”马黑头十分难过。

“他们闹啥呢？”艾水水叹气。

“你家主人要分的。”马黑头埋怨道。

“马校尉是好人。艾婆姨闹得。”艾水水担忧不满。

“想我吗？”马黑头“嘿嘿”一笑。

“那我串自哒干甚？”艾水水含羞低下头。

“往后咱们偷偷约会。”马黑头盯着牠。

“我离不开你。”艾水水眼含泪水。

“主人分地，往后金马沟的狼可不认你。”

“我害怕，你个坏肚子。”

“咱们偷偷跑吧。”

“艾婆姨抓住会把我宰掉吃哩。”艾水水说着调过尻子。

马黑头一下骑在牠背上交欢。

庄稼人把田地看得如命根子。艾婆姨分得地，多一分心眼。她把自家的田地，牲口看得紧。她冲着马黑头过来发火。你这只黑羊又骚情我家羊。艾水水看见艾婆姨过来，躲在马黑头身后。马黑头气愤一头把她顶翻在地。刘憨憨把艾婆姨扶起来。艾婆姨憋一肚子火把艾水水赶回家。她本来对分地不太满意。马家占得平地多，李家分得阳地多，她家大多是后背洼和山峁地。她冲着艾水水发脾气。你不是马家的羊，跑到人家地里胡串哩。

艾守兵拉住羊说："妈，牲口是有灵性有感情的。"

艾婆姨指着他训骂道："咋就生下你个瓷脑蛋。"

刘憨憨随口把羊的事说给马兰花。马兰花翻闲话传到吴冬阳那里。吴冬阳嘴快，跑到金兰窑里纳鞋底拉话。金兰坐在炕上围着簸箕捡黑豆。马金北在一旁玩耍。吴冬阳本来对艾婆姨有点看法，拿这事翻出分地的事。

金兰淡淡一笑说："山羊绵羊都是羊。羊乱跑，人胡串哩。"

吴冬阳："哼，你家羊跑他家地里，她胡闹哩。"

金兰："三家分地后，艾婆姨变哩。"

吴冬阳："马校尉分地公平。"

金兰："开荒打窑，马家人出钱出物帮下大忙，才有金马沟。"

吴冬阳拔出纳鞋底的针比划说："这婆姨心眼子就像这针尖尖把咱们当贼娃子防哩。"

马金北嚷嚷要吃奶，一下碰着金兰肚子。

金兰推开他揉揉肚子说："又怀上哩。"

吴冬阳笑道："马校尉可是猛汉。"

艾婆姨心里始终疙疙瘩瘩，她担忧那两家是亲家，往后欺负艾家。她经常在艾巍山唠叨。艾巍山只是点头笑笑没放在心上。艾婆姨看到吴冬阳去金兰窑里，心里很不是滋味。她看见吴冬阳的样子，好像听见捣鼓她的坏话。她不知不觉记恨起吴冬阳。她疑神疑鬼也跑到金兰窑里做针线拉话。她一副可怜样子东拉西扯。艾巍山家穷从小受外人欺负。父母把他送到边关当兵，也没混出个脸面……她不知不觉扯到吴冬阳身上。她嘴碎流露出对吴冬阳的不满。金兰经常听到两边的话，不知如何回应。她看出两人不对头打哈哈。一道沟，一道坡，地连着地，庄稼挨着庄稼。往后兴许是亲家。艾婆姨不喜欢听这样的话心一沉。她心想金兰糊弄人就向着亲家。

一场瓢泼大雨下个不停。李家山峁地的雨水冲下来，毁掉一片艾家的地。艾婆姨哭哭闹闹找到李家要赔偿。吴冬阳十分气愤，拉着她一起去看地。艾婆姨甩开她的手，不跟她去。两人吵吵嚷嚷，讲不清道理是非。

吴冬阳："老天爷不长眼，我家的地也冲哩。"

艾婆姨："你家地没有围好，恶水冲了我家地里庄稼。"

吴冬阳气得脸色难看："怂样子，你这婆姨白眉两溜难缠。"

艾婆姨："我家地里水没有流到马家地里。"

金兰出面过来调解。艾巍山拉艾婆姨回家。艾婆姨越加闹得厉害。李盾想与艾巍山单独谈谈，让他打发艾婆姨走。

艾婆姨一边抹泪哭喊："你们欺负艾家。"

马子忠从地里赶回来大声吼道： "胡闹甚。就艾家的地遭害咧。"

艾婆姨："你要做主，咋办呢？"

马子忠："都回可。雨过后，三家一起修地补苗。"

艾婆姨为这事还是不满意。她没有得到银子埋怨艾巍山。我不是为几块银子，就是不想受人欺负。艾巍山向婆姨露出心思。他要跟上龙王吃贺雨。这沟沟里能刨地能刨出几块银子。我外面随便溜达溜达还不够家里花的银子。艾婆姨死脑子认下吴冬阳嘴不好，马子忠心偏着哩。她又不放心艾守兵。她在地里干活，把羊拦在身旁。她发现几只羊跑到马家地里吃草，心里偷着乐。她干完活回家吆喝羊，艾水水不见了。她四处张望没有看见艾水水。她害怕心慌，大声喊叫艾守兵。艾守兵过来把羊往回赶。艾婆姨急匆匆上山下沟到处找。她看见刘憨憨也在找羊，赶过来询问。刘憨憨脸色木讷一尻子坐下。马黑头跑咧。艾婆姨一把揪住他衣裳气哼哼地要羊。怎么又是你家黑羊骚情我家羊。

马黑头见不到艾水水浑身没劲。牠吃不下草喝不进水。刘憨憨以为牠病了，把牠关在羊圈单独调理。马黑头待在圈里不停地向外张望。牠远远听见艾水水“咩咩”的叫声。牠跳出羊圈远远跟着躲进庄稼地里。艾水水见不着马黑头，蔫蔫的只是叫。艾婆姨把羊赶到地边去干活。艾水水吃着草闻见马黑头的尿骚味。牠嗅着味道寻过来。马黑头一见艾水水亲昵地舔她的脸。

“艾婆姨脾气可大，老是骂我。”艾水水伤心落泪。

“破烦得很，他们公的母的都在一起。”

“你向刘憨憨求情，把我换到马家。”

“咱们跑吧，生下羊娃再回来。也许你就留在马家呢。”

“我跟你走。”艾水水点点头。

两只羊毫无目标的出走。艾婆姨把艾巍山骂一头子。艾巍山也心疼与刘憨憨分头上山钻沟去找羊。他寻着羊的足迹追出金马沟也没发现羊的影子。一道沟连着一道沟，不时传来狼的嚎叫。艾巍山与刘憨憨会到一起摇摇头。鸡打头鸣，他们起身又分头去找。天阴沉沉地飘起小雨。艾巍山发现一孔破窑，钻进去避雨。窑里猛然传出一声尖叫。他一惊举起手里木棒大喊“谁?”破炕上一个人哆哆嗦嗦圪蹴在那里。艾巍山定睛一看，一个披头散发的女人。他镇定下来说明不用怕，是寻羊的。女人害怕不敢吱声。艾巍山递上一个黄馍馍。女人抓住馍馍大口啃吃。艾巍山又递上羊皮水袋自称是金马沟的。女人灌一口水喘着粗气摇摇头。艾巍山犹豫一下再问她。

那个女人一下跪在艾巍山面前哭喊着：“你是好人，你是好人。把我带走，我愿当牛做马。”

艾巍山一愣问道：“你是哪家女子？我送你回家。”

女人哭哭啼啼不言语。

这个女人是胡家坪的白寡妇。胡甲首没有放过她，一直霸占她。白丁实在受不过，把她卖给边关百户所的一个军爷。她半路挣脱逃回来躲避。她心里煎受苦难想死，死也要死在胡家坪。艾巍山看她可怜脱下羊皮坎肩，放下黄馍馍和羊皮水袋。

艾巍山迟迟疑疑出去又进来说：“我明个来看你。”

白寡妇一把抓住他的手捂在腔子上，哀求的眼睛看着他说：“真真的，给你家做仆人。”

艾巍山的手紧顶着她的酥软的腔子，心里一颤。他抽回手很难为情地重复一遍他的话。艾巍山人困马乏回到家就倒在炕上。艾婆姨连扯带拉揪住刘憨憨不放。金兰和吴冬阳赶过来据理争吵。艾婆姨哭喊着大骂赖上刘憨憨偷羊，埋怨艾巍山没本事，又翻出分地的旧事。吴冬阳手指着她，一脸怒气争辩分地的事。两人越吵越凶，又翻出鸡零狗碎的破事。金兰看不下去大声辩解。驴子骡子两张皮。讲正事，刘憨憨偷羊有什么证据。艾婆姨回到家伤心流泪。黑羊把我家母羊偷走哩。艾巍山躺在炕上听得糊里糊涂。这婆姨脑袋被驴踢了，又扯什么分地的事。他怒气冲冲出来给她一逼斗。艾婆姨一尻子坐在地上要死要活哭鼻流水。金兰和吴冬阳不知如何是好悄悄离开。一件事连着一件事心里破烦。艾巍山打发刘憨憨走。他拉起婆姨，大骂一顿。夜天，他坐在炕上喝酒心里惦记着白寡妇那事。艾婆姨坐在一旁一边抹泪一边唠叨。

艾巍山烦乱道："三个婆姨一面锣。逼嘴不闲真是破事多。"

艾婆姨故意弄翻一只碗，白他一眼委屈地说："你没本事，羊丢哩咋办?"

艾巍山掏出银子放在炕桌上说："怂样子，这还不够一只羊。"

艾婆姨抓过银子露出笑容。艾巍山安慰她几句道出白寡妇那事。

艾婆姨吃惊地问道："哪家女子，讨饭的还是走丢的?"

艾巍山："好像遇到苦难。"

艾婆姨："那该领回来送她回家。"

艾巍山："这人麻缠，她要来做仆人。"

艾婆姨心贪没头没脑说："羊丢哩，捡回一个人能行。她比一个牲口干活强。"

艾巍山喝口酒狠狠瞪她一眼。艾婆姨想一夜以为这是便宜好事。她催促艾巍山救人行善积德。艾巍山听下婆姨的话去领白寡妇。白寡妇认准遇到好人，又看到一线希望活路。她下到沟里小溪边好好洗漱一番，痴痴等待艾巍山出现。艾巍山看清白寡妇的模样一惊。这女子白白的好有几分姿色。他有点不自然，递上一个黄馍馍。白寡妇一把抓住大口啃吃。艾巍山看着她可怜的样子。你是哪家女子？说清楚，我把你领走。白寡妇眼里噙着泪水，不敢说出实情。她一把抓住他的手捂在腔子上。她迫不得已唯有把身子给他，感谢恩人让恩人把她带走。她壮起胆子一把抱住艾巍山，嘤嘤地哭了。你是好人，我把身子给你，你把我带走。艾巍山身体僵硬心里掠过一丝慌乱。

荒郊野外遇到这样一个女人。艾巍山极力控制住自己，推开白寡妇。他只是来救人不能乘人之危。救人一命行善积德。他转过身低声答应带她走。白寡妇是死是活也不多想，战战兢兢跟在艾巍山身后。艾巍山把她领回家。白寡妇跪在艾婆姨面前谢恩。艾婆姨帮她洗漱换件衣裳。她悉心照料白寡妇，问寒嘘暖。白寡妇感激涕零，但还是不敢道出实情。她自称石白，家在河东老汉休了她。艾婆姨暂且吩咐她拾掇家务，不准外出。白寡妇很出力，做饭、洗衣、喂牲口样样麻利能干。

没有不透风的墙。马兰花远远看见艾家院子里有陌生人走动。这事很快传到金兰那里。吴冬阳多事串门过来问这问那。艾婆姨遮遮掩掩，白寡妇低头干活不言语。吴冬阳疑神疑鬼虚说六道。她像个讨饭的，只是干活。娘家来的也许公婆家休哩。她看上去是艾巍山弄个小的。

李盾训骂她："妇人家懂个甚。男人弄个小的那是本事。"

吴冬阳白他一眼："你日能，也到外溜达弄个回来。"

李盾拿起酒壶在她眼前晃晃，干干一笑。

白寡妇看到陌生人很害怕。她担忧把她认出来，送回胡家坪。她心想，如果做艾巍山小妾，事情就过去了。艾婆姨看白寡妇实在勤快能干有几分欢喜。艾巍山经常在外，家里还有个人帮衬拉话。她生出一个念头，老汉有个小的，也许家里烟火旺。白寡妇不敢向艾婆姨提出这个念想。她偷偷关注艾巍山，要报答他。艾巍山看出她的言行装着不明白。白寡妇等到时机壮着胆子抱着艾巍山，扯他衣裳。她浑身哆嗦声音颤抖。大恩人，我要报答你。艾巍山难以抗拒白寡妇身上的味道，一把把她放在炕上。白寡妇急促地喘息脱衣裳。我要报答你，给你当小的，给你当牛做马。

马黑头和艾水水带着两只羊娃回来。刘憨憨兴奋地赶回羊圈。金兰和吴冬阳过来看羊。金兰看着四只羊围在一起有点感慨。这是一家子，不能分开。

刘憨憨低声道：“这两只羊有感情离不开。”

吴冬阳：“这黑羊比我家李二蛋强。”

艾婆姨听说羊回来，赶过来要羊。吴冬阳向金兰丢个眼色不吱声。艾婆姨眼尖，一看四只羊围在一起。

艾婆姨咧嘴笑笑说：“真好，还下两个羊娃。”

吴冬阳：“一家一只羊娃。”

艾婆姨根本听不进去：“我家羊下得羊娃。”

她嚷嚷着要把羊娃都带走。

刘憨憨慢慢腾腾说：“要不把母羊留下，牠离不开这只黑羊。”

艾婆姨一下提高嗓门喊叫：“欺负人哩，欺负人哩。”

马子忠正在洗马，听见喊叫声过来道：“喊叫甚？丢你先人的。艾巍山呢？你家是不是藏着白寡妇？丢金马沟的脸。把艾巍山喊叫来。”

艾婆姨不言语，硬是把艾水水和羊娃带走，心里好受许多。

第十五章　一亩三分地

远做买卖，近种庄稼。艾巍山在朔水城牛马集市溜达。他心中已打定主意，男人没主意受穷一辈子。他跟上一个牛羊贩子学做生意。马子忠吩咐李盾找他回来。李盾找见他也不说明实情。艾巍山看李盾慌眉土眼的样子，跟着赶忙回来。马子忠把他单独招呼到窑里盘问白寡妇的事。艾巍山坦然道出实情。

马子忠板起脸倒背双手来回度步道："你不知道她是白寡妇。这事弄大咧，白丁把白寡妇卖了，白寡妇逃离，白家和买家找到金马沟咧。"

艾巍山："我这是救人，她是受苦人，不愿回去。"

马子忠："杜粮长与她是奸夫淫妇。丢人现眼，晦气，送回胡家坪。"

艾巍山认为自己没有做错。他看一眼马子忠，转身离开。艾巍山收留白寡妇后，家里多一个人着实轻松许多。他可以踏实外出溜达揽些活。艾婆姨对白寡妇已经有感情。她精打细算一直惦记着让她做小。艾巍山挨马子忠一头子，心里不舒服。他粘过白寡妇的身子自然放不下。白寡妇又是个好家伙当然舍不得。艾巍山向婆姨道出白寡妇实情。艾婆姨不以为然，心里美滋滋的。咱们又不是抢下的。只要她愿意收下纳小，外人没话可说。这话说到艾巍山心坎上。他装着为难犹豫不决的样子。艾婆姨满心同意。你怕什么。我这就找她。她径直去找白寡妇。白寡妇跪地磕头谢恩满口答应。

白丁领着买家又找到金马沟。马子忠带他们去艾家。艾巍山把马子忠拉到门外道出他与婆姨的想法。马子忠板起脸坚决反对。这女人晦气，赶紧送走。艾婆姨已和白丁商定。艾家收留白寡妇做小，愿意出钱还掉买家的钱。白丁向马子忠说明两家意思。

马子忠指着他大声道："白家粑下的屎甩到金马沟，自己吃吧。爬得远远的。"

艾婆姨不满气哼哼地说："艾家的事与马家无关。"

艾巍山憋着气刚要张口辩解。

马子忠怒气冲发："良家女子多得是，十个八个都能行。这个女子不行。金马沟我说了算。"说完扭尻子走开。

艾巍山和白丁一下僵在那里。白寡妇过来跪在他们面前痛哭流涕。买家一看这情况，向白丁要钱。白丁气恨白寡妇，还给买家的钱，一走了之。艾婆姨冲着艾巍山发火。老汉，你要做主。马子忠欺负人哩。艾巍山敢怒不敢言，心里七上八下去找马子忠。马子忠正和李盾说这事。艾巍山进来下软话求马子忠行善救人。马子忠阴沉着脸不言语。李盾安慰痴笑艾巍山。哪里还弄不上个女人。金兰和吴冬阳也在一旁劝解他。

马子忠："你是不是坐下亏人的事咧？"

艾巍山心里一紧，不敢言传。

李盾："白丁都不要白寡妇。这女人往后害人呢。"

马子忠："白丁不要人。咱们就送到里公所。"

艾巍山脸色难看悻悻离去。马子忠与李盾跟过去，直接把白寡妇绑在毛驴背上去里公所。白寡妇撕心裂肺哭闹不停。里公所门前围来很多人说三道四。刘玉佩道貌岸然一本正经传唤胡甲首和白丁。胡甲首和白丁赶过来。白寡妇已不顾脸面，一把抓住胡甲首厮打。刘一六上来劝解拉开。刘玉佩拍下惊堂木一下镇住他们。大堂之上，目无王法。他清楚这事不能闹大。胡甲首心里有鬼，两眼盯着刘玉佩，胡乱揣摩他的心思。刘玉佩不想看见胡甲首。打发走人，伤风败俗。白丁管好自家人，把她领走。白寡妇大哭大闹，忽然看看周围的人发笑。她胡言乱语，嘻嘻笑笑凑到刘玉佩前要给他做小。

刘玉佩吓一跳大喊："这女人疯咧。白丁把她绑走。"

白丁发火："丢人现眼，走。"说完眼含泪水一把扛起白寡妇出门。

艾水水死了，白寡妇疯了。艾婆姨记恨马子忠，都是他害下的。李盾看到白寡妇疯疯癫癫，心里有点愧疚。这个女人也是受苦人，如果留在艾家是救人一命。他想不通马子忠的行为，还要圆个场。他来到朔水城寻见艾巍山安慰他。白寡妇名声臭咧，谁都不敢粘上。马校尉也是为你好……

艾巍山叹口气说："她是受苦人。马校尉心肠狠，金马沟也不是一家的。"

李盾笑道："你小子是不是沾上白寡妇的骚气。"

艾巍山没接他的话茬："我越来越不理解马校尉。他管得宽，往后金马沟还能闩门过光景？"

李盾不想往下扯这个事。他诡秘一笑，拉起艾巍山去寻酒作乐。龙王庙修建快要完工。刘玉佩大喜过望，给艾巍山派些跑腿的工活。艾巍山自然接受，手里有几个零花钱。刘玉佩给他派工活是给他脸面。他与刘玉佩接触多了，认为这人也没什么。多一个朋友多一条路，结一个仇人拆一座桥。他不明白马子忠为什么跟刘玉佩过不去。钱难挣，屎难吃。受苦人难活，求人膝盖要弯曲。没钱人下人，有钱人上人。他确实想多赚钱，光彩有面子。

龙王现身慈眉善目端坐正殿。龙王庙竣工落成庆典。鞭炮“噼啪”震天响。唢呐锣鼓齐奏。众人虔诚齐跪磕头。刘玉佩头戴黑色六合帽，身着桃红色丝缎大袍，上过第一炷香。他主持高声宣布“龙王显灵，风调雨顺。”高乡约致辞，宣读功德碑。庆典完毕，刘玉佩宣布“大堡子庙会开始。”众人各自上香祭拜，祈求家人安康，添丁进财。艾巍山抚摸着功德碑，久久盯着自己的名字，感慨万端。龙王保佑。

庙会集市人来人往，热闹非凡。刘玉佩笑容满面下山，来回溜达炫耀。路人点头作揖，着实让他风光。艾巍山牵来两头驴贩卖。艾婆姨一脸笑容把银子揣进褡裢里。金兰和吴冬阳带着娃来赶庙会凑热闹。艾婆姨笑格咪咪，拍拍褡裢显摆一下。龙王庙庙会可热闹。刘里长真有本事。田地收成挣不下几个钱……艾巍山卖掉毛驴，心里爽气。今个挣下两个钱，请你们吃羊杂烩。三个婆姨带着娃叽叽喳喳拉话。一个要吃羊杂烩，一个要吃抿尖，一个要吃碗托。

艾巍山想沾点光彩，在玉佩酒铺请刘玉佩。刘玉佩自然高兴神气，尤其是金马沟的人请他吃酒。六个甲首来向刘玉佩献礼祝贺。刘玉佩客套一番，收下礼物。艾巍山目达耳通，顺便请六个甲首一起坐下。艾巍山举杯大加赞赏刘玉佩。龙王庙修建造福一方。刘里长乃龙王化身。刘玉佩听到此言喜不自禁。六个甲首轮流举杯向刘玉佩敬酒。刘玉佩头脑清楚发出感言。龙王民心敬畏所望。龙王现身，作为大堡子一家之主，自然要宴请祝贺。

刘玉佩选定吉日，领上各甲首和富户烧香祭拜龙王庙。马子忠也想去上一炷香。他思来想去还是吩咐金兰代他敬香表达虔诚之心。祭拜龙王庙，刘玉佩婆姨看着众人向功德箱里投钱，两眼放光。刘玉佩心里已经惦记上功德箱。他兴奋请来秧歌队和吹鼓手在玉佩酒铺摆下宴席。艾巍山有心送上牌匾“龙王保佑”。刘玉佩接过牌匾着实欢喜佩服艾巍山。宾人坐定，刘玉佩举杯激动感言。众人起身共同举杯敬拜龙王保佑。酒宴推杯换盏，喜笑颜开。门外围着看热的人越来越多。一个身着灰衣布袍的男人进来，自称马青禾。他向刘玉佩递上县衙官书。刘玉佩看过官书不屑一顾。明个去里公所。

马青禾是流民，领上一帮人上龙王庙敬香祭拜。他们又来到里公所门前或躺着或坐着等待刘玉佩。刘玉佩沉浸在酒宴的喜庆之中，没有对这事上心。刘一六急匆匆地向刘玉佩禀报。刘玉佩来到里公所门前，看见一帮流民。他们跪地齐呼“刘大人好官，龙王保佑。”马青禾起身向他行礼跟着进门。刘玉佩端坐在公案前喝茶。马青禾向他说明来自河东。刘玉佩十分冷淡盘问。马青禾乞求的眼神报上人户。五十一人，十三户人家，十七个单户。刘玉佩慢慢饮茶不言语。

马青禾递上银子说：“刘里长是大善人。草民已带他们去祭拜过龙王庙。”

刘玉佩慢条斯理道：“既然有县衙官书，如何安置，等待一一核查再定。”

马青禾：“昂，谢谢大恩人。龙王保佑。”

安置流民拿上该拿的银子。刘玉佩核查掌握各户基本情况，召集十个甲首。他挑肥捡廋选定五户人家。十个甲首相互看看，盘算着挑选好人家，不要单户。马子忠提出要马青禾一家，其他双户单户四家都成。刘玉佩已经选定马青禾一家，心里不舒服。各甲首开始抢着自选各户。刘玉佩不满马子忠意见，强横提出按老规矩其他抓阄安置。

马子忠起身道："马青禾是马家人。如果他不安置到金马沟，我一个不要。"

刘玉佩红眉烫眼："马校尉，我一直给你脸面。你只是个甲首。"

马子忠提高嗓门道："我有啥脸面。你把我打发到野狼沟。金马沟我说了算。"

吴甲首打圆场："里长大人，修建龙王庙功德无量。马青禾也就是一个流民。"三个甲首随声附和。

刘玉佩很不耐烦道："能行，龙王保佑。金马沟再安置四个单户。"

马子忠心里十分抵触安置流民。他领回五户流民，非常冷淡。马青禾惧怕马子忠，与他套乎马家亲。马子忠思量如何安置给他们分地，又算计着如何把他们打发走。马青禾眼看马子忠冷眉淡眼，笼络四个单户向金兰使银子。金兰看他们一个个哀求的眼神，向马子忠吹耳边风。马子忠勉强给他们选址窑洞、分地，留住金山和蔡牛的地。他给他们定规矩，立下字据待不住自愿离开。马青禾拖家带口，满心答应并愿意给马家做长工。马子忠还是念着马家亲。他拿定主意吩咐李盾想法子把那四个单户撵走。

这事很丢脸面。刘玉佩认为马子忠有意与他作对。他算计着要艾巍山死心塌地跟着他。他派给一些打杂的工活，又带他引荐魏知县。艾巍山跟着刘玉佩见过一些官场和世俗场面，看清一些道道。他认定为人做事多挣钱很风光。刘玉佩在他面前经常提到马子忠，探艾巍山的口气。艾巍山心里憋屈终于露出对马子忠的不满情绪。这个人放不下架子，干嘴硬蹭，也就是在金马沟推磨瞎转。刘玉佩淡淡地笑笑不言语。他心想，这人看来就是块土疙瘩。六品官官看不起人。金马沟一亩三分地里刨不出金疙瘩。

刘玉佩摸出艾巍山贪色好这口有意带他吃花酒。艾巍山没眉害眼很坦然。男人在外赚钱忙活，花几个小钱换换口味尝个鲜。刘玉佩滴流淡水开始露出心底。当家做主麻里十烦，实在不易。老鼠进了风箱里。跑衙门低声下气看脸色。跑东家走西家，一事不公平闹破天。马跑哩，兔窜哩。我也是庄稼人也要养家糊口呢。艾巍山挣下钱揣给婆姨，留下的在外吃花酒快活。刘玉佩留住艾巍山，但也留着心眼。他借酒话向艾巍山许愿，时机一到做金马沟甲首。艾巍山知道甲首有口油水，憨憨地笑也不推辞。

风追着雨，雨赶着风。龙王保佑，庄稼丰收。马子忠在田地看着绿油油的庄稼，心里着实夸赞刘玉佩办件好事。他看见艾婆姨在地里拔草，心想艾巍山经常出门，回来也不串门喝酒。他听说他与刘玉佩走得近。他感觉到艾巍山对他有想法，有意躲着他。他心里不痛快，像是丢一只羊。他是军爷，是我的兵。他想拴住他，拾掇好自家田地。他主动找上门与艾巍山喝酒。艾巍山见到马子忠还是有点发憷。他淡淡一笑摆下酒肉。马子忠直来直去问这问那。

艾巍山不敢直言："马家家大业大，艾家烟火不旺，多出去溜达弄点碎银子，吃口捞饭。"

马子忠："昂，为家里挣钱是好事。常回来喝杯酒拉拉话。"

艾巍山听话听音："我圪松猴气，还是校尉的兵。"

马子忠喝下一杯酒松口气提醒道："不要耕了人家地，荒了自家田。"

艾巍山闷头一口酒，心里倒很平静。

马青禾着实想安家过光景。他一家暂住在马子忠家一孔窑里，起早贪黑开地打窑。马子忠看他有心实在，为他找工匠，借用些牲口和农具。马青禾眼明手勤，帮忙干农活，拔草喂牲口。马子忠看在眼里，把他当做长工。他心生怜惜之情，时而弄些酒菜拉拉话。马青禾家的三孔窑打好了。他心怀感恩，按照自哒习俗请客暖窑。马子忠看着马青禾打窑安家，满心欢喜送上四件农具礼物。马青禾一家人跪地谢恩。他举杯眼含泪水认下马子忠干大大。

那四个单户分别暂住在李家和艾家。李盾看着两个单户憨厚，不好意思出手撵人。他也不明白马子忠为什么要撵走四个单户。两个单户身上没有几块银子，打不起窑。他们一边揽工向李盾借钱。吴冬阳甩脸子不给借，还寒碜羞人。马子忠提醒李盾，单户靠不住，抓上一把就跑了。李盾狠下心开始有意找茬。一个单户使坏一件农具。李盾骂个不停要赔上。吴冬阳讹上另一个单户偷鸡。两个单户受下委屈找马子忠。马子忠不冷不热有意要支开他们。安家没有两三年安顿不下来。揽工挣钱城里好去处。两个单户老实巴交又去找刘玉佩。刘玉佩看他们一副穷相，冷漠不上心。两个单户可怜兮兮回到金马沟哀求李盾。李盾已经拾掇好他们的行李。他送给他们两个黄馍馍和二两银子。他们畏畏缩缩跪地磕头起身离开。

艾巍山好心把两个单户安顿下来，帮他们估算打窑开地的费用。他们缺钱，愿意一边开地，一边做长工攒钱打窑。艾巍山与他们算好工钱，安心外出贩卖牲口。马子忠看他们干的起劲，经常观察他们。他偶尔与他们拉拉话。他得知他们真心安家打窑，又吩咐李盾把他们弄走。艾巍山向李盾交代过。单户安家落户不容易能帮一把就帮一把。李盾犹犹豫豫询问马子忠。马子忠不直截了当提醒他。咱们要看得远一点。这山坡上的地，沟里的水够多少家受用。李盾摸摸脑袋如梦方醒点点头。单户靠不住，抓上一把就跑了。李盾相信佩服马子忠，有意找训斥。雷小狗这个单户长得粗壮，脾气大不能受气。他看不惯李盾那副吆五喝六的样子。他不给李盾好脸色，还向艾巍山诉苦。

艾巍山找到李盾论理：“这单户不容易，咱们都是受苦人。”

李盾：“来自哒就要守规矩。”

艾巍山：“这是艾家长工。不能欺负人……”

李盾板起脸道：“你也要听马校尉的。”

艾巍山据理相争：“咱们已经分地了，驴子拉磨牛耕田。各干各的。”

李盾提高嗓门：“这是金马沟，你要跟着马校尉来。”

艾巍山气哼哼道：“他们也是人，没有一点同情心。”说完走开。

李盾依然弄出些是非，纠缠不休。吴冬阳夫唱妇随，自家羊丢了，想起上次艾婆姨拿走的两只羊娃就讹上两个单户。艾婆姨大吵大闹，护着两个单户。马子忠出面吹胡子瞪眼。他看你们贼眉鼠眼的样子。不是什么好货。

刘憨憨凑到马子忠耳边低声说：“这小子夜天在黑水潭胡溜达。”

马子忠一惊硬声硬气道；“拿上行李滚远远的。”

雷小狗无语怒气冲冲，一把抓住马子忠，吵闹要一起去上里公所评理。

艾巍山过来大声道："马校尉欺负人咧，各走各的路。"

马子忠一把打掉雷小狗的手怒言道："去里公所，把这两人弄走。"

第十六章 台上台下

他们吵吵嚷嚷来到里公所。吴冬阳指着两个单户告发偷羊。雷小狗疾言怒色，据理争辩。刘玉佩拍下惊堂木，一一审讯。两个单户拒不承认。艾巍山出面向两个单户担保。刘玉佩很难断清这样的案子。他瞄一眼马子忠，又看看艾巍山，心里发笑。他慢慢腾腾询问马子忠。

马子忠质问艾巍山：“偷羊还不认账。”

艾巍山：“这要有证据。”

吴冬阳：“偷羊吃到肚子里粑出屎来，那有证据。”

刘玉佩心想，这案子有意思。反正向着哪家都是驴踢狗咬。他脑子一转，火上浇油。那你俩赔上一只羊。艾巍山很不服气。那不成，他们是我家长工。这丢人丢到艾家咧。刘玉佩拍下惊堂木，再烧一把火。用刑，二十大板。马子忠趁机发话，只要走人用刑就算了，羊也不要了。他们哪来哪去吧。两个单户乞求的眼睛看着艾巍山。艾巍山窝着一肚子火敢怒不敢言。刘玉佩不会轻易放过马子忠。他眼珠子一转拍下惊堂木。这案子清了，不过金马沟还得安置两户人家。这时，蔡牛领着叶兰的弟弟叶风进来递上县衙官书。刘玉佩看过官书认出蔡牛。他也不多想打发安置到金马沟。雷小狗瞪一眼马子忠撂下狠话“你等着。”他气哼哼转身就走。

马子忠高高兴兴把蔡牛带回家，接风洗尘。艾巍山送走两个单户，躺在炕上生闷气，不去见蔡牛。马子忠与蔡牛喝酒拉话到深夜。蔡牛这才道出叶树茂病亡的事。他这次来走个安置手续，很快要回去带来家人。马子忠想起叶兰，一直有个心愿要把她迁来金山修建马家坟地。山梁梁上传来狼的嚎叫。马子忠听着狼声，又听见人在呼喊。他起身出门寻着狼声追去。一个人从山坡上滚落下来。两只狼站在山梁梁上嚎叫两声离开。马子忠认出雷小狗，领回家喝酒压惊。雷小狗心里热乎乎的道出实情。他返回金马沟是要报复烧了马子忠家的粮窑。马子忠心里掠过一丝怜悯没有怪罪他。雷小狗一副可怜委屈相。我确实没有偷羊。马子忠没有接他的话，送给一身衣裳，二两银子和两个黄馍馍。他安慰打发他走。你走吧，野狼沟，你待不住。

这怨恨一点一点积攒下来。艾巍山对马子忠不满，又想不通刘玉佩如此断案。他来到刘家向刘玉佩抱怨。刘玉佩拿捏住艾巍山的情绪。这案子断不清。你能闹过马子忠嘛。大肚子吃得多宽心。金马沟甲首迟早是你的。艾巍山心情平静下来。刘玉佩看出他的心绪，拉拢安慰他。两个穷单户不值钱。夜天请你喝酒看戏，一醉解千愁。夜色降临，刘家大院张灯结彩，搭起戏台。刘玉佩与艾巍山坐在石桌旁饮酒。他兴致勃勃叙说第一次去河东看梆子戏。戏班班主登台亮相，一副红色艳丽女子戏装。他扭捏姿态走着戏步，嗲声嗲气行礼祝福报幕“河东梆子《吕布戏貂蝉》。”一声唢呐，鼓子、梆子、手锣……响起。吕布舞动着方天画戟上场。接着貂蝉细软甜美的唱腔，风姿万千如仙女飘然下凡。艾巍山第一次看戏，眼前梦幻般景色。他两眼发直盯着貂蝉。哪来的仙女？羞了牡丹兰花。刘玉佩端起酒杯嬉笑。都是男儿身。艾巍山一口酒呛住，差点笑出声来。他看完这场戏着实震撼。他向刘玉佩提议，在大堡子搭个台子，热闹风光又可赚下银子。刘玉佩喜上眉梢，这可是两全其美的好事。他先听听艾巍山的主意。

艾巍山："咱山洼洼里受苦人能看场戏，美日塌咧。这事成了，河东、关中戏班都能来。里长可是又一大功德。"

刘玉佩咧嘴笑笑："不过这出钱的事难办。"

艾巍山想想说："戏班留下再演一场，请来各甲首。"

刘玉佩皱下眉头道："这马校尉？"

艾巍山拍拍腔子，满口答应下来。

都说人脑子活泛会转弯。艾巍山让婆姨放出风去。几家婆姨咋咋呼呼要去。他这才去通报马子忠。马子忠没有看过戏，很想开开眼。他转念一想，这艾巍山给刘玉佩跑腿，不知挖个什么坑。

马子忠看一眼艾巍山道："刘里长有啥喜事给我脸面？"

艾巍山："天天刨地看庄家，也看看大戏热闹热闹。"

金兰挺着大肚子在一旁向艾巍山努努嘴道："就他事多麻缠，看戏怕甚。我没看过，要去看看。"

马子忠随口道："能行能行，都去。"

马子忠牵上马带着金兰来看戏。刘玉佩一看马子忠带来婆姨，心里更有底。刘一六把女眷请到一边吃点心喝茶嗑瓜子。各甲首坐在一边石桌子旁喝酒。刘玉佩喜气洋洋登上戏台讲话客套一番。戏班主登台亮相，一副红色艳丽女子戏装。他扭捏姿态走着戏步，嗲声嗲气行礼祝福报幕"河东梆子《哭长城》。"台下的人看到这场面一下惊呆喊叫。呼胡、二弦、三弦、四弦……齐奏响起。孟姜女身背着包裹踏着戏步入场。她忧伤的唱腔，边唱边走。各甲首看到这场面，个个惊奇目瞪口张。金兰听过这个故事，看到这一幕禁不住忧伤抹泪。马子忠看到孟姜女，联想起守护边关的苦日子。他心里翻动默默喝着酒。

金兰突然捂着肚子哼哼唧唧。马子忠过来一看，即刻喊人找接生婆。刘玉佩吩咐刘一六套上木轮车。马子忠赶着车把金兰和接生婆拉回家。吴冬阳挺着大肚子过来帮忙。接生婆折腾一夜，窑里传出男娃“哇”得一声哭喊。马子忠盘坐在炕上，露出喜悦的笑容。接着又传来一声喷嚏嚎哇哭叫。吴冬阳过来笑格咪咪报喜。马校尉威猛，一对小子。马子忠大喜过望，吩咐喊来李盾喝酒。他不停地端杯喝酒，乐呵呵自言自语。李盾陪着他同喜同乐。公鸡打鸣，母鸡下蛋。

养儿抱蛋，养儿抱蛋。马子忠向父母报过喜，整天喜眉笑眼轮换着抱两个小子。金兰笑格盈盈要给两个娃起名。马子忠想起房学礼喜得千金已到百日。他备好礼物前去道喜，顺便请房学礼给娃起个名。房学礼喜得千金没有心情庆贺。他在朝为官坦率正直，克己奉公，却被诬陷贬职流放。他来到大堡子，低调做人，很少与人接触。他回想官场仕途荣辱，心灰意冷对朝廷心存不满。他坚持读书习惯，常常感叹庄稼人日出而作，日落而息的劳苦。他时而也凑到闲人堆里，听他们开心地拉话。他偶尔插上几句话。闲人们总是笑笑自嘲。受苦人赤尻子穷乐。他似乎理解他们这样的活法。他很想放下姿态，感受庄稼人的欢乐。马子忠见过房学礼，客气地称呼先生。他放下礼物向他道喜。房学礼很难为情不想接受。

马子忠边笑边说：“恭喜恭喜。入乡随俗，这份薄礼是这黄土穷山沟的礼节。”

房夫人过来插话道：“来的就是客。我弄几道菜，为咱家闺女庆贺一番。"

房学礼露出笑容说："夫人说得有理，庆贺一番。"

马子忠拿出一壶酒和一包茶说："这是马家自酿酒，这是汉中毛尖茶。"

房学礼酷爱饮茶，连声道谢。他拿起那包汉中茶，品味闻香。好茶，好茶。汉中买茶，熙河易马。夫人沏好茶，眉开眼笑端上四道菜。房学礼很有兴致，端起茶杯细细品尝。马子忠举杯敬酒，提起给娃起名的事。房学礼向他表达祝贺，并没有急于应答。他反而提出考查当地民情民俗的事。马子忠十分称赞称。好事，先生忧国忧民。不过还是要过好光景。房学礼抿口茶，敞开心扉道出心里的想法和忧虑。马子忠非常敬佩房学礼才高八斗，提出办家塾造福后人。房学礼惊喜，这军爷还有如此远大胸襟。他端起一杯酒，点点头敬上。马子忠急切表态。先生既然有此意，我愿尽力而为。房学礼拿来笔墨提笔挥毫直抒胸怀。"日月普照天地，江河奔流不息。"他抿口茶接着写下"金文、金武"四字。马子忠举杯赞叹不已。

马子忠怀揣房学礼的字回家向金兰展示。金兰十分欢喜，请来银匠打一对保锁，把"金文、金武"刻在上面。艾巍山和婆姨过来道喜。他有意探马子忠口风，吐露刘玉佩修建戏台的想法。马子忠抱着儿子一脸笑容。这是好事，刘里长做件好事。艾巍山赔着笑脸，心里愉快。刘里长要与甲首商量这事。马子忠爽快应下这事。刘玉佩得知马子忠如此干脆，立马召集甲首。各甲首一致赞同修建戏台。刘玉佩见机提出各甲首分摊出钱的事。何甲首要刘玉佩出示戏台预算。各甲首一致认为拿出出预算再分摊。刘玉佩乐呵呵点头应允。

胡甲首："戏台弄好，看戏如何收钱？"

刘玉佩："各甲首收钱，我汇聚交给戏班，余下的各位分摊。"

何甲首眼仁子一转道："各甲首轮流包场坐庄收钱，收得多得到多。"

刘玉佩沉下脸不言语。

马子忠："这样公平，能行。"

各甲首交头接耳赞同附和。

刘玉佩瞪一眼何甲首不耐烦道："就这样，能行。"

这做好戏台预算，又可以捞一把。何甲首提出各甲首轮流包场坐庄收钱。他把刘玉佩往后的如意算盘打乱。他想得多，忍气吞声还不敢招惹何甲首。马子忠把这事告知房学礼。房学礼非常赞同刘玉佩做件好事。看戏娱乐，教化民心。马子忠借这次机会向刘玉佩提出办家塾的事。刘玉佩既赞同又反对房学礼做先生。马子忠又跑到县衙向魏知县举荐。魏知县自然不敢准许一个流放人员做先生。马子忠无奈向房学礼说明。

房学礼摇摇头叹息："可叹可悲也。"

马子忠吐口气说："我家小子长大一定交给先生。"

大堡子戏台如期完工。刘玉佩思来想去请房学礼写下戏台对联。上联"台上唱戏唱喜怒哀乐"下联"台下看戏看人间百态"他风光得意请来关中一个戏班。夜天，戏台灯火通明。台下围坐着满满的人。大堡子如同过年十分热闹。刘玉佩头戴黑色六合帽，身着桃红色丝缎大袍登台讲话。各位父老乡亲，大堡子戏台竣工开台庆典。在此，我向各位甲首捐资修建戏台深深表达敬意。戏台落成传承儒家风尚，娱乐民众，教化民心……幕布徐徐拉开。关中梆子腔《钵中莲》开场。板胡、二弦子、二胡、笛、三弦……齐奏响起。王合瑞身背褡裢踏着戏步登场。台下激动得欢呼和嘈杂声响成一片。

这台戏演出，十里八乡很快传开。庄户人连连赞叹夸奖刘玉佩。刘玉佩名利双收，洋洋得意。房学礼看过这台戏，被《钵中莲》的故事情节打动。他认为刘玉佩确实做件好事。他想起办家塾的事，如何传播儒家风尚。人世间就是一台戏。自古邪不压正。台上台下都是弘扬正道。小台戏是大学馆，教化民心。他联想大堡子发生的事，心生一个念头。他要把白寡妇的事写出来搬到戏台上。他构思好这台戏，请来马子忠商议。马子忠听他说戏里故事，十分感动。他大加赞赏这台戏写出来很接地气，庄户人喜欢听愿意看。房学礼定下心开始提笔创作。他心潮澎湃眼含泪水写完这台戏《王寡妇告状》。

房学礼写完这台戏，要亲眼看看白寡妇。他来到胡家坪溜达要见白丁。白丁认得房学礼。他还是警觉地眼神看他。房学礼自报姓名说明路过这里，歇息讨碗水喝。他见过白寡妇，细细观察。白寡妇坐在院子里纳鞋底，脸上木讷没有悲伤的表情。他过来想与她拉话。白寡妇一脸恐慌进到窑里。白丁一脸愁容叹气。她受刺激惊吓，怕见生人。房学礼深表同情，引出话题。白丁把他引到窑里打开话匣子。先生，你通情达理。她是受苦人，别人害她咧……房学礼一副关爱的神情，嘘寒问暖，打消他的疑虑。白丁断断续续道出自己的苦水。房学礼洗耳静听，一边安慰他。

白寡妇的境遇很苦。房学礼也了解到庄稼人的生活艰辛。他联想很多，又把戏本子修改一遍。他郑重请来马子忠看戏本子。马子忠自知之明，不敢接受。房学礼硬是把戏本子放到他手上。马子忠不好推辞，细细看过两遍。他大胆提出，戏本子接地气，要有土味。王寡妇的丈夫改编成一个战死边关的军爷。戏里面的对话和唱词多改成当地方言。房学礼大加赞赏认可马子忠的修改意见。他挽留下马子忠。他们三天三夜修改完成戏本子。马子忠要杯酒喝，扯开嗓子唱一段戏本子里的唱词。房学礼喜上眉梢拍手鼓掌。这戏有味有情。他跟着学唱几句。马子忠脑子一转打定主意要把这戏本子卖给戏班子，还可赚点银子。

河东又过来一个戏班子唱戏。马子忠拿出戏本子向戏班主讨价。戏班主简单翻阅，掏出一锭银子。马子忠叮嘱戏班主。这部戏河东红火了，再过来唱。他把银子交给房学礼，笑哈哈让房学礼等好消息。《王寡妇告状》一定能红火咧。《王寡妇告状》在河东果然红火了。戏班主带上戏班子过来报喜，专场免费演出。房学礼赶来看戏。马子忠提着一壶酒笑嘻嘻凑过来。

《王寡妇告状》第一幕开场。王寡妇破衣烂衫带着一个男娃，低声凄苦的唱腔登场。她边走边唱诉说身世，家境困苦。“丈夫骑马戍守边关。婆姨种田耕耘家园。军爷英勇战死沙场，家人戴孝泪干断肠……”她来到衙门前愤然击鼓鸣冤。白脸知县面无表情登场升堂。王寡妇跪地递上状子，痛哭流涕哭诉丁仓粮长巧立名目盘剥税收，欺诈奸淫女子……知县拍下惊堂木，拉着腔调“传丁仓。”两个衙役把丁仓押解上来。丁仓跪地大喊冤枉……第二幕开场。王寡妇坐在门前搓金稻黍棒子。丁仓登场一副道貌岸然的样子，唱腔平淡正言，身兼重任收税为民。他看见王寡妇有几分姿色，眉飞色舞露出笑容，上前搭讪……故事渐渐曲曲折折。丁仓得知王寡妇死了丈夫，顿起色心。他与杨甲首勾结三番五次引诱威逼王寡妇。他答应为王寡妇免去田税。王寡妇负债累累，家徒四壁被逼无奈以身相许。丁仓霸道翻脸不认账，占了便宜扬长而去。最后一幕，丁仓托人贿赂知县。知县以证据不足，判定王寡妇诬告丁仓，打入死牢。王寡妇悲痛欲绝，哭天喊地碰死在县衙里。

台下人看着看着，群情激昂。嘈杂声和哭声混合成一片。一些人大声乱吼。王寡妇不能死。打死丁仓。知县滚下去。忽然有个人站起身大喊叫“白寡妇是受苦人，去告杜粮长。”众人深受同感齐呼“杜粮长乱收税，欺负白寡妇。”刘玉佩看戏看到一半，感觉这戏演得是白寡妇。他身上直冒冷汗，无法阻止这场面。白寡妇疯疯癫癫突然出现在戏台上。她泪流满面，愤怒踢打丁仓。戏班主上台也拉不住他。白寡妇异常镇定顺着王寡妇唱腔“河东来个白家女，逃难投亲过光景。戏台寡妇泪满襟，台下有人鸣冤情。我是一个受苦人，老爷做主慢慢听……”她唱完一下跪在戏台上的知县面前哭喊“草民白氏要状告杜粮长。”台下一片鸦雀无声。

第十七章　白寡妇告状

白丁上台硬是把白寡妇拉下来。白寡妇嘶声嘹哇要寻知县告状。胡甲首看到这样场景，没理没管走开。人群乱哄哄地散去。刘玉佩看完这台戏心里像芒刺扎一样难受。这分明就是一台《白寡妇告状》的戏。真戏假做，假戏真做。这是变着戏法子给大堡子人难堪。大堡子沸沸扬扬很快把《王寡妇告状》传言成《白寡妇告状》。刘玉佩正是风光如日方升，这台戏着实给他脸上摸黑。他越想越不对劲，吩咐刘一六找戏班主打探。刘一六很快找到戏班主。戏班主犹犹豫豫不想说出实情。刘一六从袖口里摸出银子递上。戏班主见钱眼开，有意明示。花一锭银子买得戏本子。刘一六心急，咬咬牙又掏出银子放在他手上。戏班主爽快地道出从马子忠手里买来的。

刘一六把这事告知刘玉佩。刘玉佩十分恼怒，认定是马子忠有意跟他过不去。他细细回想琢磨这台戏，转念一想心里暗笑。这戏里故事含沙射影知县有犯上之嫌。马子忠犯上是大逆不道。魏知县不会置之不理。他想借此弄掉马子忠甲首的帽子。他又担忧扯出杜粮长征税一事。他对马子忠已怀恨在心，拉上高乡约参见魏知县。他们来到县衙向魏知县陈述《王寡妇告状》一事。这时，白寡妇在衙门外愤然击鼓鸣冤。刘玉佩一见白寡妇，脑袋“嗡”地一下大了。

白寡妇跪地递上状子。她似疯非疯，状子按照《王寡妇告状》的情节写得清清楚楚。只是把“丁仓、杨甲首”改为杜粮长和胡甲首。刘玉佩一脸愁容哭笑不得。魏知县把高乡约和刘玉佩训斥一番。大堡子穷山恶水，伤风败俗，缺乏礼教……他拍下惊堂木传唤马子忠。马子忠犯上大逆不道，缉拿归案。白氏一案等候审判。刘玉佩把白寡妇领回胡家坪。他心想，杜粮长一事翻出来，也许扯出胡甲首。他劝解白丁，答应给白寡妇落户。白寡妇期盼的眼神盯着刘玉佩。这告状的事一下在县城传开。马子忠感动，宣扬赞赏房学礼。突然，两个衙役把他带到县衙。他一路揣摩也想不明白。魏知县升堂严厉讯问马子忠。马子忠承认戏本子是他卖给戏班主的。他只是弄两个钱还兴致高昂陈述戏里故事。

魏知县：“这戏本子出自谁手？”

马子忠还是那句话，没有说出房学礼。

魏知县：“马校尉，你难道不明白这戏本子是含沙射影犯上吗？犯上轻者革职做苦役，重者坐牢杀头。”

马子忠振振有词极力辩解。

魏知县拍下惊堂木道：“押进大牢，供出同犯再审。”

房学礼得知这事，愤然来到县衙，向魏知县陈述戏本子出自他手。

魏知县：“你堂堂朝廷命官，革职流放，不思悔改，煽动民众，居心何在？”

房学礼：“鄙人体察民情，以白寡妇为原型编出戏本，意在教化民众。”

魏知县："征税是国之大事，何来引诱威逼？"

房学礼："白寡妇可以作证。"

这起白寡妇的案子，魏知县依然揪住戏本子不放。白寡妇的案子，一码是一码。戏本子添油加醋，用心险恶。打入牢里，传唤白寡妇。白寡妇这才知道是房学礼以她为原型写下戏本子。她总算遇到一个好人，不听哥哥劝阻，直接去县衙作证。她向县衙作证，再次状告杜粮长和胡甲首。魏知县思路不乱，分别判决这两起案子。他细细看过白寡妇状子，认为白寡妇就是个刁民淫妇。他传唤杜粮长和胡甲首。杜粮长供认，白寡妇以落户、免税为名引诱作奸。胡甲首与杜粮长供认彼此一致。

魏知县怒言道："刁民淫妇，还有甚话可说？"

白寡妇跪地大呼冤枉："他们答应下，却不认账反咬一口。"

魏知县："看来你们确有交易。"

白寡妇："他们欺凌霸道，草民被逼无奈。"

魏知县拍下惊堂木判决："案子明了，奸夫淫妇通奸。撤去杜粮长、胡甲首职位，杖三十。白寡妇去衣受杖五十，关押五天。"

白寡妇以为县衙会为民伸张，却又受此侮辱。她哭天喊地，跪地不起。两个衙役把她托走押进牢里。《王寡妇告状》这台戏在朔水城演出着实红火。魏知县也看过心想，如果审判这个案子会招来民众不满或骚动。如果不审判传到州衙耳目里，脑袋上的乌纱帽难保。他揣摩掂量，欣然自乐。真戏假做真亦假，假戏真做假亦真。他先单独审讯房学礼。

魏知县正襟危坐，一本正经道："房大人熟知大明律法，你可知罪过？"

房学礼："白寡妇一案，杜粮长、胡甲首已经招认。鄙人只是借以《王寡妇告状》为民伸张，并无犯上之意。”

魏知县：“你堂堂朝廷命官，革职流放，应该反思悔过，为人师表，教化民众。”

房学礼：“知县大人一定看过这台戏。台上台下有何感受？”

魏知县沉吟半晌道：“本官不想看到当地民众叛逆情绪。如果这台戏引起骚动，你担当得起吗？”

房学礼：“州、府衙门官人也一定看过这台戏。”

魏知县：“这戏是虚构故事，大汉、大唐和大宋也有发生。”

房学礼若有所思，沉默不语。

魏知县拍下惊堂木判决：“房学礼教化误导民众，罚银五两，关押三天反思悔过，取保候审。”

魏知县严厉审讯马子忠，并训诫六品官爵有监督职责，严重失察，撤去甲首职位，罚银五两，保释管教房学礼。马子忠显得无所谓，缴过罚金和保释金，领房学礼回家。房学礼一路闷闷不乐，对白寡妇一案审判很不满意。

马子忠：“这事一定是刘玉佩做的。”

房学礼：“这戏本子没事。他为啥要告到县衙？”

马子忠摇摇头不言语。

刑法去衣受杖，残酷羞辱女人。白寡妇关进大牢大哭大闹。两个衙役看着白寡妇会意地笑笑。他们按住白寡妇开始扯她的衣裳一边喊着。白寡妇怕羞拼命挣扎。两个衙役粗壮有力几下扒下衣裳。他们看着她白花花的身子淫笑。一个衙役一边脱衣裳羞辱她。怕疼啊，可以不打，让你爽气，哈哈。白寡妇忍受耻辱昏死过去。两个衙役没有轻易放过，连续奸淫三天。白寡妇身心破碎，木呆呆地躺在草堆上。她欲哭无泪认定这是命。她面部僵硬麻木地低声唱着

《王寡妇告状》“丈夫骑马戍守边关。婆姨种田耕耘家园。军爷英勇战死沙场，家人戴孝泪干断肠……”她含泪一边唱着把自己梳理一遍，上吊自尽了。

人死在牢里，出人意外地很快传开引起轰动。魏知县十分恼怒慌张。他抓捕那两个衙役重罚治罪，又出银子指派刘玉佩安抚白丁。刘玉佩对马子忠的判决幸灾乐祸，不料白寡妇死了。他没有想到好好一台戏演出个白寡妇。他对白寡妇的死很冷漠，只是一心为魏知县办事。白丁六神无主，不知如何处理。刘玉佩给他送来银两，安抚又恐吓。白丁咬牙切齿，敢怒不敢言。房学礼得知这事，非常气愤要状告魏知县。他写好状子与马子忠一起去找白丁。白丁犹犹豫豫签上名。三人联名告到州和府衙。

这事闹大了。白寡妇的死惊动布政使司衙门。监察御史巡按督查审判此案。案子最后判决，魏知县渎职失察，革职悔过勘察。两个衙役赔款，判罚十年苦役。白丁送去牌匾跪地谢恩。刘玉佩状告马子忠，却没料到把魏知县弄进牢里。他战战兢兢来看望魏知县。魏知县训斥大骂他土疙瘩，驴脑子。刘玉佩忍气吞声担忧往后的日子。他把这一切都记在马子忠头上。他咬牙切齿信口乱骂。好好一台戏弄个稀巴烂。白寡妇这个丧门星该死。马子忠，你个驴日的。你不让我好过，你也别想过好。

马子忠看过《王寡妇告状》戏，又亲历白寡妇案子。他丢了甲首帽子，心情烦乱低沉没精打采。他想起那个死去的风水先生，同情白寡妇的遭遇。他们白白死了，我还好好地活着。他非常后悔，心里沉重有种负罪感。千不该万不该弄死风水先生。白寡妇是个苦命人，不该撵出金马沟。他很想静一静，一人赶着羊上山钻沟。他毫无目的溜达，看看天，看看庄稼。他躺在山坡上想很多，自责不该管那些事。他实在对不住白寡妇，偷偷跑去她坟上烧纸。蔡牛发现马子忠整天神情恍惚。他提着一壶酒和一包羊肉干寻他。他在山坡一块黑豆地边找见他。他蹲在他身边放下酒壶和羊肉干。马子忠盯盯看着绿生生的黑豆苗发呆。

蔡牛拍拍他的肩笑道："好收成啊。"

马子忠自言说："人难活。"

蔡牛递过来酒壶说："锣鼓场里没好戏。人圪凑在一起就有事情。人比牲口麻缠。"

马子忠喝口酒说："师父，大堡子就是个烂尻子。刘里长一直与我过不去。如果在沙柳关，我一刀劈了他。"

蔡牛叹口气道："刘里长、胡甲首都不是好货。一条人命啊。白寡妇是个苦命的人。"

马子忠："我不该把她撵出金马沟。"接着他一点一点道出他的心里话。

蔡牛："你们把魏知县告下台。白寡妇不会怨你……"

金山现出彩云。马子忠起身瞩目远眺若有所思。他看到那朵彩云，心里敞亮许多。他信天地神鬼，冥冥之中看到那朵彩云是福祥。他连续三天看见金山彩云，身不由己爬上金山。他在山梁上溜达，身子沉重神思迷乱。他身上直冒冷汗，两眼发黑，恐怕那个风水先生和白寡妇来找他。一阵风"沙沙"吹来，夹杂着一个女人孱弱的声音。这声音似乎在喊他。他竖起耳朵细细地听，似白寡妇又好像是叶兰。他拔出刀子大声喊叫。他分明听见山沟里的回音。她是叶兰，是叶兰声音。他两眼湿漉漉地模模糊糊。叶兰想家了一定很孤单。马子忠回到家一闭眼，叶兰就浮现在眼前。他给叶兰烧纸，说话怀念。他弄些马兰草种在院子里，纪念叶兰。金兰看在眼里询问他。

马子忠没有直接应答，反问道："金山降彩云有甚说法？"

金兰笑格蛋蛋说："老人说，彩云是祥云。"

马子忠："金山好风水。"

他心生一念，要把叶兰迁回家。他请来风水先生上金山看坟地和土地庙风水。风水先生掏出罗盘看龙、看穴、看砂、看水、看向，口中念念有词定下坟地。他又选出土地庙地址，跪地三拜。马子忠按照风水先生指定地方，细心打下木桩。婆姨回家吧，修好坟地回家团圆。马子忠定下心来才把这事告诉金兰。金兰心里有想法，不同意叶兰迁回。马子忠再三说明。金兰就是不松口。马兰花得知这事，顶撞金兰。

金兰质问马子忠："谁是大，谁是小？"

马子忠："都是婆姨，没有大小。"

金兰："不能行，我为马家生下小子。我要和你下在一个堂子里。"

马子忠："小女子见识短。能行，一起修坟地。"

金兰露出笑容，把大小子推给他说："往后大小子做主哩。"

马子忠："胡脑子，好风水地先站着。"

金兰："坟地修好，我要去看看。"

马子忠把叶兰迁回来葬在金山上。马兰花在坟地周围种下马兰草。蔡牛为这事高兴，把马子忠请到窑里喝酒。马子忠心安神定，带上马金北过来。两人坐在炕上端起酒杯喝的畅快。马金北坐在一旁吭吃羊骨头。

蔡牛笑道："马校尉有心，早就看中金山咧。"

马子忠敬上一杯酒说："师父知我心。人吃土一辈，土吃人一回。这下心安定咧。”

蔡牛用筷子蘸杯子里酒给马金北嗦一口：“这金山坡坡上可以种地。往后可以看着后人生长。”

马子忠：“金马沟地多，往后就怕水少。”

蔡牛：“金马沟好风水，老天爷长眼呢。”

马子忠笑笑给马金北灌口酒。马金北呛住一口吐出来。

蔡牛：“往后如何打算？”

马子忠：“娃娃多了，还要多开地，娶媳子。”

蔡牛：“不能老死守着山地。这黄土坡遇上大旱可是麻烦。我打算贩卖牲口贴补家用。”

马子忠眼睛一亮说：“师父还是活泛。艾巍山精明。看来马家烧酒和黄酒能开家酒铺。”

蔡牛“呵呵”一笑道：“马家烧酒现成的。大堡子有庙会，我可以拾掇些杂碎，鞑靼手扒肉，抚北烤肉。”

两人碰杯嘻嘻哈哈“金马酒铺”就这样定下。魏知县依然是知县，离任去关中。县衙上下显得平静私下到处打探活动。刘玉佩心里还有白寡妇告状的影子。他烦乱观望看风头，自然坐不住。他跑县衙送礼探风声拉关系。一些甲首也沉不住气向刘玉佩探听消息。刘玉佩不露声色，一副四平八稳的神态。何甲首似乎盼到机会也不闲着。他有意拉上何四六去常家走亲戚。何花的头发盘成堕马髻，脸色光亮，一身桃红衣衫显出几分贵气。她彬彬有礼，还是记恨刘玉佩挂在嘴边。她有意无意露出一点县衙风声。何甲首也摸不准，只是找些理由上门打点送礼。

马子忠渐渐淡忘那个风水先生和白寡妇。他一门心思踏实过光景。他回到马家园子与父亲商议开酒铺的事。父亲高兴自然出手相助。马子忠想起刘憨憨的三孔破窑。他把这事告诉马兰花。刘憨憨得知不敢言语。马子忠立下字据给他分成。马子孝赶来拿出一张烧酒和黄酒买卖契约。马子忠看过契约笑笑“父子明算账。”他开始筹办“金马酒铺”。艾巍山送来刘玉佩一张帖子。马子忠一看是刘玉佩小子百天吉庆。他不屑一顾，很是厌烦他。这个狗日的，戏本子的事就是他搞的鬼。灯盏底下是黑的，人背后都是鬼的。蔡牛听到过马子忠与刘玉佩的事。他出主意送给一身娃娃衣裳和一个布娃娃。马子忠推辞不去，托艾巍山搭上礼物。

县衙上下走马换人，还没有县太爷。刘玉佩心里一直没底。他借孩子百日之际，请来甲首稳住人心，也想探探各位心思。他已料到马子忠不会来，也不在意。各甲首心里胡乱揣测，面子上嘻嘻哈哈随声附和。刘玉佩眉欢眼笑频频端酒。县太爷都一样，我们还是庄稼人，吃吃喝喝过光景。艾巍山又拿出龙王庙和戏台的事恭维刘玉佩。刘玉佩的小女子刘喜拿着布娃娃进来笑格咪咪玩耍。刘玉佩耍笑马子忠。马校尉球毛鬼态，送个布娃娃。各甲首举杯附和大笑。何甲首听说过送布娃娃忌讳。他心里讥笑“哼，这是骂刘玉佩小人呢。”

马子忠拾弄金马酒铺的事。金兰整天喜格蛋蛋带着三个孩子。吴冬阳生下个男娃，起名李云。她抱着孩子天天过来拉话，笑嘻嘻地还要与金兰连亲。金兰撵开身边的马金文和马金武。马金武爬上炕头狮玩耍。

金兰说：“都是秃小子。一对双双抢奶吃。每次小武咬得奶疼。”

吴冬阳：“生个女子。”

金兰拍拍肚子低声说：“我夜天做梦梦见一朵兰花开哩。名字起好哩，小宝。”

吴冬阳亲一口李云说：“小子，你有媳子哩。”

金马酒铺要开张，上门请房学礼题门联。房学礼题过字，拿出一个戏本子。马子忠接过一看是《金马驹传说》故事。

马子忠激动笑道：“房先生，我买下这戏本子。县太爷再没话说。”

房学礼感叹道：“这黄天厚土沟沟岔岔里还有很多传说，可以教化民众。”

马子忠点头称道，递上金马酒铺开业帖子。房学礼接过帖子提议酒铺也可以进些茶叶。马子忠一拍腿大喜。先生好主意，能成。金马酒铺开业典礼。刘玉佩自以为是里长，还是要出头露面。房学礼主持平平淡淡祝词。刘玉佩庄严体面，冠冕堂皇贺喜。酒过三巡，何甲首举杯，眉开眼笑。各位，县太爷上任到位。祝贺，同喜。

第十八章　金马驹

刘雅颂打来电话催要稿子，又解释那天的事。马跃进心里疙疙瘩瘩。这个女人在他脑海里飘来荡去。马跃进有意岔开话题简单附和。我过两天把稿子送去。刘雅颂没有放下手机还在接听。马跃进不自然地笑笑，把手机挂了。刘雅颂又打过来。他解释手机信号不好。刘雅颂迟疑一下只好推后改天吧。

马跃进经过几番斟酌还要整理手记。金马驹传说还是不提祖上手记。他整理改好稿子去见刘雅颂。刘雅颂身着黑色 T 恤，肌肤衬得雪白鲜亮。马跃进瞄她一眼，有点不自在。刘雅颂热情大方，笑格盈盈地接过稿子。她向一个同事交代，带马跃进去博物馆看看。午饭订在馍馍香餐厅。马跃进也想目睹家乡的历史文化。他游览过博物馆，又想起刘家农家乐的那些老物件。他脑海闪过一念，金马沟村可以建起一个村史馆。他又摇摇头自言自语，心有余而力不足啊。晌午，刘雅颂在馍馍香餐厅等候。马跃进赶过来一番客套话，主动倒茶。刘雅颂点两碗抿尖，看一眼马跃进。自哒面不知吃得惯？没有马兰堡面食。马跃进点点头一边吃饭想听听她对稿子的意见。刘雅颂抬头四目相视。

刘雅颂避开目光他的说：“我看过你的稿子。是这，李晓光主任有事，他安排我带你去石茆乡。”

马跃进有点不好意思说：“李晓光这么热情。”接着又要开口问个究竟。

刘雅颂打断说：“李主任热心人，他婆姨就是马家人。”

车子在山沟里转来转去来到一家门院前。一个白胡子老汉出来笑脸相迎。刘雅颂介绍李大爷。李大爷把他们引到窑里。刘雅颂放下礼物沏茶倒水。李大爷拿出家谱摆在马跃进面前。李晓光后生安排下的。马跃进眼前一亮细细翻阅。李大爷喝着茶一番感慨。修家谱可费事咧。年轻后生一满不在乎。出钱实在难……马跃进向李大爷敬上一根烟，询问修家谱的过程。李大爷情绪激动，滔滔不绝。马跃进握住李大爷的手，深表谢意。他获取一些修家谱的经验，十分感激。他邀约李晓光吃饭表达谢意。李晓光去市里出差不在。他直接邀请刘雅颂来到一家僻静的小餐厅。他俩坐定都有点不自在。

马跃进倒茶点菜兴奋地说：“李主任真有心，你也辛苦。今天这是大事。我要喝几杯。”

刘雅颂嫣然一笑说：“人生得意须尽欢，莫使金樽空对月。”

两人对视共同举杯，一饮而尽。

刘雅颂一一介绍特色菜说：“马兰堡手扒肉风靡全国。”

马跃进笑道：“手扒肉、烤羊肉串也是美味。”

刘雅颂若有所思敬一杯酒说：“其实那年我去过马兰堡。”

马跃进客套地发出口头邀请。

刘雅颂随口问道：“你婆姨咋没带回来呀。”

马跃进干干一笑，点燃一根烟说：“现在我一个人过。”

刘雅颂心里一颤，一脸歉意表情。

马跃进：“一个人也好，习惯了。”

刘雅颂岔开话题，浅浅一笑道：“你的稿子看过哩，很有文字功底。”

马跃进谦虚地说：“多多指教。”

刘雅颂：“你咋不像个将军，还很低调。”

马跃进：“退役后一个普通人自在。这里文化底蕴深厚，人杰地灵。”

刘雅颂瞄一眼他，欲言又止。“咱们是乡党——”

马跃进“呵呵”一笑举杯道：“来来，乡党干一杯。”

刘雅颂：“那天，我四大——很不好意思。”

马跃进：“我听说过两家的事。其实那年我回来过。”

刘雅颂叹口气道：“咳，那个年代，砸神像毁坟地。人都疯哩。”

马跃进：“生前尽忠，死后尽孝。几千年的文化是毁不掉的。”

刘雅颂举杯表达歉意。

马跃进：“我们做好自己就行。”

刘雅颂听到这一席话自饮两杯。她脸色泛红默默盯着马跃进。马跃进听说她是单身。刘雅颂心里空落落地一定想听听这样的知心话。马跃进就坐在她对面，风雅侃侃而谈。他的举止气息掀起她内心一丝波澜。她极力平静自己连连举杯。马跃进看出刘雅颂内心波动劝她少喝酒。刘雅颂眼睛噙着泪水自言自语“不好意思，很久没有这样哩。”他们离开餐厅。街道上路灯昏暗眨眼。马跃进坚持要送刘雅颂。两人默默无语走着。他把她送到家门口。

刘雅颂叹口气：“今个很开心，谢谢你。”

马跃进从包里掏出一本散文集递给她。

刘雅颂惊喜道：“你是作家呀。”

马跃进向她招招手转身离开。刘雅颂立在那里，迟疑片刻又喊住他。“马将军，求你帮个忙。这本集子传说，你来编辑执笔——有稿酬哟。”

马跃进沉吟半晌点点头说：“我好像见过你，实在记不起在哪里。”

刘雅颂笑笑说：“我经常在梦中听到一个熟悉的声音，好像不是梦，也许是我的前世。”

修家谱引来一些马家亲情活动。大多门户开始理解支持。马跃进一边整理家谱，一边走访收集拍照老物件。他开始留心注意那些农具和家俬老物件。他听说马登科有一对金马驹，十分惊讶。马胜兵与他是同辈很熟悉了解。马胜兵惊喜介绍这老汉二小子与马跃进长得模样可像。他儿女不在身边，后来寻下一个媳子。马跃进向马胜兵说明情况要去看望他。马胜兵非常愿意满口应下。这老汉在县城郊生活。后上就过去看看。

那天，马登科一人坐在炕上听着《金马驹传说》秦腔就着酸白菜和花生米喝酒。他见到马胜兵眼泪哗哗说不出话。马胜兵放下酒菜向他介绍给他倒茶斟酒。马登科十分激动把他们请到炕上拿出油馍馍和红枣。

马登科握住马跃进的手说：“大大，听说你修家谱，好事，好事。”

马胜兵：“哥，嫂子呢？”

马登科：“她带娃回娘家，过几天就回来。”

他们一边喝酒一边拉话。马登科不停地打量马跃进。他婆姨去世得早，一人在家种地，很少去儿女家。家里没有女人孤独寂寞实在难捱。夜天，他常想老伴想女人。他经常约几个老友掀棋棋玩，打发日子。几个老友经常逗他。老马呀，家里有个婆姨好，白天饭是热乎的，夜天被窝是热乎的。老马呀，你真能熬，不要熬出病来。老马呀，明个给你弄张黄碟，哈哈！

马登科从没看过黄碟，听说黄碟，心底浮动。老友还真弄来一张黄碟。马登科半推半就收下。夜深人静，他浑身燥热辗转反侧想那张黄碟。他有点害怕认为自己老不正经变坏了。他实在熬不住还是取出黄碟。黄碟一开始就直奔主题。一对男女光着身子疯似的扭在一起。他害怕紧张亢奋一夜难眠。马登科常常感觉身体骚动不安。他开始注意女人，两眼时不时盯着女人。他已无法控制自己翻出黄碟一遍一遍地看。他着实想女人想的身体发虚。他无法摆脱女人想老伴。他整天恍恍惚惚胡思乱想。他神使鬼差要出去揽工。他来到县城在一家公司看大门。公司经常指派他去餐馆订餐。王月霞是餐馆打工的中年女人，肤白饱满。马登科经常在这家餐馆吃饭订餐，两人一来一往认识了。王月霞是个寡妇从南方来投亲戚。马登科开始悄悄关注她关心她。他得知王月霞也是孤单一人，两人同病相怜。一天后晌，王月霞上门送饭。马登科木呆呆得盯着王月霞。

王月霞："老马，你咋哩？"

马登科有点不自在，一下不知哪来的胆子声音有点发颤说："王女子，陪我拉拉话，我老了，不行咧。"

王月霞心里也很孤单陪着马登科拉话。他们漫无目的谈这说那，多是些家里的琐事。两人渐渐话多起来。一到夜天，马登科就想与王月霞拉话。王月霞也时常想起马登科。她心中苦闷也就想到这个老汉。马登科经常跑前跑后帮助王月霞。王月霞知冷知热关心马登科。日子久了，两人相互照应帮忙心知肚明却都不好意思吐口。一天晌午，王月霞急匆匆来借钱。

她眼泪汪汪悲伤地说："爹爹病危。"

马登科拿出一把钱放在她手上说："看你是个孝顺女子，钱不够再说话。"

王月霞泪如雨下道："老马，你是好人。"

孤男寡女干柴烈火一点就着。王月霞走后，马登科心里难受焦躁不安。他苦想找个老伴，又怕儿女反对，外人笑话。王月霞的父亲病故。她孤单伤心经常在马登科面前哭哭啼啼。他劝她又不敢表露自己的心意。王月霞认定马登科是好人有责任心和他在一起心里踏实。她思来想去把心悄悄交给马登科。中秋月夜，王月霞突然打电话约他去她的房子。马登科一脸喜悦赶来。他进门一愣两眼放光。王月霞一身白衣裳着实鲜亮。炕上一桌饭菜，她宽宽坐在那里。马登科一下感到家的温暖。他显得不自在不知如何言语。

王月霞寒暄几句，端起酒杯笑笑说："中秋夜，咱们在外的人喝个团圆酒。"

马登科十分感动，不知说什么，一口闷干。两人酒酣耳热，滔滔不绝。

王月霞晕晕乎乎，眼角噙着泪水说："老马，咱们一起搭伙过日子吧。"

马登科激动地不能控制，一把搂住王月霞道："好女子，好女子，咱们一起搭伙过光景。"

两个小子知道这事回来训斥马登科。他们知道父亲藏着一对金马驹，又放出话。王月霞不是好女人，是骗子。她要骗大大钱呢。他们粗暴干预撵王月霞走人。马胜兵看不惯大骂。龟子怂，你们不孝，以后光景好了，不要进家谱。两人一唱一和。这年头还修家谱有什么意思。修家谱还不如吃好喝好管他身后什么事。两个小子在父亲窑里胡乱翻腾也没翻出金马驹。他们逼着父亲写下保证协议。不许与王月霞领结婚证。马登科气得大病一场。他在县城郊买下两孔窑洞和王月霞一起过生活。王月霞眼看马登科两个小子如此不孝动了心思。她托人找律师询问那张保证协议的事。律师坚定地答复“那是一张无效协议。”王月霞流下激动的眼泪。她拉上马登科领结婚证，在酒店举办简单的婚礼。他们回到窑里，紧紧拥抱露出幸福的喜悦。

王月霞坚定地说：“我要给你生个娃。”

马登科犹疑的眼神看着王月霞，不敢相信。

王月霞：“我是马家人，要为马家生娃尽孝。”

两人喜极而泣抱头大哭。他们领上准生证后生得一个大胖小子。他们平平安安过光景。男娃叫马来福，乖巧听话。两个小子不知从哪里得到消息。他们回来大吵大闹逼着父亲写遗书。马登科老泪纵横伤透心。王月霞找来马胜兵论理。他们放下狠话“要一把火烧了老窑。”王月霞担惊受怕没有办法去报警。警察严厉警告他们。他们表面认错灰溜溜离开。马登科思来想去心一横立下遗书。他把家产都留给马来福。马胜兵一直为这事羞耻。他经常过来关心看望马登科。

马跃进慎重地又向他说明来意。马登科痛快地认为修家谱是好事。他从炕洞里掏出一个布包一层一层打开露出一对金马驹。马跃进拿在手里仔细翻看也看不出是金的还是铜的。他摆好那对金马驹拍照。

马胜兵惊奇地看着金马驹问道：“哥，这是哪达来的？”

马登科：“祖上传下来的。”

马登科低声说：“大大，你是金马沟村长子。这对金马驹是冥器。传说金马沟黑水潭出现过金马驹，那是神马。”

马跃进联想到手记记录的金马驹：“祖上敬拜金马驹。”

马登科大口喝一碗酒情绪悲伤又高兴叹息道：“祖上有祖规家训吗?”

他们相互看看无语摇摇头。

马登科：“不孝之子能进家谱吗?”

他们明白他的意思且一脸茫然。马跃进没想过这个问题。《金马沟马氏家谱》不能没有祖规家训。马跃进询问征求马富田意见。马富田提议老的祖规家训有口传可以收集。也要补充新的家规家训。委员会一致赞同。

大年除夕，家家贴对联贴窗花，灯火通明鞭炮震天。马跃进第一次在老家过年感受家乡的年味。马胜兵过来拜年向马跃进道出马登科病危的事。两个小子过年也没回来的事。马跃进认为这必须去看看。大年初一，他们赶到县人民医院。王月霞见到他们失声痛哭。马登科躺在病床上面色苍白。他呻吟地问候大爷问安家人。马跃进坐在床边拉话安慰他。马胜兵向大夫打探病情。大夫摇摇头让准备后事。马胜兵心里沉重安慰王月霞。他给两个小子打过电话。马登科微微睁开眼睛盯着马跃进。他颤颤巍巍从被子里掏出那对金马驹。马登科递给马跃进，似留下遗言。大大，遗书立下咧。这对金马驹，那两个小子一定要抢。你先揣着，他们回来会闹的。大年初三，马登科安详地闭上眼。王月霞掏出一叠钱递给马胜兵。她含着眼泪哀求马胜兵把丧事办圆满。两个小子回来坚持要办丧事。马胜兵吩咐他们出钱。他们向王月霞要钱。马胜兵递上办理丧事费用单子。三个儿子一人一份钱。老二一把拿过王月霞那份钱蛮不讲理。这是我家的事。马胜兵气愤地一把揪住他的衣领。她是你二妈，你们胡闹试达一下。

丧事办得还算顺利。两个小子脱去孝衣就去找王月霞分家产要金马驹。王月霞拿出马登科遗书。他们不信拿出那份保证协议。王月霞又出示结婚证。他们纠缠胡闹造谣中伤。王月霞请马富田出面说话。马富田吩咐马跃进调解。马跃进与老大单独谈话讲家人和睦道理。他们振振有词充耳不闻。他又搬出法律讲明厉害干系。老二不服气跑到马富田的院子里破口大骂。马富田出来上去一个耳瓜子。老二冲上来就要动手。马跃进一把揪住他衣领推到一边。他俩相视一看愣住了。

马富田操起一根棒子追打骂道：“丢人现眼，老子见得黑痞多咧。”

老二大声喊叫：“这事不能完。进家谱管球用。”

马跃进本来想安安静静修家谱竟遇到马家人这些破事。他心想，现在人为了钱怎么都不认祖宗了。这事没有安生几天。王月霞打来电话。马来福被人绑架了。马跃进摊上这事不能不管。他来到县城得知这事是老二干的即刻报警。警察很快抓住老二救回马来福。王月霞气愤地希望判他几年，好好受着。老二如实交代案情经过，一口咬定只是吓唬一下。警察传唤马跃进证实。马跃进原原本本道出实情。他忽然想见见老二。他见到老二坐在那里。他俩确实长得一模一样心生那份特别的亲切。

老二看一眼他面带愧色道：“大爷，我只是想吓唬一下。”

马跃进递过去一盒烟说：“她是你二妈，好好认错，我会向警察说明的。”

老二无语起身向马跃进深深鞠个躬。马跃进把金马驹交到王月霞手中耐心劝说讲马家亲情。王月霞眼泪汪汪原谅老二。老二向她鞠躬赔罪认错。他们一同向警察解释说明。警察面无表情，这案子必须依法办理。老二当着警察的面向王月霞道歉。他痛哭流涕等待处理判决。

第十九章　扎人火燎

大家起身端起酒杯，静悄悄等待何甲首的下一句。何甲首开怀一口干连声“祝贺常运福知县。”刘玉佩身子一抖，酒晃出杯子。他强装笑颜随口附和“祝贺，祝贺。”马子忠过来举着杯子附庸而笑。双喜，双喜。大家一同干杯，坐下盯着刘玉佩。刘玉佩很不自在整整衣冠掩饰内心的恐慌。他举杯代表大堡子父老乡亲向常知县送去牌匾。大家笑容满面拍手附和。刘玉佩一口干杯，想离开又端端坐下。吴甲首起身举杯向何甲首道喜。大家开始交头接耳议论纷纷。刘里长要高升咧。何甲首可是与常知县连着亲呢。这下可有好戏看咧。不管谁是县太爷，庄稼人还是看天种地。

新知县上任，上上下下跑得欢。刘玉佩寝食难安，仿佛看到何花一对仇视的眼睛。他不知如何面见常知县。他思来想去还是先去找何甲首。他骑上毛驴带着半扇子羊来到何家洼。何甲首赶着毛驴驮水回来。他见过刘玉佩，明白他来的用意。刘玉佩笑呵呵施礼打招呼。何甲首回礼客套一番卸下水桶。刘玉佩卸下半扇子羊献媚。羊羔肉炖着香。何甲首接过羊肉打发婆姨炖羊肉。他把刘玉佩请到炕上，就着酸白菜先喝着。两人边喝边拉话。婆姨端上炖羊肉。刘玉佩话入正题要何甲首引荐一同拜见常知县。何甲首有意拿捏不露声色。刘玉佩喝下一口酒，咬咬牙从袖口里摸出银子放下。何甲首面露难色假意推辞。

刘玉佩：“都是乡里乡亲的。原本咱们该是亲戚。”

何甲首喝口酒露出笑容说：“昂，乡里乡亲的，能行。”

各甲首心里明白，偷偷摸摸向何甲首送礼。艾巍山看到这次机会，惦记动了做甲首的念头。他来到何家洼向何甲首送礼。何甲首好不客气收下。两人话不多，心知肚明。艾巍山也没有忘记刘玉佩。他提着两只鸡拜见他。刘玉佩满脸堆笑戏说马子忠只能做个光杆校尉，做甲首不能行。艾巍山掏出银子放下。

刘玉佩：“甲首是有里公所提名。”

艾巍山抱拳乞求的眼睛看着刘玉佩：“刘里长举荐，多多美言。”

刘玉佩想起送牌匾的事随口问道：“这牌匾如何题字？你可会编两句唱词。”

两人搜肠刮肚苦思冥想。艾巍山不由自主“哼出”常运福的名字。他笑笑顺口道出“常运福这名字好。牌匾昌运福民。昌乃常也。”刘玉佩拍手叫好“昌运福民，昌运福民。”他兴奋起来，吩咐婆姨弄些酒菜。艾巍山三杯酒下肚，唱起“昌运福民”小曲来。

刘玉佩精心备好礼物随何甲首来到朔水城。常家门前人来人往，进进出出。刘玉佩有点后悔来晚了等了一天。何甲首进去先通报一声。何花不想看见刘玉佩。她经常在常婆姨面前絮叨，甚至骂他。常知县对刘玉佩没什么好印象，也想看看他这次做得如何。他夜天单独约见刘玉佩。刘玉佩战战兢兢跪地向常知县贺喜。他起身递上礼单，察言观色。常知县显得冷漠，慢慢品茶。刘玉佩不自然地笑笑亮出牌匾。常知县一看“昌运福民”四个字，心里几分惬意。他平衡关系，心里已有底。

常知县露出笑容道：“本官很忙，县衙事务繁杂。乡里自然会做些调整。你回去等候吧。”

刘玉佩：“常大人辛劳为民，是朔水县土地爷。属下愿尽犬马之劳。”

常知县：“你回去等候吧。”

听锣听声，听话听音。刘玉佩心里还是没有底。他从何甲首那里也探不出口风。何甲首当然不会放过这次机会。他三番五次跑常家。何花一直记恨刘玉佩。何家人帮何家人理所当然。刘玉佩多是往坏处想，穿着皮袄喝烧酒。他心急没辙骑上毛驴溜达骂骂咧咧。你倒自在遇到草驴就喊叫。每个好货，都是驴日的，看你去哪达。毛驴忽然喊叫个不停。刘玉佩用鞭子抽打破口大骂。胡骚情又看见哪个小寡妇咧。高乡约骑着毛驴从后面赶来喊他。刘玉佩转身一看从毛驴背上下来。

高乡约：“我正找你有事呢。”

刘玉佩强打精神说：“大人，有甚好事？”

高乡约：“吴家圪台有两口子打架，一起过去劝劝调解一下。”

刘玉佩脸色一变没好气地说：“牲口病咧，去看牲口。”说完骑上毛驴走开。

流言蜚语往往就成真的。何甲首当里长风言风语流传开。大堡子叽叽喳喳像煮开的锅水一样。吴冬阳闲着操心慌眉土眼找金兰拉话。她们絮絮叨叨翻来覆去说这事。吴冬阳重复着为马子忠鸣不平。县老爷麻糜不分。这里长该是马校尉的。

金兰：“何家是县老爷亲戚的。”

吴冬阳不服气道：“马校尉该是县老爷，咱们逼嘴闲着吃香喝辣。”

金兰听到外面很多流言，当官还是风光有面子。她心里不高兴埋怨马子忠也不上心四下跑跑。马子忠歪她一眼。女人懂什么。官字两个口，面子大吃得多是非也多。赤尻子庄稼汉安生。金兰犟不过他嘟嘟囔囔。艾巍山就很活泛。挣下钱还不是要装面子。马子忠有自己的心思，他咧嘴一笑安慰金兰。我就这样咧，挣下钱让小子做官吃官饭风光。

马子忠心里忙活着金马酒铺，不想与金兰多争辩。金兰絮絮叨叨也触动他。他发现艾巍山在外面跑得欢揣摩出他的心思。他单独把艾巍山请到金马酒铺喝酒。艾巍山不知马子忠什么意思有点不自在。马子忠还是一副守备架势。他端起酒，拉话沙柳关的旧事。艾巍山知道马子忠有事，附和着连连称赞他当年边关生猛威武。

马子忠慢慢进入话题：“人活着就是这样，不知忙甚。这把年龄了，回头去看，一路走来糊涂可笑。”

艾巍山眉语目笑道：“马校尉有主意，活得明白。”

马子忠：“你小子活泛，多挣钱是好事。”

艾巍山提起白寡妇的事，欲言又止。马子忠心里有愧，也不想再纠结这事。马子忠举杯笑道：“你小子跑得欢，有甚好消息？”

艾巍山听出马子忠话里有话，喝口酒说：“挣钱喝酒。”

马子忠盯着艾巍山的眼睛，沉默不语。

艾巍山心里发毛，躲开他的眼神。

马子忠慢慢悠悠地说：“尔格，里长、甲首坐卧不安，都怕丢帽子。”

艾巍山喝酒不言不语。

马子忠进入主题：“金马沟要有个甲首，不能外人占上。”

艾巍山心虚一惊，端起杯子敬酒："这自然还是校尉你的。"

马子忠郑重其事道："这甲首，你能行。"

艾巍山恐慌认定马子忠已看出他的心思。他目瞪口呆不知要说什么。马子忠重重拍一下他的肩膀。其他人管不了，金马沟的甲首不能外人占上。艾巍山松口气附和。刘玉佩听到何甲首当里长的言传实在坐不住了。他后悔折腾何花那档事，日塌咧。吃了馍馍还卷卷。他迫不及待找刘一六和艾巍山商议。艾巍山听下马子忠的话托词不来。他盘算好往何甲首那里跑得勤。刘一六奸猾献出阴狠计谋。如果让何甲首当不成里长，何家洼必须出事。刘玉佩暗喜心生一计。他打起何四六的鬼主意。他偷偷打探何四六家发现有送礼的人。他心一横，这个酒鬼让他一醉不醒。马子忠也不能好过。他包装两壶下药的金马烧酒，盒子上写着"马子忠敬上"趁夜天放在何四六家门前。

酒鬼遇见酒比婆姨还亲。何四六整天眉欢眼笑见礼就收。他看见两壶烧酒自言自语"送礼还不好意思进门，不喝白不喝。"他看酒壶上有字也不认得提上酒去何甲首家显摆。何甲首一看"马子忠敬上"心里暗笑。马子忠也懂人情世故送礼。他招呼何四六上炕沾沾自喜。马子忠送的，那就喝两口谢谢人家。何四六馋酒打开酒壶满上喝一大口。何甲首不急打发婆姨弄些下酒菜。何婆姨端上两道菜。何四六端起酒杯笑格咪咪。往后大堡子是何家的。何甲首抿一口酒如有所思。马子忠为什么不给我送礼。当年我是关照过他。这人不进情义走着瞧吧。两人喝完一壶酒。何四六仰面一下倒在炕上。何甲首头疼难耐躺下睡去。

第二天大早，何甲首醉眼蒙眬醒过来。他一看何四六嘴眼歪斜大声喊他。何四六睁开眼哼哼唧唧说不出话。何甲首吓出一身冷汗。他给他灌水，掐人中摇动身子。何四六憨憨地笑，身子不能动弹。何婆姨得知过来一看，坐在炕上哭嚎。何甲首目光呆傻自言自语“咋会这样呢？咋会这样呢？”何婆姨着急慌忙请来杨大夫。杨大夫一看何四六神色摇摇头。中风，喝酒人瘫了。先开上三付药慢慢养着吧。何甲首的头“嗡”一下要炸了。球势咧。这下如何向何花交代啊。

这下摊上大事了。何甲首越想越怕不知如何应对何花。何花一定闹上门来。这要舍下钱财也拿不上里长的帽子。何婆姨在一旁嘟嘟囔囔。他就是个酒鬼，那尿水水有什么好喝的。

何甲首很破烦骂道：“女人就是围着灶台转。”

何婆姨：“何花找上门咋办？”

何甲首：“咱们给点银子打发算球。”

何婆姨：“何花能绕下你？这金马烧酒也不是甚好酒。”

何婆姨这句话一下点醒何甲首。他拿起另一壶酒看看转念一想，这酒可是马子忠送的，他脱不掉干系。何花得知父亲病瘫，赶忙回来探望。她心疼后悔没能让父亲好好享福又破烦他好酒如命。何婆姨提着东西过来看望。她一见何花眼泪哗哗。

何婆姨说：“弟弟该享福哩，咋弄成这样呢。”

何花生气没有好脸色道：“哼，在你家喝酒。大大、大妈要管。”

何婆姨抹把泪道：“弟弟提来的酒，那是马子忠送来的。”

何花听见“马子忠”的名字，心里不是滋味。

何花白一眼何婆姨说：“大大喝酒咋好好的？你们要管。”

何甲首进来躬身立着，下软话解释：“本来喝酒是高兴的事，谁想到是这样。一家不说两家话，何家兄弟，我要管。马子忠得要赔钱。”

何花一时难以气消，不言不语。

何甲首看看荷花脸色道：“田地里的活，我招呼着。我一定找马子忠讨个说法，赔上钱财。”

酒是个好东西，也害人呢。何花在家照料父亲三日。何婆姨天天过来帮着拾掇家务。何甲首心里破烦去找马子忠。他一边稳住何花要把这事推到马子忠身上。他来到金马沟马家大窑。马青禾牵着一头毛驴过来告诉他。马校尉婆姨要生娃，一家人去马家园子。何甲首心里顿起疑惑。马子忠不在，“马子忠敬上”这酒如何送来。他惧怕又心乱想起马子忠不讲人情，愧对了他。他认定只要死死咬住马子忠，可以给何花一个交代。他坐卧不安又来找马子忠。李盾在院子里推碾子碾小米，听见何甲首喊叫声。何甲首脸色难看来找马子忠。李盾出来回过话又反问他。何甲首不言语骑上毛驴走开。

马子忠忙活庄稼地和生意把金兰安顿到马家园子生娃。金兰又生下一个小子，起名马金宝。马兴业见过马金文和马金武好生喜欢。他与一对小子打趣逗乐，带他们进大窑堂讲故事。他心生一个念头，五小子残疾没娃，过继一个过来。他发现马金文好静话少，马金武好动闹腾。他讲谜语有意让他们猜谜谜。花里胡，胡里花，四个蹄蹄没尾巴。马金文抢着喊叫“青蛙。”铜铃铃，铁盖盖，毛毛草草一对对。马金武没有抢上又是马金文“毛眼眼。”对面坬里一群鹅，乒乒乓乓要跳河。先沉底，后漂起，一漂漂到碗里边。马金文笑笑“扁食。”马兴业喜格咪咪摸摸两个小子的头，一人给一块雪花饼。马子忠神情得意地摆下酒宴。

儿是娘身上的一块肉。马兴业有个想法趁着酒兴把马子忠拉到大窑堂。他郑重提出过继马金文这事说明道理。马子忠同情五哥心里一直愧疚。他沉默半晌犹犹豫豫答应下来。马兴业的话不轻不重。你五哥老了孤单。放心，都是马家的根。我向他们说道说道。马兴发和马兴盛明白马兴业的用心。两人在马兴业面前相拥点头答应。马子忠生怕金兰不愿意拐着弯道出这事。金兰气愤哭嚎捶打马子忠。马子忠也心疼孩子不知如何说服她。马婆姨精明请来大妈、二妈和三妈说情。金兰渐渐气消只是流泪。马婆姨一直在她耳边唠叨。马子忠欠下的债要还。杜兰勤利手巧是个好婆姨。都是马家的根跑不了。金兰想开了终于开口答应。五嫂可亲呢，先带着金文，看看能行？我要常回来看娃。马子忠安慰好金兰回到金马沟。李盾急忙告诉何甲首的事。马子忠心想，何甲首等着数天天要高升找我来有什么事。他随口反问李盾。

李盾一脸茫然说：“他脸色难看，不吱声就走咧。”

马子忠也没多想吩咐道：“何甲首毕竟帮过咱们。也许高升欢喜呢。明个带些礼物一起过去看看。”

马子忠和李盾一起来到何家洼。两人刚到何家窑碱畔上。一帮后生抄着家伙冲下来围住他们。马子忠大声喊叫“何甲首甚意思？官不打送礼客。”何甲首高声回应着走出窑来。他把马子忠和李盾引进窑里。马子忠和李盾放下礼物向他施礼表示祝贺。何甲首强装笑脸吩咐婆姨上茶。三人炕上坐定客套一番。马子忠简单说明表达歉意。何甲首不急不慌拿出一壶金马烧酒。马子忠一眼看到包装盒子上写着“马子忠敬上”。他一愣刚要开口询问。何甲首面无表情慢慢道出何四六喝酒瘫痪的事。

马子忠脑子发蒙问道：“这卖出去的酒与酒铺子有何干系？”

李盾拉起脸子道：“讹人呢！酒多伤人，喝多还会死人呢。你咋没事？”

马子忠邹起眉头一脸疑虑道：“我没给你送酒啊，送酒也是赶着太阳大大方方送来。”

何甲首：“这酒是有人偷偷放在何四六门前的。”

李盾：“马校尉这些日子在马家园子。”

三人蒙头喝茶一时无语。

何婆姨嚎哇哭叫又把这事翻腾一遍。

何甲首拿起酒壶盒子高高亮起说：“金马酒。”

何婆姨进来倒茶问道：“何花要钱财赔哩。你们看咋办？”

何甲首不语询问的眼睛盯着马子忠。

李盾：“看过大夫吗？”

何婆姨：“大夫说哩。喝酒喝坏的。金马酒害人哩。”

马子忠拿过酒壶闻闻说：“酒是金马酒，但不是我送的。把大夫请来。”

何婆姨：“大堡子杨大夫。”

马子忠吩咐李盾去请杨大夫。他拿过酒壶盒子仔细端详“马子忠敬上”这几个字，似乎在哪见过。他抬眼看看何甲首，摇摇头。你信这酒是我送的吗？何甲首当然不信嘴上确不松口。马子忠口气坚定不认账。

马子忠引导提示何甲首说：“你难道没在收税簿上见过我签过的名字吗？”

何甲首一惊拿过酒壶盒子仔细查看说：“这个——”

马子忠：“你与刘里长斗，喝金马酒让我背上黑锅。”

李盾带着杨大夫进来。马子忠面色凝重让他把何四六的病情细细道来。杨大夫一看这架势不敢胡言乱语。他不知里面明堂，叹口气解释。何四六在我这看过病，已有中风迹象。我劝他不能喝酒。

他安生吃过几付药。马子忠打断他的话，要他写下来签字画押。杨大夫如实写下来病情签字画押。马子忠又让何甲首签字画押。何甲首一看摇摇头死死揪住“反正喝的是金马酒。”马子忠怒气冲冲拿过酒壶一口气“咕嘟咕嘟”干了。酒不是我送的，这酒如果有毒，我死在自哒。

第二十章　麻里十烦

马子忠起身一晃拿过酒壶。李盾扶着他一起下炕出门。一帮后生抄着家伙又围住他们。李盾拔出匕首大吼“何甲首，驴日的出来。”何花出门过来喊叫“胡闹甚，爬得远远的。”一帮后生收起家伙散去。马子忠冲着何甲首窑洞大声吼叫。吃羊肉撑死还赖上拦羊的人。马子忠回到家，头疼倒身躺在炕上。他觉得这酒味不对着实刺口。他昏沉沉睡一天一夜。他一睁眼看到李盾坐在一旁。李盾给他递上一碗醋汤。马子忠一口喝干不想说话。吴冬阳端着一碗小米汤进来递上。现在人变坏哩。马子忠喝完小米汤又躺下。他细细琢磨这件事。这酒有人下药了。这人打着我的名号，不出面偷偷送给何四六。为什么不直接送给何甲首。

事情弄不明白着实破烦。马子忠把这事告知蔡牛。蔡牛在抚北百户所见过醉酒瘫痪的人。他见怪不怪，那是坟地里躺个酒鬼。他一语道破，这下药酒一定是有人送的。他思来想去认为刘玉佩这人阴险奸猾。他细细分析刘玉佩与马子忠一直不对头。传言何甲首要当里长。他屁子坐不住要想法子让何家出事。何家出事自然会讹在马子忠头上。马子忠拿过酒壶递上。蔡牛细看琢磨“马子忠敬上”几个字。

蔡牛看破笑道："酒里下药伤身死人，幸亏这药下得不重。这字不是你的。何甲首不相信你会给何四六送礼。尔格，何甲首想当里长，只能把这盆屎扣在你头上，好给何花交代。"

马子忠摇摇头说："这事只有刘玉佩干得出来。咳，我就想赤尻子做个庄稼汉安生。"

蔡牛："人怕三分鬼，鬼怕七分人。这事要给何甲首说明白。"

马子忠叹口气道："这往后酒铺生意还咋做。醉酒伤身体，害人害己。"

两人商议由房学礼改写酒铺门联。酒壶上贴上标签"美酒醉人，贪杯伤身。"房学礼按照马子忠的意思改写门联。上联，黄酒烧酒浑酒都是酒。下联，饮酒品酒喝酒皆是醉。横批，细水长流。何甲首为这事头疼犯愁。何四六毕竟是在他家喝酒。他认定这酒不是马子忠送的，但酒是金马酒。马子忠看似大大咧咧，这种事他不会认账。他为这事向高乡约打探询问。高乡约含含糊糊念叨乡约十条，最后慢条斯理挤出一句话"酒是别人的，身体是自己的。"他想到找刘玉佩讨个说法又怕丢人现眼。他很无奈，何花是常家少奶奶。这赔上钱财还要招呼何四六一家。他盘算着不能有个闪失，戴上里长帽子走着瞧。马子忠跑不掉，这钱财他要出，这黑锅他要背。

不管哪家出个破事就有人幸灾乐祸。何四六这个酒鬼，这下快成死鬼了。何甲首又得背黑锅，看他怎么拾掇烂摊子。刘玉佩沾沾自喜提上礼物去拜访何甲首。他一进何家装模作样笑格咪咪向何甲首道喜。何甲首对刘玉佩一直有气。他不冷不热，心里十分厌烦。刘玉佩放下礼物好不客气上炕坐下。

刘玉佩阴阳怪气道："恭喜何里长。何家可是财神爷敲门啊。"

何甲首面无表情随口回应："托你的福。"

何婆姨进来上茶，一看刘玉佩放下的礼物面露笑容。刘里长财运兴旺。我家老汉破烦，弟弟喝酒瘫哩。何甲首瞪她一眼吩咐婆姨烧火做饭。何婆姨呆愣着还想说话。何甲首心里没底也想侧面探探刘玉佩口风大声大气。死婆姨弄几样下酒菜。何婆姨低声嘟囔。那尿水水有什么好喝的。她不情愿转身出门去。何婆姨端上四样菜。两人各怀心思边喝边聊。刘玉佩见机接着何婆姨的话引出话题。何甲首自认倒霉，寥寥几句道出事由。

刘玉佩假惺惺道："喝酒本来是喜庆，这金马酒——"说着他探寻的眼睛看着何甲首。

何甲首喝口酒道："我找过马子忠。"

刘玉佩紧跟一句："昂，也许酒有问题。"

何甲首："我不会放过他的。"

刘玉佩举杯道："虽然咱们有些过节，但是也合作爽气。这人命关天的事不能放过。"

何甲首听着刘玉佩的话点头应付着，这口酒怎么越来越苦。何花带着小子回来探望父亲，正赶上何甲首给何四六按摩。她心生几分感动摆下家宴。何甲首揣测何花有事要摆明。他与婆姨献上钱财补偿何四六。何花高高端坐在炕上。何甲首与婆姨立在那里不敢上炕。何花忍住痛苦吩咐一家人上炕。何家人毕恭毕敬围着何花吃饭拉话。

何花端起一杯冲着何甲首酒眼泪哗哗地说："大大，我大以后就交给你哩。"

何甲首手颤颤巍巍端起酒杯说："弟弟的，我管定咧。"

何花从袖口里掏出一张白纸道："县衙定下了。你重新推举列出各甲首名单。刘玉佩不是个好货。”

何甲首听得明白如同接到圣旨，激动得起身跪下谢恩。大喜事啊，终于熬出个头。何甲首回到家吩咐婆姨弄几样酒菜。何婆姨白他一眼嘟囔几句。何甲首面露喜色歪她一句。你懂个屁，过几天老子就是何里长。何婆姨笑格咪咪去准备酒菜。何甲首拿来笔墨盘腿坐在炕上。他心里细细过一遍里长和那些甲首。他把那些人一个个写在纸上。刘玉佩名字上打个叉。狐子戴毡帽。骑驴看账本。胡甲首名字上打个叉。骚公羊，白寡妇饶不过你。马子忠名字上打个叉。六品官官装大狗。无情无义的死脑子。他洋洋自得反复欣赏笑出声来。他又琢磨那几个甲首，一一打上钩。他心满意得重新誊抄一份“刘一六、白丁、艾巍山……”他把名单交给何花，心里踏踏实实等候喜报。

如愿戴上里长的帽子。何甲首先进城向常知县献过大礼向高乡约通报。高乡约与他一同来到里公所。何家两个后生一副衙役模样跟在后面吆喝着“何里长上任咧！何里长上任咧！”何甲首拿腔作调指派何家两个后生向刘玉佩传报。刘玉佩得知头脑发蒙强装笑脸过来打开里公所门。高乡约端坐在公案前亮出县衙官书。何甲首站在一旁摆出架子递上各甲首名单，指派刘玉佩召集通报。刘玉佩扫一眼名单沉下脸窝着一肚子气点头应承。

各甲首进来向何甲首表达祝贺。高乡约清清嗓子宣读县衙官书。何甲首郑重其事宣布各甲首。他上任正式开场“各位甲首，今个我上任大堡子里长。各位都是老熟人，为大堡子忙活拾乱有苦劳，但是县衙对大堡子很不满意。大堡子里要治理好，我和各位甲首都有责任。我们要精诚一致为县衙办事，遵守乡规乡约，多开荒，多种地，多打粮……”高乡约起身笑容可掬拍手。各甲首拍手呼应，欢声笑语。高乡约喜悦随口安排庆贺。喜事，喜事。外后何家大窑摆下家宴。刘一六甲首有劳招呼协办。

何家洼扭秧歌，吹鼓手吹吹打打很是热闹。何里长家大院披红挂绿，沟沟里、碱畔和脑畔上人头攒动。何家大院里大摆酒宴庆贺。何里长头戴黑色六合帽，身着紫色丝缎大袍微笑着招呼客人。刘一六忙前忙后乐此不疲。来客自然送上礼物，嘻嘻闹闹边吃边喝。艾巍山与白丁坐在一起。他心里高兴，但是话不多。他竖起耳朵多是听别人言语。刘玉佩忙活几年白忙了。他修建龙王庙建戏台行善积德。刘一六眨巴个眼奸猾。白丁丢了白寡妇倒捡个便宜。马校尉不争不抢，奇怪咧。黑老娃笑猪黑，一球样。风水轮流转，里长轮流坐。

艾巍山回到金马沟摆下家宴。他在马子忠面前依然尊重谦逊。他当众表态，维护金马沟的利益。大事面前还是马子忠做主。马子忠叮嘱他，为人遇事多长点心，有难处我出面。蔡牛慢慢饮酒显得很沉稳。庄稼人踏踏实实过光景。人吃小米饭，牲口吃谷草；谷糠做饲料，根茬当柴烧。李盾说话不过脑子认定金马沟马校尉做主说了算。艾婆姨笑格蛋蛋倒显得谦虚。马校尉带过兵，艾老汉还是你的兵。艾巍山喜不言表喝得大醉。

一个人丢了官帽矮人半截。刘玉佩像头骗了的叫驴，蔫蔫地躺在炕上不吱声。他听到很多风言风语。刘里长装善人。刘里长办事不公活该。刘里长吃下黑钱，这是报应。他很冤枉丢面子不愿见人。他想来想去不该日弄何花，不该招惹白寡妇。他认定马子忠克他，很多事都有他掺和。何里长精明一直暗地里较劲。他翻过身一定会咬人。没想到刘一六捡只肥羊。他是本家，但是个鬼托生。他想起送到京城宫里那个本家后生，谁知进宫如何也指望不上。刘一六心里乐开花，不做刘玉佩的管家。他一直忍着早就不想听人使唤，自然也想拿捏指使他人。他还是装装样子看望刘玉佩。刘玉佩起身吩咐婆姨上茶。刘一六客套一番想离开。

刘玉佩：“没想到大堡子让何家占咧。”

刘一六敷衍道：“咱是一家人。”

刘玉佩：“何里长不是啥好货。艾巍山倒是可以交往。”

刘一六喝口茶道：“风水轮流转，里长轮流坐。”说完离开。

刘玉佩在他身后“呸”一口。

何里长心满意足，天天要露面来大堡子溜达一圈。路人遇见他躬身施礼。他面露得意之色坐在里公所享受着里长交椅的权势。他吆喝艾巍山上茶，询问集镇上的人和事。他发现刘玉佩很久不露面，打发人去喊叫。刘玉佩很不情愿赶过来。他来到里公所，向何里长施礼。何里长只是喝茶不言语。刘玉佩干干立在那里，心里骂他。

何里长：“没事，拉拉话。”

刘玉佩松口气硬着头皮道：“不如去窑里喝两杯。”

何里长露出笑容说：“不麻烦，黄册交了，田税和杂税账册啥时交来?”

刘玉佩一惊强装笑脸道；“三天后。”

何里长：“公事公办，艾巍山带两个人去你家取，造册登记签字。”

刘玉佩看出他面目，心虚冒出一身冷汗，不再言语。

笼络人心树立威望还是先包一场戏做做样子。何里长吩咐刘一六去找戏班。刘一六没有找到，带来三个说书的瞎子。何里长心里不畅快，但没有听过说书，随口应允。沟沟岔岔的人听说何里长包场戏，陆陆续续赶来听书凑热闹。戏台上灯火通明，台下人头攒动。何里长显能二干登台亮相，一副官腔安抚教化民众。说书开场，三个瞎子登场，两个坐定，一个手持三弦，一个手扶二胡，一个站着报上名头《金马驹传说》。三弦乐响起，二胡伴奏，三人有唱又说。唱词叙述故事，描绘情景、人物形态；说词模拟人物的对话，刻画人物心态，惟妙惟肖。时而甩板、醒木配乐。接着又演唱《张七姐下凡》。台下掌声欢呼声，又吆喝着“酸曲，酸曲。”说书人兴奋弹唱“大堡子的山何家洼的水，沟沟洼洼连着天。好风光好光景，自哒的妹妹真好看。天黑了天明了，哥哥寻你满山山转。大堡子的山何家洼的水，沟沟洼洼连着地。好风光好光景，自哒的妹妹毛眼眼。天黑了天明了，哥哥寻你满沟串。天黑了天明了，拉着手手圪崂里钻……”众人“哈哈哈”一阵一阵笑声起伏不断。

新官上任三把火。何里长上任遇见第一桩纠纷案子。吴家圪台一家婚宴喝酒喝出人命。刘玉佩在场见机挑起何里长与马子忠矛盾。他煽风点火，金马酒有问题。他带着一帮人来里公所状告马子忠。何里长想起何四六的事，正好一起整治马子忠。他不急不忙指派人传唤马子忠。一帮人抬着尸首在门外吵闹。有人追究状告办婚宴家人，有人追究状告金马酒。吴甲首赶过来向何里长禀报。大夫看过，醉酒人呕吐堵住气管而亡。何里长心想，死人球势了，活人要承担。马子忠赶过来，两个后生揪住他就打。何里长大声喊叫制止。

何里长漫不经心询问马子忠：“马校尉，又是金马酒。”

马子忠申辩：“我卖的酒酒壶上有标签提示，美酒醉人，贪杯伤身。”

何里长：“这只是障眼哄人手法。”

众人乱哄哄喊叫："赔钱，赔钱。"

吴甲首看不过去愤然道："吃馍噎死人还赖上种地的人。"

刘玉佩火上浇油："这是死者家人意愿。马子忠不是杀人犯，但有罪责要赔赏。"

马子忠质问道："大明有这条王法吗？"

何里长拍下惊堂木道："先把人埋了。外后调解死者家人与马校尉赔赏官司。"

马子忠回到家心烦意燥。他联想很多。我不想招惹别人。我也没有招惹过谁。为什么那么多破事总是麻缠我。蔡牛提示他，守关明军大多是防守，不过可以真刀真枪对着干。君子易处，小人难防。何里长还是揪住何四六的事不放。金兰提醒催促他去找房学礼。马子忠一拍脑门，房先生熟知大明律法。他急急忙忙来到房学礼家说明事由。房学礼气愤直言论理。胡闹，大明律法没有这样律条。明个我去找高乡约。

李二蛋带着四个士兵办差路过这里。他先去看马兰花，放下一些银两。马兰花好生欢喜流下眼泪。李二蛋郑重其事要兰花等着。会把她带走的。他又嬉嬉笑笑逗马兵娃喊"大大"。马兰花激动抹泪又想起父亲被人欺负。她随口道出马子忠被人欺负的事。李二蛋回到家向父母磕头放下一些银两和敬孝的礼物。李盾看到儿子成熟许多脸上露出笑容。他吩咐婆姨弄些酒菜请马子忠。李二蛋摇摇头不想见任何人。李盾与他们几个军爷喝酒拉话。李二蛋喝到酒酣耳热来到下房。

李二蛋悄悄对吴冬阳说："二妈，我有小子咧。马兵娃。"

吴冬阳大吃一惊道："不许胡说。"

李二蛋坚定口气说："真真的，不能告诉大大。"

吴冬阳点点头道：“你大大破烦哩。何家欺负马校尉呢。”

李二蛋一拍腔子“哼，看我去咋收拾他。”

马子忠心里有底来到里公所。四个后生围着他推推搡搡。他忍着怒火躲开进门去。何里长不容马子忠辩解张口。马校尉想好了吗？死者家人要二十两银子。我再三说服，对方应允赔赏十两银子。不过何四六的事也该了结了。马子忠怒目睁眉不言语。他只等高乡约来做主。这时，李二蛋带着四个士兵怒气冲冲进来。马子忠认出李二蛋，装着不认识。李二蛋提着两壶金马酒，上来给何里长一个逼斗。他扯开嗓子大声吼叫“老子是军爷出来办差经常喝金马酒，哪有问题。甚王法？自己喝死活该。”他摆出两壶金马酒要在场的人都要喝金马酒，喝死了，他披麻戴孝。他一尻子坐在公案上把酒壶递给何里长。你是官爷吧。喝掉。何里长没想到冒出几个军爷。他看这架势颤颤巍巍接过酒壶，一口喝下半壶酒。李二蛋拿过酒壶一口干了。他拍拍何里长肩头“哈哈”大笑。没死可吧，这就是道理。高乡约与房学礼进来安抚劝解众人。房学礼向何里长说明大明律法。高乡约当众宣读《乡约十条》补充一条“酒品讲度，人品讲理，酒多伤身，后果自负。”他指定何里长贴出去，警示民众。

这事很是尴尬丢面子。何里长灰溜溜回到家找事骂婆姨。他又拿何四六出气。他一边给何四六按摩一边低声骂他。酒鬼怎么不死可，都是你让我赔上钱财，还丢人现眼……何四六说不出话眼角挂着眼泪。何里长心疼这笔钱财又窝火憋气很不甘心。他想起田税拿出田税和杂税账册翻阅，算计要做文章。马子忠走着瞧，田税跑不了。他翻阅田税和杂税账册，看出一些端倪。他大骂刘玉佩是个驴粪蛋，吃油不沾油的家伙。他联想刘玉佩做下的一件件事。他咬牙放屁出气要给刘玉佩一点颜色看。他把田税和杂税账册的名堂列出一二三，传唤刘玉佩。刘玉佩来到里公所还为那事鸣不平。

何里长摆摆手说：“那事过去了，这田税和杂税账册可是有问题。”

刘玉佩心里一颤佯装不明白不说话。

何里长盯着他道：“难道还要一一点出来嘛。”

刘玉佩：“我行得端坐得正。”

何里长：“都在大堡子，常来常往。出些银子，这账抹平就算过去了。”

刘玉佩勃然变色要争辩。

何里长起身不让他说话：“不然去县衙主簿那里审理对账。”

第二十一章　骑驴算账

刘玉佩气急败坏回到家里冲着毛驴发火。你以为你是谁，芝麻大点官吃人咧。日弄老子，老子送你一筐驴粪蛋。他发完怒气又自叹这是报应。他憋着一肚子火气又去里公所向何里长下软话。何里长不冷不热逼着刘玉佩。都是乡里乡亲的，低头不见抬头见。十两银子向县衙有个交代。刘玉佩欲哭无泪。这简直就是割他身上的肉。他咬咬牙交出十两银子。何里长嘴角露出一丝笑。你是大堡子财主员外，往后我们还要吃饭搭平伙。刘玉佩只能认栽了，走着瞧吧。他灰头土脸不想说话转身就走。

何里长揣上银子骑着毛驴跟来笑道："串可，去金马酒铺。我请客。"

刘玉佩："昂。"蒙着头跟去。

他们来到金马酒铺吆喝马子忠上羊杂碎和酒。蔡牛笑脸相迎抹桌子上茶。欢迎大人，这里有上好的抚北羊杂碎和烤肉。马子忠没好气地撂下难听话。现在生意难做，喝酒死人赔不起。蔡牛给马子忠丢个眼色打哈哈。来的都是客人，喝酒高兴。

何里长笑道："马校尉小家子气。我来喝酒是给大堡子人看的。他们都得买你的酒。"

刘玉佩怪声怪腔："马校尉过来一起喝。尔格，咱们是赤尻子坐石板。庆贺何里长。"

马子忠和刘玉佩看似低一头喝酒话不多。何里长受人尊敬，洋洋自得。他十分兴奋眉飞色舞滔滔不绝。他最后有意取笑话里有话。你俩是大堡子日能人，往后我们还要做事。蔡牛听出些道道悄悄付了银子。

庄稼成熟了。稻黍一片片白格生生、金稻黍一片片金色。沟沟岔岔里枣树挂满红格蛋蛋的枣子。马子忠与金兰回马家园子看马金文。马金文很懂事拉着杜兰的手喊金兰"妈妈"。杜兰夸赞马金文爱识字，听故事。往后有出息。金兰心生感激送些银子和礼物。马子忠回到家放下生意天天跑田地看庄稼。后生们围在枣树下打枣捡红枣。马子忠的军马老了不能进食。马青禾在马子忠面前战战兢兢抹泪。马子忠急忙来到马厩。马卧在地上眼睛无神地看着马子忠。马子忠没有救过来心爱的军马。军马勾起他很多往事。他把军马埋在金山上陪着三天三夜。

一眼看上一头黑色叫驴。马子忠失去军马要去买头驴。他来到吴家圪台牛羊集市。他围着毛驴观望用手翻开驴唇看看牙，又摸两把驴背提起四个蹄细细打量。驴贩子介绍说这乌头黑叫驴正是干活的壮年。马子忠与驴贩子开始袖口里摸价。两人面带微笑点点头。马子忠低声还价还要配上一副驴套。驴贩子扳起手指默算驴套一副围脖，枷板，驴鞍，后座套。他摇摇头要重新袖口里摸价。刘玉佩过来买驴看见马子忠调笑他。马校尉不骑马改骑驴咧。马子忠没有搭理他。

驴贩子微笑向刘玉佩打招呼："刘里长相驴来了。"

刘玉佩："这年头地里干活，驴比人精贵。挑一头驴。"他懂行情接着说："再配一副驴套。"

驴贩子看一眼马子忠，点点头说："乌头黑归你。一副驴套。"说完牵过来一头淡红色草驴说："这银红草驴可是下驴娃的年头。"

乌头黑一见银红"啊呃—啊—啊呃—啊—"叫个不停。

刘玉佩过去踢一脚乌头黑骂道："见到草驴就胡骚情。"

驴贩子笑道："驴和人一样，往后你们也许是一家子。"

刘玉佩瞪他一眼道："拐着弯骂老子啊。一口清，与那乌头黑一个价，在钉副驴掌。"

驴贩子满心欢喜收下银子，拾弄好驴围脖，枷板，鞍子，后座套子和驴掌。两人骑上毛驴往回赶。刘玉佩盘算着如何靠近马子忠，有意搭话。乌头黑一路叫个不停。他们走到金马沟沟口。银红发脾气不走。刘玉佩下来也想和马子忠拉拉话。他有意对着银红说话"这驴子通人性。"乌头黑又叫个不停。马子忠下来松开缰绳。两头驴耳鬓斯磨跑到山坡上吃草去。乌头黑遇见银红着实欢喜。银红嘴里衔着草看着乌头黑。

刘玉佩一尻子坐在一块石头上说："这驴子都日鬼到一块咧。咱们都是赤尻子拉拉话。"

马子忠："有甚可拉话的。"

刘玉佩："马校尉，我敬佩军爷。可是咱们尿不到一个壶里。"

马子忠："我在金马沟与你没关系。"

刘玉佩笑道："何里长变咧，骑驴都在算账。往后这沟沟岔岔还得你和我来收拾。"

马子忠不想说那些破事。他直接敲打他："你那烂肚子放不出好屁。往后不要招惹我。"

刘玉佩觍着脸干干一笑，指着两头驴说："你看，牠们很欢实，往后有机会成全它们。”

马子忠起身道：“驴不嫌脸长。”

“银红，你是哪哒的？俊格蛋蛋。”乌头黑“嘿嘿”一笑。

“白榆城的。这辈子被人卖来卖去，能遇上好人家也行。”

银红低下头情绪不好。

“咱们去哪家都是干活受苦，拉磨还要蒙眼睛。这辈子，咱们不知要换多少个主人。”乌头黑用头厮磨银红。

“咱们一个在山那边，一个在山这边。”银红叹气。

“嘿嘿，亲格蛋，如果咱们去一家多好。”乌头黑坏笑。

“去，叫驴咋都这样。不想说了。”银红一脸不满。

“一个多孤单，我好想陪你呢。两家主人好像认识。他们如果是相好的，咱们一定能见面。”乌头黑嬉皮笑脸。

“哼，也许今个就分别，天各一方。”银红眼角挂着泪水。

“没办法啊！人拿着咱们的命。想那么多没用，往后再见面，别忘了哥哥。”乌头黑一脸无奈。

“想得美。”银红心里甜丝丝的“哼”一声。

两人骑上毛驴离开。乌头黑动了情一下提高嗓门嚎叫。何里长敲了刘玉佩一笔银子眼睛又盯上龙王庙和戏台。他召集各甲首通报龙王庙由里公所管理。平日关闭，重大祭祀、节日和庙会活动，功德箱香火钱由公所管理收缴用于龙王庙修缮维护。戏台子也由里公所管理。各甲首交头接耳议论纷纷为各自利益露出不满情绪。何里长心意已决语气坚定。这往年是一笔糊涂账烂账。龙王庙是大堡子民众的。功德箱香火钱谁都不能动，会遭报应。各位都出了戏台子钱，会公平对待。刘玉佩得知气得浑身发抖。他找到何里长当面翻脸。何里长摆出一副很公正的态度，表明是各甲首的意见。刘玉佩气得脸色发青走开。他回到家冲着刘一六骂一头子。人家都骑上刘家头上咧。没用的货，大堡子刘家还是我说了算。刘一六听到这话马下脸子离开。

何里长骑着毛驴溜达看着成熟的庄稼打着算盘。他带上县衙粮长重新丈量田地。他早已摸清刘玉佩那一套，也造出阴阳两份账册。他自然不会放过刘玉佩和马子忠。他召集各甲首亮出账册，暗地里与甲首讨价还价。催促各户缴纳赋税。他单独找刘一六、艾巍山和白丁谈话。他简单说明有意探他们口风。三人能得到利益自然心知肚明。刘一六见怪不怪心想，都球一样，拦羊的吃肉。艾巍山这才知道这里面的道道。马子忠往日也许这样。他有点胆怯，马子忠不会饶他。何里长理直气壮给他打气。这是给里公所和县衙办事，应该得到一份工钱。白丁看清这一幕害怕不敢做。何里长指派两个衙役陪他一起收缴田税。

庄稼人收完庄稼忙活着驮运庄稼踩场碾打。马家和蔡家老小一起打谷场。马子忠赶早拿着梿枷打谷子和稻黍。艾巍山心里总是不自在。他也过来帮着打场。新谷子高高堆在打谷场里。马子忠带家人献天糕烧香磕头祭拜谷神。天灵灵，地灵灵，五谷丰登祭神灵。一祭土神万物生，二祭谷神保收成，三祭场神聚宝盆……金马沟人家高高兴兴来到马家大院敬过土神窑窑。他们吃新米钱钱饭，喝酒庆贺。马子忠端起酒杯兴奋。金马沟好风水，又是一年好收成。大家频频举杯享受收获的喜悦。艾巍山端起酒杯张口想唱一段小曲又憋回去。他显得不自在看眼色吞吞吐吐。好风水好收成，这田税也得——马子忠看出他的心态，爽朗地笑笑。艾甲首坐稳当好好喝酒。缴完税心不慌。

张灯结彩过大年。何里长跑县衙打点送礼，回到家整天坐在炕上吃肉喝酒像个土地爷。拜年送礼的人络绎不绝。刘玉佩家里冷冷清清心里很不是滋味。他闭门不出谁也不想搭理。马子忠还是想离他们远点清静。何里长倒是打发家人给他两家送上拜年礼。刘一六和艾巍山自然跑得欢。白丁尝到甜头也很实诚。他来到何里长家拜年送礼帮着拾掇窑洞，做风干羊肉。何里长看着窑里挂满风干羊肉，心满意足长出一口气。他看白丁这人老实好使送他四壶酒。他叮嘱白丁说胡甲首不是好货，一定要拿住他。

刘玉佩思来想去，不能这样待在家里。人就是这样，往年何里长那样还是厚着脸皮来送礼。刘一六开始冷落敷衍他。他顺顺肚子里的气低下头给几个甲首拜年。他溜达路过金马沟沟口。银红有灵性停下不走。刘玉佩惦记起马子忠。何里长就是沟里转悠的土狗。这个军爷不好惹还得去拜一下。他硬着头皮骑上毛驴两腿一夹。银红拖着他飞快进金马沟。他来到马家大院前有意高声喊叫“马校尉，合家欢乐。”马金北出来向他施礼。刘玉佩卸下礼物吩咐把毛驴牵到驴圈去找相好的。他径直走进大窑堂。马子忠正在与李盾几个喝酒。刘玉佩掩饰自己的脸面干干打趣。军爷不打上门客吧。马子忠起身和和气气施礼给他腾位子。刘玉佩放下礼物上炕。蔡牛进来端这一道菜。他一看刘玉佩，打哈哈缓和气氛。刘里长好口福，这是抚北腌猪肉炖酸白菜粉条。刘玉佩好不客气夹起一筷子肉往嘴里塞连连称道。马金北引何里长进来。大家一脸诧异看看马子忠。

蔡牛客气道：“来的都是客。”

何里长进来施礼道：“我远远就闻到金马酒的香气。”

蔡牛一看这场面，心想何里长与刘玉佩相互尥蹶子还要圪搅马子忠。他暗自发笑这两人来的用意。他看一眼马子忠，笑呵呵表态。今个我做主，欢迎两位老爷，恭喜发财。酒过三巡，何里长、刘玉佩先后举杯客套一番。何里长频频举杯冠冕堂皇话说的好听。刘玉佩说话东一榔头西一棒子暗暗与何里长较劲。大家都听得出来哈哈一笑。艾巍山端起酒杯唱起小曲。“金马沟，好风水，天天都有金马酒。大堡子，何家洼，年年都有好收成。刘里长，何里长，岁岁都有好酒肉。”大家不言而喻“哈哈”大笑说些废话。

乌头黑见到银红兴奋地要挣开缰绳。牠用身子亲昵地蹭银红。银红打着响鼻撒娇。牠们听见窑洞里传出的欢快声对视一笑。

“看来他们是相好的。”

“哼，咱们干活吃草。他们吃肉。”

“往后咱们托生成人。”乌头黑“哼”一声。

“我给你下个驴娃，也许咱们能经常相见。”

刘玉佩来拉银红要走。乌头黑不停地向他尥蹶子。刘玉佩几分醉意骂上几句似乎想起什么。他大声喊叫马子忠。马子忠过来看个究竟。他眯起眼过去轻轻抚摸乌头黑。乌头黑温顺地转过头打起响鼻。

刘玉佩指着乌头黑说：“这驴尥蹶子不喜欢我来啊。”

马子忠踢一脚乌头黑说：“去，亲戚来了不懂礼数。”

刘玉佩：“这驴骚气大。”

马子忠笑笑说：“你咋与毛驴较劲啊。”

刘玉佩打起乌头黑算盘：“时候差不多了，驴要发情咧。”

马子忠随口道：“驴要发情就成全牠们。”

刘玉佩：“我正想着给你说呢。这第一胎驴娃归我。”

马子忠点点头道：“能成。”

“他们这下可是亲家了。”乌头黑与银红相视一笑。

吃肉的喝汤的要看戴帽耍权有钱的。刘玉佩没想到何里长也去给马子忠拜年。现在何里长吃肉，他喝小米汤。他回到家心里空落落的难受。刘一六过来要把两家田地分开牵走自家的羊。刘玉佩大骂他一头子一脸悲伤。人田地分了，羊比人有感情还是搅和在一起。他气恼窝气显得很落魄。他骑上毛驴胡溜达不知不觉来到朔水城。巧儿知道他已经不是里长有些冷淡。刘玉佩很破烦一下没了骚劲。巧儿搂着她撒娇摸他身上的银子。刘玉佩一把推开她破口大骂。巧儿动气甩脸子。哼，你以为寡妇的肚子上没人哩。没银子就爬远远的。刘玉佩气得说不出话，心里骂她。眼下，老子是鼓破乱人捶。婊子就是婊子，无情无义要害人的。老子非把她卖掉换回点银子。他强装笑脸掏出碎银子压在她手上哄她上炕。巧儿装模装样敷衍了事。刘玉佩盘算好把她卖到哪哒。巧儿没想到刘玉佩把她卖到河西。

一场黄风一场暖。庄稼人开始忙活田地。何里长的脑子没有闲下来。他算计着如何把甲首糊弄好。他还是从田地上打算盘。他揣摩各甲首跑前跑后，还是要把一些甜头给在明处。他想出一个土法子。各甲首分摊种五亩公田。公田收入归里公所，再发给甲首工钱。他把这个法子先告知艾巍山。艾巍山自然赞同又担忧各甲首不买账。何里长私下里向一个一个甲首透风。各甲首也私下串通，有的观望，有的不愿掺和，有的直接翻脸。他拨拉这如意算盘给自己打气。如果个别甲首阻挠，公田收入的钱由私家扣除。

何里长召集各甲首试探地商讨公田一事。他给大家明算账，并理直气壮说明县衙吃俸禄，里长、甲首跑断腿只是拿点工钱。艾巍山、刘一六和白丁当场赞同。其他甲首交头接耳嘀嘀咕咕。吴甲首提出这是额外劳役，要与庄稼人商讨。

何里长有些不耐烦道：“只要你们通过就能行的。”

李甲首："这是大事，还是稳当些。"

何里长拿出笔墨纸砚要各甲首签字画押："这是县衙令。"

三个甲首不开口没有签字。

何里长板起脸子冲着三个甲首说："三天后必须来签字。"

这事引起一些庄稼人不满。艾巍山回来与马子忠商议。马子忠想都没想直接回绝。艾巍山十分尴尬吞吞吐吐还要解释。马子忠没好气地说公田制早就废了，现在又翻弄出来。这是变相劳役摊派给甲首种地。谁愿意自愿，金马沟不掺和。艾巍山没有说通一家。他们串通好似的与马子忠一个口气。艾巍山为此事十分反感马子忠。他不知如何向何里长交代。刘玉佩得知这事联想起这事那事大骂何里长。这头叫驴胡闹腾明着抢钱啊。他来到金马沟探马子忠口风。马子忠口气坚定还是那句话。刘玉佩心里有底把刘一六骂一头子。他悄悄鼓动民众上里公所讨说法。民众三三两两向里公所聚集。何里长向他们解释不清。他无奈大声喊叫这是县衙明令。刘玉佩与马子忠商议带上民众上县衙状告。马子忠摇摇头不掺和。刘玉佩不甘心带上民众去县衙。

第二十二章 学 馆

古人的公田制又搬出来。刘玉佩吆喝上一帮人上告就是要给何里长难看。他一路上反复琢磨如何应对常知县。他带着人来到县衙门前又有点犹豫。他听见有人已经击鼓鸣冤。他硬着头皮走进衙门。常知县升堂一看是刘玉佩沉下脸来。刘玉佩从袖口里掏出状子呈上。常知县看过放在一边心里明白何里长做法。他重重拍下惊堂木下令抓捕聚众闹事者。刘玉佩没想到会这样大呼冤枉。常知县冷笑亮出一张纸。这是县衙明令，补贴里公所使用。两个衙役把他拖出去关进大牢。房学礼得知此事十分气愤。他带上一帮民众来与常知县讨说法。常知县态度强硬不容房学礼解释。房学礼叹气无法讲理。古人的公田制早已废除。这样要出事的。众人吵吵闹闹要县衙放人。常知县拍下惊堂木指派何里长来领人。

何里长来县衙领人看到大门外张贴公田告令。常知县狠狠把他训一头子。这样的事可以做，要在县内推行。但是要提早向县衙禀报。回去好好说服民众，大堡子先实行。刘玉佩无奈使银子出来。何里长把他领出来要请他喝酒。刘玉佩撂下话“狐子戴毡帽。算你狠，老子不去种公田。”转身走开。何里长回来张贴县衙公田告令。他又弄出一份附加规则。民众一片骂声还是低下头出力开种公田。

马子忠态度坚决执意不从。刘玉佩骑着银红来金马沟配种顺便探马子忠口风。马子忠口气强硬。刘玉佩竖起大拇指夸赞“马校尉，看来咱们跟何里长干上咧。”艾巍山无奈雇人开种公田。何里长一怒之下指派马子忠和刘玉佩两家出人去县城做劳役。艾巍山担忧金马沟出事假意向何里长禀报公田已开种，免除劳役。马子忠得知吩咐艾巍山退去揽工的人。农忙大活大家一起干。

银红第一胎下一头小叫驴。刘玉佩喜上眉梢来金马沟显摆。马子忠正在赶驴磨面。刘玉佩把银红和小叫驴交给乌头黑，嘻嘻哈哈称马子忠亲家。马子忠打哈哈“你把驴当娃咧。”刘玉佩厚着脸皮要喝酒贺喜。金兰简单拾掇四样下酒菜。马子忠无心喝酒，耐着性子听他东拉西扯。刘玉佩的话赞扬敬佩马子忠，绕来绕去还是离不开何里长。他来回提示要和马子忠联手。马子忠听听而已不想掺和那些破事。刘玉佩酒酣耳热放出一句话“何里长这个货，我与他没完。”马金武进门喊叫“毛驴打架咧！”

马子忠笑道：“这二胎可是我家的。”

刘玉佩喝口酒意味深长地说：“能行，这毛驴通人情。”

马子忠盼着驴娃出生，又想起孩子一天天长大开始犯愁。他想把孩子送去马家园子念书。娃长大念书做官有出息。金兰不赞同去马家园子，那不是一天两天的事。她鼓动马子忠办家塾请房学礼来做教书先生。马子忠一拍脑袋还是婆姨精明。金马沟的娃都能念书。他登门郑重其事请房学礼。房学礼一脸难色有些顾虑。

马子忠大声道：“怕甚，教书育人是好事，功德无量。”

房学礼露出笑容欲言又止。

马子忠拍着腔子说：“我六品官爵有监督职责。我办学，你是教书先生。”

房学礼点头应允："治国以教化为本，教化以学校为本。"

办家塾的事很快传开。刘玉佩心存马子忠敬意又有点眼热。他认定办学是件好事。他串通三个甲首来金马沟看个究竟。他们大加赞赏马子忠有眼光，道出让孩子念书的想法。刘玉佩也有这想法心动一念。大堡子是个岔道口还有三孔破窑。他向马子忠道出自己的想法说明缘由。三个甲首接过刘玉佩的话，鼓动马子忠在大堡子办家塾。他们来到大堡子看过三孔破窑。马子忠带他们拜访房学礼。刘玉佩迫不及待向房学礼说明在大堡子办学一事。

马子忠心有所动犹犹豫豫说："这倒方便房先生。不过这家塾——"

刘玉佩："我敬佩房先生。他家旁边有三孔破窑，主人一家走河东四年咧。"

马子忠："这事还得与房先生商讨。"

三个甲首异口同声："尔格就去。"

房学礼婉转地说："办家塾是好事，不过鄙人只是个教书的先生。"

马子忠心里明白语气坚定地说："办家塾是我的事。"

刘玉佩和三个甲首一口赞同。

房学礼："这还是要按规定办。"

马子忠："那就去里公所找何里长。"

他们兴头十足来到里公所。何里长一看这架势故作镇静询问马子忠有何事。马子忠向他简单说明事由。何里长心想，这两个货还是要上门求人。他明白这是好事，可是如果顺顺当当答应就是认怂。

何里长有意拉长嗓门道："昂，办家塾是好事。不过那三孔破窑不能随便用。主人拿着房契和地契回来咋办？"

刘玉佩不耐烦地回道："我办的，户口都迁走咧。"

何里长："那也要里公所说了算。当年，马校尉开荒打窑也是里公所指定的。"

马子忠："何里长如何解决？"

何里长慢条斯理道："我与你单独说那三孔破窑的事。"

三个甲首异口同声："我们一致赞同请房学礼做先生。"

何里长抿一口茶道："启用房学礼，我说了不算，要上报县衙。"

刘玉佩大声质问："你居心何在？办家塾功德无量。"

三个甲首一口同声："不能成，明个去找高乡约。"

马子忠有点心灰意冷还是想在金马沟办家塾。刘玉佩领上一帮甲首去找高乡约。高乡约认定教书育人功德无量。他细心记下上报县衙。常知县赞同办家塾，只是对房学礼有所顾忌。高乡约赞赏房学礼一番呈上监督担保书。常知县以为办家塾是好事信得过高乡约。他随手批示准许高乡约担保使用房学礼为大堡子教书先生。高乡约来到大堡子里公所向何里长递上常知县手令。何里长看过手令也只好传唤马子忠。他盘算着在三孔窑上吃上一口。这事很快传到刘玉佩耳朵里。他怀揣房契和地契赶到里公所。何里长单独与马子忠交涉要出三孔窑的押金。马子忠十分恼怒坚决不出。门外围过来一帮人拉话。刘玉佩听见里面的争吵声推门进来。马子忠向刘玉佩询问那三孔窑的情况。

刘玉佩："那是私人财产。"

何里长："必须交上保证金。"

刘玉佩瞪他一眼拿出房契和地契道："这是我家窑洞与你

无关。”

何里长无话可说尴尬地愣在那里。这个驴要吃钱呢。马子忠随刘玉佩来到他家。刘玉佩把房契和地契摊在炕桌上说买下来是长久之事。马子忠这才反应过来原来刘玉佩在这等着呢。他有气不好发哭笑不得。刘玉佩迫不及待给出房价。

马子忠沉住气说：“买是要买，回去与婆姨商讨一下。明个来金马沟。我回到家与金兰商讨这事。”

金兰喜格咪咪道：“好事，大堡子是个小集镇有庙会，人多生意好。买下那三孔窑一定有用处。两孔窑做家塾一孔窑做客房。”

马子忠笑道：“还是婆姨会盘算。”

刘玉佩牵着银红来到金马沟。他与马子忠讨价还价立下买卖契约。他欢喜揣上银子夸赞马子忠有眼光，办家塾是功臣。他出门把银红交给他。这驴要下驴娃咧，留下好好招呼着。马子忠拿上房契和地契把三孔窑洞拾掇出来置办好桌凳。房学礼挂出“马家学馆”牌子和孔子画像。马子忠请来高乡约举办简单的开学典礼。刘玉佩与何里长送来孩子。马子忠心里已盯上他们。何里长拿起报名册看过掏银子纳费。马子忠面无表情摇摇头。何里长皱起眉头不解其意。

马子忠伸出指头在他面前一亮说：“里长和甲首都这个数。”

何里长低声道：“你这是讹人。”

马子忠：“你两家是大户，领头做出个样子。”

刘玉佩着实后悔有口难言。马子忠还是有心计。当初这三孔窑租出去该好。死脑子，脑袋让驴踢了。他沉下脸掏出银子交了小子刘旺的纳费。何里长看一眼高乡约不情愿地掏出银子交了何川的费用。马家学馆增添大堡子一抹亮色。开学第一天，学生一身青衿摆好笔墨纸砚立在石桌前。房学礼身着深色布衣长袍整理衣冠，领学生向孔子画像行拜大礼。

房学礼道："尊儒尚学，明礼立德。"

学生跟着齐声道："尊儒尚学，明礼立德。"

房学礼拿起花名册点名，并一一在学生本子上写下名字。他的第一课就是教学生《百家姓》。他提出要求每个学生回家制作一方石板铺上沙子练习写字。房学礼信心满满，要以礼为教以乐为教。打开孩子眼界改变乡里风气。马金武好动顽皮认字学《三字经》很好奇。他下课领着蔡远、李云和艾守关玩耍。何川与刘旺过来要与他们玩"打瓦"游戏。他们分两组备好以四块石支立，轮流用小石块掷击。他们互有胜负嬉嬉闹闹相识。马金武约请他们去金马沟玩耍。

马金武炫耀金马沟指着自己的毛驴说："我家毛驴下两个驴娃。"

刘旺不服气"哼"一声："那是我家的银红下的。"

刘玉佩打错算盘心里难过。他听说银红下两个驴娃一下傻眼了。刘婆姨急红眼咋咋呼呼要牵回银红。刘玉佩破烦厚着脸皮去牵驴。他一路偷声唤气。碗大汤宽捞不住一根面。到手的银子还没有捂热。金兰在院子里拿着木棒给一群娃娃在石板沙盘上写字认字。马子忠在一旁念叨。富不离书，穷不离猪。刘玉佩在门外大声喊叫。马金北把门打开行礼。刘玉佩径直过来向马子忠要驴。他进驴圈看着两个驴娃眼热，一肚子气撒在银红身上。他用脚踢鞭子抽打一边骂骂咧咧。乌头黑受惊愤怒大叫"啊——呃——啊——呃——"银红急眼扬起后蹄子猛踢刘玉佩，不让近身。刘玉佩不说话解开缰绳用力拉。银红心疼驴娃，倔强不走。

马子忠嗔怪道："再宽限些日子。驴娃要吃奶。"

刘玉佩有点不耐烦道："婆姨身子骨不好，要喝驴奶。"

马子忠："你婆姨和驴娃挣奶吃啊。"

"他要把你带走。"乌头黑看一眼银红。

"我不想走。主人咋这样心狠。"银红忧伤地看着驴娃。

"人可坏咧。他们干坏事埋怨咱们，吵架骂人也是骂咱们，用完咱们还要杀了做成驴板肠。卸磨杀驴。"乌头黑无奈打个响鼻。

"往后咱们投胎转世个人。我还来找你。"银红痛苦地扭过头道别。

刘玉佩大喊一声拉着缰绳费力气把银红牵出来。毛驴与人一样离开娃娃难受。刘玉佩把银红牵回家放在驴圈就不管了。刘婆姨急忙去挤驴奶。银红恼怒踢翻刘婆姨。刘婆姨疼痛坐在地上大声哭嚎。刘玉佩过来扶起刘婆姨。他冲着银红破口大骂一边用鞭子猛力抽打。银红憋着气不声不响。牠连续三天不吃不喝死了。刘婆姨疼爱怜惜扑在银红身上嚎哇哭叫。刘一六听到撕心裂肺的哭嚎声赶过来。他过来一看轻言肆口"我以为出啥事。一头驴死做驴板肠吃了。"刘玉佩正在气头上破口大骂刘一六下作贱人。刘一六知趣灰溜溜地走开。刘玉佩一头栽倒大病一场。

刘一六的小子刘贺下学后胡溜达。马金北和刘旺正在看铁匠钉驴掌。刘贺过来拿驴的事戏谑他们。马金北嘟嘟囔囔与他争吵。刘贺上来挥拳打马金北。马金北还手却被打倒在地。四个孩子跑到酒铺向马子忠告状。马子忠拉上马金北去找刘家。两个孩子一见面又争吵起来。

刘一六过来嬉笑道："男娃打架正常。"

马子忠拉下脸说："娃娃不懂事，你也不懂啊。给娃道个歉。"

刘一六："娃娃的事说不清。"

马子忠不想争辩拉着马金北就走。马金武气哼哼地指着刘贺"你等着。"刘一六护娃没把这事当回事。刘贺越来越顽劣经常欺负同学。房学礼说教他惩罚他。他带刘贺上门找刘一六。刘一六一副不讲理的神态。我是出下银子的，你没把娃教好。刘贺又把李云打了。吴冬阳不愿意撵着刘一六破口大骂。刘贺在吴冬阳面前挥挥拳头要捶她。吴冬阳受气回到家哭鼻流水。李盾愤怒提上一个棍子要去找刘一六。马子忠劝他几句吩咐去找蔡牛。两人来到马子忠家，炕桌上摆着酒菜。马子忠端坐在炕上。两人上炕不知其意。

马子忠倒满酒杯说："喝酒。"

李盾端起酒杯道："校尉还有好心情喝酒。"

马子忠又端起杯子说："咱们管好自家的娃。"

李盾一口干酒道："那也不能受人欺负。"

马子忠端起酒杯向蔡牛敬酒："蔡师父，弟子求你一事。金马沟的娃要习武。这事就麻缠你咧。"

李盾也端起酒杯敬酒："好事，还是校尉有主意。"

马子忠："男娃不惹事也不怕事。"

蔡牛："包在我身上。兵器自家做，做弯弓还是跟一个鞑靼师傅学下的。"

金马沟的孩子开始习武。马金武领着蔡远、李云和艾守关拜天地结为兄弟。刘旺得知缠着与他们结为兄弟。他经常来到金马沟玩耍。马金武经常带着他们套野兔抓野鸡吃烤肉喂狼娃。刘旺带着他们偷刘一六家的金稻黍棒子烧烤着吃。刘贺看着马金武领着几个人很不服气。他也纠集一帮人称兄道弟。他们经常相约打架。马金武几个兄弟总是吃亏。他们有约定，回家一个口气"摔跤碰下的。"

马金武习武十分认真苦练。他憋着一口，一定要把刘贺打趴下。李盾看着这几个孩子只是笑。这几个娃是块当兵的料。

马子忠的骨子里传承着马家的血脉。马金北已经长大，要学本事守家业。马子忠自作主张找房学礼退学。房学礼十分不解劝说挽留。马子忠向他说明庄稼人的习俗观念。民以食为天，长子守家掌家，把根留住……房学礼摇摇头念叨。万般皆下品，唯有读书高。读书入仕才是正途。

马子忠：“看娃的造化了。马家园子也有家塾。娃跟着管家学算盘，料理家事。往后要掌管金马沟呢。”

房学礼点点头道：“家中有一个读书入仕也是荣耀。”

马子忠：“金宝可以上学了。”

金兰得知让马金北退学，十分不情愿。马子忠在大事上不含糊。他向金兰三番五次解释。长子守家掌家，这是祖上传下的规定。金兰念想马金文，又送出马金北心里难舍疼痛。

马子忠“呵呵”一笑道：“这回要听我的。马金北去了，马金文也不孤单。”

金兰心里接受嘴上嗔怪道：“你就是心狠。”

马子忠嬉笑道：“小子要放开养。当年咋遇上个你。”

金兰拧他一把露出笑脸。马金北痛哭流涕不愿意离开学馆。他自然是不想离开父母。马子忠把他训一头子。这是祖上传下的规定。马金北不服气念叨，孝子之养也，乐其心，不违其志……大大当年怎么跑了。马子忠汗颜一下愣在那里。

第二十三章 犯 煞

金兰细心给他讲道理把他送到马家园子。马兴盛见到马金北非常高兴。他满脸笑容摸摸他的头念叨，马子忠还算长脑子。小子长大咧，该学点本事。金兰拉着马金北去看马金文。马金文懂事向两个母亲行礼。两个小子见面很是亲热。杜兰留住金兰吃顿羊肉面。她很喜欢马金文，一直悉心管教他。她欣慰地夸赞金文爱念书。大大可是护着他还专门请来算命先生。大大不说，怕说破哩。金兰疼爱马金文从内心报答杜兰。她把一只心爱的银镯子送给她。

土生金，金生水，水生木。马子忠看着这几年好收成盘算着在金山上修建土地庙。他召集金马沟的人，提出这事摆出初步预算。蔡牛向大家说明，土地庙就是福德庙。土地能生五谷是“衣食父母”，保护安宁平静。心里要有土地爷，这是大事要拜。李盾首先表态赞同。艾婆姨看一眼艾巍山欲言又止。艾巍山眼看大家都同意，勉强表示愿意出人力。马子忠拍腔子要自家出大头，各家愿意出钱的出钱，出力的出力。马子忠如愿建起土地庙。他领大家每月初二和十六祭拜土地爷。大家上香磕头，一团和气。金兰欣慰地露出笑容。土地爷造富德聚人心。

何里长得知金马沟建起土地庙有些想法。大堡子的龙王庙，金马沟的土地庙。何家洼门可罗雀，清灰冷火。艾巍山三番五次找他搭伙做生意。他没心思，守着里公所盘算着如何烧旺何家洼的烟火气。何花回家看望父亲。她双手合十在父亲面前默念许愿。何里长拿过来一尊菩萨泥塑像，上香祈福。

何花抹一把眼泪道：“大大，孩儿不孝。今年请回菩萨为你祈福。”

何里长眼前一亮叹道：“何家洼是该有座菩萨殿。”

何花上香祈福，天上观音地下心，心心向善拜福音，念念不忘行善事，普渡众生保平安。何里长念道心心向善拜福音。何花遇到这么多事，心向观音以求安心。这是积德大好事。孩儿愿捐出一份钱。虔诚拜福音。何里长此刻定下心来修建菩萨殿。

虔诚请菩萨，求得一家安生。何里长诚心修建菩萨殿。马子忠笃信菩萨出人出力。刘玉佩破烦没有心情搭理何里长，不出钱也不出人。菩萨殿顺利完工。何里长带头上香磕头。他心满意得又请来和尚在何家洼打醮。设坛做法场面好大，民众虔诚感谢神灵。刘玉佩自认家里接连不顺跑去白云观求签。他抽得下下签，阳宅犯煞，破财免灾。他请来风水先生化解。风水先生看看窑里窑外念叨“犯煞，鬼邪作祟。”他选择吉日画镇宅符来镇宅平安并且念咒语，用香烛礼金送走。刘玉佩这才安下心来招呼玉佩酒铺。

银红忧伤地地离开后，乌头黑实在难受不吃不喝。牠眼睛冲满愤怒挣开缰绳向大堡子跑来。何四六的一个小子遇见起了歪念。他一把拉住缰绳想偷骑上回家。他兴奋地一跃骑上乌头黑。乌头黑气得发疯尥蹶子。何家小子从驴背上摔出，昏死过去。马金武、李云和刘旺看见认出乌头黑。他们追上死死拉住缰绳。他们过来喊叫何家小子。何家小子头破血流一动不动。马金武踢一脚骂道“活该，偷驴贼。”刘旺一看何家小子死鱼一样的眼睛，吓得大声喊叫。马金武和李云大惊失色要跑。呼啦啦一下围过来很多人。

何里长领着人赶过来一看头要炸了。他把马金武、李云和刘旺抓起来。何四六婆姨来到里公所大哭大闹。菩萨保佑，菩萨保佑。何里长简单询问过事情经过。死人了，这死的可是何家小子。他冒出一身冷汗，脑子一片空白。刘一六一听这事想要露面伸头。他进来把何里长拉到一旁耳语一番。何里长点点头认为这事没有那么简单。他亲自牵上乌头黑把马金武、李云和刘旺押送到县衙。

弄出人命啦。刘一六回来幸灾乐祸告诉刘玉佩。刘玉佩大吃一惊，犯煞，怎么刘旺也搅合在里面。他细细追问刘一六。刘一六很得意不在乎。何家与马家咬起来有好看的。刘玉佩一想还有自家小子。他怒眼圆睁甩刘一六一个耳刮子。他妈的，死人是大事。你小子又出什么坏水水。刘一六一愣捂着脸愤愤出去。刘玉佩稳定一下情绪想起乌头黑和银红。他倒泛起一丝怜悯。这两头驴好好的一对有感情。乌头黑这下也摊上事了。这都是人祸害的。

刘玉佩一拍头赶忙出门去找马子忠。他们一起来到县衙。常知县正在升堂审讯。马金武陈述事情经过。李云和刘旺开口作证。何花进来跪地哭哭啼啼。何里长看见何花，心里打怵。他牙齿一咬，这次一定要脱身推到马子忠头上。

何里长冷静地说：“这事没有那么简单，据说是他们把何家小子打死的。”

马子忠和刘玉佩冲着何里长争辩。

马金武气愤大声道：“偷驴贼，摔死活该。”

常知县拍下惊堂木道：“大胆，呈上验尸鉴定结果。”

常知县看过却不吱声。

何花："一定是被打死的。"

刘玉佩："请知县大人亮出验尸鉴定结果。"

马子忠接着催问。

乌头黑挣脱缰绳冲进来嚎叫。四个衙役拉住乌头黑。马子忠过来抚摸乌头黑。刘玉佩看见乌头黑两眼噙着泪水。众人询问的目光盯着常知县。常知县心里翻腾，犹豫不决。马子忠语气严厉逼着常知县当场宣读鉴定结果。何里长没有证人，只有眼巴巴等着判决。常知县故作正静清清嗓子判决。何家小子抓驴骑不慎摔死。把毛驴拉出去三十大板。毛驴归何家。马子忠管教驴不严，赔上何家银子二十两。何花不满要赔上人命。马子忠发怒冲上去要争辩。刘玉佩一把拉住他。这起案子判得奇葩。何花气不过吩咐何里长把乌头黑杀了陪葬。刘玉佩松口气保住了刘旺。他劝慰马子忠，乌头黑死了替人消灾。何里长是个小人。何花就是个丧门星。马子忠心疼乌头黑，有气又恨。房学礼也弄不清大明律法如何判这个案子。马子忠一直想不通，偷驴贼摔死了还要人赔钱。他深深记下何里长这个人。

刘一六为这破事受刘玉佩的气。他想起当年低三下四，也想在大堡子出头。他眼下还弄不过刘玉佩。他打起玉佩酒铺的主意。当年，刘玉佩与刘一六合伙开这家酒铺。刘一六入伙吃哑巴亏不敢声张。他想要吃独食把玉佩酒铺弄在自家名下。他没有与刘玉佩交涉，直接花钱弄来三个黑痞骚扰酒铺。刘玉佩承受不起找上刘一六商讨。刘一六假惺惺摆出无奈的架势。他婉转把话说得很活。可以租出去，也可以盘出去卖。

刘玉佩疑惑地看他一眼说："你想要吧。"

刘一六摇摇头说："下人不参呼。"

刘玉佩破烦盘算着把酒铺盘出去。刘一六暗喜口头上答应。三家户主找上门来要盘下酒铺。刘玉佩出的租价太高弄不成。刘一六思来想去找到艾巍山做这笔买卖。他拐弯抹角道出玉佩酒铺的事。

刘一六拿出一锭银子说："这酒铺以你的名字买下。我出银子。"

艾巍山看出刘家人嘴脸，不想应答这事。

刘一六央求道："我就是过一下你的名字。"

艾巍山揣摩着如果这事露出风声怎么办呢。他接过刘一六的银子，犹犹豫豫说："我想想。"

艾巍山回来向蔡牛讨教。

蔡牛眉开眼笑道："昂，好事情，财神爷敲门咧。让他立下字据。"

艾巍山迷惑不解道："往后露出风声——"

蔡牛："怕甚，这你看不出，刘一六想霸占酒铺。酒铺生意，你和他可以四六分成。刘一六害怕你手里的字据。"

艾巍山这下明白过来，高兴地把一锭银子放在蔡牛手里。刘一六向艾巍山交代好底价。艾巍山就去找刘玉佩买窑房谈价。刘玉佩与艾巍山有过交往。他信得过说明只出售酒铺出租窑房。艾巍山三番五次麻缠他。刘玉佩心有松动口头答应。两人讨价还价达成一致。刘一六暗地里赞同拿出付款银子。刘玉佩拿出房契多一个心眼。他眼珠子一转要立字据还有一个条件。这窑房使用必须与我合伙做生意。艾巍山惊讶点点头立下买卖契约。刘玉佩有点灰心自认吃亏。他疑虑的眼神看艾巍山一眼。艾巍山拿上契约转念一想，不如就把窑房买下来，反正契约是我的。刘一六迫不及待向艾巍山讨要契约。艾巍山淡淡地回一句"这窑房我买下咧，契约是我的。买窑房的银子退还给你。”

没想到把自己装里面。刘一六勃然变色指着艾巍山气得说不出话。艾巍山如数把窑房的银子退还给刘一六。当着他的面把字据撕掉。刘一六怀疑是刘玉佩算计他。他试探艾巍山要合伙开酒铺。艾巍山婉转拒绝他。刘一六把这笔账记在艾巍山头上。刘玉佩卖掉窑房后轻松吐口气。他厌烦刘一六不愿意和他搅和在一起。他找到艾巍山要合伙开酒铺。艾巍山不开酒铺要开个杂货铺。刘玉佩以为艾巍山占上便宜又矮人一等。艾巍山不与他商讨，道出三七分成利。刘玉佩忍气吞声也只好答应。

修你先人的经。刘婆姨在家里嚎哇哭叫。她对着刘一六家院子高声大骂。死黑痞。白眼狼……她在刘玉佩面前嘟嘟囔囔。刘家人糊弄刘家人。瞎子推磨，没本事，家都快日弄光哩。刘玉佩破烦瞪一眼婆姨。他寻思，刘一六在卖酒铺的事上是否做手脚。他不敢去探刘一六口风。他想起那个风水先生的话“犯煞，鬼邪作祟。”他心里骂道“驴日的，那是犯小人。”刘一六倒是找上门来阴阳怪调“刘里长，你算盘打得太精明，把窑房家产败掉。肥水不流外人田，不给刘家，还让艾巍山捡个便宜。”刘玉佩无奈地摇摇头。他要抓住艾巍山这棵稻草。艾巍山如愿办起“艾家杂货铺”。他是东家又是掌柜。刘玉佩大小子刘兴和艾守兵跟着跑杂活。刘一六这下看得明白恶心刘玉佩。刘里长好面子，这下给别人当小二。

刘玉佩：“我早就看出你没安好心。”

刘一六：“老爷走着瞧吧。刘家还是刘家。”

刘一六数落他没有好言语。刘玉佩着实后悔。窑房租出去该多好。他有意无意探艾巍山的口风。艾巍山沾沾自喜回一句话“你要卖，我要买。就这么简单。”刘玉佩认定还是日弄何花而粘上晦气，自找麻烦自讨苦吃。他咽口苦水在婆姨面前自嘲念叨。大丈夫能伸能屈。

春上，天上一满下土。马子忠蹲在圪梁梁上看天天。他又去龙王庙上香求雨。他与蔡牛看田地，一边商讨下种子的事。蔡牛心里没底抓一把土扬起。早上凉，晌午晒，后晌刮风日大怪。马子忠抬头看看天叹息。没有大旱就是小旱。春上庄稼人都盼着一场雨咧。蔡牛愁眉不展拍拍身上的土。这几天后晌有黄风，今个娃就不去上学，向房先生通报一声。艾巍山顺路带着几个娃去学馆。马子忠撵上来吩咐几个娃回去拔草等学馆通知。

男娃忘事快，下学扔下书包高兴耍去了。马金武回来带上三个人上山一边玩耍一边拔草。艾守关嚷嚷着去何家洼拔草。马金武一吆喝串到何家洼的山坡上拔草。何川看见，领上几个后生撵过来。他们赶他们走打闹嬉笑。何家洼一个后生不愿意板起脸提出“顶牛，顶牛。一个一个上，输了爬远远地。”马金武与何川站出来。两人各自将一只腿盘起来，一手扶住盘起的那只脚，膝部互相碰撞。何川使猛力一下将马金武撞倒。李云接着冲出来迎上。双方一个一个一来一往。围在一旁的人扬土扰乱起哄。何家洼的后生输了。一个后生不服气要他们放下草走人。马金武抡起拳头要捶他。何川挡在中间推开马金武。这时又来几个大后生要捶马金武。何川硬是拉住给马金武使眼色。马金武喊叫一声，四个人溜下山坡快跑。马金武灰头土脸背着一捆草回来。金兰看见来气拍打他几下。马金武也顾不上疼痛，跑进窑房拿起葫芦瓢舀一瓢水“咕噜咕噜”灌个饱。

马金宝抱着一只小白兔过来说：“先生留下作业呢。”

马金武抹一把嘴低声说：“哥哥累了。你帮我写。”

马金宝眨巴眨巴眼睛说："三哥又哄人哩，先给一个铜子。"

马金武磨磨唧唧："昂。"掏出一个铜子放在他手心。

马金宝："我写下来字，你要背念。要不告你偷酒喝。"

李云提着一壶酒过来挤眉弄眼。马金武向马金宝做个鬼脸敷衍他。没事，白天游四方，夜天点灯补裤裆。他跟着李云赶快走了。马金宝目达耳通识字念书很上心。他好寻思经常向房先生提问。房学礼看中他有意单独调教他。他向马金宝另加一道作业"写手记"。

马金宝手记。我出生在马家园子，那年九岁进入学馆读书。先生对我很好。一天，他把我带到他家教导一番教诲。不学礼，无以立。写手记，以悟心明心。我懵懂不知，呆呆地看着先生。先生关爱地露出笑容。写自己身边的事，手记是写给自己的，写着写着你就懂了……我动了心思，但是又不知写什么。我想啊想啊，想起第一次喝酒。父亲与几个叔叔喝酒。李叔叔捏我的牛牛给我灌一口。"男娃要喝酒呢。"我一口吐出来好难喝。父亲在一旁"哈哈"大笑。我向先生请教"酒好难喝，大人为什么爱喝酒？"先生沉默半晌，没有回应。我又向几个叔叔讨教。他们一个口气"碎脑娃娃长毛毛后就知道咧。"

我下学后经常去金马酒铺。我开始留心观看那些喝酒的人。他们高声拉话，划拳喝酒。醉酒人有的伤心哭嚎，有的"哈哈"大笑，有的高声吹牛，有的难受呕吐……他们好喝酒为什么要罚酒？为什么划拳输了喝酒？后来，我渐渐发现吉日和忌日都有酒。我向父亲问这问那。父亲说不明白给我讲刘伶与杜康的故事。酒是神仙赐予凡人的。我很好奇偷偷喝烧酒醉倒三天。我酒醒后头沉沉地难受。我哼哼唧唧向父亲追问。大大，酒是神仙的尿尿吧。父亲忍不住笑出声来。房学礼教诲饮酒喝茶是先人传下来的。酒以成礼，过则败德。茶之为用，味至寒，为饮，最宜精行俭德之人。

马金武手脚闲不下，这里串那里跑。金兰着实厌烦经常在马子忠面前嘟嘟囔囔。这小子就像你，一个二杆子。她给马金武讲很多鬼故事都没有唬住他。马子忠听着乐呵呵夸赞马金武。马金武想一出是一出，领着三个兄弟去朔水城。他们好奇新鲜在街道上胡溜达。晌午，他们来到一家饭铺吃羊肉面、碗托和油馍馍。店小二看几个后生眼生欺负勒索诈钱。马金武护着兄弟慢慢退出门外。店小二上前抓马金武的衣领。马金武一头把店小二撞倒。店小二倒地大声喊叫。他们一看不妙撒腿就跑。后面一帮人紧追出东门外。领头的是常知县的小少爷常彪。他是朔水城街头小霸王。马金武停下脚步招呼兄弟往山上跑。常彪赶上来举起鞭子抽打马金武。马金武拔刀刺伤常彪的腿，飞快地跑。

常知县得知此事大为恼怒。指令县丞侦破此案缉拿犯人。两个衙役询问常彪提供线索。他们又来到那家饭铺查问。店小二胆怯害怕摇摇头。四个人，面生。不像做生意的。不知哪来的后生，也不想讨饭的，吃饭不给钱……两个衙役沿着那条街打探出东门。他们连续三天没有查出线索。常知县勃然变色指令“出东门沟沟岔岔里细细探查。查不出来拿你们是问。”两个衙役找不到线索，犯愁不知如何交差。一个衙役出点子找个替罪羊。他们写出案情向各里公所通报。各里公所不愿找惹麻烦出些银子，好酒好菜款待。他们来到大堡子找到何里长要配合抓犯人。何里长明白此事重大不好推脱。他出些银子好酒好菜稳住他们。一个衙役心眼多，何里长是常知县亲戚，在大堡子抓不住犯人，何里长只有认栽，常知县一定相信。他有意向何里长透口风，犯人就在大堡子。何里长一惊，这下麻烦可是大了。

马金武回家后惴惴不安。他与三个兄弟编下故事，定下生死同盟。何里长先把衙役请到何家洼。衙役得下钱财，笑呵呵要去找其他甲首。何里长把衙役引到金马沟。艾巍山引他们查看各户后生。一个衙役在马子忠窑房里紧紧盯着马金武。马金武正在背念《千字文》。他看见衙役起身施礼。衙役拍拍他的肩头走开。何里长暗示艾巍山出银子了事。艾巍山献上银子。何里长带着他们转一圈。两个衙役怀揣银子心满意足。何里长心想，把他们灌好一走了事。两个衙役酒足饭饱，没有走的意思。他们想要胡乱抓个犯人有个交代。他们还要便衣探查一番。

第二十四章　后生小子

学馆正常上课。两个衙役细细打量来上学的学生。他们发现刘贺领着一帮学生闹腾欺负人。两个衙役对视一笑。这个哈怂黑痞。后晌下学，刘贺领着一帮人不知从哪里刨出一件破烂的寿衣和银子。他堵住马金武亮出银子炫耀。他身边一个后生用棒子挑着那件破烂的寿衣。刘贺冲着马金武坏笑亮肌肉。哈怂，打你三个逼斗，给你一两银子。马金武脑子里还悬着那事，心有余悸。他没有心思在这胡闹。刘贺纠缠不放，旁边的人起哄。

那个用棒子挑着破烂的寿衣后生说：“你穿上这件衣袍在集镇上走一圈。”

刘贺接过话：“给你一两银子。”

马金武来气伸出手道：“怕甚，拿来银子就穿上。”

刘贺激将他：“憨怂，没胆子。走一圈就给你。”

这人竟敢穿上寿衣大摇大摆走着。集镇上的人围上来惊奇地观看。马金武走完脱下寿衣向刘贺要那银子。刘贺耍赖还要捶马金武。马子忠得知这事，从酒铺赶过来。他怒气冲冲一把揪住刘贺大骂“狗日的，灭人呢。”接着给他两个耳光。刘贺抹一把嘴角的血挥拳就打。马子忠一脚把他踹翻在地。刘一六带着两个人冲过来拉开架势。马子忠怒目而视，操起一根棍子。犯煞，灭人呢。你家小子穿上这寿衣走一圈，随你打我。两个衙役看得真切走上前亮出腰牌指着刘贺，抓捕他。围观的人莫名其妙一下愣住。刘一六不明不白吆喝着人围住衙役，相互拉扯。

何里长赶过来凑到一个衙役耳边低声说：“你们弄错了，不能行。”

那个衙役掏出画像大声道：“朔水城出了伤人案。这人要带回去查办认定。”

刘一六上前一把揪住一个衙役大声喊叫：“为甚抓人，有何证据。”

一个衙役拔出刀逼住刘一六不容别人说话。何里长急躁恼怒要陪着一起去。刘一六乞求的目光看一眼何里长松开了手。两个衙役把刘贺押到城里先去那家饭铺让店小二认人。店小二看看衙役又瞅瞅刘贺。一个衙役盯着他的眼睛。店小二机灵不想多事指认刘贺。何里长愣在一旁不再言语。刘贺被押到县衙大牢里。常知县升堂审理此案。刘一六带上几个亲戚鸣冤。常知县看见何里长心里有数。

常知县拍下惊堂木道：“小小少年如此手很。从实招来。”

刘贺一脸惧色喊叫：“冤枉，冤枉。”

刘一六跪地道：“知县大人，冤枉。那几日天下黄土，小子一直在家。”

证人店小二当场作证指认刘贺。常彪进来看一眼刘贺邹一下眉头。那天天色昏暗也没看清对方是谁。他随口认定就是他。刘贺哭喊冤枉，大大救我。常知县训斥刘一六。子不教父之过……他拍下惊堂木判定。关押刘贺十日，赔上罚金。刘一六监管孩子有过，做苦役三个月。

何里长去大牢领刘贺。常彪领着一帮人过来要打刘贺。何里长护着刘贺去找何花。何花气哼哼拉着脸。你还护着刘家。刘家没一个好东西。何里长安慰何花苦苦相求。何花这才放过他们。何里长带着刘贺赶紧出城。刘贺第一次经过这样场面着实害怕。他叽叽咕咕“冤枉，冤枉”。何里长想起那场官司又想起何四六。他无奈摇摇头。何花这个白虎记仇啊。他不信这起案子与刘贺有关。事已至此该刘家倒霉。

马子忠把马金武带回家一顿打骂。金兰脱去马金武身上的衣服烧掉。马子忠请来神汉驱鬼。神汉做法事唱神官调，跳神官调口念咒词，请神跳神安宅驱鬼。他记恨刘家小子也要使用家规惩罚马金武。他吩咐刘憨憨带他拦羊，每天还要打一捆柴回来。马金武受罚有点不服气。刘憨憨告知他穿得是死人衣裳。马金武越想越来气没有反省自己。他憋着一定要出这口气。房学礼来到金马沟把马金武请回学馆。他与马金武和刘贺一一谈话说教。他看着他俩面子上相互施礼和解。马金武凑到刘贺耳边低声威胁“你等着。”

马子忠开始把马金武看得紧。马金武下学后带着马金宝来照看酒铺。蔡牛和李盾加大对后生的习武教练。他们习练拳脚、刀枪和弓弩。刘憨憨喜欢马金宝，教他吹唢呐。一天下学，马金宝正在背诵《弟子规》，看见一个白白净净的女娃在学馆外边抹泪。他上前关切地问这问那。

女娃抹把眼泪说：“我叫房姿玉。”

马金宝：“我叫马金宝。你是房先生女子。”

房姿玉忽闪大眼睛怯生生地看他一眼。

马金宝：“你咋咧？”

房姿玉伸出绣花鞋摸摸脚说：“脚疼。”

马金宝伸手去抓房姿玉的脚。

房姿玉把脚缩回来说："女子要裹小脚。"

马金宝："你疼吗？"

房姿玉眼泪汪汪点点头。

马金宝："这真受罪，那就不要缠呀。小脚往后不能爬山，不能出远门。我妈就不是小脚。"

女人为什么要裹脚布。马金宝不懂事把房姿玉的鞋子脱下打开裹脚布。他一看脚肿的很大十分惊讶。一双脚如何要这般折磨。房姿玉看着自己的脚"嘤嘤"哭出声来。这件事一直萦绕在马金宝脑海。他吞吞吐吐问母亲。金兰也不知如何应答，就说是先人传下的。马金宝又见到房姿玉，让她出门后偷偷放开裹脚布。

房姿玉点点头说："金宝哥哥，我很想出来玩。"

马金宝："我要叫你姐姐，往后我带你玩。"

房姿玉努努嘴说："我就叫金宝哥。"

马金宝为这事询问房学礼。

房学礼不知如何解答随口说："你长大就明白了。"

马金宝又追问道："男人咋不裹脚布？"

马金宝手记。我认识一个女娃房姿玉。她是房先生的女子。我认识她才发现女人要裹小脚。我开始偷偷看女人的脚。我发现自哒女人有小脚也有大脚。母亲就是大脚。房先生学富五车，怎么不好好讲讲。我几次向他请教。房先生解释说这是先人赏美风俗。我追问他，你认为这样好看吗？房姿玉裹着脚很痛苦。房先生板起脸异样的眼神看着我，没有回答。我上学开始心不在焉，盼着能见到房姿玉。我每天偷偷帮她解开裹脚布。

两个女人争来争去，各说各的理。马金宝偷偷为房姿玉解裹脚布的事传到房学礼那里。房学礼烦躁，这个孩子多管闲事。男女授受不清有失礼教。房夫人把这事告知金兰。金兰以为女子不该裹脚，马金宝不懂事是好心。她向房夫人解释入乡随俗。自哒大户人家女子裹小脚。庄稼人女子要下地干活，裹小脚怎么能成。这又是边关，军爷的婆姨随时拿起刀枪……房夫人把金兰的话传给房学礼。房学礼心里生起波澜沉默不语。他为这事走访周围一些庄稼人。庄稼人异样的眼光看他。一个庄稼人气哼哼地大声嚷嚷“谁家的祖先弄下这个规矩，脑子让驴踢咧。钉驴掌好干活。女人裹小脚走路扭尻子好看能干活吗？”房学礼走访遇到一个老秀才。老秀才好不客气怪声怪调“这是前朝宫里传下来的，你以为这样女人俊美吗？这是荒谬畸形的赏美。程颢和朱熹高举存天理，存天理……哈哈哈。”房学礼大惊失色，这里竟有秀才用这样的口吻羞辱大理学家。

马金宝上学发现房姿玉三天没出门，心里有一种说不出的难受。他不敢询问房先生，远远地向他家张望。他揣测，房姿玉一定被关在家里抱着脚哭呢。房先生言之有理，为人师表，怎么会这样呢？他看见刘旺姐姐刘喜，壮着胆子拉起她的衣裙看脚。刘喜一把揪住马金宝的耳朵“眼正。”马金宝疼得叫一声姐姐。刘喜笑嘻嘻松开手。

马金宝神情不自然问道：“姐姐，你裹小脚吗？”

刘喜伸出脚说：“妈妈说，大脚女子没人要。大大不让我裹小脚。”

马金宝有几分伤感：“大脚才好看呢。”

大人就会哄骗娃娃。马金宝为这事还上了心。这里女人裹小脚好像是随意的。他想不通房先生为什么要给女子裹小脚。他看不见房姿玉，脑海就浮现她哭泣的样子。他下学回家后闷闷不乐。马金武看他这样子带他玩逗他开心。马金宝向他求问这个事。马金武嬉笑他想女人。马金宝又向大人讨教。他们嘻嘻哈哈也没有个正经说法。马金宝为这事很奇怪郁郁不乐。他就是想去看看房姿玉的脚。金兰发现马金宝脑子不打弯拿些好吃的哄他。马金宝十分生气不吃不喝也不去上学。马子忠把房学礼请来。房学礼得知马金宝是为裹脚布一事生闷气，一时不知如何说教。马金宝抱着一只小白兔怯生生地看着房学礼。房学礼摸摸马金宝的头若有所思安慰他。金宝，明个上学去。姿玉穿一双新鞋可高兴了。马金宝眼睛噙着泪水把那只小白兔放在房学礼手里。他跟着房学礼去上学。他看见房姿玉抱着那只小白兔。房姿玉过来向马金宝施礼，笑格盈盈向他伸出脚。

房学礼看出马金宝与马金武有差异。马金宝读书善思考。马金武坐不住不是个读书人。他多次找马子忠交谈如何调教马金武。马子忠心宽淡然笑格咪咪。这是命由着他吧，只要在学馆蹲着，不胡圪搅惹事就行。房学礼头疼多次调解马金武与刘贺。两人看上去还过得去。马金武也很懂事经常带着兄弟帮房学礼家打柴拔草。他想法子弄来三条黄河鲤鱼送给房学礼。房学礼感慨看着那条鲤鱼念想起家乡的河。他登上山梁梁向东遥望着一道道山，一道道沟。他思念父母家人，掏出家书含着眼泪念叨。

艾巍山的杂货铺开得红火。刘玉佩慢慢信得过艾巍山，心里也踏实。刘一六做苦役回来，一声不吭悄悄待在家里。刘贺一下子长大似的端上酒菜要陪父亲喝酒。刘一六看看小子来了精神。

刘一六端起酒杯说："怕甚，日子久呢，来日方长。"

刘贺向父亲敬酒道："我跟马子忠没完。"

何里长提着酒菜来看刘一六，自然是有推卸责任的意思。刘玉佩发现何里长来到刘一六家，碍于面子过来嘘寒问暖。他有意冲着何里长说话“刘家人赤尻子坐砚瓦。”何里长装得没听见也不纠结那起案子。他大事化小，小事化了安慰刘一六。刘贺不服气的样子撂下狠话。

两个二货拉开架势又要打架。房学礼赶来厉声劝开马金武与刘贺。他把马子忠和刘一六请到现场。马子忠得知刘喜受人欺负，马金武打抱不平。他嘴里不干不净鄙视指责刘一六。刘玉佩赶过来把刘贺骂一头子。房学礼把刘一六拉到一边，正颜厉色劝刘贺退学。刘一六丢人现眼冲着刘贺发火。他一边骂着背起手走开。马子忠破烦打发马金武回家。他心想，马金武不是块读书的料，在学馆丢人现眼迟早还要弄出事。马家出现一件怪事。马金武和马金宝的炕头狮夜里走动。马金宝发现害怕告诉母亲。马子忠冥冥之中感到一丝不祥。他领着马金武和马金宝上香磕头。他向房学礼提出马金武退学。

马子忠打发马金武先跟着刘憨憨拦羊，打柴拔草。马金武满不在乎吊儿郎当早出晚归。秋上毛毛雨下个不停。刘憨憨看看天招呼马金武赶着羊往回走。马兵娃气喘吁吁跑过来告状。大大，一个人欺负我妈，还让我叫他大大。刘憨憨知道李二蛋回来了。他跟着马兵娃溜下山坡向家里奔去。李二蛋手里提着一壶酒坐在石磨上。刘憨憨操起一根棍子向李二蛋打来。李二蛋一把抓住棍子就势将刘憨憨推倒在地。他一脚踩住刘憨憨腔子讥笑他“兰花是我的女人。”马兵娃一看这架势，撒腿跑去喊人。马金武赶过来二话不说拔刀向李二蛋刺去。李二蛋一脚踢飞马金武的刀。两人拉开架势扭打在一起。马兰花从窑里出来嘶声嘹哇。李盾领着三个后生赶过来一看是李二蛋。他火冒三丈大声吼叫。李二蛋停住手冲着马金武骂骂咧咧。李盾吩咐三个后生把李二蛋捆起来。他踢一脚李二蛋，吼着他回家。

国有国法，家有家规。李盾把李二蛋弄回家连骂一顿皮鞭子。李二蛋倔强挺着撂出话“马兰花是我的女人。你们明明知道我俩相好，为甚要送给一个憨怂?”吴冬阳为这事一直不明白马子忠。她立在一旁也不知如何劝说。马子忠从大堡子回来得知这事气得不说话。刘憨憨跪在马子忠面前一脸哭像不言语。马子忠一看他这副样子直眉怒目。这个憨怂，自家的婆姨都看不住。丢人现眼。马兰花进来看马子忠脸色不敢吱声。马子忠怒气不消随手给马兰花一个耳光。离那个骚毛驴远远的。马兰花捂着脸“呜呜”跑出去。

李盾知道马子忠的脾气，没有把李二蛋交给他。他把李二蛋绑吊在一棵枣树上。李二蛋大喊大叫“马校尉”。李盾过来用破布塞住他的嘴。马金武这才知道是李二蛋。他为刘憨憨愤愤不平厌恶痛恨偷女人的儿人。他趁夜色提一壶酒来到李二蛋面前拍拍他的脸。他揪住他的头发给他灌酒。李二蛋呛住一口喷出来。

马金武“嘿嘿”一笑说：“怂货，睁眼看看。我是马金武。”

李二蛋瞪着眼有气无力道：“小子，算你狠，给口酒喝。”

马金武又给他灌酒说：“不要脸，偷女人。”

李二蛋“嘿嘿”笑道：“她是我的女人。”

马金武瞋目切齿道：“我记着你，这事没完。”说完把酒浇在他头上。

李云一直在一旁偷偷看着。马金武走后，他把李二蛋放下来递给一个褡裢。李二蛋摸摸李云的头背上褡裢走了。夜黑，刘憨憨一人静静地坐在圪梁梁上。他眼前浮现那一幕一幕恨自己无能。他一边扇自己的耳光，一边骂自己。他静下心来痛苦孤单。他灌上一口酒仰头看天上上的星星。他从腰间拿出唢呐吹响一支曲子。曲子低沉悲凉似哭泣。马子忠醒来听到唢呐声声很是破烦。他越来越看不上刘憨憨，没有一点汉子火气。他没一点睡意寻思着如何把李二蛋弄得远远的。大清早，李盾发现李二蛋不见了，吩咐李云寻去。李云低下头支支吾吾说哥哥走了。李盾看他那惊慌神色给他一个逼斗。他急匆匆去找马子忠，看他什么态度。马子忠面无表情蹲在碾子上。蔡牛知道李二蛋与马兰花的事。他赶过来探问的目光看着马子忠。马子忠询问马兰堡守备。蔡牛认得守备点点头。马子忠吩咐蔡牛与李盾走一趟马兰堡。他要给马兰堡守备送份礼，严加管教李二蛋，最好给他寻个媳子。

蔡牛和李盾来到马兰堡向守备献上礼说明来意。守备得知是马兰堡前辈，自然有几分亲切。李盾一脸惭愧道出李二蛋的事。他吩咐一个侍卫摆下酒宴。他们吃肉喝酒拉话。李二蛋立在一旁倒酒。守备大加赞扬李二蛋给他使个眼色。李二蛋跪地向蔡牛和李盾敬酒。

守备端起一碗酒大声道：“李二蛋端酒。军爷守关受苦，弄个女人不算啥。”

李二蛋起身端起酒碗，不敢吱声。

守备：“在家听父母的。”

李二蛋接过话说：“在下听你的。”

守备满意地点点头说：“连喝三碗。”

李二蛋连干三碗酒抹一把嘴。

守备：“李二蛋听令，本官给你寻个媳子。”

李二蛋一愣看看李盾应答道：“遵命。”

李盾端起酒碗向守备表达谢意。

马子忠得知马兰堡守备应下这事安下心来。他与李盾一脸喜色查看田地成熟的庄稼盘算着收成。艾巍山过来连连叹息田税又涨咧。三人蹲在地边发牢骚。李盾十分不满要去找何里长。马子忠摆摆手阻止他。先收好庄稼，有人去闹的。庄稼人各自看庄稼长势开始收割。庄稼背到场里一半装到窑里才算。马子忠一家老小收割庄稼，堆放在谷场。天上鲤鱼斑，地下晒谷不用翻。金兰提上坛坛罐罐送水送饭。刘憨憨和马金武干完活，夜天轮流看谷场。马兰花心疼马金武单薄，每次送些羊肉干和黄酒。马金武劳累一天喝两口酒倒在谷垛子里睡去。他做梦也不会料到一场大火悄悄烧起。他猛然起身一边喊叫一边用衣裳扑火。秋风吹过，烟火越烈火光烛天。

第二十五章　叫　魂

金马沟的老老小小急死慌忙用坛坛罐罐弄水灭火。大火发疯似的随风四处乱窜。马子忠看着熊熊大火扔下木桶，欲哭无泪蹲在地上。大家愁眉苦脸围在马子忠身旁。吴冬阳一屁子坐在地上大声哭嚎。李盾气得无处发火。蔡牛安慰大家“是福不是祸，是祸躲不过。”马子忠面无表情往家走。大家默默跟在后面。马金武胆战心惊回到家悄悄跪在那里。马子忠拿出鞭子二话不说愤怒地抽打马金武。马金武心甘情愿挨打惩罚心里好受些。他咬着牙忍住眼泪一声不响。马子忠一想到马金武闹腾的一些事，越打越来气。金兰看着马子忠凶巴巴的样子害怕。她吩咐马金宝去喊叫人。

蔡牛和李盾赶过来把马子忠拉住。金兰过来搂住护着马金武。马子忠瞪着马金武，声色俱厉。绑挂在树上，饿他三天。他亲手把马金武捆起来挂在水沟边的柳树上。蔡远、李云和艾守关得知，一夜守着马金武。他们偷偷把他放下来给他喝水吃羊肉干。蔡远出点子要放走马金武。马金武又惊又怕心里有愧摇摇头。天蒙蒙亮，鸡叫头遍。马子忠心里惦记着马金武，一夜未眠。他提上一壶水过来看马金武。马金武正躺在三个小子腿上。马子忠没好气地喊叫他。李云起身战战兢兢。大伯，金武背过气咧。马子忠拍拍他的脸向他脸上喷口水。马金武微微睁开眼又合上。马子忠一把抱起马金武，吩咐蔡远去找大夫。母亲心软疼孩子。金兰眼含泪水看着马金武。她十分伤痛收割的谷子和稻黍。大夫过来给马金武号脉开下一付药。无大碍，这娃受惊吓身子虚弱。

艾巍山过来说：“谷场来很多人，招呼一下。”

马子忠一肚子怒气还没有消去黑着脸道：“看甚呢，还不是看笑话。”

艾巍山：“我过去应酬一下。”说完来到谷场。

谷场围满人，三五一堆叽叽咕咕话不停。奇怪，没打雷闪火，怎么会着火呢？马校尉人不错，惹下谁呢？惨啊，这下一年收成日塌咧。马校尉腰粗有钱。瘦死骆驼比马大。听说大夫去他家了。小子背过气咧。艾巍山听到这些不冷不热的话很是破烦。他不应答他们的话，打发他们走。一些人边走边嘟嘟囔囔。马校尉不出面招呼一下。艾甲首也不识好歹。

这怎么办还是报案。艾巍山把人打发走赶到里公所。里公所门前围满人大喊大叫。艾巍山听明白是为田地加税的事。何里长出门强硬亮出县衙布告。他苦口婆心解释说明。民众不理会这些推搡着何里长要去县衙。

何里长大吼一声：“反了不成，谁日能，上县衙告去。”

民众一下静下来。

刘玉佩站出来道：“你个里长不去谁去。”

何里长：“刘里长要妨碍公务，尻子痒痒想去县衙挨板子啊。”

人群里飞出一块土疙瘩打在何里长头上。何里长气急败坏指派身边两个人抓人。人群吵吵闹闹一哄而散。艾巍山这才凑上前报案。何里长脑子乱随意点点头。何里长跟着艾巍山走了，一路上脑子里还是民众乱哄哄的场面。他向艾巍山掏话摆明事情道出心里委屈。艾巍山根本没有听进去。他答非所问，冲动地反复唠叨谷场着火的事。他们来到谷场，黑黑一片。

何里长根本不想管这事摇摇头说："这灾害没办法。"

艾巍山："去看看马校尉。"

何里长："不去了，里公所还有破烦事，还要去趟县衙。"

艾巍山："这事咋弄？"

何里长："没办法，吹灯烧胡子。"

艾巍山："这事你得管，我要报案。"

何里长不耐烦地道："昂，行行，自家烧了胡子，真是麻缠。"

魂丢了，魂丢了。马金武身体虚弱神志恍惚躺在炕上。金兰精心看护喂药。马金武身体渐渐缓过来。他惭愧不好意思在人前睁开眼。吴冬阳提心吊胆以为是撞邪魂丢了。她看着马金武暗沉发黄的脸一惊一乍。她拉过金兰嘀嘀咕咕要赶紧把马金武的魂找寻回来。金兰懵懂不知一脸茫然。吴冬阳着急慌忙提出天黑叫魂，要不来不及哩。金兰按照吴冬阳指点叫魂。夜天，她拿着把笤帚在前面走，马金宝手中拿着面箩和马金武衣物在后面跟着。两个人到离家不远的路口，焚香烧纸献上食物。金兰一边挥扫一边走，嘴中就拉长声音叫着马金武的名字。"马金武回来！马金武回来！"马金宝拉长声音回应"回来了！回来了！"他们围着谷场喊叫三圈。一路行走着叫回到家中。

他们连着叫魂三天。马金武依然不见好转。一家人急得团团转。金兰去菩萨殿烧香磕头。刘憨憨支支吾吾道出刘一六奶奶的是个神婆子。马子忠反感刘一六，不想求他。金兰担惊后怕硬着头皮去求刘家。刘贺嘴巴不干不净把她挡在门外。金兰没办法直接去找刘玉佩。刘玉佩得知这样事情吩咐家人喊叫刘一六。刘一六进门一看金兰开口要回绝。刘玉佩打断他的话，阴阳怪调。乡里乡亲的，救人有善报。死马当作活马医。金兰听到这样难听话差点流出眼泪。刘一六冷言冷语答应下。金兰把神婆带回家好吃好喝。神婆来到炕前看马金武。马金武眯着眼看着想笑。神婆画出一道神符念叨驱鬼。马金武不知这是做什么忍住笑。夜天，神婆又去谷场施法。金兰和马金宝听她摆布跟着后面叫魂。马金武看着他们怪怪的出门就悄悄跟着看个究竟。神婆围着谷场走三圈。金兰一边挥扫一边走，嘴里就拉长声音叫着马金武的名字。马金宝拉长声音回应“回来了！回来了！”马金武憋不住“哈哈”笑“回来了！回来了！”神婆站住细细听听。金兰又喊两声马金武的名字。马金武走过来回应“回来了！回来了！”神婆定睛一看分明是个无脸的黑人。

神婆子吓得一尻子坐在地上。金兰把马金武拉回家。一家人围着他又惊又喜。马子忠看看神婆脸色多个心眼。他备好银子和礼物套上木伦车连夜送回神婆。刘一六接下人和钱财客套一番。马子忠松口气赶着驴车往回走。刘玉佩摇晃着与马子忠打个照面。他拦住马子忠要拉话。马子忠简单说明缘由离开。他回到家安心喝了几口酒睡去。一大早，马子忠伸个懒腰出门喊叫马金武。艾巍山领着两个衙役进到院子。他关切地向马子忠说明情况。马子忠顿时拉下脸子。他憋住火气把艾巍山拉到一边要撵他们走。自家着的火，让他们走。艾巍山一脸愁容左右为难。我是为咱们着想，已经报案咧。马子忠看一眼衙役十分破烦。一个衙役好像看出马子忠的心思。他粗声粗气露出凶相。我们是公差，你想打发就打发嘛。艾巍山很难为情，引衙役去谷场查看。

两个衙役没有查出火灾线索。艾巍山顺着马子忠意思，打发他们走。两个衙役露出嘴脸，说三道四要吃要喝要银子。艾巍山这才明白过来，请他们到大堡子吃喝敬上银子。马子忠心烦叮嘱他。这世道，衙役也是两头吃。往后遇到这样破事能自家处理就自家解决。艾巍山虽然与马子忠有点过节，但看着浓浓大火烧了谷场还是看过不去。他想帮一把马子忠，就与婆姨商量。艾婆姨心疼钱财，不想给又说不出口。艾巍山等着她的应答。

艾婆姨苦着脸说："确实一年收成白忙活哩。咱给多少？给少了不管用，给多了又拿不出。那就意思一下，这事也可麻缠一下里公所。"

这话提醒了艾巍山。他来里公所找何里长。

何里长摆摆手说："县衙没有这个规定。家家都这样，龙王也招呼不过来。"

艾巍山："何里长出个面捐点钱粮，意思一下。也许——"

何里长打断他的话："大灾大难面前，人人都躲得远远的。"

艾巍山乞求的眼光看着他说："何里长，只要你带头装个样子。"说完从袖口里摸出银子压在他手上。

何里长露出笑容道："三张麻纸湖的个驴脑。马校尉脸面大，那就试试看。"

刘一六戴着孝哭天喊地进来状告马子忠。他奶奶回家后胡言乱语，三天后死了。他悲伤痛苦一口咬定马子忠。门外围着很多人七嘴八舌。刘家奶奶死在自家。刘一六不孝顺，讹人呢。刘家奶奶撞鬼了，嘴歪眼凸可吓人咧。何里长没有经受过这样的事一下愣在那里。

艾巍山插句话："在自家死下的，讹人啊。"

刘一六十分气愤带一帮人吆喝："刘家人，走去金马沟。"

艾巍山一看这架势赶紧往回赶。马子忠得知即刻召集人抄起棍棒堵在沟口。艾巍山急忙吩咐两个后生喊叫何里长和高乡约。刘一六气势汹汹领人冲过来。金马沟的人抄棍棒拦住对峙。刘一六指着马子忠恶言大骂。

马子忠无法讲理质问："你想干甚?"

刘一六伸出两个指头："死人偿命，要不就赔二十两银子。"

马子忠愤怒要动手。蔡牛沉着冷静一把拉住。马金武站出来异常镇定。神婆子叫魂驱鬼救我。我来偿命。他把头伸到刘一六腔子前。刘贺一把推开马金武。双方大吵大闹开始出手推搡。人越围越多议论纷纷。何里长和高乡约过来也劝解不开。

何里长眼看闹得差不多了把刘一六拉到一边低声说："老人还没有入土为安，差不多行了，弄上银子就行。"

高乡约大喊一声："马校尉，刘甲首去里公所。其他人散了，谁在胡闹绑了。"人群叽叽喳喳渐渐散去。

马子忠和刘一六来到里公所。高乡约坐在公案前平静地问话。两人如实道出前后经过。刘一六认为刘家奶奶死的蹊跷。马子忠以为死因要有大夫说明。高乡约盘问哪家大夫?刘一六道出杨大夫诊断。何里长打发人请来杨大夫。杨大夫直言心口病，人老了满身病。刘一六胡搅蛮缠辩解。如果不去金马沟，也许好好的。马子忠瞪一眼他气得说不出话。大家一时僵在那里。何里长思前想后认为刘一六的话在情理。

何里长瞄一眼刘一六慢条斯理道："刘家奶奶毕竟是去金马沟看病人。人之常情，适当补偿一点。"

马子忠火冒三丈指着何里长道："这是解决问题嘛。没有的事为甚要给补偿。喝酒人瘫人死讹老子。偷驴摔死人日弄老子。老子的谷场着火了是谁干的。给些补偿吗?”

高乡约:“马校尉,不要恶言相向。”

马子忠怒言道:“高乡约,这无中生有的事,讹人啊。要钱没有要命一条。刘一六,你个枪打鬼,再来金马沟胡闹试试看。”说完扭屁子走了。

艾巍山和刘玉佩在门外等消息。马子忠气冲冲没有搭理他们。他们进去一看气氛紧张不对劲。刘玉佩进来阴阳怪调挑弄是非。

高乡约训他一头子:“刘里长,没完没了啊。你可以带上刘家上告县衙。”

刘玉佩尴尬地笑笑说:“事情不大不小。我就看不惯马校尉,没有人情味。”

高乡约正言道:“没有的事,何来大事化小,小事化了。不要无中生有。刘甲首,不要胡闹了,回去料理家里后事去。”

刘一六黑着脸悻悻离去。艾巍山听出高乡约的话音。他有意给何里长台阶下。马子忠自认有点过分,毕竟神婆做下救人的事。他出些银子吩咐艾巍山代表金马沟参加刘家奶奶的后事料理和丧葬。艾巍山参加完刘家奶奶葬礼。刘一六的情绪平静下来。他向何里长又提起向马子忠捐款的事。何里长没好气地一口回绝。一堆破事麻缠在一起,不要提那事了。房学礼得知马子忠家谷场灾情十分痛心。他来金马沟看谷场灾情。学生跟着过来触目感叹自言自语。何川感喟不已自言“一年收成没了。先生教导与人为善,助人为乐。”房学礼欣慰地露出笑容。谁家无难,人要帮人。何川提议要为马子忠家捐助。学生激动正言纷纷响应。

房学礼晓之以理,动之以情组织学生捐粮捐物。一些家长不愿意找到何里长。何里长把何川骂一头子。何川回应“人而不仁,如礼何？人而不仁，如乐何?”他训话房学礼不要多管闲事，扰乱里公所正常公务。学生们铭记“以爱已之心爱人则尽仁。”他们单纯热情说服家人尽自己绵薄之力。房学礼带学生把捐粮捐物送到金马沟。马子忠十分感动记下捐粮捐物人名，并请房学礼和学生吃饭。马金宝有心写下《谢房先生书》并列出捐粮捐物人名，贴在里公所门外。这事引起沟沟岔岔的人传扬。何里长知道这是好事，心里又不舒服。高乡约过来看过《谢房先生书》，在上面题写“与人为善好风尚”何里长提笔写下“感谢房先生”艾巍山埋怨嘲讽何里长。我花银子让你做好人。这下好了，还不如个学生后生。

马子忠打心里感激房学礼，感谢那些学生。吴冬阳在金兰面前叽叽咕咕。那些捐粮捐物的学生要记住。那是他们大大和妈妈给的面子。这是欠人家的，那要回礼……马子忠自然会记下这份情。他没想到刘玉佩家也捐些粮食。马金武告诉马子忠。刘旺与刘玉佩吵一架，在别人家借的粮食。马子忠苦笑摇摇头。马家暂且平静下来。蔡牛这才向马子忠道出心里话。他怀疑这是有人故意纵火。他着实细细查看谷场，又没查出可疑迹象。马子忠也是疑心重重只有窝气憋着。他提出安排各家轮流巡夜。金兰犯愁总是在马子忠面前嚷嚷马金武。马子忠忧虑自言“这小子命硬，让他下地干活背粪篓，不要再闯祸。”

那场大火过后还是有点后怕。马金武记恨刘贺，满脑子猜疑这火是他放的。他每天在谷场转悠悔恨自己。人怕鬼，鬼也怕人。他又可笑他们叫魂把神婆子吓死了。一场秋雨一场寒。他穿着羊皮坎肩领着一只狼巡夜打梆子吼着“防盗防火，平安无事”来到谷场歇息。蔡远、李云和艾守关过来陪着又偷偷喝酒。马金武脑子里老是出现刘贺。

马金武认定就是刘贺很直白说：“这火一定是刘贺放的。我和他没完。”

李云从腰间拔出匕首一亮说：“昂，那就弄掉他一条腿。”

蔡远喝口酒说：“大堡子刘家都是哈怂。”

艾守关：“刘旺还是拜把子兄弟。”

马金武：“走着瞧吧，刘贺是个狠怂，也不会闲着，要防着他。”

一支唢呐曲子低沉悲凉飘荡。李云讨厌这忧伤的唢呐曲子，胡乱大吼酸曲。马金武坐着难受直挺挺躺下。他的头不经意挨到一块硬东西。他随手一摸感觉是一把银锁。他没有吱声揣在怀里。

第二十六章　唢呐声声

清早，阳光明亮亮地晃眼。马金武醒来眯着眼看看天。他从怀里掏出那把银锁细细打量。“刘旺”两字引入他的眼帘。他惊讶地立起又围着谷场转三圈。他疑神疑鬼猜想，刘旺的银锁怎么会丢在这里。刘旺来这里干什么？他带上银锁去找刘旺。他见着刘旺胡乱拉上几句话问他最近丢什么东西。刘旺摸摸脑袋想不起来。刘喜过来插嘴“银锁丢了，挨打哩。”马金武怀疑的眼睛看着刘旺。刘旺避开他的目光点点头。马金武没有言语离开了。

这事要给家人一个交代。马金武心急想找到那个放火的人。他回到家反复琢磨这把银锁。这把银锁飞到这里很蹊跷。既然是刘旺的，那就与他有关。他把刘旺前前后后翻过几遍。梦里看见那个放火的人影就是刘旺。他疑神疑鬼越来越怀疑刘旺。他把这事告知三个兄弟。他们顺着马金武的猜疑，认为刘旺不可靠有嫌疑。马金武又想三天，下狠心约见刘旺。他带刘旺来到一孔破窑里。蔡远、李云和艾守关怒目而视把他逼到炕边。

刘旺莫名其妙地问道：“干甚？别胡闹。”

马金武站在他面前亮出银锁。

刘旺伸手道：“这是我的，咋在你这？”

马金武瞪着他，怒言道："说，啥时丢的，在哪哒丢下的?"

刘旺摇摇头说："记不起来，这有咋咧，还给我。"

马金武："这事大咧，在我家谷场发现的。你如何解释。"

李云一把揪住刘旺的衣领放狠话。

刘旺打开李云的手大声道："金武，你疯咧，怀疑我。"

蔡远："这把银锁，你脱不掉干系。"

刘旺："那能说明甚，先生教导我们，做事要有理有据。"

艾守关放狠话说："不老实交代，剁下你的手。"

刘旺一下拔出匕首架在自己的脖子上，情绪激动地说："士可杀不可辱。你们认定是我放火，我就死在这里。"

他们一下愣在那里。李云反应过来一把夺过匕首。刘旺冤枉嚎啕大哭。马金武如梦惊醒安慰他。刘旺气愤转身走开。蔡牛得知这事单独与马金武判辩。他教诲马金武要像狼一样发现追踪线索，如何识别好人贼人。马金武遇到这次大火着实用些脑子。他冤枉了刘旺，但是要继续发现可疑线索。他带上银锁去向刘旺道歉。

马金武解释说："谷场着火，我一直心跳后怕。我认定是有人放火，我想查出来给家人一个交代……我心急快疯咧。"

刘旺接过银锁说："我是那种人嘛。我也没有那个担子。"

马金武："银锁咋会丢在我家谷场。"

刘旺："如果有人有意把银锁丢在那里。那就是有人放火。若要人不知，除非己莫为。我要把银锁的事弄个明白。"

马金武露出笑脸道："走，我请你吃羊杂碎喝酒。"

高乡约碍于学生的举动来看望马子忠。他带来一袋子稻黍表示慰问。马子忠客套留下他吃饭。何里长得知高乡约去看望马子忠，带来两袋粗康显示他的心意。高乡约嘘寒问暖，又大加赞赏房学礼和学生好善乐施的行为。

马子忠："经一事长一智。金马沟已规定下巡夜。大家的情意都要记下。"

高乡约："房先生教学有方。学生娃有礼有节，乐善助人。好风气好风气。"

何里长："这要感谢房先生。里公所马上制定各甲巡夜。宣扬乐善助人风气。"

高乡约："互帮互助，患难相恤乃传统美德。大肆宣扬，送房先生牌匾一块弘扬正气。"

吴冬阳看见两袋粗康，在门外"呸"一口骂道："装好人，粗康喂你家牲口。"

房学礼专门来看望马子忠。他提起马金武，婉转地劝导继续上学。马子忠已有自己的打算，马金武可以顶上个庄稼人。房学礼赞扬马金宝读书善于思考发问。他打心底喜欢马金宝，已认可自哒女子不裹脚布。他这次特意送给马金宝一支唢呐。马金宝跟着刘憨憨越学越来劲。刘憨憨一直细心教他。马金宝有时静静听着他吹。他感到刘憨憨吹唢呐好像在说话。他三番五次向刘憨憨讨教。刘憨憨不知如何应答随口说学好了就能听懂咧。马金宝很有悟性，渐渐地听个歌就能吹出来。他带着唢呐上学给同学吹。

房姿玉听他吹唢呐欣喜地问："金宝哥，唢呐可好听。我会弹瑶琴。"

马金宝："琴啥样？"

房姿玉低声说："哥哥拾一捆柴送来。妈妈愿意，我给你弹琴。"

马金宝乐呵呵点点头。

一捆柴，一首曲子。马金宝当真背来一捆柴。房夫人满脸喜悦夸赞他。马金宝不自在地低声要想看看瑶琴。房夫人把瑶琴摆在炕桌上。房姿玉上炕笑嘻嘻端坐在瑶琴旁。她优雅地抚弄琴弦。一曲《江南韵》柔美似水，宁静致远。马金宝听得入耳入心，仿佛悠然飘动的秀丽山水。他的心音随着琴弦波动。他情不自禁走出窑外，合着琴乐吹响唢呐。他回到家一直沉浸在那柔美似水的琴韵里。他爬到圪梁梁上吹出一曲黄土《江南韵》。刘憨憨寻着唢呐声来看马金宝。他听出这是一首新曲子，问这问那。山沟里飘来马金武的喊声。马金宝起身回家吃饭。

夜深人静，圪梁梁上飘来低沉的唢呐声。马子忠一听到刘憨憨的唢呐声就烦心。他明白这个憨脑子心里的疙瘩。马兰花一直看不起刘憨憨。她经常给他甩脸子，恶言相向。刘憨憨憋屈忍着把恨都记在李二蛋身上。他极力安慰自己。不气不愁，活到白头。马兵娃不明不白总是问马兰花。我为什么姓马？李二蛋是大大吗？李二蛋捎来一些银子。马兰花把银子亮在他面前嘲笑数落他。刘憨憨不敢对人说，自言自语“尿脬打人不疼。”他跑到圪梁梁上骂自己，用土疙瘩打自己的头。马兰花一看到刘憨憨要死要活的样子心里骂他。怎么不跳涯死可。

刘憨憨的低沉郁积的唢呐声连续在金马沟夜空飘荡。金兰听着心里也不是滋味。马兵娃不想看到父母经常吵闹。他眼含泪水向金兰哭诉。金兰找马子忠商量要解决这事。他们分别找刘憨憨和马兰花摊开拉话。马子忠没有什么好办法。他胡乱训斥刘憨憨一通。不像个男人。打出来的婆姨，揉出来的面。男人想办法收住女人的心，她是你的母羊，看得紧紧的……刘憨憨挨一头子窝气不吱声。他埋怨马子忠应该去收拾李二蛋。马兰花一直哭哭啼啼怨恨马子忠。金兰倒是又有点心疼马兰花。她想起当年自己是那样不信命，不知如何劝导她。她只有摆出三纲五常来安慰。马兰花心里难受总是眼泪哗哗。心里有了那个男人就放不下。

唢呐声着实搅人破烦。马子忠还是在夜里听见刘憨憨的唢呐声。他一人来到黑水潭敬拜金马驹，祈求金马沟安宁。金兰静悄悄来到马子忠身旁。马子忠叹口气向她道出他和刘憨憨的约定承诺。黑水潭金马驹好风水。刘憨憨和马兰花不和，这好风水就破哩。刘憨憨和马兰花回到家都相互猜测对方心里。刘憨憨对马子忠有气，又不知如何哄马兰花。他还是独自一人吹唢呐。马兰花的心里一直压抑挣扎。她多次尝试把刘憨憨看做亲人，但是心里放不下李二蛋。她恨父亲也恨自己，想一走了之。这次，她心想刘憨憨要给个说法，甚至会破口大骂。刘憨憨还是那样闷头不说话，跑到圪梁梁吹唢呐。他们都没有想先开口拉话。马兰花憋不住找事骂刘憨憨。刘憨憨实在忍不住这多年的窝囊气，动手打马兰花。马兵娃看不过去，抄起一根棍子打刘憨憨。刘憨憨暴怒夺过棍子边打边骂。马兰花就是个不要脸的女人。他又打骂马兵娃是个野种。艾婆姨听到厮打喊叫声过来劝架。她看刘憨憨面部凶恶死死拦住他大声喊叫。马金武带上几个兄弟赶过来。刘憨憨扔掉棍子圪蹴在墙边抱头大哭。

马金武把马兰花领回家。马兰花坐在炕上有哭又闹。金兰细心安慰劝她好好过光景。马兰花一听这话闹着要回抚北百户所。马子忠进来给她一个耳光。不要给马家人丢脸要守妇道。马兰花委屈十分难过。她跑到母亲坟前大哭一场，决意要回抚北百户所。马子忠思来想去要带马兰花去散散心。他安抚刘憨憨交代一番带着马兰花去抚北百户所。马兰花一到抚北百户所露出笑容。她跟相好的一起骑马野外玩耍。马子忠看着马兰花转悲为喜得以安慰。他趁着酒劲与马兰花拉话。他看着这里的夜天十分感慨。他的话很多，道出他与刘憨憨的约定和承诺。马兰花这才相信理解父亲，答应回去好好过光景。

月亮背弓，必然起风。马金武替马子忠看酒铺子。他每天带上马金宝和三个兄弟去学馆。一天晌午，蔡牛捎话有黄风吩咐提早回家。马金武把话传给房学礼。他看看昏沉沉的天要留下看住酒铺子。老黄风说来就来沙尘扬天蔽日。马金武关掉门点上油灯啃吃黄馍馍。黄风叫驴似的狂妄猛烈嚎叫。他吹灭灯胡乱倒在炕上睡去。黄风怪怪地突如其来又骤然停下。天色一满黑黑黄黄的。一阵急促的砸门声把他惊醒。他迷迷糊糊打开门。

刘旺急死慌忙问道：“姐姐丢了。”

马金武显得很沉静说：“慌甚，没事的。”

刘旺急得眼泪汪汪：“大大转一圈回来说，风鬼抓走了。大大不管咧。”

马金武询问刘喜出门去哪里。刘旺细细道出去向。马金武没在多问与刘旺分头去找。他们一边喊叫一边找。马金武在一道沟一棵树下找到刘喜。刘喜哆哆嗦嗦惊恐不安。马金武把她搀扶起来。刘喜捂着眼睛两腿发软。马金武一把背起她送回家。

黄土土的天色。马金武看着又不放心马金宝。他顺着路摸回家门。金兰慌慌张张喊叫“金宝不见了。大伙正在找。”马金武在缸里舀一瓢水灌几口就出去。他听见刘憨憨的唢呐声寻过去打探。刘憨憨木呆呆地指指黑水潭。那里有狼嚎呢。马金武急急忙忙赶到黑水潭。马金宝浑身泥水躺在黑水潭边。一只狼灰狼卧在旁边舔他的脸。马金武一把抱起马金宝喊叫。马金宝微微睁开眼一口喷出水来。他喘着粗气歪过头看着那只狼。他用手轻轻抚摸狼头，微笑地对它说话。马金武把马金宝背回家。马金宝躺在炕上发冷不停地抖动。马金武把蔡牛喊叫来。蔡牛一看是着了风寒。他用一枚铜钱蘸白酒轻刮前后胸、下肢曲窝处，直至皮肤发红发热，然后喝一碗热姜糖水。

金兰担忧地说："这能成吗？"

蔡牛："今夜无事，明个请大夫。"

大夫看过马金宝，放下三包药叮嘱多喝水。马金宝连续喝药三日，身体好多了。他脑子清醒不想说话，眼前时隐时现金光很像两匹金闪闪马驹。金兰看马金宝迷迷瞪瞪有点心慌。她坐在马金宝身边，叽叽咕咕为他驱鬼。马金宝很想静静，翻来覆去有点不耐烦。吴冬阳过来看马金宝，神神叨叨让金兰叫魂。金兰犹豫不决把马金武喊叫过来。马金武用手拍拍马金宝的脸。马金宝下意识把身子转过去。马金武喝下一口酒喷在马金宝脸上。马金宝呛得坐起来抹脸。马金武嘻嘻一笑。没事。魂没丢。

马子忠带着马兰花回来。李盾在家摆下酒宴接风，实为惭愧抱歉。马子忠面带笑容饮酒瞄着刘憨憨和马兰花。马兰花面色光亮倒茶斟酒。刘憨憨的眼睛一会儿看看马子忠，一会儿瞄一下马兰花。他不会说话只是敬酒喝酒掩饰内心的不安。艾巍山嘻嘻哈哈指着刘憨憨端杯酒敬给婆姨。刘憨憨看一眼马兰花有点犹豫。艾巍山推他一把打气。婆姨回家了，敬一杯。刘憨憨下炕端杯酒递给马兰花，两人对饮。马子忠这才松下口气。

刘憨憨回家后感受到马兰花的温情。他感激马子忠的良苦用心。他倒有点不自在又不知如何下软话。他紧紧搂住马兰花给她力量宣泄内心的苦和爱。马兰花依然心情复杂，但是她为了金马沟，把苦和爱深深埋在心底。刘憨憨脸上绽开笑容蹲在石磨上吹响一曲欢喜地情妹妹。马子忠坐在石碾上听得真切。他叹口气心里自我宽慰。马金宝听见唢呐声出门要对吹。

马子忠制止他问道：“你小子咋掉进黑水潭里？”

马金宝支支吾吾说：“大，我看见金光很像两匹金闪闪的马驹。它是传说的金马驹吗？”

马子忠一惊道：“不要胡言，那是传说。”

马金宝低声道：“我明明看见，不小心才掉进黑水潭。”

马子忠：“那是做梦咧，不要对外人胡言。”

马金宝相信自己，又把这事告知母亲。金兰摇摇头哄骗他。那是做梦哩，不要对外人胡言。马金宝闷着头不吭气。他心想，父母这是怎么了？明明看见了，非要说是做梦。他询问同学，他们摇摇头。他又向房学礼求问。房学礼面色和蔼教导他。传说是口头上流传下来的，是人演变成神话而来的，是人的美好向往……家里人都不信，马金宝生闷气，心想家里人为什么不信他，他要找到那对金闪闪的马驹，让他们亲眼看看。他天天傍晚在黑水潭转悠。不论白天还是黑夜，睁眼闭眼，那对金闪闪的马驹在眼前晃悠越来越清晰。他想不通迷糊不解。

马金宝手记。这天，黄风“呼呼”漫天沙土。我们五个人拉着手摸着路艰难赶回家。窑里亮着灯，母亲坐在炕上等我。我灰头土脸进来洗把脸，看着母亲露出安心的笑容。我告诉母亲，马金武守着酒铺。这黄风怪怪的，一阵阵就停了。母亲吩咐我去看看刘憨憨和羊群。天上下土，黄尘蒙蒙。我眯着眼慢慢探路。我也不知走多远，忽然眼前闪过一道亮光。我蹲下环视四周，黑水潭那边闪亮一道金光。我害怕又好奇两条腿不知不觉向那里移动。那道金光又在黑水潭闪亮。我神志恍惚睁大眼睛加快步子，不料踏空跌进黑水潭。我在水里胡乱扑腾喝下几口水。没想到一只狼把我拖上水边。我认下这只狼，偷偷给它喂些羊骨头。这事，我回家后眼前时隐时浮现金光很像两匹金闪闪的马驹。这里传说金马驹的故事。传说是真的吗？难道是有人编造的啊。我看得真真的，黑水潭闪亮金光很像马驹，为什么没人相信。母亲好像看出我的心思，三番五次向我解释重复那些话。我向父亲顶嘴。我是看见过，就是金马驹。父亲发火了。你是不是撞见鬼咧。我也纳闷，似信非信很破烦。大人非要小孩信他们，他们怎么不信我们呢。我是金马驹吗？我也许就是金马驹，我真想成为金马驹。我就是金马驹，看你们信不信。我心里萌生一个歪念头，偷偷发笑。我制作一对飞马灯笼，趁夜在黑水潭跑过三趟。我终于听见父亲对母亲说话。金马驹显灵了。金马驹显灵了。我把这事悄悄告诉房姿玉。房姿玉头一歪莞尔一笑。山里水里都住着神仙呢。你信就有的。我干干一笑心里一下浮现出一个笑格蛋蛋的小女子。

第二十七章　寻祖认亲

老二被拘役三个月后放出来。他变个人似的来到马富田面前，跪地请求原谅。马富田耐心叮嘱他。自哒是你的根。马家家谱是马家人的。马家人不论走到哪哒，身子要正。这也是尽孝。老二拉上马跃进去给他父亲上坟。他跪在坟前痛哭流涕，自言自语悔过。他起身掏出一把钱压在马跃进手里。大爷，我信你，我不要那对金马驹，我要进家谱。马跃进心里一热握住他的手。能行，那对金马驹是冥器铜的。马跃进开始走访拍照，对农家老物件越加感兴趣。这是农家最传统的文化。他经过反复考虑，把建村史馆的念头告诉父亲。

马富田高兴地说："这是金马沟好事，不能让后人忘了根。"

马胜兵得知马跃进这一想法，有点犯难地说："这事是好事，不过这是村子里的事得有村委会出面。"

马跃进："事在人为吧，我已做些资料准备，不影响家谱的事。"

马胜兵笑道："大大，这事是好事，去找村委会看看能行不。"

他带上马跃进去村委会。村支书蔡保才满面笑容，把他们引进办公室。马胜兵向蔡保才引荐介绍。他们随意拉话攀起亲戚。马跃进转入正题提出建村史馆的事。蔡保才摇摇头不言不语。马跃进简单说明村史馆的意义和建馆的所需准备。蔡保才只是倒茶续水根本听不进去。马跃进耐心反复宣传说明道理。

马胜兵递上一根烟说："你做主，要想做就能成。"

马跃进拉长口音道："这往后村史馆也许是个旅游景点。"

蔡保才猛猛吸两口烟说："这事大也不大，破窑窑有就是没钱。"

马跃进坚定地口吻说；"只要你同意，我找县里想想办法。"

蔡保才"嘿嘿"打哈哈。

这事摆出来有点唐突。马跃进又不想就此罢手。他琢磨着听听李晓光的建议。他念叨着李晓光，掏出电话。李晓光反而打电话过来。在哪哒？我们进金马沟村咧。马跃进心里一喜。方说曹操，曹操就到。他下到沟里路边招手迎接他。

李晓光下车笑道："马将军像个文人。你比史志办还忙呀。"

刘雅颂跟着下来，点头微笑。

李晓光："顺道过来看看马伯伯。"

马跃进把他们引到院子。他们放下礼物，围着石桌坐下欢声拉话。

李晓光称道；"马伯伯，马将军回家乡可是大忙人。帮县里编辑传说咧。"

马跃进拉住李晓光的手说："我欠你一顿酒，马家也有自家酿酒。我来做马兰堡手扒肉。"

马跃进在厨房忙着洗菜切菜。刘雅颂进来帮着围上围裙。他转过身心里一热，异样的目光看看她。刘雅颂坦然地笑笑。你会做饭呀。今天品尝你的手扒肉。我来当下手。马跃进做好饭菜，她一样一样端上。马跃进过来沾沾自喜。这是羊肉皮带面。这个手扒肉不同这里炖羊肉。手扒肉的香气扑鼻而来。刘雅颂夹起一筷子面慢慢品尝。李晓光咀嚼着一块羊肉点头称道。刘雅颂瞄一眼马跃进称赞“这饭菜，马兰堡人爽气实在。”马跃进一边倒酒嬉笑。饭吃好，酒喝饱。李晓光“哈哈”一笑。马兰堡人大块吃肉，大碗喝酒。他们酒足饭饱，刘雅颂倒茶续水。马跃进慢慢点起一根烟，话入正题提出自己的想法。

李晓光兴奋地说：“我们正在商议这个事，可以建一个爱家乡教育示范基地。”

马跃进：“这事要县政府出面。”

李晓光：“如果这个点选在金马沟村，你可要出力哟。”

马跃进：“建好村史馆也许可以拉动乡村旅游。”

李晓光来了兴致，郑重其事又举杯。这事就这样定下咧。

刘雅颂从包里掏出传说书稿说：“这事不能忘哩。”

李晓光起身拉住马跃进的手说：“不行，尔格就跟我走。明个开会研究。”

马跃进丝毫没有准备背上包匆匆上车。他与刘雅颂并排坐在后位。车子走出金马沟村，天色已黑。马跃进迷糊着眼打瞌睡。刘雅颂的头倚在他肩头睡着了。李晓光年初把建爱家乡教育基地的计划已经报到县政府。这次提出燃起他的热情。他召集单位所有人再次商议细化。大家纷纷建议讨论热烈。马跃进初步提出村史馆按照“古代、中华民国，中华人民共和国”布展。文物，文字和图片并茂。大家一致同意，乡、村提供场地窑洞，收集文物。史志办提供图书、文字和图片。县、乡政府出资。

李晓光：“感谢马将军的支持。史志办定出详细方案和预算。

再次上报。”

马跃进：“网上有个消息，南方建南市有个北园村，村史馆和农家乐办得很火。可以去参观学习经验。”

李晓光想想说：“这个与方案一同上报县政府。”

马胜兵打电话传来消息。他孙子马行道的女同学金飞燕无意间道出一个秘密。她家拆迁老屋挖出一块石碑。碑文记录金家祖上本是马氏。马跃进一下联想起“金马”。他赶回来盘问马胜兵。马胜兵打电话详细询问马行道。马行道建议他们走一趟，弄个明白。马胜兵乐呵呵称道孙子。马跃进犹犹豫豫征求马富田意见。马富田吩咐走一趟，金马本一家，也许是马家后人。

马跃进又向马行道详细打探一番才决定走一趟。临行时，他电话告知李晓光。李晓光已经在火车上正在赶往建南市。马跃进与马胜兵一道启程来到江天大学。马行道引金飞燕见面。马跃进说明修家谱和来访原因。她懵懵懂懂还是那几句话。他们要走一趟她家乡看看。金飞燕一看他们很认真道出实情。父亲把石碑当成宝贝收藏起来。他们说明只是看看石碑。金飞燕眨巴眨巴眼沉思半晌，拿起手机打电话。她马上收起手机。他们急切地等待回话。

后晌，马行道拉上他们一起吃饭。金飞燕接上父亲电话把事情说得很重。她父亲答应明天十二点会面就十分钟。金飞燕的父亲是金海矿业有限公司董事长、总经理。他得到这块石碑一直想弄个明白。他接到女儿电话也就应承下来。第二天晌午，他们按时赴约地点。董事长一身笔挺西装自称金福山。他们相互自我介绍客套一番。马跃进说明来意。金福山心不在焉总是在看手表。马跃进嘴说无凭掏出老家谱打印本递上。金福山打开第一页，马家的名字映入眼帘。他心里一惊，这名字是祖上刻在石碑上的。

金福山面色凝重道："你们确定是金马沟村来的？"

马跃进点点头说："从古到今，金马沟没多大变化。"

金福山激动地一把拉住马跃进的手说："今晚在金海酒店约见，慢慢道来。"

他们在金海酒店谈的亲切热烈。没想到啊！没想到啊！千里认亲相聚。金马沟四百多年了。可敬祖上是边关军人。马家人能认亲相聚是祖上修来的福。马行道凑到金飞燕耳边嘀咕。我们真是一家子，你得改名马飞燕。金飞燕莞尔一笑。也许我比你辈分大。

马跃进说明修家谱的过程。金福山得知一些马家家史十分感慨。他放下公司里的工作，陪他们去金家寨看石碑。他们来到金家寨金家大院。金福山吩咐家人搬出石碑。马跃进掏出老家谱打印本。他俩相互仔细核对。石碑文朔水县金马沟金马沟。先祖马子忠……他俩对比看得真切，热泪盈眶。大家面对石碑齐齐跪地磕头。马跃进忙着拍照做记录。金福山神态坚定要回金马沟寻祖认亲。他们在金家亲亲热热吃罢饭。金福山吩咐助理带他们参观旅游。这时，李晓光打电话又发短信。这里事情紧急，速来建南市。马跃进认定是村史馆的事向金福山告别。金福山心生一股暖流派车为他们送行。马跃进上车向他招手。我在金马沟村等你。

他们一路飞奔赶到建南市。李晓光发来建南宾馆定位图。他们赶到建南宾馆，一群人在门前迎候。马跃进一看这阵势云里雾里。一个戴眼镜的男人毕恭毕敬打开车门。马跃进下车与他们握手眼睛环视寻找李晓光。李晓光一把拉住他发蒙。我也不太明白这事。马跃进拉住马胜兵还没回过神来。一群人簇拥着他们进入宾馆。马跃进来到房间放下行李，急切地向李晓光问个究竟。李晓光与刘雅颂一起出来参观考察北园村。北园村人很热情向他们详细介绍，并指派专人带他们参观。李晓光细心记录拍照颇有感受。他们离开时正遇上建南市副市长马军田来调研。他身着夹克外套白衬衣面善和蔼。村主任向他介绍李晓光。马军田握住李晓光的手自我介绍。热烈欢迎他们来指导交流。李晓光谦逊真诚地欢迎他们来朔水县光临。他紧紧握住村主任的手告别。

马军田随口问道："李同志，朔水县有个金马沟村吗？"

李晓光："有的，多是马姓。"

马军田："马姓家可有家谱？"

李晓光心想，这市长姓马，他怎么知道金马沟？莫非祖上是金马沟人。他向马军田提到马跃进。

马军田："你和我秘书联系，让他来一趟。"

建南宾馆饭局豪华气派。马跃进受宠若惊依旧蒙在鼓里。大家随意拉话等待马军田。刘雅颂坐在马跃进身旁打趣笑笑。在这里碰见马家市长。也许五百年前一家人。马跃进急切想看看这位市长，没心思拉话。李晓光在一旁帮腔。你们也许真是一家人。马军田西装革履款款进来。他微笑着向大家打招呼。他绷着脸要对秘书打电话。市史志办何主任怎么没有到，这远道来的是史志同行。秘书赶紧电话联系。李晓光介绍一行人。马军田举杯致辞欢迎远道来的同志。干杯！我与大家碰杯喝酒很随意。桌面上好像没有什么目的和意义。马跃进急切地想明白这桌酒菜。他终于等到马军田来敬酒。

马军田举杯道："马家始祖本姓赵。修家谱是家传文化，也是史志工作本分，是大好事。我敬将军一杯酒。"

马跃进行个军礼："谢谢领导。"

领导什么时候都显得很忙。马军田向各位敬完酒匆匆离开。何主任来了兴致，频频举杯。马跃进忍不住把李晓光拉出来，感觉这酒喝的没味道。李晓光也不明白马军田什么意思，既来之则安之吧。酒席散去，秘书传来马军田的邀请。明天史志办何主任带他们参观旅游。马军田单独约见马跃进。马跃进躺在床上翻来覆去想这件事。马军田是副市长，没有事不会摆这个场面。马军田约见难道与修家谱有关？马跃进如约来到马军田办公室。

马军田很客气，毕竟马跃进是退役将军。他们并排坐在沙发上，直接询问修家谱的事。马跃进简单叙说修家谱的过程。马军田从书柜里拿出家谱递上。父亲半年前去世留下家谱。马跃进接过家谱翻阅一惊。朔水县金马沟金马沟。先祖马子忠……他打量马军田一番，眼睛一热拉住他的手。马军田原来是为这件事。

马跃进兴奋道："马踏千里寻亲人。终于找到了，找到了！"

马军田："我家儿子在网上看到马家修家谱的消息，才引起我的注意。"

马跃进掏出老家谱递上。马军田仔细翻阅十分感慨。没想到，没想到啊！先祖远在朔水县，是六品校尉。他抿一口茶说留下联系方式。他坚定要回去寻祖认亲。马跃进道出金家寨石碑一事，留下金福山联系方式。马军田点点头重复"我一定要回去寻祖认亲。"

他们坐火车离开建南市，李晓光一路追问这事。马跃进简单向他道出实情。李晓光显得比他还激动。马跃进心想，马军田如果回老家寻祖认亲，村史馆一定能做成。李晓光把他拉到餐车要庆贺一番。马跃进一路难以按捺喜悦的心情。他也想喝酒，没有推辞。李晓光端起酒杯，连声称赞敬三杯。刘雅颂关心地劝马跃进少喝酒。

李晓光笑道："马将军，这一趟那么巧。马军田是副市长，记住我家婆姨也是马家人。"

马跃进喝口酒激动地说："没想到呀。他要来金马沟村寻祖认亲。”

李晓光若有所思道：“好事，好事。”

刘雅颂笑格盈盈举杯道：“好事，好事。马踏千里寻亲人。”

李晓光兴奋地与马跃进连碰两杯酒说：“我听说你还单着呢。将军不能孤军一人，在家乡寻个婆姨就圆满咧。”

李晓光笑嘻嘻看一眼刘雅颂。刘雅颂一脸绯红低下头。马跃进似乎明白笑而不语。李晓光回来向分管领导做详细汇报。县委研究决定“金马沟村史馆”正式立项。县委副书记带副县长、李晓光一行来金马沟村考查调研。最后在村委会开会拍板。蔡保才不敢托词表态一定提供旧窑，收集老物件。乡长坚定地要求。这是乡里的事，更是金马沟村的事。乡里牵头定责任，抓落实。蔡保才必须全力以赴办好这件事。副书记细心交代，口气肯定。这事是件大好事，是经过县委多次考查调研决定的。村史馆资政育人，利在当代，功在千秋。可以逐步拉动休闲旅游……乡政府要尽快拿出方案，着手实施。

李晓光提议让马跃进做村史馆文化顾问。副书记、副县长点头赞同。马跃进很欣慰，认为是为马家做一件大事。他召集委员会通报南方之行。大家十分惊喜，一致赞同南方这两支自修家谱再综合。马跃进加快编辑完成传说，又静心俯下身子修家谱。刘雅颂整理排版好传说书稿，邀请他参加评审会。评审会圆满召开结束。马跃进接到金福山电话。马军田与他约定后天来到金马沟村。马跃进大喜过望，即刻返回金马沟村，召集委员会。他制定出接待方案。大家激动兴奋，同意每人出一份钱接待远道来的家人。

四辆轿车缓缓驶入金马沟村。马家人站在路旁迎接。吹鼓手吹吹打打。金马沟两边半山坡上围满人，好不热闹。马家人相见拥抱握手充满骨肉团圆亲情。马军田与金福山进到马家大院。马跃进一一介绍家人。马军田看见马富田，一愣细细打量。他一把搂住马富田，一股热流涌上心头。

马富田：“像，真像。我父亲就是这样。长眉，眼睛犀利有神。”

马胜兵笑道：“这是大爷。”

马跃进解释道：“家谱修完才分清辈分。”

马富田乐得合不拢嘴。马向前安排大家休息。

金福山：“回到家乡，看到哪里都是亲的。”

马跃进向他们说明活动议程。

马军田：“不要烦琐，回到家乡自便随意。我来有三点。第一认亲人，看看老窑。第二上坟祭祖。第三吃马家饭，睡家人炕。”

风清月夜，马家大院灯火通明。三张圆桌都摆上八大碗。马胜兵向他们一一介绍马家传统菜肴。马跃进拿着一只黑陶壶酒介绍马家祖传自酿的金马酒。金福山好不客气指定这金马酒今后就是金海公司的贵宾酒。大家推杯换盏，边喝边拉话开心热烈。马胜兵酒到兴致举杯唱起小曲。“风清清，月明明，金马沟来了一家亲。马军田本家人，金福山马家根。风清清，月明明，金马沟来了一家亲。马军田做大官，金福山抱金蛋。风清清，月明明，金马沟来了一家亲。祭祖坟修家谱，马家人亲上亲。”大家拍手欢笑称赞举杯共饮。金福山眉欢眼笑举杯提议要一起上山看明月。大家欢声笑语一起上山赏月。

第二十八章　合伙生意

马金宝认定黑水潭金马驹是真的。他想起自己做得那事就发笑。他不知道父母早就把黑水潭的金马驹当成心中的神马。金兰知道马金宝认准个事，脑子不会打弯。她偷偷道出金马驹的事，并叮嘱不能外传，坏人弄走金马驹会破了风水。

马金宝认真起来问道："妈，我不会说的。啥是风水？"

金兰神神秘秘道："风水先生可灵哩。"

马金宝笑笑随口道："妈，我懂了。山不在高，有仙则名。水不在深，有龙则灵。"

金兰没有明白这诗意依然点点头："对着呢，对着呢。"

刘旺十分感激马金武寻回姐姐。他恳求父亲带上刘喜去感谢马金武。刘玉佩想着做生意赚钱，没有心思跑这事。他冷冷回一句话"女子都是泼出去的水。"刘旺对父亲上次捐粮和这次的事有些想法。他听说过一些大人的事。大人教诲孩子一套，自己怎么又做一套。他想起房先生的教导很是自愧。他让马金宝捎话，请马金武吃饭表达谢意。马金武以为是那银锁的事急忙赶到大堡子。刘旺带着刘喜把他引到一家饭铺。三人坐定吃羊肉烧烤。刘旺诚心诚意把马金武夸赞一番。刘喜着实描眉化眼一番，稚气的双螺髻发型，一对毛眼眼水灵可爱。她感恩马金武，心动起波澜不停地瞄他一眼。马金武对上她的眼神心里颤动，第一次在女子面前害羞不自在。

何里长和艾巍山喜笑颜开进来。刘旺三人行过礼离开。艾巍山请何里长入座，吆喝店小二上酒菜。何里长明白他是为马子忠家田税的事。马子忠家的谷场着火，县衙按照六品官爵规定给予一定补偿。他暗地里私吞还要马子忠交田税。艾巍山正是为减免马子忠田税说情。他客气地为何里长倒酒夹菜。何里长坐得四平八稳，吃喝得津津有味。艾巍山频频敬酒，终于提出减免马子忠田税的事。何里长一开始就想与马子忠拉交情。他认定马子忠好像不领情或是摆架子装好人。他日能行为什么不亲自来低个头。他抓住这事就是要给马子忠一个下马威。

何里长一本正经地说："县衙有规定。我不敢做主。"

艾巍山："田税应该交。里公所可以给一定补偿。"

何里长不冷不热一口回绝。

缴纳田税理所应当。马子忠认理不愿为这事背个坏名声。他已经捎话向父亲借钱。艾巍山回到金马沟，很难为情向蔡牛讨教。蔡牛很干脆提出大家为马子忠家田税凑钱。马子忠拿上钱很感激，一笔一笔记下要还清。艾巍山认为里公所应该管这事。他不明白何里长与马子忠有什么大的过结。他不理解自言自语"人难认，话难说，事难做。"他在杂货铺与刘玉佩拉闲话，无意间把这事道出。

刘玉佩随口道："不管别人事。县衙给六品官爵有救济补偿。"

艾巍山一愣，不说话又装着不在乎。

刘玉佩接着说："我想很长时间了。庄稼人收成一把火就没咧。我看农闲下贩卖牲口，倒卖些皮货。银子揣到怀里安心。"

艾巍山正有此意点头赞许。

艾巍山很快把刘玉佩的话传给马子忠。马子忠十分恼怒，身着六品官服去找县衙。常知县坐在公案前起身施礼。马子忠回礼说明情况。常知县心里骂道“何家没个好东西。一个贪酒，一个贪财。”嘴上却义正词严“六品官爵财产损失严重是有一定救济补偿。是这，你先回去，传何里长来领。”马子忠回来向何里长通报。何里长心虚惴惴不安也不敢怠慢。常知县赞赏马子忠办学，把何里长训斥一顿。何里长灰心丧气把救济补偿钱还给马子忠。他非常纳闷，马子忠在县衙里有人呀。

宁穷一年，不穷一天。马子忠还是舍得花钱过年。他要让外人看得起金马沟。大年初四，艾巍山杀只羊摆下家宴。女人坐在一孔窑里。孩子坐在一孔窑里。几个主人汉子坐在一孔窑里。艾巍山兴奋频频举杯敬酒。他顺口唱起赞美金马沟的小曲。他借酒兴唠叨不满加税，不满何里长。

艾巍山低声道：“大家可以多开地，我来糊弄何里长。”

李盾喝口酒说：“你小子越来越精明。”

艾巍山：“我定下了，忙完地里大活就与刘玉佩一起贩卖牲口和皮货。”他又向蔡牛敬酒：“蔡师傅，请多多指教。”

艾巍山又单独请蔡牛喝酒。他想摸摸着行商里的道道。蔡牛叮嘱他，行有行规，行商很苦，一路上什么事都会发生。吃饭尝一尝，做事想一想。他指点如何查看识得牲口和皮货，如何还价，多交朋友，和气生财，合伙人明算账。蔡牛又带他转悠三个牛羊集市。艾巍山信心十足要蔡牛推荐几个牛羊商贩。蔡牛向他介绍马兰堡马市鞑靼师傅布和。他按照行规，第一次买卖要提二成。艾巍山去找刘玉佩合计。刘玉佩提议先去马兰堡，一路上打探集市行情。两人骑上毛驴往北赶路。一路上，刘玉佩闲着无聊，东扯西拉讲大堡子的事。艾巍山笑而不多言。

刘玉佩自嘲地说："不做官自在。尔格，咱们胡溜达赚钱。"

艾巍山："你赚下大钱干甚？"

刘玉佩摇头晃脑道："我想想还是做官，再娶上个媳子。"

艾巍山："咱们这头一次出门行商一定要走运。"

刘玉佩："能成，能成。男人就要往外多跑见世面。马校尉眼睛小就盯着沟沟岔岔里的几亩地。"

他们来到马兰堡正赶上开马市。他们找见鞑靼师傅布和。布和很热情介绍马市行情。他们认为马兰堡路远，牲口价钱便宜。他们合计买几头驴托上些羊皮羊毛。他们一人定下四头驴。布和帮他们挑选毛驴和羊皮羊毛，露出当地价钱。艾巍山摸价买卖成交。布和高兴请他们喝酒。他低声提示，鞑靼人需要茶叶和盐。艾巍山与刘玉佩点点头相视一笑。

他们心满意得回到朔水城。两人没有歇息就去牛羊集市，顺便卖掉毛驴和皮货。刘玉佩眉欢眼笑拉上艾巍山喝花酒寻乐。两人洗个澡哼着小曲去吃花酒。艾巍山很久没有这样舒服爽气。他美滋滋地想，手里有银子真是好光景。刘玉佩一看艾巍山，心里有底。七十二行，赶驴的最忙。他们开始雇用赶脚客来回贩卖盐茶酒和驴牛。他们赚银子跑得欢实。不料，朔水城里遇上一帮黑痞收"香火"钱。黑痞装着彬彬有礼。行有行规，道有道行。香火敬佛祖，一路保平安。他们无奈交些银子。刘玉佩无意间看见刘贺在人群里躲闪。他很有心思向赶脚客打探这里面的道道。他回家后又向刘贺掏话。刘贺碍于刘家长辈的面子抖露一点消息。

刘玉佩从袖口里摸出几个碎银子递上道："贤侄往后多关照。"

刘贺见钱眼开笑道："大伯，我有时在城里混，出面没事。如果是你俩，那就艾巍山出钱。”

刘玉佩满意地点点头。他钱袋子里鼓起来又拨拉起小算盘。他肚子越来越大，约艾巍山去关中看看行情。两人一路查看打探生意来到西安城。夏日的西安城绿树成荫，鸟语花香。大街上酒肆、客栈、店铺林立。车水马龙，人来人往，繁华喧闹。他们骑着毛驴第一次来西安城，看得眼花缭乱。他们来到一家客栈住下，吃过羊肉泡馍。刘玉佩“嘿嘿”一笑指指一家丽春院。看见吗，夜天吃花酒。艾巍山听到这话心里痒痒舒服。他们寻欢作乐，醉醺醺搂着女人不想离开。魏知县摇摇晃晃搂着个女人认出刘玉佩。刘玉佩格外高兴，松开女人向魏知县行礼。魏知县丢开女人，摆出架子。本官来西安城办差。老相好，去茶楼一叙。他们在一家茶楼坐下喝茶拉话。魏知县收敛，摆出一副正人君子神态。刘玉佩唠唠叨叨叫苦连天。魏知县温和地笑笑竖起大拇指。做生意也好，受点苦自在。明个给你介绍个客商。刘玉佩递上银子感激谢恩。

刘玉佩正想着认识一下当地客商。他精心挑选买下一对玉手镯送给魏知县。魏知县介绍的客商是他舅哥，叫宁德。宁德带他们串街，看他的商铺和货栈。他请他们喝酒，建议在朔水城开一家货栈。他们为表达诚意，在他货栈要下第一批货。他们牵着毛驴托上货向宁德告别。他们跟着一队赶脚客赶路。刘玉佩开始琢磨办货栈的事。赶脚客有固定的歇脚点。他们跟不上就顺着路慢慢行走。夜天，他们住车马店歇息。刘玉佩很疲劳又想着还是办货栈。他盘算着自家的家底，如何与艾巍山合伙。艾巍山也琢磨起办货栈的事。他心里没底想靠着刘玉佩一起干。他躲躲闪闪探刘玉佩口风。刘玉佩直截了当要回家商量。

傍晚，他们又到一家车马店住下。刘玉佩起夜撒尿顺便去牲口棚看看毛驴。忽然，一个人抱住他腿哆哆嗦嗦求救。刘玉佩甩不开腿蹲下一看是一个蓬头垢面的女子。他安慰答应给她吃的。他回窑里拿来两块黄馍馍。女子跪下磕头谢恩。清早，他们拾掇好继续赶路。刘玉佩牵着毛驴哼起小曲，那个女子一直跟在后面。艾巍山发现这女子一个人，喊叫刘玉佩示意歇息。那个女子走上前“噗通”跪在刘玉佩面前。

刘玉佩：“夜天给你黄馍馍，咋还跟上来咧。”

那个女子抹把眼泪说：“恩人，回去就活不下哩。”

刘玉佩看一眼艾巍山说：“夜天黑灯瞎火，牲口棚发现的，这下赖上咧。”

艾巍山听出这女子是关中口音，问道：“你从关中跑出来去哪达？”

那个女子央求道：“恩人，带上何花吧。当牛做马能成。”

艾巍山凑到刘玉佩跟前低声道：“好人做到底。”

刘玉佩心里翻腾着犹豫不决。

那个女子不停地磕头：“恩人，带上何花，带上何花……”

这个名字把他吓一跳。刘玉佩一听“何花”大惊失色。他感觉活见鬼牵上毛驴就走。何花抹把眼泪跟在后面。他很想转过头骂她一头子。他又怜悯一个受苦的女子。他内心翻腾出当年那一幕往事。何花一脸仇恨怒眼瞪着他。怎么又冒出个何花。老子上辈子欠下何花这个讨吃鬼。他心一横掏出一些碎银子打发何花离开。何花跪下哀求眼睛看着刘玉佩。刘玉佩仿佛看见当年何花那双眼睛。何花起身抹一把眼泪哭喊“恩人，不怪你。命该死在自哒。”刘玉佩一愣身不由己一把拉住她。艾巍山看他一眼，又看看那个女子。缘分，收下吧。

他们一路开始商量如何处理这事。艾巍山认为这是做件积德好事。刘玉佩不想听见“何花”这个名字，心里还是有所顾忌。他把何花推给艾巍山。艾巍山心有所动，一路探问何花。刘玉佩心想，这个何花不能在朔水县出现。何里长家人会联想多想，还是把她弄远远的。艾巍山思前想后，白寡妇的影子让他后怕。刘玉佩简单向艾巍山说明他的想法。艾巍山也无所谓爽快应答。他赶着毛驴先往回赶路。

卖了这个女子还可以弄点银子。刘玉佩带上何花向西走了。他们跟上一队赶脚客。刘玉佩一路如同父亲待何花。何花很久没有感受到父亲的温暖。她向他苦诉她的身世和磨难。刘玉佩没有心思听她的故事。他一心想着赶快给她找到婆家。他们离开赶脚客，路上人烟稀少。何花心里害怕两腿发软走不动。刘玉佩一把背起她加快步子。他们来到一家客栈住下。夜天，他们躺在炕上随意拉话。何花听出他话里的意思。她眼含泪水凑过来一把搂住刘玉佩。刘老爷，我知道要把我卖哩，我认命。反正我是逃婚，不愿嫁给一个瘸子。她眼睛里透着悲伤。小女子无以为报，只有以身相许。刘玉佩恐慌迟疑不定还是推开她。他认为这是个良家女子，不能祸害她。他似乎在赎罪得以安心。他坐起来咬咬牙掏出一对玉手镯压在她手心。我们是缘分。干干净净嫁人吧。何花跪在面前三磕头。恩人，下辈子报答伺候你。刘玉佩联系好一男一女把何花领走。

刘玉佩依依不舍看着何花远去的背影。他不经意捏一把褡裢里的银子，心安理得露出笑容。他回到家里歇息三天把开办货栈的事细细琢磨一番。他招呼艾巍山商量办货栈的事。艾巍山答应下来提议要去朔水城看看房地。他们一起跑朔水城三趟看上一处带院子的五孔旧窑。双方谈好房子价钱立下口头约定。刘玉佩买下这五孔旧窑还是有家底。他不想伤筋动骨要拉住艾巍山出一半钱。艾巍山家底子薄一下拿不出那么多钱。他盘算着刘玉佩买下五孔旧窑，只与他生意上搭伙。他们各自有小算盘一时难以尿到一起。

艾巍山向马子忠和蔡牛讨主意。马子忠不掺和这事，只是提醒叮嘱艾巍山。交人要交心，浇树要浇根。货卖一张皮，人凭一颗心。蔡牛向艾巍山提示点拨。两家各出钱一半买下窑洞。立下买房契约，一家拿上房契，一家手执地契。艾巍山认为这是个双方可以接受的办法。他们又经过几番商议达成一致。艾巍山在钱上还是犯难。他向马子忠和李盾开口借上钱，又向蔡牛张口。蔡牛淡淡一笑引诱他。你有一家杂货铺还需要借钱嘛。艾巍山一惊异样的目光瞄他一眼。他胡乱猜想蔡牛也只能这样。他思来想去决定把杂货铺抵押给蔡牛。蔡牛摇头笑而不语。刘玉佩看清蔡牛行为耻笑艾巍山。算球咧，杂货铺就是小打小闹。反正办起货栈，人手不够，刘兴和艾守兵两个小子也要过去。艾巍山忍气吞声把杂货铺盘给蔡牛。

刘玉佩和艾巍山买下那五孔旧窑，立下房子财产契约。生意合约，两家五五分成。他们雇下工匠拾掇一新。刘玉佩看着亮堂堂的窑洞满怀信心。他美滋滋心想就叫“刘记货栈”。他向艾巍山道出他的想法。艾巍山自然不会赞同。两人憋三天弄出“合意货栈”的名字。两个东家具体分工，刘玉佩管进出货物。艾巍山管账。两个小子打杂跑货物。他们雇一个做饭厨子，又商议开业典礼事宜。刘玉佩邀请朔水城里一些有头面商人和几个赶脚生意把头。艾巍山请来大堡子和金马沟的人。合意货栈开张典礼。客人络绎不绝前来送礼祝贺。货栈开业酒宴开始，人声嘈杂十分热闹。

开业酒宴吆五喝六，欢笑热烈。何里长和刘一六喝闷酒。他俩嘀嘀咕咕看着货栈红火，心里五味杂陈。这时，一帮人个个满脸凶气闯进来。艾巍山笑脸相迎搭腔。一个壮汉一把揪住艾巍山怒气冲冲。哪个东家？不懂规矩。艾巍山自我介绍。在下正是，有话好说。李盾看不下去过来一把打掉壮汉的手。哪来的土匪，大白天抢劫啊。双方动手推推搡搡来到门外。李盾顺便抄起一根棍子拉开架势。老子很久没练练咧。刘玉佩出来点头哈腰劝开。一个身着华丽绿色长袍的人站出来冲着刘玉佩怪声怪调。大堡子刘玉佩吧。

第二十九章　休　书

刘玉佩猜出这人就是常彪行礼道，有意询问。请问这位少年英才？人群里有人喊叫“常家小少爷。”刘玉佩谦和笑容吩咐艾巍山再摆下一桌。艾巍山行礼客套一番。莫非常知县小少爷，失礼失礼。艾巍山明白吩咐小二张罗。常彪酒足饭饱揣上银子扬长而去。两个商人酒喝露出隐情。常彪手下有一帮人，各道上的要给他们贡奉银子。刘玉佩偷偷瞄过常彪几眼心情复杂。这小子真是刘家的种。他看看半截小拇指心里骂道“何花这个害人精，没完没了。这样报复老子啊。”他也只能看着人家脸子做生意。

常彪经常听见母亲骂大堡子刘家。他欺行霸市看刘玉佩服软交银子，也就放过一马。何花得知刘玉佩在城里办货栈。她淤积多年的仇恨一下点燃爆发。她不想见到他要让他爬回大堡子。她指使常彪想法子把刘玉佩撵走。常彪也不明白里面的事指使一些黑痞经常去合意货栈软一套硬一套胡闹。刘玉佩想到刘贺放下脸子求他。刘贺也没有什么好法子。刘玉佩想去找何里长或去找常知县。刘一六不屑一顾耻笑他。官不打送礼的，狗不咬粑屎的。刘玉佩心想生意要做还要活人。他觍着脸带上礼物求见何里长。何里长不冷不热，点头不语。常知县收下钱财也是点头不说话。

驴子拉磨，打磨时光。刘玉佩把生意交给艾巍山，躲到家里等待观望。合意货栈生意渐渐安生红火。刘玉佩抛出银子听见响声。他骑上毛驴哼着小曲赶回货栈。艾巍山简单向他对过账。刘玉佩毫无掩饰提出为货栈送礼的事。艾巍山心一沉，这样开支不明不白。刘玉佩反复解释，不使银子黑痞就来胡闹。这是为货栈利益。艾巍山给他付过银子多长一个心眼。公鸡打鸣，草驴跳槽赶到一起了。

马子忠家开始打窑忙活马金北的婚事。他为钱的事犯愁又不好意思向父亲开口。吴冬阳知道这事敦促李盾要艾巍山还钱。好借好还，再借不难。李盾心想，马家遇到难事往后就是亲家，为马子忠分担一些。他赶到货栈找艾巍山。艾巍山清楚还有马子忠的钱。他很难为情钱压在货上。他打算借钱周转一下账。刘玉佩得知坚决不从提醒他去当铺个人抵押。艾巍山一时没有办法。他反复向李盾解释说明。李盾碍于面子空手回家。吴冬阳嘟嘟囔囔骂艾巍山。

借钱容易，还钱难啊。金兰沉不住气直接向艾婆姨要钱。艾婆姨不管钱装着不知道。夜天，金兰躺在炕上向马子忠唠叨这事。马子忠信得过艾巍山也不好意思开口。他轻描淡写一带而过。金兰很烦马子忠好面子就吩咐马金武去要账。马金武带上马金宝来货栈找艾巍山。马金宝一路追问马金武。艾巍山借钱为什么不主动还钱？大大为什么不自己来要钱呢？马金武不耐烦应付他。我什么也不清楚。你去问他们吧。马金宝追问自己自言自语。大人的事，我们怎么办？艾巍山应该上门来还钱……艾巍山见着他们明白过来很丢脸面。马子忠怎么能这样做事，不就是借点钱。刘玉佩在艾巍山耳边嘀嘀咕咕。不就借点钱。马校尉不差那几个钱。艾巍山带他们下馆子吃羊肉面。马金宝异样的眼光不停地看艾巍山。他猜测，艾巍山可能不会还钱。他刚要张口询问。马金武悄悄拧一把他的腿。艾巍山热情打发他们“回去告诉大大，过几天把钱送过去。”

马子忠知道这事把金兰凶一头子。马金宝不满在马子忠面前低声言语。马子忠厉声训斥他。好好念书，这是大人的事。艾巍山也没有把钱送回来。金兰眼含泪水向吴冬阳诉说。吴冬阳扯起嗓子骂艾巍山变了。李盾听见吴冬阳撒泼骂人，一脸怒气过来制止她。吴冬阳一见李盾火气更大。好借好还，艾巍山不是个好东西。军爷看上去硬气，死要面子活受罪。李盾随脚踢烂一只罐子过来就要打吴冬阳。李云一把拉住李盾放下一句话“大，有本事把钱要回来。”李云和马金宝撵着艾守关盘问还钱的事。

马子忠天天盯着打窑的活。打窑工匠吃得好才肯出力。马子忠愁容满面开始借粮。马子孝得知送来一车粮食，并捎话要他回马家园子一趟。马子忠赶回马家园子才知道五哥病卧炕上。马兴盛告诉他“五哥不行了。你俩最好，五哥要你回来。”马子忠心里事多匆忙去看五哥。五哥看见马子忠脸上露出微笑。杜兰扶他坐起喂药。五哥指指马子忠打发杜兰出去。马子忠慢慢给他喂药。

五哥摇摇头说：“我想喝酒。”

马子忠笑笑说：“不要胡闹咧。”

五哥把药碗推开说：“忠，我怕是不行了，要你回来陪陪我。”

马子忠听话听音感觉出他的病情点点头说：“没事，咱们一起胡圪搅，没少挨打。”

五哥搂着马子忠的肩强装笑脸不语。

马子忠在马兴发那里得知五哥害下痨病，病情严重。他忧心忡忡，想来想去打发马金北回家招呼着打窑工地。五哥恳求马子忠带他去金马沟看看。马子忠自然答应把他和杜兰带到家里。马子忠天天把五哥背到圪梁梁上。他们看天看庄稼拉话话。他们怀念过去很是感慨。两人拉话拉到兴奋开始喝酒。他们露出儿时的顽劣又争吵不服气。

五哥：“忠，我早就不怨你了。我的病与腿无关。”

马子忠：“昂，这些年瞎忙活。”

五哥笑道：“这些年杜兰陪我知足也。我还有小子马金文。他可不像你个驴脾气。他要参加童试呢。”

马子忠心情复杂喝酒不语。

五哥：“你还办个学馆，算你有脑子。大大经常夸你呢。”

五哥的话不断眼眶里噙着泪水。马子忠心里难过沉沉地醉过去。一阵糊涂一阵清醒。五哥似乎要交代什么，高兴得要马子忠送他回家。马子忠把他们一家送回去。五哥突然咳嗽吐血。马子忠急忙请来大夫。大夫低声向马兴发交代。杜兰难过衣襟拭泪。马子忠白天黑夜守在他身边。五哥看父亲母亲和杜兰都在从怀里掏出一封书信交给父亲。马兴发打开一看是休书大惊失色。他自言自语“这娃脑子糊涂咧。”五哥拉住父亲的手流着眼泪。大，我没有糊涂，把休书交给婆姨。马兴发目瞪口呆把休书交给杜兰。杜兰受不了这般羞辱嚎哇哭叫。马子忠进来看到这一幕一下愣在那里。

五哥当着家人的面逼着杜兰出门。他临终前把一封书信交给马兴业。马子忠纳闷五哥的行为很奇怪。他帮着马兴发一家处理完五哥丧事要带走马金文。马金文赌气要去找杜兰。马兴业喊叫马子忠去大窑堂。马子忠进来看见马兴发脸色凝重。马兴业把杜兰夸赞一番。杜兰孝敬父母，教子有方……他又把马金文夸奖一遍。

马兴业叮嘱道：“今年，马金文参加童试。马家要出个戴官帽的大人。”

马兴发声音低沉：“这娃粘杜兰，好好带他，长大有出息。”

马子忠："大大、三大，我一定带好金文。不辜负五哥和五嫂的良苦用心。"

马兴业从袖口里掏出一封信交给马子忠："这是五哥留给你的。他把五嫂和金文交给你咧。"

马子忠接过书信一下明白五哥的心思。他眼含泪水跪在马兴业和马兴发面前，难于言表对五哥的亲情和敬意。马子忠带马金文回到金马沟。他把马金文交代给学馆叮嘱房学礼。房学礼随意向马金文提出孔子几个问答。马金文简洁回应。房学礼满意点点头胸有成竹。放心，今年参加童试。马金宝也能参加。马子忠满心欢喜十分感激。他回到家想起五哥那封信不知如何告诉金兰。他还是想放一放把马金北的婚事办完再说。马金文回来后经常想念马家园子的父母。他上学回来不爱说话独自看书。金兰看出他想家发呆。她有意接近与他拉话。她单独给他做油馍馍和羊肉面。马金文还是木讷寡言。马子忠有意试探金兰。谁带的就和谁亲。不如让杜兰过来。金兰白他一眼要带马金文去看杜兰。她带上马金文去杜家峁看杜兰。杜兰看见金兰，委屈得抹泪说不出话。金兰想不明白怎么会这样。她为杜兰伤心。

金兰安慰劝她："好姐姐，这世道就是对女人不公。不要伤心，身子是自己的，人这辈子老天都安排好哩……"

杜兰眼睛里噙着泪水说："好妹妹，我想死又怕丢人。哪达有尼姑庵，出家算哩。"

金兰一惊，一把拉住她的手道："好姐姐，可不敢这样想。你还有金文。"

杜兰一把抱住金兰伤心地大声哭嚎。马金文进来看见杜兰泣不成声。他心里难过。妈，我不上学了，我伺候你。

杜兰一把拉住马金文的手说："憨娃，不能成。你上学妈就高兴。"

金兰："我和金文会常来看你的。"

金兰怜悯杜兰责骂马兴发家。她回来在马子忠面前絮叨杜兰的事。马子忠几次要吐口又憋回去。他心想还是先把马金北的婚事办了。三孔窑洞打好了。马家请媒人向李盾家提亲。两家根据儿女属相断定合婚结亲，互换儿女庚帖，讲定聘礼，择日定亲。定亲日两家选定结婚吉日。

马子忠高兴又惭愧地说："亲家，由于家里遭灾缺钱。娃娃婚后该补的还是要补上。"

吴冬阳笑格蛋蛋夸赞马校尉忠诚信义。

马子忠："小子结婚就成大人了。金北识文断字又会一手算盘。往后他要掌管金马沟这个家。"

李盾举杯向马子忠敬酒说："马校尉还是看得远。"

马金北在金马沟结婚办喜事。马子忠满面喜色发出请帖。刘玉佩收到请帖不想去。他吩咐艾巍山代他随份礼。艾巍山正急着想法子趁马家婚事把钱还上。他向刘玉佩说明并商量从账上支出些银子。刘玉佩坚决不答应。

刘玉佩不经心地一笑说："你这个憨脑子，已经拿别人的钱做生意，着急个甚。"

艾巍山："这不讲信义啊。"

刘玉佩："马校尉向你要钱了吗？借来钱就是你的，钱生钱，利滚利。不要鸡爪爪烩豆腐。"

艾巍山："那吃喜宴的事，你得去啊。"

刘玉佩心里明白他的意思。

结婚大喜，客人满座。吴冬阳看见艾巍山喊叫到一个僻静地方。她说话很难听呵斥他，把他说得头疼。艾巍山无法解释只有听着受着。喜宴十分热闹。艾巍山心里难受喝闷酒。

刘玉佩安慰说："你不亏心，又没说不还钱。"

艾巍山淡淡一笑岔开话题说："我家大小子岁数大了，也该娶媳子咧。"

李盾嘻嘻哈哈过来敬酒："喝酒，喝酒。"

刘玉佩嬉笑道："你可是会嫁女子，攀上马校尉。"

李盾一口而干说："马校尉还有小子。你家有几个女子。"

众人哄堂大笑。

一连三天不说话。马子忠为孩子办完婚事，又侧面探金兰口风。金兰听过一回两回猜测马子忠在对杜兰用心。她直接盘问马子忠。马子忠不想隐瞒点头不语。金兰心生嫉恨默默落泪。这个没良心的马老汉，心里一直装着杜兰。把杜兰接来算什么，丢死人哩。她与马子忠大吵一顿。她想不通也不听马子忠解释。她越想越气，跑回马家园子。她一进门就向婆婆状告马子忠。马婆姨向她解释说明事情经过。金兰心情复杂不知为谁难受落泪。

马子忠过来接金兰回家。他一路讲五哥和他的故事。他感激五哥心里自然没有忘掉杜兰。他也担心马金文的学业。他掏出那封信递给金兰。金兰看完信眼含泪水不言不语。她感动又心痛担忧杜兰占她的窝。她一直不松口答应这事。她一看见马金文那个样子又心软犹豫。她实在不知如何处理这事。马子忠听从马兴业和马兴发的话。他亲自拾掇好一孔窑就去接杜兰。金兰板着脸犟不过马子忠。

没有经过这样的事。马子忠认为还是礼到人心暖。他来到杜家敲门喊人。杜兰伤心欲绝不想见他。他把礼物和书信递进去。他一直等到天黑才准许进去。他进到杜兰窑里很不自在。杜兰坐在炕上背对着他抹泪。马子忠低声夸赞五哥是好人。杜兰看过信才明白五哥的用意。她悲痛更加爱他的五哥。

杜兰扭过身子眼泪兮兮哭声挠气说："我是马家人，我要给五哥上坟去。"

马子忠："走，我带你去。"

他们来到五哥坟前烧纸。杜兰一边烧纸一边与五哥说话。马子忠喝一杯酒，洒一杯酒。五哥，咱们赤尻子就最好……你放心，你把五嫂托付给我。我一定好好待她……杜兰上完坟执意要回家。她回到家心情好许多。她不在怪五哥欣慰自己还是马家人。她又想，这乡里乡情都知道那封休书的事。她愁眉苦脸自己还是没名分。她还要进马家祖坟抱穴口。她一想起马子忠就害羞，如果去金马沟现眉辱眼。她脑子一时很乱又不敢向人说。母亲看出杜兰心思劝解开导她。五哥做得对着呢。他不想让你在马家守一辈子寡。肥水不流外人田。改嫁还是马家弟兄。母亲态度坚决让杜兰定心。憨女子想明白，进了马家门就有名分。我要对马子忠说明白。杜兰自然把名分看得重。她拿出那条黑丝带努力想象当年马子忠的样子。

马子忠没有等到回音又来找上门。杜兰见过马子忠忸怩不安。母亲当着杜兰的面把话说开。马家是大门户，识字开明。这样的事少见，也是好事。杜兰改嫁过去算什么？嫂子不能做小的。马子忠没遇过这样的事不知如何处理。他们僵持在那里。马子忠不言不语出门溜达。他满脑子就是想这个事。他看见山坡上一头叫驴和两头草驴悠闲自得吃草。他心里骂道"他妈的，人还不如驴。自己给自己上枷板。"他生气愤然喊叫"他妈的，甚妻妾，都是婆姨。"杜兰喊叫他回窑里吃饭。母亲盯着马子忠盘问你想好了吗？马子忠向杜兰要酒。杜兰明白他有话拿出那条黑丝带倒上三杯酒。

马子忠一看黑丝带感动地端起酒杯道："妈，我想开了。杜兰是金文妈妈。金文也是我儿子。我把杜兰娶过来，不分妻妾，都是婆姨。"

母亲淡咪脱笑眼："马家开明，不过你这话要写下来。"

马子忠痛快答应下来。杜兰喜在心里喝酒不言语。马子忠郑重其事把杜兰娶回家。他贴上杜兰剪纸窗花和囍花。他没有请外人只是金马沟的几家人。喜宴上，马子忠当众宣布杜兰是三婆姨。众人一惊又欢声笑语。金兰心里不舒服，不冷不热。马金文十分高兴忙着端菜上酒。这时，一个女人"砰砰"敲门。

第三十章　种豆得豆

马金文开门一看不认识就喊叫父亲。马子忠出门一看眼生把她挡在外面。这个女人是何花。她离开刘玉佩后留恋不舍。她跟着一男一女一路向西越来越荒凉。她失望寒心趁夜往回跑。她早有准备记下刘玉佩和艾巍山的对话。他们是朔水大堡子人。他一路打探摸到大堡子。她敲刘玉佩家的门，没人搭理。一条狗“汪汪”叫个不停。他想到艾巍山来到金马沟。马子忠细细盘问后把艾婆姨喊叫出来。艾婆姨警觉的眼光打量何花。何花淡眉笑眼自我介绍。艾婆姨回想收留白寡妇有点后怕。她不敢留下陌生人让马子忠做主。马子忠给她两个黄馍馍打发她。刘玉佩在朔水城开一家合意货栈。

何花找到合意货栈远远听见刘玉佩的声音。刘玉佩出门看见何花立在那里大吃一惊。何花向他鞠躬叫声“刘老爷”。刘玉佩把她拉进窑里问来问去。何花伤心流下眼泪倔强地要留下。西面那么荒凉害怕，不敢走哩。老爷给我找个婆家。刘玉佩一下愣在那里。他领教这个女子不一般不能随意打发。他安顿女子歇息吃饭。艾巍山进门看见何花一脸惊异。

刘玉佩叹口气说：“没嫁出去，又跑回来咧。”

艾巍山盯着何花道：“你家在哪哒，你是江湖婚骗吧。”

何花眼泪花花哭声挠气道出家门和身世。刘玉佩听过何花的家事眼珠子一转。艾守兵还是个光棍与何花般配。他鼓动推给艾巍山。这送上门的媳子，白捡一个。艾巍山心有所动，这不花钱给大小子娶个婆姨。他又不放心这女子是个陌生人担忧人财两空。刘玉佩不容艾巍山多想就做媒拉线。何花见过艾守兵，也看见合意货栈是正经生意。她心里踏实认下这门婚事。艾巍山思来想去暂且应答下来。刘玉佩喜上眉梢盘算着不能让艾巍山白捡个便宜。艾巍山观察何花一段日子。他看这女子勤利能干有礼貌心里有了数。他请刘玉佩下馆子。刘玉佩明白艾巍山心里有定数。艾巍山客套一番表达谢意，正式提出艾守兵与何花的婚事。

刘玉佩喝着酒不紧不慢说：“你甚意思，提亲啊。”

艾巍山：“何家人不在，这不太合适。”

刘玉佩“嘿嘿”一笑说：“这女子可怜，我捡来的，我就是娘家。”

艾巍山喝口酒道：“我明白，会答谢你的。”

刘玉佩喝着酒，仰着脑袋似乎想要说什么。

艾巍山：“你是想吃彩礼吗？”

刘玉佩干干一笑说：“不要说那么难听，明媒正娶就要有正道道。”

艾巍山明白他的意思推脱要与婆姨商讨一下。艾巍山盘算着占个便宜，没想到刘玉佩给他挖个坑。艾婆姨急得想要个媳子。她说话不过脑子。反正娶个媳子要花钱。艾巍山狠狠心答应给刘玉佩一份彩礼。刘玉佩又客套改口不要彩礼，只是把五五分成改为六五分利。艾巍山看出刘玉佩心计弄出这麻缠事。他进退两难直接去探何花口风。何花很难为情要明媒正娶，又不敢回家。艾巍山甩开刘玉佩，出主意把何花父母接过来办婚事。这样他也踏实安心。何花十分赞同把这事告诉刘玉佩。刘玉佩干干一笑。何花鞠个躬要报答刘玉佩。

婚姻大事还是要明媒正娶。艾巍山沾沾自喜把何花安顿回家。他带上何花书信骑上毛驴去她家。他一路打听摸到到何花家。他向何家人说明事情经过。何花父母跪地谢恩。他与何家人合计，何花父母过去把何花婚事办了。何家人通情达理答应下来。不料，何花男人家王德知道这事，领上一帮人来要何花。何家退过彩礼，但是逃婚很丢王家面子。两家人论理争吵不休。王德不依不饶扣押艾巍山，索要赔上钱财。艾巍山没想到会是这样。他十分恼怒又无奈，假意当着他们面要赔钱财。他给何花捎去一封信。王家看守着艾巍山等待书信和钱财。

何花看过艾巍山的书信吓呆了。她吩咐艾守关去找刘玉佩。刘玉佩心想，这便宜那有好占得。他没有占上便宜，不冷不热向艾守关交代，货栈要接货离不开人。艾守兵要去接艾巍山。刘玉佩虚情假意没有阻拦。他们回到金马沟询问何花。艾婆姨引李盾过来。李盾急忙答复她。这事，你们办不了。我与马校尉商讨。他把何花引到马子忠家。何花简单说明事情经过。马子忠心里骂道“艾巍山咋又弄出破事。”他简单以何花口气给艾巍山书信。李盾看看马子忠，向何花保证。这事我们管下了。何花跪地谢恩。马子忠与李盾合计来个空手套白狼。他们一路边走边查看逃离路线。他们进入关中，把驴寄放在一家车马店，徒步来到何花家。何花父亲请来王德。双方客套一番。

马子忠不紧不慢道：“钱带来了，寄放在西面郭家寨亲戚家里。”

李盾：“放人，一起去郭家寨拿银子。”

王德怀疑的目光打量他们道：“那不成，把钱送过来放人。”

马子忠痛快地说：“昂，也行，明个拿钱过来，不过我要看见艾巍山。”

李盾跟着王德过去。夜天，马子忠和李盾悄悄救出艾巍山，向东面绕道快步而去。他们回来后尽快操办艾守兵婚事。杜兰过来时间不长还是孤单。她只有多做家务打发时间。金兰看似客客气气而话不多。吴冬阳不愿意搭理杜兰。杜兰看见何花几分喜欢。她与何花投缘见面就拉话多。杜兰借此提出，收下何花做干女儿。何花由马子忠家嫁出门。艾家大婚皆大欢喜。艾巍山感激马子忠，东凑西借把钱还上。何花婚后经常来杜兰窑里学做针线拉话。

金兰得知杜兰陪嫁物上的绣花是自己绣的，心里着实佩服。杜兰勤快做一手好饭菜。她给孩子做鞋子做绣花鞋垫。她送给金兰一件绣花披肩，一双绣花鞋。金兰渐渐认可接受她。孩子也喊叫她“杜妈”。杜兰着实激动高兴，已经融入这个马家。她向马子忠耳边吹风要做豆腐。马子忠答应买来磨豆腐家伙。杜兰带着马金武教磨豆腐。马金武留些豆腐家用，其余的推上独轮木车到大堡子集镇卖。杜兰又学着做粉条。马子忠看在眼里，杜兰来了，家里人气很旺。他搂着杜兰沉浸在当年情犊初开的甜蜜。杜兰怕羞嗔怪马子忠楞怂胆子大。

清明，家家户户蒸花馍。杜兰能干像个仆人，里里外外拾掇家务。她做出各式各样子推馍、老虎馍、抓髻馍、燕雀雀馍……马家人都喜欢她做的饭菜。金兰内心喜悦也轻松许多。马金文带着马金宝用心读书。马金武拾掇掏炕灰，推着木轮车上集镇卖豆腐。马金宝还是喜欢提问。他向房学礼提出问题。房学礼耐心引导他，解释

《劝学》的深刻意义。他与马金文经常争论。他想不通一个问题向马金文讨教。君子上达，小人下达。君子多还是小人多？

马金文没有直接应答："读圣贤书　明君子理。好好念书，坦坦荡荡。"

马金宝："万般皆下品唯有读书高。这话有问题。"

马金文："庄稼人受苦，念书能做官有出息……"

马金宝手记。我不知道君子多还是小人多。我认定还是好人多。好人都是君子吗。我父母是好人是君子吗？读书明志，房先生读圣贤书是君子吗？古人多有读书者为小人。"万般皆下品唯有读书高。"我看就是读书做官高尚风光。"书中自有颜如玉，书中自有黄金屋。"这话实在。自哒沟沟岔岔的富人和穷苦人都想读书。他们常把"君子"挂在嘴上。君子是有情有义吗？很多人敬重有情有义的人。其实他们遇事不论是非对错，只要向着家人和兄弟朋友。传说故事梁山好汉仗义。他们只为兄弟讲义气，两肋插刀大打出手。我认定自己做不了这样有情有义的君子。

马金武学着种地更喜欢上集镇卖豆腐。刘喜自那次马金武背她，也不清楚是感激还是那颗萌动的芳心。她喜欢买马金武的豆腐，看着他卖豆腐。马金武自然习惯刘喜陪着。他们不经意逗笑拉话越来越多。

刘喜羞答答地问："金武，不念书，往后就买豆腐呀。"

马金武伸出拳头硬声硬气说："我要做一个军爷，当将军。"

刘喜笑格蛋蛋心里那份情爱油然而生。日子久了，周围的人指指戳戳。刘贺看见刘喜与马金武在一起就耻笑骂她。刘婆姨挨不住脸面把刘喜拉回家关上几天。刘喜管不住自己开始偷偷与马金武见面。

鸡鸣而起，勤奋用工。马金文和马金宝通过童试，双双考中秀才。马家欢天喜地摆家宴庆贺。马子忠带上两个小子在集镇上走一圈炫耀。他又带上两个小子回马家园子报喜。马兴业喜上眉梢摆下酒席奖赏两个秀才。房学礼喜出望外奖励他们。马子忠请来房学礼报答感谢。常知县也来向房学礼和马家祝贺奖励。他在里公所表彰高乡约与何里长。他引用古人警句训话“马校尉还是有远见，这是大堡子的声誉”。高乡约、何里长脸上也有光彩。古人说：“敬教劝学，建国之大本；兴贤育才，为政之先务……”房先生教书育人，县衙向府上通报。马子忠喜气洋洋宴请常知县。他更加相信好风水，带上马金文和马金宝敬拜黑水潭金马驹。

刘玉佩得知马子忠家中秀才非常眼热。他回家把刘旺骂一头子，去找何里长探个究竟。何里长也正为何川没有考中烦心。常知县来大堡子祝贺训话。他心里难受嫉妒窝火。马子忠竟把好事摊上了。他细细把马子忠回想琢磨一番。刘玉佩见过何里长一脸不服气。

何里长：“没办法，学馆是他办的，先生是他请的。自家小子不争气。”

刘玉佩：“马子忠表面上是好人。他也许敬贡送钱买来的。”

何里长：“反正中秀才考举人。可以吃上官饭，风光咧。也许野狼沟风水好。”

刘玉佩一听这话就来气。他心想，我修座龙王庙，他弄座土地庙，死磕刘家。何里长不是什么好货装好人日弄个菩萨殿。何里长没有好心情，看见刘玉佩空手而来，十分厌烦。

何里长岔开话题阴阳怪调说：“刘里长在城里发财可以在县衙买个官。”

刘玉佩面露笑容道：“君子取财，取之有道。”

何里长：“你的货栈生意越做越大。不过这税还得要往上加。”

刘玉佩干干一笑骂道：“狗日的，又在惦记老子。”

中了秀才，好生欢喜。房姿玉得知送给他一副围棋和一部棋书。马金宝跟着房姿玉很快学会围棋。房姿玉与他下围棋，下完一盘就诵念一段口诀。棋盘四方是四季。三百六十一点是一年。正中天元是太极，黑白棋子是阴阳。金角、银边、草肚皮……空对空、地对地、空对地、制高点、胶着点，攻防转换……宁输一子不失一先，击左则视右，攻后则瞻前……马金宝好奇着迷，白天看棋盘，夜天观星星，想弄明白这天和地。

马金宝教会马金文，两人边下边学。房姿玉看马金宝痴眯围棋又厌烦。哼，贪玩。什么是正道？只是个秀才。莫等闲，白了少年头，空悲切。人生如棋，棋如其人……马金宝听下房姿玉一番话，感觉一下长大了。他的那颗心悄然跳动，心里有了她。他坚信往后要靠自己的本事吃饭。他向马金文讨教往后的光景。马金文态度坚定自信。继续读书中举人，往后穿官服吃官饭。马子忠也正为这事发愁。他急忙向房学礼请教。房学礼很是敬佩马子忠办学。他早就想帮他一把。他喝着茶慢悠悠地赞扬这两个学子聪明好学，可谓前程似锦。他掏出一封书信递上举荐马金文去西安府找他的挚友丁亥。马金文可以在那当差，拜丁亥为先生。他又向常知县举荐马金宝在县衙做个小吏。马子忠抱拳行礼，感动得无以言表。

儿大不由爷，女大不由娘。马子忠眼看着小子长大要飞。他表面上硬气心里着实难舍。一家人高兴得热泪盈眶为马金文送行。马金文心疼杜妈妈，陪着做饭，烧火拉风箱说话。马子忠送马金文去西安城。丁亥看过房学礼的书信欣然收下马金文。房学礼跑县衙举荐马金宝。他讲育人立德，慧眼识才大道理。常知县只是赞扬马家两个秀才，没有完全答复。后来，他听说西安府收下马金文。他猜测到这是房学礼的关系。他心里掠过一丝恐慌。房学礼流放贬职到这里，毕竟官府还有人有面子。这样的五品官爷不好拿捏。他传唤房学礼来县衙。常知县客套拉话有意扯出西安府。房学礼谨小慎微不敢多言。常知县笑容可掬转到正题。马子忠该出面来啊。房学礼听话听音，明白这事有门道，不在言语。

房学礼婉转地向马子忠交代一番。马子忠明白事已至此就是送礼。他为孩子放下面子给常知县送上一块珍藏的蓝田玉。常知县一脸喜色宴请马子忠。他们边喝边拉话。常知县认为马子忠干脆直白，不是个是非人。他深谙为官之道消除以往误会。他不言语大堡子的事，大加赞赏房学礼。马子忠自嘲自己就是个庄稼人。常知县还是把他抬得高。作为官人还是要做出表率以报效朝廷。他又慷慨陈词大讲育人立德，使用人才道理。最后，常知县举杯向马家两个秀才道喜。他慢慢喝酒随口安排马金宝先跟着一个书吏做杂役，学着整理档案。马子忠毕恭毕敬向常知县施礼深表谢意。

戴官帽吃官饭。马子忠回家向金兰和杜兰报喜。杜兰满脸喜悦忙着拾掇做饭。马金宝打着棋谱嚷嚷着要吃杜兰的沙芥豆腐。马子忠进来咋咋呼呼。你怎么还像个小子。明个去县衙要吃官饭咧。马金宝惊奇地看着马子忠激动地说不出话。一家人高兴吃饭喝酒。金兰打心里欢喜两个小子。她眼睛含着泪看看马子忠，又望望杜兰幸福地笑出声来。她频频举杯表达对马子忠和杜兰，对这个家的安乐和欣慰。马子忠十分感慨。这要感谢房先生。他是马家贵人。往后他家田地由咱们帮着打理。金兰心疼难舍给马金宝整理衣物。杜兰把马子忠拉进她窑里喜格蛋蛋。我有喜哩！我有喜哩！她拥到马子忠怀里“呜呜”哭得伤心。

人之常情，细水长流。马子忠赶早就带上马金宝去县衙报到。马金宝见过常知县彬彬有礼。马子忠呈上里公所证明和房学礼推荐信。书吏丁二递上一纸命题文章要马金文现场做。马金宝很快做完向常知县诵文。

常知县满意地点点头道：“马秀才，随丁二去办理手续。”

马子忠凑上去低声说：“谢知县大人。我家自产的金马酒已送到府上。金马酒醇厚飘香真心酒。”

常知县笑道：“马校尉活明白了，懂得人情世故咧。”

马子忠等待马金宝从县衙出来，带上他去合意货栈。他打算让马金宝暂住在货栈。他走在街上很是风光。他向艾巍山说明来意。艾巍山爽快接下马金宝。刘玉佩本来看着马子忠就眼红。他吊着驴脸没好气。自哒是做生意的地方，不得外人长期留宿。艾巍山自然力争。马校尉不是外人。马金宝是我侄儿。马金宝第一次走出家门，不明白这里面的道道。马子忠尴尬地笑笑客气张口。只是借住，掏钱住宿。刘玉佩不敢直视马子忠，冲着艾巍山很不耐烦。货栈人杂货多。不怕一万，就怕万一。马子忠这是求人，不好多言。他听话听音目光盯着艾巍山。

第三十一章　黑　痞

艾巍山立眉瞪眼与刘玉佩争吵起来。马子忠看这架势起身要走。艾巍山拦住他要出钱管定马金宝的事。刘玉佩脸色阴沉还要争辩。艾巍山打断话提醒他。马秀才是官爷，要去找县衙。刘玉佩一听这话嘟嘟囔囔。算了，看在马校尉的面子上，也许往后马秀才出息咧。他嘴上说得好心里还是破烦。何花领着父亲来到货栈。她向刘玉佩微笑行礼。刘玉佩为她的婚事没有沾上大油水心里很不爽。他不想搭理冷言冷语。何花父亲对女子不放心，主要还是拿回彩礼。他看货栈生意红火又想让何花兄弟来打杂。刘玉佩婉言巧妙拒绝。

读书不要读憨了。马金宝在县衙是个书吏，先是跟着丁二打杂。他眼前一切都是新的。丁二经常带着指教他。马金宝慢慢摸出道道眼勤手勤。他也受到一些人的白眼和无礼言语。他想不通向丁二讨教。丁二不厌其烦教导他。人已出生就有高低贵贱之分。装憨子，少说话多办事。现在多受点气，往后有出头之日……马金宝走在街上还是受人尊敬。他心里得到一些安慰。刘玉佩渐渐对他露出笑脸。他开始在马金宝面前言语软绵，有时打探些县衙里的事。

马金宝手记。我考中秀才，家人欢喜，外人另眼相看。父亲一下容光焕发，十分神气。秀才好像是他考中的。我明白这是给马家争光彩。我第一次走出家门对外面充满好奇和美好。不管在县衙如何，在外还是很风光。我跟在丁二后面经常有人请吃喝酒。我还是害怕喝酒。丁二像是我的先生，往往听他教诲。酒是祖先传下的好东西。大事喜事少不了……人之常情，酒水长流……学会喝酒，事成一半……我心有所动请教艾巍山。他也是那样见识。我渐渐认识到这酒的威力。不过他们喝酒无非就是拉人情或者相互吹捧。我偷偷喝过酒还是大醉。我难受怕酒对此很破烦。我第一次拿上俸禄十分激动。官爷还是比庄稼人神气。我第一次请丁二喝酒。他赞许我懂事了。很多人都关心我，在我面前啰啰嗦嗦讲些道理。我买些礼物孝敬父母。我又拜见房先生。他为我列出学习书目叮嘱持之以恒，孜孜不倦。其实我主要是想看看房姿玉。我离开学馆，心里就一直有房姿玉的影子。我身不由己想念她。

第一次拿上俸禄激动兴奋。马金文给家里捎来话送些东西。金兰和杜兰喜极而泣。杜兰摸着大肚子喜格蛋蛋自言自语。娃，哥哥做官出息哩。快快出来看哥哥骑大马戴官帽。她深深感到母以子贵。马金文做官出息了。家人和外人都很尊敬她。她躺在马子忠身边幸福地撒娇。马老汉喜欢小子还是女子。马子忠摸摸她的肚子笑笑猜测“可能是个小子。”杜兰紧紧搂着他，激动地感叹“男娃女娃都欢喜。”马子忠亲一口她。我的，我的都欢喜。杜兰生下个女娃内心多年的苦一下喷涌而出。马子忠大喜过望起名马兰草。

人怕出名猪怕壮。何里长眼热嫉妒马子忠，感觉好事都让他占了。他窝气查看过金马沟人的田地。他发现田地多出几大块。他要公事公办给马子忠加税。他提上礼物来到金马沟。他见过马子忠祝贺马家弄瓦之喜。马子忠一见何里长，心里就打鼓。他破烦这人像个讨吃鬼。他来不会憋什么好屁。何里长笑容可掬话里有话。马校尉家可是谷子满仓，人丁兴旺。马子忠听出他话带刺也不多言把他引到窑里喝茶。

何里长没有进窑简单说：“不用客气。是这，我看过金马沟田地，又开出好几块地啊。好事情，多开地多生娃，不过这田税要加。”

马子忠瞪他一眼没好气地说：“何里长不用向我通报。你去找艾甲首。”

何里长噎得说不出话，干干一笑灰溜溜地走开。

何里长也一直惦记着刘玉佩。他拉上刘一六一起去合意货栈。刘一六也对马子忠不满。他在几个甲首面前搬弄是非挤兑马子忠。哪个甲首也不是瞎人，面子上装的过去。他们寻见艾巍山提出田地加税的事。艾巍山不心急请他们吃饭。他有意把刘玉佩扯进来。刘玉佩对何里长没有好脸子。

艾巍山假意热情先端起酒杯道：“家乡来人，自然有好酒好菜。何里长辛劳为民，敬上一杯。”

何里长不言语一饮而尽。

刘玉佩喝口酒急火火地说：“你就是个讨吃鬼，又要咋弄？”

何里长心平气和地说：“我也是为县衙办差。这田地税……”

艾巍山打断他的话解释道：“金马沟是多开地。各家是为了轮作养地。年似种下的今年养地。没增没减。”

何里长不吱声看一眼刘一六。

刘一六明白这是庄稼人种地门道，也不答话瞄一眼刘玉佩，向大家敬酒。

何里长脸一沉道：“多开地就要收税。”

刘玉佩大声道："我清楚这事，每家几亩几分地交给甲首查算。"

艾巍山态度坚决附和。

何里长心里骂艾巍山手里有几块银子，日能起来咧。不耐烦地说："行行，这事回去再说。货栈要加税，交出账本。"

刘玉佩立眉瞪眼说："做生意也是下苦力挣钱。不要眼热，年底算账一满缴税。"

何里长干干一笑说："做里长也是苦差事。喝酒喝酒。"

庄稼人死死盯着田税。何里长回来召集甲首提出多开地加税的事。各甲首议论纷纷摆出各种理由都反对。何里长无奈向县衙通报。县衙只要田税总数，如何收税含含糊糊也没有明确答复。刘一六讨好何里长，想得到好处。他出主意各甲首如实报上各家田地。按照所报亩数提高田税。何里长欢喜满意答应刘一六提出的条件。刘一六尝到甜头也不想盯着田地发财。他羡慕合意货栈生意。没想到刘玉佩和艾巍山尿到一个壶里，日弄得风生水起。他跑三次合意货栈乞求刘玉佩弄点生意。刘玉佩提醒日歪他。你没有店面怎么做生意。

刘一六很后悔当年艾巍山收买玉佩酒铺。他到处看地方找旧窑挖空心思想办法。刘贺看出父亲整天愁眉不展要出去揽工。刘一六慢慢腾腾露出心思。刘贺经常在朔水城混。牛三介绍他认得常彪。他在常彪面前叫苦喊冤磕头认大哥。常彪没在乎那件事收留他。刘贺渐渐在常彪面前混个脸熟。他求见牛三找家店面。刘一六离不开家不想在城里找店面。他又惦记起玉佩酒铺。刘贺得知父亲的想法推掉牛三那边。他信誓旦旦向父亲保证讨回玉佩酒铺。

这事不能明着来。刘贺知道玉佩酒铺在蔡牛手里。蔡牛做着生意也不会把铺子让出去。牛三给他出下三滥的计策。蔡牛做着正常生意。他发现铺子经常来三个陌生人买东西又退货。蔡牛发现不对劲反问争吵。三个陌生人大声吼叫“这个货不真。那个货价太高。东家欺诈骗人……”铺子前一下子就围过来很多人。三个陌生人就有意向众人评理鸣不平。蔡牛一张嘴也辩不清楚只有关门。

蔡牛想不明白哪来的陌生人。他暂且关门几天等待集市再开。集市人来人往，嘈杂热闹。蔡牛的铺子前围着很多人。三个破衣烂衫的讨饭人挤进来。他们打着有节奏的木板唱着赞美的曲子。蔡牛给他们一人一个黄馍。三人鞠躬啃着黄馍走了。后晌，三个讨饭人又来到蔡牛的铺子前唱小曲。蔡牛不知如何是好就由着他们唱。他们没有走的意思，坐在地上要吃要喝。蔡牛关上门躲到金马酒铺。

清早，树上一群麻雀叽叽喳喳叫。蔡牛起来打开铺子发现三个讨饭人睡在门前。他火冒三丈撵他们走。三个讨饭人起身悄然离去。晌午，三个讨饭人又打着木板来了。蔡牛压住火气给他们吃喝。他找借口与他们拉话。他们不言不语躺在地上不走。蔡牛猜测哪来的一定是黑痞。他开始怀疑有人指使怂恿。他思来想去没有与哪家结下仇怨。他断断续续关门。三个黑痞鬼一直在集镇上转悠。蔡牛联络几家商户告到里公所。何里长哼哼唧唧不想管这破事。

三个黑痞依然那样等着蔡牛打开铺子。马金武卖豆腐路过蔡牛铺子。他看见三个黑痞躺在门前，随口喊叫让他们走开。蔡牛出来摇摇头唉声叹气。三个黑痞讹上了。马金武动怒，一边骂一边踢打。两个受不了跑了，一个趴在地上不动弹。马金武卖完豆腐回家。他发现两个人抬着一个人在家门前。他一看正是那几个黑痞。马金北拿着棍棒堵在那里。马金武过来向他解释说明。马子忠见过黑痞也没有什么好办法。

蔡牛认为这事十分蹊跷。他断定这是冲他来的。他与马子忠合计把何里长弄过来。这几个人不能死在金马沟。何里长过来把三个黑痞骂一头子。他威胁他们马上离开否则打入县衙大牢。一个黑痞死皮赖脸嚷嚷“那还管饭吃呢。”何里长拍他头上一巴掌。另一个黑痞威胁“人打伤要赔钱，不赔就住下。”马子忠送上银子和黄馍馍。何里长指派两个人把他们送出大堡子。他心里闪过一个念头。马子忠也有害怕的人。

三个黑痞还是过一段时间就来滋事。蔡牛心想这一定是有人指使干的。这人要干什么？难道是瞄上铺子。他吩咐蔡远暗地里跟踪三人。蔡远发现这三人混迹朔水城街头。蔡牛又去找艾巍山查看。艾巍山没有把几个黑痞放在眼里。他以为蔡牛疑神疑鬼也就没放在心上。马金武十分恼怒向蔡牛放话。他要下手打残他们。蔡牛谨慎担忧把事弄大正中幕后人下怀。他只有与三个黑痞周旋。他的生意越来越不好做。他假意挂出牌子出卖房子想引出幕后人。牛三出面接了牌子要买房子。蔡牛不卖想要查清这人。牛三不满去里公所找何里长。何里长很坦然说明人家的窑不想卖给你。牛三憋住火气走开。

第二天，牛三领着一帮人气势汹汹来蔡牛的铺子要强买。马子忠赶过来质问他们。双方激烈争吵起来。蔡牛无赖欺诈。人家的窑想卖谁就卖谁。这窑卖定咧。你这是要抢啊。马金武一看这架势放下生意，喊叫来金马沟的精壮汉子。双方开始棍棒对峙。人越围越多混乱起哄。刘一六躲在一旁暗喜。何里长赶过来指派人喊叫高乡约。高乡约过来把蔡牛和牛三带进里公所。他听完两人陈述慢悠悠地指责蔡牛不讲信誉影响大堡子声誉。他断定蔡牛必须出让铺子。何里长在一旁附和。蔡牛没想到这事弄得引火烧身。他表面上应答下来要在价钱上捉弄咬他一口。

牛三找蔡牛商谈铺子价钱。蔡牛给出价钱很高。两人谈不成僵在那里。牛三没有好办法询问刘贺。刘贺坏笑指点他。你去找艾巍山做中间人。他如果不去，他的货栈不好做。牛三找见艾巍山敲诈胁迫。艾巍山无奈硬着头皮去找蔡牛。蔡牛十分气恨以为艾巍山变成贪财小人。艾巍山也很为难道出牛三背后就是常彪。蔡牛忍气吞声卖掉铺子。他瞄着铺子要看看谁来接手。

何里长带上人开始收税。庄稼人偷偷开地，各甲首睁一只眼闭一只眼。他们没想到田税增加了。他们想尽各种办法逃税抗税。何里长心里发笑想到黑痞。只要赖账和拖延缴税的庄稼人，都有讨饭的黑痞上门骚扰。庄稼人没办法扣扣索索缴税。何里长没有放过商贩。他盯着蔡牛缴税可以直接放进自己的钱袋。蔡牛认为铺子没了该去向牛三要。何里长认定这铺子补缴前面营业的税。蔡牛窝火置之不理也不缴税。何里长弄来黑痞到蔡牛家门前耍赖。蔡牛明白这是何里长指使干的。他单独约见何里长露出凶光。你就是个黑痞。他手里亮出银子又拔出匕首。这税敢接手吗？迟早有人弄死你。何里长心虚害怕嘟囔一句。你才是黑痞，算你狠。他快步走开来到合意货栈想要大捞一把。刘玉佩早已备好假账。

庄稼人还是把气愤洒在何里长头上。何里长家的门被砸羊丢了。何里长查不出来召集甲首训话。甲首个个心里有本账，打着各自小算盘。何里长十分恼火很想胡乱抓一个人发泄谩骂。弄是非者，便是是非人。刘一六有意把何里长请家里吃酒。他搬弄是非激怒何里长。他又与何里长一唱一和斥骂各甲首。他察言观色把矛头指向金马沟。他翻出旧账指向马子忠。大堡子往年好好的。马子忠来以后，自哒沟沟岔岔没有安生过。刘里长一直不顺，心里很不服气……何里长听下这些话，回想马子忠。他捋不清破烦心里隐隐作痛。刘一六把住火候进言使坏。收拾蔡牛，马子忠自然会跳出来。何里长喝口酒露出诡异的笑容。

何里长寻思着只要收拾住金马沟，其他甲首会乖乖老实的。他还是用黑痞来继续骚扰蔡牛。马子忠看不下去质问何里长。何里长装出无奈的样子拖腔拉调。这些黑痞都是赤脚不怕穿鞋的。各家管好自家门。马子忠与他说不通很是尴尬。马金武心一横悄悄告诉蔡牛。他会收拾黑痞。他吩咐李云跟踪查看黑痞行踪。他要在大堡子外面对他们下手。

白天，黑痞还是来到蔡牛家门前讨饭。蔡牛耐心打发给点吃的。马金武装着没事依然卖豆腐。刘喜偷跑出来看马金武。刘旺心里有事远远看见他们。他犹豫不定立在那里。他偶然间听到到一个黑痞放话“马金武要胡闹再放一把火。”他想起丢失的银锁猜测一定是刘贺指使干的。他为这事很是苦恼劝解过刘贺。他想来想去，毕竟刘家连着亲也不想让他们积怨太深。他还是走过去哄刘喜回家。马金武咧嘴一笑送给刘喜一块豆腐。

李云摸清黑痞的行踪。马金武选好一个夜天埋伏等候。黑痞哼着小曲有说有笑。他们冲出来佯装打劫。黑痞询问是那一路好汉。他们三拳两脚把黑痞打得跪地求饶。一个黑痞颤颤巍巍站起来掏出碎银子递上。李云拿过银子照面一拳打翻在地。

李云恶狠狠说：“我们是河东过来的。你们就这点银子，夜天走路不是土匪就是盗贼。”

马金武又用脚踢踹喊叫：“站起来与老子打。”

一个黑痞站起来掏出银子说：“好汉别打了，我们是讨饭的，告诉你个秘密，求爷手下留情。”

他道出刘贺指使烧谷场的事。

马金武恼怒一棒子打断他的腿说："这算个球，刘贺是谁与我无关。"

马金武与李云解气装着向朔水城走去。他们把黑痞打得很惨。他们一瘸一拐躲回朔水城。蔡牛安生下来又倒腾卖羊杂碎。一天晌午，蔡牛背着粪篓给地里上粪。蔡远跑过来急急火火告诉他。刘一六在拾掇咱家的铺子。蔡牛叹口气明白过来。刘一六见面蔡牛一副得意样子。刘贺有意凑到蔡牛面前挑逗。这本来就是刘家的铺子。马金武劝解蔡牛，心里的怒气已燃起烈火。他狠下心要报这新仇旧恨。刘一六货栈开张那天专门请了蔡牛。马金武趁黑夜把狼引到刘家羊圈。

第三十二章　辞官回家

刘一六欢喜一场，发现自家羊在背山一道圪梁梁上死了十只。他气得一口气憋过去。刘婆姨嘶声嘹哇哭天喊地。刘一六醒过来赶紧向里公所报案。里公所门前围来很多人看笑话。何里长来到刘家查看死羊认定不用报县衙了。这是狼咬死的。刘一六自认倒霉，一屁子坐在石磨上。何里长催促他赶紧把羊宰了换回点银子。他随口打发人把蔡牛喊叫来。蔡牛赶过来一看这事扭屁子要走。刘一六明白他在负气，低下头求人。蔡师傅不要小家子气。把羊拾掇好给你两副杂碎。蔡牛心想，便宜不占白不占。他勉强应接下来又多要两副杂碎。刘一六心疼也只有答应。何里长看着鲜肥的羊肉，东拉西扯拉话不想走。

羊死了还得赔偿。刘玉佩得知赶回来把刘一六骂一头子要索赔六只羊钱。刘一六忍痛只得赔偿。他低下头求刘玉佩给他的货栈进货后付钱。刘玉佩露出贪婪的目光敷衍他。能行吧，不过这生意有规矩。合意货栈不是我一人说了算。他推给找艾巍山。刘一六来找艾巍山合作进货，正赶上遇见马子忠来合意货栈。马子忠想扩大酒铺经营，进些其他货物。艾巍山明白刘一六强占蔡牛的铺子。他没有好脸色先把刘一六晾在一边。马子忠与艾巍山谈完合作进货。他装上货后去看望马金宝。刘一六笑容可掬请艾巍山吃酒。艾巍山显摆高人一头慢悠悠点点头。刘一六怀恨在心不得不低头。两人进一家酒铺喝酒拉话。刘一六心急把住火候提出进货的事。

艾巍山显得很爽快："你每次进货先报上货物清单。"

刘一六喝口酒问道："这货物价钱是否——"

艾巍山心想，这个贼鬼眼，老子好好日弄你。他假意说明含含糊糊："这货物价钱说不下，进货道道不同,，时辰一变就有波动。"

刘一六："眼下手头有点紧，是否先进货后付钱。"

艾巍山一口说定："合意货栈没有这个规矩。"

刘一六显得矮人一等，不再多言从袖口里掏出进货清单。

艾巍山接过一看说："能行，付钱就装货。"

艾巍山简单向刘玉佩说明两单生意。刘玉佩自然是以利益为上有买卖就做。他没有把这事放在心上。他想起一家店铺掌柜欠下的货款有点烦躁。这世道变咧，欠钱不还，不讲信誉。

艾巍山埋怨道： "这可是你家一个远房亲戚，也有我的一份钱呢。"

刘玉佩难为情道："我去过三趟，放不下面子。他还把我说一头子。你去也许能成。"

艾巍山："尔格要账矮人一等，还得想想办法。"

刘玉佩一拍脑袋想起马金宝。他可是衙门里的人。他把这事推到艾巍山身上。欠债还钱天经地义。艾巍山向马金宝说明这事。马金宝第一次遇见这种事发生在自己身边，十分气愤。艾巍山求他出面帮助解决。马金宝一惊不知如何面对。他吃住在货栈又不好推辞。艾巍山向他细细交代一番。他揣上欠账清单带着马金宝上门要钱。艾巍山先进门向掌柜施礼。掌柜认得艾巍山，知道又来要债。

掌柜板起脸说：“今个身体欠安，马上要打烊。”

艾巍山：“生意不做，钱要还啊。”

掌柜：“这是我与亲戚的事与你无关。”

艾巍山没好气地敲敲柜台说：“你不明白嘛，你欠得是合意货栈的钱。”

掌柜：“你是啥人啊，只认钱，没有一点人情味。”

艾巍山一下提高嗓门：“你拿货时咋那副怂样。”

马金宝身着一身官服进来。掌柜一看县衙门来的人马上变一副嘴脸。他请马金宝坐下打发伙计上茶。马金宝端起茶杯慢慢品饮。艾巍山起身向马金宝施礼。官爷在此，请评评理。他掏出欠账清单递上说明原因。马金宝面无表情盯着掌柜。掌柜心虚亲自给马金宝倒茶。

马金宝慢条斯理道：“这里办不成就去衙门。”

掌柜惊慌直冒冷汗战战兢兢说：“这就办，马上拿钱。”

衙门有人还是好办事。艾巍山拿回来钱在刘玉佩面前夸赞马金宝。刘玉佩满心欢喜，热情笑脸另眼相看马金宝。他宴请马金宝赠送银子。马金宝第一次害怕推辞不接。艾巍山硬是把银子压在他手上。刘玉佩举杯赞扬马金宝是官爷，为民办事。这是应该得到的。马金宝一脸难色端起酒杯。

艾巍山：“官场有官场道道。你跟着走官路才好做官，会做好官。”

刘玉佩喝下酒道：“马秀才在衙门混得好。官爷要会喝酒。酒里有乾坤，有朋友有财富有女人……”

马金宝听到这话很破烦，一口酒苦涩难咽喝下。他揣上银子心里不踏实。艾巍山有意带他去一些场合撑面子。马金宝往往能收到人家的银子。他不明不白越来越不自在。他开始有意躲避艾巍山。他躲过艾巍山却逃不过刘玉佩。他还要应酬衙门里的官爷。他亲眼看着官爷吃吃喝喝，收钱理所当然不眨眼。他也能听出话里有话索要钱财的官爷。他看在眼里不敢直接询问。他们倒是热心指点教诲。他内心波动烦乱经常躲到圪梁梁上吹唢呐。他吹起唢呐就想起房姿玉洁白纯真的样子。马子忠常来办事顺便看他。马金宝憋不住内心苦衷向马子忠道出。马子忠经历过看得清人情世故。他也不好把话说透。朝朝代代都一样，吃官饭就要懂得道道。不过做事还是要有公心……马金宝听下马子忠这些话，觉得父亲也世俗。他把看到的人和事还有心里的话向房学礼道出。

丁二办差吩咐马金宝临时担任审案笔录。马金宝秉笔直书记录原告和被告口供。常知县审案看过笔录很是不满。他训斥马金宝又含蓄婉转指点他。马金宝经历三次审案笔录。常知县无法达到审判预期结果大为恼怒。他在丁二面前怒斥马金宝，埋汰房学礼教学无方。马金宝一听羞辱房学礼。

马金宝非常不满反驳道：“知县大人，审案笔录本应该是原始直言不讳。这是为官德行。”

常知县一愣不知如何发火，放慢语气道：“口供看似那样，案情复杂。要多听多学……”

县丞在一旁不耐烦地摆摆手说：“你去刑房打杂吧。”

衙门里混，做人办事要灵活会变通。马金宝想不通认定自己没有做错。他想起房学礼的教诲。为人臣者，以富乐民为功，以贫苦民为罪；要清廉，谨慎，勤政……丁二还是耐心教导马金宝。他带上马金宝吃酒见识各路人。他苦口婆心道出真相。现实与书本大不一样。官字两个口……原告被告谁是罪人，民事纠纷谁是谁非都难以辨清。审判在于县衙，分辨犯罪事实或民事纠纷还要银子呢。马金宝明白过来，县衙竟如此办案。如果原告不满意上告呢？丁二淡淡一笑拍拍他的肩。草民都不想坐牢还要感谢呢。马金宝以为这样做事可耻。他在刑房亲眼看到那些受刑认罪，吃了原告被告开眉眼笑的人。他心灰意冷直接回家。

马金宝手记。我一肚子疑惑，看不惯衙门里这样风气。官吏个个道貌岸然，做事圆滑。他们拉帮结伙，见面笑容满面察言观色。他们吃酒吃钱理所当然。民众办事个个卑躬屈膝，如见皇上。我不知怎么了，人家为什么能融入那个场面。我想不明白难受害怕，给丁二留下一封辞书回家不想干了。我回来心情不好脸色难看。父亲三番五次问我。我架不住道出心里苦衷。父亲板起脸十分难堪。他严厉地教导我。朝朝代代读书做官是人一生的名誉，也是马家荣光……这话难以让我接受。我闭嘴不言无法与他交流。父亲认死理狠心打发我背上粪篓子去拾粪。我每天一身臭味，心里空荡荡地倒是舒坦。我累了就躺在圪梁梁上胡乱吹唢呐。刘憨憨赶着羊老是冲我一句话。人家都羡慕尊敬你。你背上粪篓子自作受苦。我开始思虑这些事怀疑自己。

我想见房姿玉，又怕见到房先生。父亲把房先生请来教导我。房先生正颜厉色讲些大道理。上善若水，水善利万物而不争。处众人所恶，故几於道。居善地，心善渊，与善仁，言善信，正善治，事善能，动善时。夫唯不争，故无尤。做官为朝廷办事，为民做事。为官者当修身正德律己，重在修身为民。朝朝代代官场有君子和小人，还是清官好官多……多读书明志修身。房先生又单独与我交谈。他讲自己的为官经历教导我。我静心深思心里渐渐明白。我不知如何回到县衙交代。父亲与房先生去趟县衙没有结果。丁二过来把我训斥一番。当个官官，转个弯弯。官不打送礼的，狗不咬粑屎的。他指点我拿银子办事。我不想让父亲再跑县衙。

这很是羞愧无地自容。马金宝在家拾粪、读书，躺在圪梁梁上看看蓝天白云。他时而想起房姿玉，很想把心里话告诉她。他有意跑大堡子向房学礼家门张望。他偶然听见窑里传出优美的琴声。他只有听在心里想象她弹琴的样子。马子忠想让房学礼多开导马金宝。他打发马金宝帮房学礼家干农活。马金宝十分高兴欣然愿意。他默默在地里锄草、打柴，盼着房姿玉出现。房姿玉果然来了。她裹着头巾提着罐子来送水。她的那颗芳心已萌动绽放。她喜欢马金宝，那颗芳心羞答答地跳动。她满脸笑容在圪梁梁上向马金宝招手。马金宝惊喜地看见她放下锄头过来。他看一眼房姿玉很不自在。房姿玉倒满一碗水递上深情地看着他。他们整衣拘谨地坐在一棵树下。马金宝喝一口水瞄一眼房姿玉激动心跳。她白格生生俊美，明亮的大眼睛忽闪忽闪好像会说话。

房姿玉打开话匣说："金宝哥，尔格，你是官爷。我好敬仰的。你还会中举人戴大红花。"

马金宝面有愧色叹口气道："我辞了。"

房姿玉惊讶道："为甚?"

马金宝把他在衙门看到的事一一道出。房姿玉心里有说不出的难过。她眼睛湿润不能言语。马金宝依然帮着她家地里干活。大堡子的人把这事传得沸沸扬扬。房姿玉没有来送水。马金宝心想，房姿玉一定生他的气。他越想越生气自己做事太草率。他每天打一捆柴送来垛好默默离开。他终于看见房姿玉站在圪梁梁上向他招手。他激动想向她解释道歉。他们还是坐在那棵树下。马金宝张口要直抒心意。房姿玉语气沉重打断他的话。自古读书做官，大展鸿图，功名利禄。你没有错不能倒下，争取参加乡试，再考中个举人。马金宝感动一股暖流涌上心头。他大胆地看着房姿玉很想一把拉住她的手。他露出微笑坚定地点点头。房姿玉莞尔一笑眼含泪水充满祈望。

马金武不明白马金宝不做官非要回来背粪篓。他与刘喜已陷入深深的情爱。刘喜整天粘着马金武一起卖豆腐说说笑笑。她远远看见马金宝和房姿玉在圪梁梁上有说又笑。她敏感羡慕兴冲冲地告诉马金武。马金武回家调笑马金宝。县衙当差有吃有喝回来受苦啊。马金宝腼腆不好意还嘴。

马金武沾沾自喜道："我与刘喜拉手手咧。"

马金宝："我还不懂男人女人那事。"

马金武："不要许告诉大大和妈妈。"

马金宝："我知道。"

马金武一副得意的样子道："宝，回来是为那个女子吧。明个，刘喜来找我。"

刘喜已经离不开马金武。她认定马金武背过她，马金武就是她的男人了。她越来越想马金武，白天想夜里念。她着实心疼马金武。马金武真情实在也是个糊脑怂。两个亲格蛋离不开了。刘喜果然又来找马金武。她凑到马金武跟前等他卖完豆腐。她神神秘秘拿出两条红布带要带马金武去个地方。马金武没有多想把卖豆腐家俬放到酒铺，一边啃着黄馍出来。刘喜把他引到南山一道圪梁梁。

马金武开眉眼笑道："我来过自哒偷枣吃呢。"

刘喜拧他一把嗔怪道："糊脑怂，这是两棵神树。"

马金武仰望高大粗壮的枣树敬畏地摸摸它。刘喜给他讲两棵枣树的故事。马金武明白过来一把拉住刘喜的手。刘喜要马金武闭上眼睛掏出两条红布带。马金武看看红布带又望望红艳艳的树，激动不已。刘喜喜滋滋称呼马金武亲格蛋。咱们今天把两条红布带打成结系在树上。两人像做完一件大事，紧紧拥抱在一起。他们各自摘下一颗红枣。刘喜害羞闭上眼睛。马金武把红枣放进刘喜的嘴里紧紧抱住亲吻。

马金武松开刘喜喘着粗气说："金宝他俩一定来过自哒。"

刘喜露出幸福的笑容说："清油调苦菜，各取心里爱。往后你就是我老汉哩。"

马金武情不自禁唱起小曲。"亲格蛋呀，亲格蛋。两棵树下一对人，红布带子拴颗心。亲格蛋呀，亲格蛋。两颗红枣嘴对嘴，哥哥妹妹定终身。"他非常兴奋回家的路上正巧碰上马金文。两人见面十分亲热。马金武把马金文身上的褡裢放在独轮木车上。马子忠和金兰乐得合不拢嘴。杜兰见着马金文高兴地抹泪。她精心做一桌饭菜为马金文接风洗尘。马金文得知马金宝这事，耐心讲他的为官经历指点说服他。马金宝好像一下开窍成熟了。他要做好自己不能辜负家人和房学礼的企望。他答应家人回县衙。马金文回家主要是来朔水县办差。他领上马金宝去找常知县。常知县见过马金文非常客气。马金文办完差事向常知县提出马金宝的事。常知县心想，马金文毕竟是西安府的官爷，此一时彼一时，后生可畏。

常知县微笑道："这小子有点性子，还要历练。"

马金文谦逊地说："马金宝实有过错，还请知县大人，长辈多批评指教。"

常知县："既然来家乡办差，本官还要尽地主之谊。"

常知县摆下酒宴也是有事求马金文。马金宝当面向常知县道歉。常知县不疼不痒指责几句。马金宝看马金文眼色斟酒倒茶。丁二笑容可掬作陪。他没想到马金宝兄长在西安府做官。他十分机灵很快活跃酒宴气氛。他察言观色频频与马金文碰杯。马金宝硬着头皮向常知县敬酒。常知县喝到兴处连连夸赞马子忠和马金文。马金宝听出话音向常知县表态一定尽心为县衙做事。

常知县："马秀才有个性。是这，管理档案的书吏老了。你带上两个人编写《朔水图记》。"

马金文："常知县爱贤惜才，编写《朔水图记》可是重任在身。"

马金宝接下这个差事十分欣喜。他感动举杯感谢常知县知遇之恩。马金宝喝下一杯酒向常知县承诺。常知县提出为侄子在西安谋个官位。马金文应承一定把常知县的事情办妥。双方各自欢喜。马金宝把马金文送出城外。马金文又细细叮嘱一番走了。马金宝上到一处圪梁梁上坐下想好好静一下。他认为这次做事很唐突。常知县知人善用是个好官。马金文见过大世面有城府。人之常情啊。这世道还是做个世俗的好官。他感激兄长，此时心里有很多话想对房姿玉叙说。他有几分醉意晕晕乎乎睡去。傍晚，三个人走到他身边踢打他。马金宝醒过来还手反击。三个人把他打倒在地抢他的钱袋。他捂着脸隐隐约约看见刘贺站在一边。

第三十三章　怕处有鬼

马金宝脸上一块青一块紫回到货栈。艾巍山看见这样追问他。马金宝把抢劫一事告诉他。艾巍山气愤地大骂刘贺这小子犯上，一定告他。马金宝摆摆手不想找惹麻烦。他想着尽快接收编写《朔水图记》。他正常去县衙交接上这项事务。丁二另眼相看马金宝。他看见脸上伤痕很是关切。马金宝简单说明事由。丁二讨好马金宝把刘贺告了。衙役很快把刘贺抓进牢里。刘贺挨过棍棒，常彪指使人把他保出来。马子忠得知这事赶来看望马金宝。

马金宝："他已交代挨过打，放人了。"

马子忠看见马金宝脸上伤痕恼怒道："这小子要赔赏。"

艾巍山："那小子经常与常知县孙子常彪混在一起。一出去就喝酒去了。"

马子忠忍气吞声回家。马金武不听马子忠话窝着火去找刘一六赔钱。刘一六无所谓样子，嘴巴不干不净骂人。马金武暴怒狠狠打一顿他。刘玉佩回来把刘一六训斥一顿。打得活该。人家是县衙的官爷。马金文在还西安府。常知县面子上都要让三分。刘一六忍着火气阴阳怪调。马金武那个小子不是什么好货，勾引你家女子，丢人现眼。刘玉佩听见这话一下气蒙了。他气恨自家女子更是把愤恨发泄到马子忠身上。他咽不下这口恶气先把刘喜骂一头子。他吊着驴脸去酒铺找马子忠。马子忠见过刘玉佩以为是货物的事。他弄来两斤杂碎和烤肉摆上金马酒。刘玉佩也不客气抓起烤肉就吃。马子忠敬上一杯酒答谢他。刘里长是员外。感谢生意上给予帮助。刘玉佩只是喝酒不搭话。马子忠揣摩一定有什么麻缠事。他有意扯东拉西问起马金宝。刘玉佩喝口酒抹一把嘴夸赞马金宝一番。接着他眼睛充满怒火盯着马子忠提高嗓门。你把马金武那货管好，不要在我家女子前胡骚情。马子忠听说过马金武和刘喜的事。他装着一无所知的样子。

马子忠开眉淡然笑道："我回去问一下。"说着递上一包汉中红茶。

刘玉佩没好气地说："马校尉，生意归生意。我家女子不要惦记。当年攀不上你家高枝。驴亲家都没做好。马家欺负人咧。管好你家小子，不要到处胡挖抓，我与你没完。"

马子忠心里发笑，但是想起刘憨憨与马兰花的事。他还是心有余悸要过问一下这件事。他侧面试探把这事告诉金兰。金兰放下手里针线活白他一眼。三小子像你，看上哪家女子就不会放过。马子忠"嘿嘿"一笑，自以为豪。不过，这刘家门风不怎么样。杜兰端着饭菜进来摆到炕桌上。三人围着炕桌吃饭。金兰边吃饭絮叨这事，夸赞马金文。马子忠看一眼杜兰，边吃饭赞叹大烩菜味道。杜兰听到他们说道马金武的事很有感慨。女人喜欢男人有本事。马金武钢板硬正。一定能成大事。金兰与杜兰一唱一和。马子忠想得多，刘家麻缠往后还不知要生出破事。他思来想去要单独找马金武说道说道。

男女相好扯出两家大人。马子忠直接找马金武询问这事。马金武不敢糊弄如实道出。马子忠没有大声喊叫。他简单叙说来野狼沟落户与刘家发生的事。马金武以为这是他们的事，但不敢吱声。马子忠教诲他，婚姻是大事，要看门风。马金武一听这话上气头发蒙。他已深深陷入他的亲格蛋。他心想，当年父亲不听父母之命，怎么就偷偷跑了。他低沉着脸不想回话。马子忠看出他的心绪要他好好想一想。

马子忠把自己的真实想法告诉金兰。金兰自然与马子忠保持一致劝导马金武。马金武道出真心话“我喜欢她，她也喜欢我。”金兰搬出“三纲五常”教导他。马金武头一歪顶嘴回一句“她是我的女人。”金兰心头一震不知如何说道。她想起当年自己倔强的性子。马金武不敢正眼看母亲。金兰看一眼平静地解释说明婚姻不仅仅是两个人的事。它是两大家子的人情事理……马金武心里难受说不出话。金兰直接向他摊开。刘玉佩与你大大都不同意。马金武一惊满脸怨气去找刘喜。马金武把刘喜约到南山圪梁梁上两棵枣树下。刘喜一下拥到马金武怀里憋不住流下眼泪。她哭哭戚戚道出父亲的成见。马金武一时难言紧紧抱住刘喜。

刘喜亲一口马金武，语气沉重地说：“你不能离开我。”

马金武点点头说：“你是我的亲格蛋。”

刘喜感动眼泪兮兮生怕马金武离开她。马金武想起父亲和母亲的话，有一股子气吐不出来。他身子沉重努力站起身望着起伏的山梁想要大喊。他内心大喊着“刘喜”的名字。你是我的女人。你是我的亲格蛋。刘喜仿佛听见那粗犷有力的声音。她情不自禁过来把马金武扑倒在地。她咬破两人的食指，鲜红的血沁出来。她把两个食指紧紧按在一起眼神坚定地看着他。咱们两条命续上哩。马金武感触两人一片真情眼睛湿润。他们深情的双眼默默传情激动地拥在一起相吻。

这与你无关，刘家与马家风水相克。刘玉佩一直担忧刘喜想给她寻个婆家。艾巍山听说这事想劝和这两家。刘玉佩毕竟给他家送来一个婆姨。他真心劝说开导刘玉佩。刘家与马家和亲，钱往钱袋里装，油往油葫芦里流。刘玉佩态度坚定不耐烦撂下话。艾巍山摇摇头淡淡一笑。马瘦毛长尻子深，穷人说话没有人听。

刘一六挨打记恨马子忠。他经常去合意货栈对马子忠说三道四还有意拿刘喜无事生非。他无意间发现马子忠酒铺的货物价钱低，揣摩马子忠的进货一定比他便宜。他没有打探出马子忠的进货价钱就来货栈找刘玉佩。刘玉佩听过他的话留个心眼。他经常查对马子忠和刘一六的进货。刘一六露出心机要加入合意货栈。刘玉佩一惊，但没有立刻答应。

合意货栈的生意越来越红火。何花一见刘玉佩得意的样子如同咽下一口恶水。她不把他撵回大堡子不解恨。她指使常彪想法子把合意货栈弄日塌。常彪隐隐约约得知这里有陈年旧恨。他自然听母亲的暗地里压价套取合意货栈货物。合意货栈进货资金渐渐吃惊。刘玉佩只有向几家店铺老客户要欠款。老客户们好像串通好似的笑脸相迎，客客气气就是拿不出钱。艾巍山也多次上门要债。老客户们依然一个鼻孔出气。他感觉这里面有鬼。他心急又请马金宝出面帮忙。马金宝很难为情，介绍丁二。丁二拿上钱满口答应。

丁二摆出官爷架子要账。他不但没有要上钱还被教训一顿。他听话听音慢慢摸清这几家店铺的背后。他把钱还给艾巍山，支支吾吾糊弄过去。刘玉佩急得团团转吩咐刘贺打探。刘贺摸清几家店铺底细后向刘玉佩道出实情。刘玉佩恼羞成怒大骂何花。这头草驴真晦气。这个害人精没完咧。他没法子硬着头皮去找何里长。何里长拿上银子客套地要帮刘玉佩一把。刘玉佩却没有等到他的回音。他窝着怒气直接去找常彪。常彪面色生冷言语生硬。生意场上就是尔虞我诈。我成全你，把货栈盘给我。你可以少赔点。刘玉佩盯着他的眼睛气得无话可说。

这也许是报应来了。刘玉佩欲哭无泪找艾巍山商量也没有什么好计策。艾巍山感到这事奇怪。刘玉佩怎么把常彪惹下了。刘玉佩含含糊糊不敢直说。合意货栈生意资金转不开已难以进货。艾巍山提出各自借些钱周转。他又向马子忠和李盾借钱。刘玉佩低下头向刘一六张口。刘一六见机提出要入伙。刘玉佩没有多想答应下来。艾巍山不满意还是要拿他的一半。刘玉佩只好与刘一六平半分成。货栈勉强支撑营业。

夜雨过后风又起。合意货栈的两车货又被劫了。刘玉佩着气一下倒在炕上。艾巍山只好带上银子去交涉。他观察两男一女不像劫匪，讨价还价。一个男人咋咋呼呼要见刘玉佩。艾巍山无奈把刘玉佩带过来。女人白丝巾蒙面指着刘玉佩要单独会面。刘玉佩跟着女人来到山圪崂。女人转身取下丝巾。刘玉佩大惊失色目瞪口呆。怕处有鬼，这个女鬼要索命来啊。她正是刘玉佩卖掉的巧儿。

巧儿轻蔑地笑笑说：“日能的很。当年哄着把我卖了。我都可以把你杀哩。”

刘玉佩干干一笑说：“人家看上你咧。你有婆家过好光景。”

巧儿怒言道：“骚毛驴，你把老娘害苦哩。”

刘玉佩：“你要咋样？”

巧儿：“你把货拉上，一起进朔水城。”

刘玉佩心烦意乱不知如何甩掉这个女人。巧儿饱经风雨显得很有城府。她艰难跑出来要向刘玉佩讨债或者你死我活。她见过刘玉佩心生一计，先要把他的钱财榨干。她来到货栈单独与刘玉佩喝酒叙旧。刘玉佩心里慌乱摸不清巧儿底细。他揣摩巧儿无非是讹点钱。巧儿话到正题提出要钱要房子。刘玉佩无奈暂且答应。巧儿冷笑有意恶心他。你的野种小子常彪长大哩，又是县太爷的宝贝。刘玉佩明白这是威胁敲诈，尴尬又恐惧。巧儿开出价钱，明天就要见到钱和房子。刘玉佩眼仁子一转答应先买房子。巧儿不依不饶逼着刘玉佩出钱。刘玉佩愁眉苦脸道出客户欠债，何花讹诈货栈的事。巧儿沉默半晌也想捞一把，随口答应下来。刘玉佩嘴角挤出一丝微笑。巧儿提出条件要的货款给一半，就算是还她的债。刘玉佩脸色十分难看咽下一杯酒点点头。

刘玉佩把要货款的事告诉艾巍山。艾巍山两手一摊只有认栽。巧儿拿上三孔窑洞安心住下来又重操旧业。刘玉佩催促她尽快去要钱。巧儿又提出要嫁给刘玉佩。刘玉佩一听这话头要炸了。他没有答应，提议先把货款追回来，货栈正常营业。巧儿心想，先把钱弄回来也行，反正刘玉佩跑不了。她打定主意去找何花。何花好像对巧儿没有印象。巧儿有意提示她。那夜还是我救下你。她的话一下把何花搅得慌乱。当年，何花确实找过巧儿。她就是想把巧儿卖到远远的地方。她后来发现巧儿不见了。何花还是装着不认识转身要走。

巧儿不紧不慢地说：“常彪野种传出去可不好看。”

何花转过身怒言道：“你想干甚？”

巧儿冷笑道：“这么多年他闭口不提那事。你还没完没了哩。把刘玉佩的货款还了吧。”

何花：“能办，不过有个条件，夹住你的破嘴。”

巧儿：“能成，这样都好活。”

各打各的小算盘。刘玉佩如愿要回货款。巧儿又提出婚嫁的事。刘玉佩没把巧儿放在眼里，不可能答应这事。他有意推脱要等到货栈生意好转后。巧儿明白刘玉佩糊弄她，打起自己的算盘。她不停地编造各种理由套取刘玉佩的钱财。刘玉佩心虚只有打碎牙往肚子里咽。何花也不踏实想要把巧儿弄走。巧儿一边敛财一边转移。她的贪婪的目光又瞄向何花。何花无奈只有舍财免灾。巧儿的行为已经逼得刘玉佩无路可退。刘玉佩清醒过来，这是巧儿在报复。他咬牙切齿动了杀念。他反复琢磨不想自己动手。他想到何花，战战兢兢去试探。何花在刘玉佩面前大骂巧儿。

刘玉佩添油加醋道："没想到这女人如此狠毒。她是来讨债报复的。"

何花没好气地说："你俩都不是好货，把她弄走，滚得远远的。"

刘玉佩见机掏话："她是冲我来的，一定有戒备。我们合作一把。我可以提供她的行踪。"

何花动心但没有把话说死，含含糊糊应答下来。她回到家思来想去答应刘玉佩。她把这事告知常彪。常彪又听到刘玉佩的名字。他听从母亲的心生一计要做得干净彻底。刘玉佩提供巧儿行迹，等待着好消息。一个夜天，刘玉佩喝花酒大醉，醒来后发现自己躺在巧儿身边。他惊恐不安想不起来如何在这里。他推一把巧儿又喊叫她。巧儿没有一点动静。他抓住她的脉搏一下瘫坐在那里。巧儿脸色发黑已经死了。他浑身发抖脑子一片空白，一时不知如何是好。这时有人敲门喊叫巧儿。刘玉佩心生一念，只有报案才能脱身。他打开门疯似的大声喊叫。

巧儿死了。巧儿死了。刘玉佩来到县衙击鼓报案。常知县升堂听取刘玉佩陈述。验尸鉴定巧儿是中毒身亡。常知县拍下惊堂木问话。刘玉佩陈述简单脱不掉干系。常知县把他押进大牢，查找案情证据。刘玉佩关进牢里心惊胆战，不言不语。他半醒半睡实在记不起来如何躺在巧儿的炕上。巧儿是怎么死的？她祸害人该死。我可是个冤大头。他开始琢磨如何申辩摆脱干系。艾巍山和刘一六过来探望。刘玉佩大喊“冤枉”简单说明案情。艾巍山两手一摊不知如何证明。刘玉佩祈求眼神看着他们。艾巍山想起马金宝在县衙，也许有点办法。艾巍山把这案情告知马金宝。马金宝得知案情没有回绝。

常知县升堂审案。刘玉佩大呼“冤枉”申辩。巧儿是相好，我为何要杀她？巧儿那夜在哪里玩耍？我杀人为何还在现场？我杀人为何及时报案……那夜喝酒在场的人证词。刘玉佩喝醉酒去相好的巧儿那里。其他人证词，那夜听见巧儿窑里传出打骂声。

常知县：“如实交代，不要巧言障眼狡辩。”

刘玉佩跪地哀求：“草民冤枉，请知县大人明察。”

丁二递上马金宝字条“知县大人，这案子眼下没有直接证据。”常知县心里一震，这起案子确实不明不白还得查找证据重审。艾巍山向刘玉佩透出风。马金宝向常知县递上书信才得以重审。刘玉佩心生感激使银子要马金宝向常知县谏言。马金宝没有接受他的银子。刘一六出主意让刘玉佩直接给常知县送钱，可以大事化小花钱免灾。刘玉佩想起何花，也许出钱能救他。艾巍山提醒他，你给常知县送钱就证明你心里有鬼，也是证据。刘玉佩没有办法要上告州、府衙门。他又想到马金文，也许他是最后一棵救命稻草。他像一只老鼠掉进面缸到处乱抓。他吩咐艾巍山给马子忠捎信带话。

马子忠看过书信眼睛落在这句话上“这事已成，刘喜嫁给马家。我们结下和好亲家。”他置之不理轻蔑一笑。君子讲义，小人为利。这个小人自作自受。刘玉佩碰一鼻子灰，可是黄连树上挂苦胆。他恐惧胆寒大骂马子忠，大骂身边所有人。他又想起何花，忽然产生一个可怕的念头。这难道是何花下得套。这个狠毒女人也要我死啊。他不甘心这样死去要么鱼死网破。他不想见何花直接约见常彪。这个套就是常彪做下的。他不想再在母亲面前听到“刘玉佩”这个名字。他要这两个人一起消失。他想不到刘玉佩这个快要死的人还要作什么。他假惺惺提上酒菜来见面。

第三十四章　京城来人

常彪提上酒菜过来隔着铁栏喊叫刘玉佩。刘玉佩起身两手抓住铁栏，细细打量他。常彪把酒菜篮子递进去冷言冷语。刘里长有话就说有屁就放。刘玉佩狼吞虎咽吃着大口喝酒。他看着眼前这个小子又不知如何开口。常彪看他是将死之人，等待他开口。刘玉佩喝酒已上头，眼珠子血红盯着常彪。

常彪冷笑道："我会招呼你的货栈。"

刘玉佩喝口酒道："我是冤枉的，有人日弄我。"

常彪："我帮不了你。"

刘玉佩衣襟拭泪道："小子，你是老子的种。"

常彪十分惊讶不敢相信，回过神来大声吼叫："用刑，大刑伺候。"

这突如其来的话大吃一惊。常彪回到家翻来覆去睡不着。他联想母亲对刘玉佩的仇恨。他们之间一定有弄不清的纠葛。他想知道这里面的是非，又不知如何向母亲开口。他又来到牢里默默看着刘玉佩。刘玉佩躺在草堆上也不正眼看常彪。他疯似的自言自语"这是真的，真真的。"常彪听得真切似信非信。何花看出他的心思不敢直言。常彪实在憋不住询问母亲。何花不承认恶狠狠地骂刘玉佩。这只狗快死了还要咬人一口。

何花害怕夜长梦多指使三个假证人作证。她又侧面在常婆姨耳边吹风。常知县明知这起案子直接证据不足，决定判刘玉佩十年苦役。县丞提示他“这个案子不明了，但是犯人脱不掉干系。人活着就有可能翻案，不如一死百了。”常知县闭上眼睛大笔一挥定为死罪。刘家人得知跑到县衙有哭又闹。刘玉佩自认倒霉一死了之。他向家人交代后事又把货栈那一份出让给刘一六。

半夜鸡叫，刘家人感到不详。他们连夜备好祭祀物品要去朔水城为刘玉佩送行。天大亮，刘家人披麻戴孝启程赶路。三个骑马的人打探刘玉佩。刘家人跪地哭天喊地。刘老爷冤枉要杀头咧。一个人下马证实确定，吩咐一个人带路。刘旺也不多想为他们引路。三个人进城大摇大摆直奔县衙。常知县升堂看来人着装来头不小笑脸相迎。一个人亮出内宫监鎏金腰牌自称“大明内务衙门内宫监。”他手指身边的人介绍“这位是西行监于大人。”常知县起身跪地行礼。于太监简单说明来意。本官来西安府办差，受刘总管委托来看望刘玉佩老爷。常知县起身不敢怠慢请坐上茶。他惊慌失色身上直冒冷汗。于太监又问一遍刘玉佩。

常知县诚惶诚恐道：“此人犯下案子，押在牢里。”

于太监：“马上提人。”

两个衙役把刘玉佩押进县衙。刘玉佩浑身是伤看着三个陌生人哀求大呼冤枉。于太监毕恭毕敬向他施礼。刘老爷受苦了。本官受刘总管委托来看望你。刘玉佩迷迷糊糊忽然明白过来。他想起当年送到京城的那个刘田。他爬过去抱住于太监的腿苦诉。刘田可好？他是刘家后生。有人陷害我，我要伸冤。于太监扶起刘玉佩冲着常知县指令要县衙好生伺候，要查看案卷。两个衙役把刘玉佩带出去。常知县点头哈腰露出笑容先稳住他们。这案子还在审理，也许有冤情。于大人风尘仆仆远道而来先吃饭，尝尝这里的美味。于太监酒足饭饱，心想这案子有冤情就要翻过来，回去好有个交代。

于太监细细翻阅案卷，发现直接证据不足。他指令常知县抓捕所有证人。他要亲自参与审讯。所有证人经不住拷打，编着理由一一招供。于太监察觉出两个重要证人要撬开他们的口挖出幕后人。他没想到这两个人自杀身亡。常知县解释说这些人都与刘玉佩有生意往来。一定是利益冲突结下仇恨。于太监看他一眼不言语。常知县心里明白惹不起朝廷里的人。他直接判决国有国法，该抓的抓，该放的放。刘玉佩无罪释放。

刘玉佩无罪释放出来。刘家人跪地感谢常知县。于太监单独召见刘玉佩。他把一块内宫监子冈玉牌压在他手上。他安慰刘玉佩保重，这是刘总管赐给你的护身符。刘玉佩衣襟拭泪跪地谢恩。他回家静养一段时间想了很多。他要抱住刘田大腿要为刘家祖先增添光彩。他重修刘田父母的坟，立下石碑。他怀揣一对祖传玉狮子进京城。刘田见过刘玉佩十分亲热。刘玉佩敬上一对玉狮子，道出修坟的事。刘田感动落泪赐给刘玉佩一些宝物和书信一封。

一趟京城回来容光焕发到处炫耀。刘玉佩怀揣那封书信去找常知县。常知县看过书信胆怯心虚。他面带微笑给刘玉佩上茶。刘玉佩没有好脸色。他要弄清案情挽回损失。常知县得知是常彪干下的事。他巧妙把案犯推到那两个死人身上。刘玉佩暂且对案子不计较，要求恢复名誉索赔牢狱伤痛和货栈生意损失。他狮子大张口难以让常知县接受。他们讨价还价达成一致。常知县心神不安定已经惧怕刘玉佩。他恢复刘玉佩名声，任命为乡约，赔上损失，免去三年田税。刘玉佩得到赔偿心有余悸，认定这次是有人要弄死他。他怀疑何花，这个女人蛇蝎心肠。塞翁失马焉知非福。刘玉佩取代高乡约，盘算着要回货栈那份。他来到货栈心酸喜悦看着他的家当。刘一六精明一见刘玉佩，笑格咪咪恭维一番。

刘一六一边夸赞说："刘乡约高升是刘家大喜事。货栈那份还给你留着呢。下人已在朔水城最好的酒楼定下宴席。"

刘玉佩嘴角挤出一丝冷笑："我要请来常知县，感谢常大人。对了，不能忘记马金宝秀才。"

宴席围绕刘玉佩推杯换盏欢喜热闹。常知县坐在刘玉佩身边，看他一副小人得志样子很不是滋味。他赔着笑脸频频向他敬酒。刘玉佩喝得头大心里翻出一阵苦涩。他一脸喜色心里却在哭泣。他脑海一下浮现出很多人和事。他挽回面子头戴黑色六合帽，身着红色丝缎大袍，骑着马在沟沟岔岔溜达显摆。各里长见到他毕恭毕敬祝贺高升。何里长心里自然疙疙瘩瘩。他面子上还要虚情假意。他串通各里长到乡约所摆下宴席庆贺。刘玉佩惦记着何里长。他只要会来事，那些毛毛杈杈的事不算什么。他坐在乡约的椅子上沾沾自喜。他不看圣谕六言，县衙乡规乡约，只等着各里长汇报和上贡。何里长跑得勤请吃送礼。

马子忠骑着马空手来向刘玉佩贺道喜："刘乡约，恭喜恭喜，鞋帮帮子做了帽沿沿。"

刘玉佩拉下脸冲着他说："你日能甚。马不嫌脸长。"

马子忠无趣骑上马打一鞭子撂句话："睡觉戴官帽的货，人怕理马怕鞭。"

刘家翻身得势足高气强。刘玉佩索性打发刘一六留在合意客栈管生意。他自由自在做乡约。刘贺招呼大堡子家里货栈，仗势欺人横行霸道。他身边围着一帮人吃喝玩乐。他强买强卖巧立名目强收集市“土地香火钱”。商贩心知肚明这是所为保护费。商贩开始有人抵抗后来忍气吞声。一些商贩上告何里长。何里长不敢招惹刘贺，向刘玉佩禀报。刘玉佩把刘贺招来，当着何里长面假意训斥教导一番。刘贺听话听音记恨何里长。他吆喝一帮人提上酒来到何里长家要吃肉喝酒。何里长受气不敢发作摆上水煮羊肉由他们折腾。

刘贺胆子越来越大指使两个人胡搅马金武的豆腐摊子。马金武早就看不惯他们这样胡闹。他火冒三丈大打出手把两人打翻在地。刘贺得知领一帮人过来围住他。商贩一下围过来对刘贺指指骂骂。刘旺看见即刻冲进来拉住刘贺。刘贺指着马金武威胁大骂，领人悻悻而去。他恼怒不服气怂恿人去金马酒铺闹事。马子忠好言好语请他们喝酒。他们喝得烂醉砸酒铺。马金武领着一帮人冲进来把他们打走。刘贺记恨马金武又不好惹。他想起自家白白死去的羊，指使人去偷马家的羊。他们偷两只羊被刘憨憨发现。他们打倒刘憨憨扬长而去。

马金武得知领一帮人追到刘贺家。他们正在吃着烤羊喝酒。马金武砸开门冲进去。双方大打出手互有伤人。何里长带人赶过来把他们押到里公所。里公所门前围满人叽叽喳喳。何里长破烦刘贺的黑痞行为。他又心中暗喜，让他们驴踢狗咬。马金武指着他们吼叫“偷羊打人。”刘贺仰着脑袋不承认。刘憨憨进来指认他们。

刘贺疯狗一般胡乱咬人：“马金武弄死我家十只羊。”

何里长：“老黄历了。你有证据嘛。”

双方怒目相对，撺拳拢袖。

何里长：“贼人，到处挖抓，赔钱还是赔羊。”

刘贺拍着公案大声道：“不能行，我要见刘乡约。”

何里长心里发笑就等他这句话。刘玉佩赶过来一听是这破事，当众甩刘贺一个逼斗。他郑重宣布“刘贺赔钱或还羊。”他回到家把刘贺臭骂一顿叮嘱他。我大小还是个官爷。你做事给我留个面子。这沟沟岔岔里不要胡搅马家学馆，不要招惹马家人。人家朝里有人，多长点脑子。

刘贺低头认罚不敢吱声。他暂时有点收敛不去招惹马家人。他在货栈空出一孔窑开设赌场。他手下的人依然去收土地香火钱。何里长实在看不下去就找马子忠。他恳求马子忠出面向刘玉佩说说情。马子忠心想，只要没有祸害金马沟的人，天塌下来与他无关。他摆出一副无奈的样子直接拒绝。何里长十分着气出言难听。马校尉，我一直看你是条汉子，公道义气，没想到如此心胸狭窄。马子忠淡眉失笑。我只看好自家的人和自家的地。

做人占着理就不要怕，有理霸份。马子忠言语简短教诲马金武。刘家人丧眼，门风不正，不怕刘家的拳头硬就怕肚子里的坏水水。刘家的女子还是离她远一点。马金武听得进父亲的话，就是一提到刘喜心里难受。他认为刘旺和刘喜有情有义，不像刘贺那帮人。金兰见过刘喜模样俊美，说话温柔有礼。她渐渐认可喜欢上刘喜。她向马子忠道出自己的想法。

马子忠只看准刘家门风，坚决反对道：“当年，我解甲归田。马家与刘家就不对头。我也说不清，就是相克。你找个媒婆给金武寻个媳子。”

金兰心里想着再等等嘴上却说：“能行。”

金兰心想，马金武在身边不用着急。她老是惦记在外的马金文和马金宝。杜兰从西安城回来非常高兴，告诉家人。马金文准备参加乡试，中举人就与丁亥先生家女子结婚。马子忠喜上眉头吃饱喝足就跑到杜兰窑里亲热。他紧紧搂着杜兰兴奋地夸奖她。好婆姨，你是马家的好风水。杜兰含着幸福的眼泪睡着了。马金宝定下心也要参加乡试。他经常回来请房学礼指导学习。房姿玉端茶做饭鼓励马金宝。马金宝心里暖洋洋的刻苦读书。马子忠拉上金兰和杜兰趁夜色在黑水潭敬拜金马驹。

马金文和马金宝不负家人期望，双双中举人。两兄弟身披大红花骑上马在朔水城街上转三圈。马子忠大喜摆下大宴。酒楼门前鞭炮“噼啪”震天响。唢呐锣鼓齐奏。常知县记得马金文为侄子办过事。他给足面子领县衙官爷到场祝贺。马子忠又领马金文和马金宝回马家园子报喜。马家六个兄弟喜气洋洋大摆家宴重赏两个兄弟。刘玉佩看着马子忠又占风头眼热心烦。他碍于面子指派人给马家送去牌匾。

马子忠欢天喜地请来关中秦腔戏班。他请刘玉佩和房学礼上台讲话。刘玉佩硬着头皮简单夸赞马家，宣扬圣谕六言，乡规乡约。房学礼大讲兴学之理。秦腔戏《秦王破阵乐》开始。众人嬉笑喊叫嘈杂鼓掌。马金武与刘喜偷偷离开，去金马酒铺。他已经为刘喜备好油糕和糖棋子。刘贺把他们的行踪看在眼里。他领上人跟在后面要捉奸。马金武与刘喜坐定正在拉话。刘贺一帮人破门而入。他嘻嘻哈哈大笑。一对狗男女偷偷摸摸干什么？马金武明白刘贺不怀好意，拔刀向他刺去。刘贺退出门外喊叫“快去找刘乡约。”刘玉佩赶过来一看，怒气冲冲给刘喜一个耳光。他指派人抓捕马金武。马金武拔出刀子指着刘玉佩大声威胁。谁敢上来就捅死他。刘玉佩拉着刘喜后退。

马金武脸色难看道：“我与刘喜是相好。我们很干净。”

刘玉佩：“刘家和马家不是一路人。把刀放下，去乡约所。”

马金武收起刀说：“我又没有犯王法。去也行，你不怕丢人，我就说我们在一起睡过。”

刘玉佩求眉竖眼骂道：“你这黑痞，挨刀的货。”

刘玉佩抬手要打，又丢不起这人。他放下手拉着刘喜回家。刘贺趁乱往酒缸里撒尿。马子忠知道这事窝气直接打发马金武下地里干活。他上门找到刘玉佩赔礼道歉。刘玉佩吊着脸冷笑大声训斥。你家怎么出这个二货。他还敢动刀子。马家人不要命了。他亮出子冈玉牌趾高气扬。这是什么？这是内宫监子冈玉牌。常知县见了也要怕三分。马子忠想起当年刘玉佩送去京城那个男娃。原来去做太监。他淡定地亮明态度。我与你不是一路人。我不会同意马金武娶你家女子的。刘玉佩一拍腔子振振有词。马家想都别想，管好你家的黑痞。

马金武忙地里的活没有时间去大堡子集镇。他怀恨刘玉佩也不满父亲。他们之间的事非要架在我头上。一个男人喜欢的女人，别人夺不走却被两家父亲硬是扯开。他实在想不通偷偷跑去找房学礼。房学礼劝解他，讲大道理。他根本听不进去。什么他妈的三纲五常。父母之命，媒妁之言。我要定刘喜了。刘旺过来看望马金武。他悄悄透出风来。家里不让刘喜出门，已经请媒婆说人家了。马金武心慌意乱迫不及待相见刘喜。刘旺出主意要找机会把姐姐弄出来。让他们离家出走，过段时间回来。生米做成熟饭，家人只有认下这门亲事。马金武一把握住他的手坚定地回应。那就这样定下咧。

岔岔道道，岔到一起了。马金武偷偷在家准备急切等待刘旺的消息。于太监又来给刘家带来喜事。皇宫要选秀挑宫女。刘田吩咐于太监顺便来这里一趟。于太监向刘玉佩通报刘田心意。刘玉佩自然想着送刘喜进宫。他送上一尊金佛，跪地感恩。他大喜摆下宴席。刘喜得知这事，无助无奈泪流满面。刘婆姨把刘喜精心打扮一番。她不停地唠叨。京城花花草草，人多热闹。宫里金玉满堂，吃香喝辣。大大和妈妈都是为你好，为刘家富贵荣华。一个白格生生温雅俊美女子出现在于太监面前。于太监见过大加赞赏。刘喜心里痛苦含泪低下头退出门。于太监选好吉日吩咐装扮木轮马车，好好伺候刘喜，按时启程。

没想到这事会变成这样。刘旺很快告知马金武。马金武心急火燎坐立不安。他来到大堡子远远望着刘家大门。夜里，他怀揣一壶酒拉上李云爬上一道圪梁梁。他猛猛灌三口酒向李云道出心里的苦衷。

李云喝口酒骂道：“他妈的，一个皇上要那么多婆姨干甚。”

马金武烦恼痛苦地双手弄乱头发露出凶光道：“你敢跟我劫道吗？”

李云紧握拳头当胸给马金武一拳道：“抢自己的女人为啥不敢。”

两人双手紧紧握在一起。刘玉佩定下吉日放响鞭炮，唢呐锣鼓齐奏送女子出门。马金武和李云悄悄跟在后面。他们翻过一道道圪梁梁。夕阳西下，刘喜念想家人和马金武。她下车站在圪梁梁上转身挥手。马金武看得真切认定是刘喜向他招手。他心急火燎给李云使个眼色。他们快步跟上去。

第三十五章　日塌了

马金武和李云拔刀冲上去。六个护卫把他们打翻在地。于太监目露凶光下马指令。哪来的强盗敢抢宫里的车。刘喜从车里伸出头一看是马金武，下车向于太监哀求。于太监根本不理会刘喜，指派两个护卫把他们押回朔水城。

马金武立眉瞪眼说："她是我的女人。"

于太监大声道："反贼，想死啊。"

于太监精心把刘喜扶上车上路。刘喜从车里伸出头哭喊着马金武的名字。两个护卫把他们押到县衙报案。常知县认定抢劫皇宫车，案子非同小可。他立刻审讯马金武和李云，才知是马子忠家小子。他传唤马子忠来县衙。马子忠一进县衙看见马金武和李云。常知县向他简单说明案情。马子忠气得一下说不出话。

常知县："你们胆大妄为，咋敢抢选秀宫女？"

马金武："刘喜是我相好的。"

马子忠火冒三丈一脚把马金武踢翻在地。他回家冷静下来后向房学礼讨教。房学礼认定马金武已经犯法，但属于抢劫未遂可以轻判。马子忠提上礼物去常知县家。常知县把这案子看得重。他胆战心惊不敢有一点马虎。他竭力向马子忠解释。朝廷衙门好说理，唯有宫内十二监，弄不好是要掉脑袋的。马子忠口干舌燥哀求他。常知县瞄一眼马子忠送的礼物，假意点点头再细细斟酌思虑一番。马子忠看到一点希望又送上重礼。这案子传得沸沸扬扬。刘玉佩很丢面子来到县衙向常知县亮出子冈玉牌。马金武是反贼，必须重判。你有几颗脑袋敢惹内宫监。常知县敢怒不敢言。马子忠又来找常知县。常知县摇摇头一副无奈的样子。本官无能不敢招惹内宫监。有人亮出子冈玉牌。马子忠一听明白是刘玉佩从中作梗。

县衙判处马金武和李云去河西十年苦役。刘玉佩幸灾乐祸拿出子冈玉牌反复欣赏。马家小子有出息也有黑痞。马子忠这下认栽吧。这风水轮流转。常知县往后在日能就拾掇他。何花走着瞧吧。马子忠心里难受无处发火。金兰一到夜里就念想马金武，哭哭戚戚。杜兰安慰劝解马子忠和金兰。咱家小子有出息。一个人一个命呢。马金武像他父亲，命硬着哩……马子忠平静下来开始准备马金文的婚事。

马金宝又为马家挣得光彩。他编修完成《朔水图记》。常知县大喜，举办《朔水图记》庆贺仪式。马金宝特意回家报喜。房学礼喜上眉梢还是恳切耐心教诲马金宝。他受到《朔水图记》启发思考，要把这段经历所闻所见记录下来。房姿玉喜在心里，含情眸子尽是马金宝的影子。马金宝感受到房姿玉那传情的目光。他端端正正不敢看她的眼睛。房夫人看出两个人的默默爱意。她喜欢马金宝又担忧离开回家乡后，女儿会在这里孤单受苦。她看在眼里也不想捅破这张纸。

马金文结婚后带着婆姨进京赴任。房学礼举荐马金宝到西安府任职。马金宝走前恋恋不舍房姿玉。他备好一对白鸽不敢送出去。房姿玉远远地目送马金宝。马金宝站在一道圪梁梁上放飞白鸽。他转身看见白鸽飞落在房姿玉肩上。房姿玉感动得眼睛湿润向他挥手。他自言自语喜欢房姿玉。他后悔没有亲手把白鸽交给她。他又欣慰白鸽很有灵性向房姿玉传情。

杜兰喜格蛋蛋说："金宝是好娃娃。娶房先生的女子该多好。"

金兰轻轻叹口气道："房先生在这土沟沟里待不下。人家是官爷迟早还是要离开的。"

马金宝手记。我来到西安城兴奋。街道上楼台亭阁，车水马龙，繁华喧闹。我登上城墙遥望街市心潮起伏。我眼前仿佛是大唐长安景色。我想起长安城里那些叱咤风云的人物。大将李靖，良相房玄龄，大家柳宗元、韩愈，诗人李白、白居易……我纵情地看着街上的人流，好像他们就在里面。我仰慕大唐的学风、气派和风骨。我区区一个举人感觉当下八股取士陈旧迂腐，文章空乏无物。

我在西安府衙行走做事，官场依旧是官场。夜天无事很是孤单，思念家乡的姿玉。我离开她确实深深地感到想念着她。我深受儒家"三纲五常"教导，不敢向她直抒心意。金武哥很有胆量，却是逆道而行。他的结果自然悲惨。我还是敬佩他的行为。我至少应该把心里话当着姿玉的面说出来。姿玉，我想你的夜。黑得什么也看不见。我想与你坐在那道圪梁梁上看着月亮拉话。我突然有个想法。我要学画画，把她画出来，画在我心上。

马金武做苦役走了。刘贺眉飞色舞肆无忌惮。他领着一帮人赌博收钱。何里长无能为力，睁一只眼闭一只眼。他只有心里咒骂"黑痞，会有报应的。"艾守关忙完地里活经常来大堡子集市溜达。他毫无目的随人来到刘贺赌场。他一直看别人跌骰子、扣明宝。他看见赢家大把装钱心里痒痒。他第一次上台赌博赢了，揣上钱出去吃羊杂喝酒。刘一六回家听说艾守关赌博，心中暗喜动了歪念。他吩咐刘贺一定要套住艾守关。

庙会集市摊贩汇聚，人多喧闹。刘贺打发三人去大捞一把。一个摊贩的毛驴嚎叫。一个人凑上去耍赖要银子。毛驴乱叫吓住他了。他要赔偿与摊贩发生争执。三个人围住摊贩要动手。李二蛋领着儿子和两个士兵回家，正好遇见赶上。他听着围观的人指指点点，明白是黑痞明着抢钱。他拨开人群质问三个人。三个人没把李二蛋放在眼里出口伤人。三个人围上来就打李二蛋。两个士兵冲进来三下两下把他们打翻在地。

李二蛋一脚踏住一个人说：“老子是军爷，再胡闹扒了你的黑皮。”

三人起身喊叫“等着，等着。”跑了。

李二蛋回家放下礼物把儿子交给父亲。李盾乐呵呵抱起孙子。他感觉李二蛋变了。一个士兵低声告诉李盾。李把总婆姨病亡了。李盾心一沉有悲又喜。马子忠得知李二蛋升为把总官，欣慰了却一块心病。刘贺领一帮人冲进金马沟。李二蛋拿上火铳枪带上两个士兵与他们对峙。他看准领头的刘贺，直接把火铳枪顶在他胸前。他横眉怒目大声喊叫。反了，敢动军爷。老子可以一枪打死你。刘贺没见过这样火枪胆怯心虚。他摆摆手招呼手下退后转身跑掉。马子忠虚惊一场摆下家宴庆贺。李二蛋在马子忠家碰见马兰花。他们眼睛目光相遇没有说话。他们心头一热心里还满满装着对方。李二蛋婆姨死后经常做梦，脑海又浮现马兰花。一人带个小子心里空落落的实在难活。他回来后翻来覆去睡不着觉，眼前尽是马兰花的影子。马兰花心里难受偷偷抹泪。

人活一生，草长一春。李二蛋见过马兰花，心里沉重。他不知如何与她见面。他下地干活有意要遇见马兰花。他们擦肩而过，眉目传情不言不语。李二蛋躺在地头想念马兰花，躺在炕上也想她。他实在难受唱起酸曲。“兰花花，亲格蛋。天上的星星月明明。兰花花，亲格蛋。地上的沟沟水清清。兰花花，亲格蛋。二蛋的心心想人人。”我们来到世上干什么，就是个人想人。他心生一个念头要偷偷把马兰花带走，去抚北百户所。他犹豫迟疑不知道马兰花是否跟他走。他吩咐一个士兵给马兰花送去一张字条。

马兰花看着字条泪流满面。她一直思念盼着李二蛋。她把李二蛋那句话珍藏在心里。兰花等着。我会把你带走的。她心情复杂思前想后。她舍不得离开她的家。她又惧怕父亲，害怕给金马沟丢人。她左右为难以泪洗面。李二蛋没有等到马兰花的口信。他又送过去一张字条。“兰花，我的亲蛋蛋。明个一早我就走。我看见你心里实在难受。我从此不回来。”李二蛋痛心入骨不想久留。他赶早骑马启程。他们上到一道圪梁梁上。李二蛋看见马兰花背着包裹站在那里。他简直不敢相信下马跑上前去一把抱起马兰花。

马兵娃以为母亲赶集去了。后晌，他也没有看见母亲。他感到不对劲赶紧告诉刘憨憨。刘憨憨赶到大堡子集市打探，没有发现马兰花。他日急慌忙向马子忠叙说。马子忠招呼金马沟人四处寻找，没有找见马兰花。李盾这才回想李二蛋回来的目的。他猜测一定是李二蛋带上马兰花走了。他越想越可怕脊梁骨发冷。这事可弄大了。日塌了。他把他的想法告诉马子忠。

马子忠沉静地说：“我已猜到咧。这对狗男女伤风败俗，败坏家风。”

李盾：“这咋办？”

马子忠：“骑上马，拿上你的家伙。”

李盾明白马子忠的意思。

李二蛋和马兰花逃出苦海喜极而泣。他们两人骑在一匹马上，一路嬉笑拉话，向往以后幸福的光景。他们拾掇好叶树茂的老屋。两人一起向着南方跪地拜天地，拜父母。马兰花起身拥在李二蛋怀里泪如泉涌。她舍弃一切只为这一天。他们简单弄四个菜。李二蛋点上油灯喜滋滋地看着马兰花蒙着红盖头。

李二蛋掏出一对银镯子放在马兰花手里掀开红盖头说："这是妈妈留下的。我一直揣在怀里。"

马兰花戴在手脖子上端起一杯酒道："老汉，我是你的人哩。再苦也不分离。"

两人碰杯同声道："永不分离。"

他们度过三天甜蜜的时光。李二蛋打算把马兰花带到沙柳关。李盾骑着马一路追赶到抚北百户所。他发现堵住了他们。马兰花跪在李盾面前哭哭啼啼哀求。李二蛋向父亲道出当年两人的情感。李盾面无表情讲大道理，坚决要领回马兰花。李二蛋和马兰花跪下不起。

李盾仰天长叹道："这事弄大咧，日塌咧。"

李二蛋："兰花不能走。我们要天天在一起。"

李盾待下三天说不通，硬是逼迫李二蛋。马兰花当着李盾面拿着刀子架在自己脖子上。李盾狠下心拿出火铳枪对着李二蛋就是一枪。李二蛋倒地捂住受伤流血的腿硬生生撂下话。大，除非你打死我。李盾像个败兵垂头丧气走了。他骑着马一路走走停停。他很惭愧不知如何向马子忠交代。他回想起金马沟一些破事，感到自己老了无能为力。鞋有鞋样，袜有袜样，世事没样。自家人都反了，这世道要变了。他回来向马子忠道出实情。马子忠不言语整天闷在家里。他一直担忧刘憨憨要出事。金马沟的风水就会破了。他想去安慰刘憨憨又不知说什么。金兰和杜兰担心马子忠倒下。他们一起劝慰马子忠。你不能倒下。别人家看笑话。事情已经发生就要面对……憨憨老实人，开导开导。实在不行，再给他寻个媳子。

刘憨憨得知马兰花跟着李二蛋跑了，如晴天霹雳瘫倒在山坡上。他撕心裂肺“呜呜”嚎哭。马兵娃把羊赶回来。刘憨憨躺在山坡上一夜，傻呆呆地看着星星。马兵娃摸黑寻他回家。刘憨憨灌下一壶酒，一趟三天三夜。他醒过来窑里死一般空洞洞的。他深爱自己的婆姨，任由她欺负和打骂。他已经习惯了，只要他天天看见她，这个家就是热乎乎的。马兵娃一下也感受到家的冰凉。他想念母亲，也恨她。他不明白母亲为什么要跟人家跑。他气哼哼地安慰父亲。大，妈妈去哪达？我把她抢回来。刘憨憨目光呆滞无力地摇摇头。

马子忠过来安慰刘憨憨。他一边夸赞他是金马沟功臣，一边大骂李二蛋。他讲做男人的大道理。他叮嘱要顾金马沟大体撑面子。他答应给他一些银子补偿。刘憨憨听不进去不吱声，心里就想着马兰花。金兰又来耐心开导他。这是已经发生，不是你的迟早要离开的。人站到山梁梁上看得远，山那边有的是女人。再给你寻个媳子。刘憨憨反倒越来越烦感。他心想，婆姨跑了是羞辱，哪还有面子和里子。我要去找兰花，去找我的婆姨。

为了婆姨，这回动怒。刘憨憨打探好李二蛋和马兰花的去向，背起褡裢走了。马兵娃赶紧向马子忠叙说。马子忠面无表情心里叹息。马跑咧，兔窜咧，由他们去吧。刘憨憨来到抚北百户所又继续向沙柳关赶去。他要直接见李二蛋。一个士兵向李二蛋禀报。李二蛋耻笑刘憨憨还有如此胆量。他不想见他指派士兵赶他走。刘憨憨躲到山洼圪崂等待机会。他终于等到一个官爷模样的人。这个骑马的人正是守备。刘憨憨跪在面前拦住去路。官爷，强盗李二蛋抢走我婆姨。守备下马扶起他问个究竟。刘憨憨含着泪水道出实情。守备自然护着手下没当一回事。他传令要李二蛋和婆姨过来对证。李二蛋一瘸一拐领着马兰花过来。守备直接询问马兰花。

马兰花直截了当实话实说："我与二蛋真心相好多年。我舍家逃离，心里根本没有刘憨憨。"

李二蛋盯着刘憨憨道："听见吗。牛不喝水强摁头。"

刘憨憨哀求的眼神看着守备道："官爷做主，这是父母之命。"

守备看看李二蛋和马兰花，又斜一眼刘憨憨。他倒敬佩马兰花这个敢做的血性女子。他当机立断不讲情面。你灶火烧得再旺，炕可是凉的。你回去吧，这是边关，刀枪不长眼。他上马扬鞭离去。刘憨憨长跪不起。马兰花心生哀怜掏出一些碎银子放在他面前。李二蛋指派两个士兵把他弄走。刘憨憨狠狠瞪着李二蛋。李二蛋不屑一顾放下狠话。兰花是我的，不服气啊，把你扔到长城外喂狼去。刘憨憨躺在山洼圪崂难受想不通。他想到一死了之，又舍不下马兵娃。他的内心由亲情化为仇恨。他带着冤仇艰难回到家。他不见任何人，好像眼前的都是仇人。他回想过去满肚子都是对财主老爷的恨。这些财主都是虚情假意的讨吃鬼。他仇恨的眼里一满是刘玉佩和马子忠假惺惺的笑脸。他们是骗子，都是骗子。马子忠听说刘憨憨回来，却一直不见露面。他察觉不对劲询问马兵娃。马兵娃流下眼泪低声低气。父亲不说话好像病了。马子忠打算过去看个究竟。

马兵娃问道："爷爷，我妈为甚跟李二蛋跑。我亲大是李二蛋吗？"

马子忠惊讶拍一把他的脑袋说："不许胡言。"

马子忠提上酒肉去看望刘憨憨。刘憨憨不言语闭门不见。马子忠在门外唠叨一番走了。夜雨哩哩啦啦下着。金马沟飘出凄凉幽怨的唢呐声。马子忠同情刘憨憨，又担忧黑水潭好风水。一夜两夜三夜，唢呐声似哭泣似抱怨又似愤怒，声声撞击着马子忠的心，搅弄着金马沟。唢呐声声变得越来越悲哀恐惧，笼罩在金马沟的夜空上。

一夜一夜吹着唢呐。刘憨憨宣泄苦闷越激起心中的怒火。他已无法自拔心已冷淡麻木。他想很多心生恶念。他要报仇要报夺妻之恨。他想到手里的羊，卖掉或是弄死。他对羊有感情又舍不得。他抱着头羊对它说话。你们快活有情有义。我憎恨人。一个个没心没肺，吃牲口还吃人。我要走了，受苦人不如鬼。我要离开这个无情无义的地方。他心一横偷偷把马兰草弄走了。

第三十六章 前世今生

毛毛细雨悄悄无声地飘落着。马家人上坟祭祖，烧香磕头。马军田和金福山在石牌坊前伫立瞩目。他们思绪万千默默悼念，后人缅怀，先祖安息。马家人一同上香烧纸跪地磕头。马胜兵招呼大家回家离去。马跃进带马军田和金福山去马家老窑洞遗址参观。他们钻进钻出，一一拍照。

金福山抚摸着窑洞墙壁感叹道："马家老窑洞历史沧桑啊。"

马跃进："这窑洞有四百年多了。家谱记载大明万历年间。"

马军田的秘书凑过来低声问道："这六品官是什么级别？"

马跃进："六品官比县级高一级。"

马军田："这是马家老窑洞，也是文物遗址，可以申请保护。"

晌午，他们赶回马家大院吃饭。马胜兵的孙女过来大声喊叫。爷爷过去了，爷爷过去了。马富田知道这是怎么回事。他带上马跃进进到马胜兵的窑里。马富田喝口水喷在他脸上。马胜兵僵硬的身体一下坐起来，死鱼般眼睛盯着人。他叽叽咕咕似祖先说话。房子漏雨了，房子漏雨了。你们干什么呢？马跃进第一次眼见鬼上身，似信非信。他糊里糊涂接上他的话。先祖在天有灵，我们正在重修祖坟呢。马胜兵断断续续说话。金马驹不要弄跑了。金山好风水。

我的手记还给我。马跃进一一应对。一定，一定。马胜兵大声哭嚎。房姿玉在哪哒？房姿玉在哪哒？父亲掐他人中喂水。马胜兵一口喷出水醒过来。马跃进相信祖先在天有灵。他回来了一直看着我们。

马跃进召集委员会座谈。他拿出续修家谱资料详细通报修家谱和预算情况，并提出马金文、马金武这两支家谱由后人提供资料。马军田一边翻阅续修家谱资料提出，这续修家谱可以立人物传，收录人物简历，以弘扬马家荣誉，激励后人。马跃进明白他的意思，又不好说破。他坚持还是按照传统体列续修，不过人物传、人物简历可以单行出书。马军田认为这个办法也可行。马胜兵拿出修祖坟预算。修复石雕牌坊、墓碑，修建祭祀台，每座坟头用青砖覆盖，坟地栽松柏九十九棵。马富田提出，修祖坟要简朴。马军田和金福山低头耳语一番表示赞同，并提出修祖坟由他们出资。大家议论纷纷最后商定。马军田和金福山出资一半，其余分摊出钱出人力。

马富田点起一根烟说："这是马家大事，人人得尽孝。"

马军田坚定地说："祭祖大会，我们一定来。"

大家最后一致通过，皆大欢喜。马军田上山考查庄稼。金福山去查看酒作坊。李晓光打来电话"县长要过来拜访马副市长。"马跃进不想张扬，也没露出风去。他张口询问，电话已挂了。他向马军田说明情况。马军田微笑着没有推辞。他跑前跑后安排。李晓光赶过来向县长引荐马军田。县长双手握住马军田的手，微笑着客套一番。

马军田显出一副领导派头微笑道："我来是家事，寻祖认亲。"

县长："马副市长日程如何安排？"

马军田："我是回老家，在家听从马家长子将军的。"

马跃进干干一笑，不知如何应答。

李晓光："马副市长，参观考查北园村，感谢对我们的支持帮助。我们建村史馆就选在金马沟村。"

马军田微微点头。

县长："马副市长，建南市是经济发达地方。我们要好好取经学习。请吧，县委书记已在等候。"

马军田笑道："太客气了，好吧，我代表金马沟村马家人去看看。"

李晓光向马跃进低声道："县委办指示安排，马将军也去。"

县长带队一行人直接来到朔水酒店。酒店门前打着横幅"热烈欢迎建南市马副市长一行光临"县委书记领一班人热情迎接。双方见面相互介绍客套一番。县委书记引马军田进入一个雅间。县委书记、县长和马军田按照桌签各自就位。酒宴庄重如同开会。县委书记代表县委举杯祝酒词。县长代表县政府举杯讲话。马军田举杯致感谢词。马跃进起身不说话向大家行军礼。大家开始相互敬酒。县委书记得知赞叹马军田寻祖认亲。

县委书记举杯道："家是我们的根，是我们的血脉。我们要发扬传统文化，寻祖不忘本，教育后人，功在千秋……"

县长举杯敬酒道："俗话说，一次见面是同志，两次见面是朋友，三次见面就是一家人……常回家看看。"

马军田举杯温文尔雅说："我祖先本是朔水县金马沟金马沟人。希望看到家乡跨越式的发展。"

县委书记端一杯酒看一眼县长问道："金马沟村的村史馆落实得如何？"

县长举杯说："一定按时完成。"

金福山连连举杯向县领导回敬。李晓光敬酒，并简单汇报村史馆情况。县委书记得知马跃进是退役将军，大加赞赏嘘寒问暖，要求史志办全力支持马家修家谱。马跃进话不多，一一向县领导敬酒。县长最后举杯总结讲话。县委书记握住马军田的手询问议程如何安排。马军田还是那句话。我是回老家在家听从马家长子将军的。

县委书记："既然回到家乡，我们要好好向你们学习。明天上午座谈交流，下午参观考查。"

马军田笑而不语，看看马跃进。

马跃进："书记说的好，既然回到家乡寻根，就多走走看看。"

县委书记紧紧握住马跃进的手连连表达谢意

宴席散去，李晓光把马跃进拉到他家，又拿出两瓶啤酒。他情绪波动很大，感到与马跃进相见恨晚。他的话很多絮絮叨叨讲事业不如意，官场复杂压抑。搞史志艰苦、辛苦、清苦，是坐冷板凳的差事，没什么前程……

马跃进深有感触，自嘲地说；"编史修志，淡泊名利。"

李晓光灌一口酒，发起牢骚："哼，编史修志快把人写傻咧。"

马跃进："村史馆这件事做成影响很大。"

李晓光掏出心里话："马副市长那里可要多多美言。"

马跃进趁机笑笑说："《朔水图记》送一本，那可是我先祖编著的。"

李晓光点点头眉开眼笑，话题一转道："马将军回家乡吧。刘雅颂是个老姑娘，可是县里的女才子。"

马跃进不知如何应答。

李晓光很有把握地说："这事我来做媒，一定能成——就这样说定咧。”

县委召开座谈交流会。县委书记很重视亲自主持。参加会议的主要是经济和文化口子的领导。县委书记全面介绍县域经济文化发展概况。他放下姿态，谦逊地请马军田讲话。马军田通报建南市基本情况，总结八条经济发展经验。县发展和改革委员会主任、经济和信息化委员会主任、招商局局长、旅游局局长和文化体育局局长先后发言讲话。马军田看准县“退耕还林”政策，提出投资林果业口头议向。会议气氛热烈，掌声四起。金福山举起县招商引资优惠政策手册，爽快口头答应。县招商引资优惠政策很好。金海公司决定投资大黄山煤矿。县委书记起身带头鼓掌，掌声一片。

县长带队参观考查后，马军田返程回建南市。金福山签订投资合作议向书，又看好金马沟一处五孔老窑。他决定改造扩大马家酒坊。村史馆如期建起来。马军田带队来考查项目，正赶上村史馆剪彩仪式。县委书记特别邀请他参加。金马沟村人山人海，热闹非凡。一拨一拨的人来参观。蔡保才脸上有光彩，得意地咧着嘴笑。他带着村委会一班人给马家大院送一面锦旗。他拉住马跃进的手十分激动。你是金马沟村的金马驹！金马驹！

马跃进难以掩饰内心的喜悦。村史馆是村上荣耀，也是马家荣光。马军田带队经过考查，选中一块四百亩平坦台地。他与县长签订合同书，投资建设“金马林果苗圃生态科技示范园”。“金马酒坊”开业典礼。金福山把马军田拉来剪彩。马军田建议再开一家金马农家乐。金福山喜上心头，大黄山一旦开业，这金马沟村就是后花园。蔡保才见到马军田也想沾点光彩。他带上村委会一班人宴请马军田。马军田把他拉到一旁婉言谢绝。他提出马家老窑洞，大明万历年间，也是文物遗址可以申请保护。蔡保才明白意思，一脸堆笑满口答应。托领导的福，沾马家的光。这事一定能成。

这些日子，马富田高兴地不停念叨。都回来咧。祖先显灵咧，祖先显灵咧。马跃进修家谱人名已收录完结，只等马军田和金福山那两支的收录。他把金马沟村和龙王庙村每户人名列出交给马胜兵。马胜兵按照修祖坟和修家谱总预算一一分摊。委员会一一核实通过，发出通知。马军田和金福山汇来修祖坟现金。重修祖坟开始动工。马胜兵心里像浪潮翻腾，兴奋地不停地自言自语。这事弄大咧。这事弄大咧。

遇上贵人好事连连。李晓光有两件喜事，自驾车来到金马沟村向马跃进通报。他送上一套《朔水图记》满脸喜悦。这是明代马家人编的，值得收藏。他神神秘秘拉马跃进上车。两件喜事。第一件事，刘雅颂愿意与你交往。这第二件事呢——到县城就知道咧。马跃进心里高兴，脑海里浮现出刘雅颂白净丰韵的样子。他也想女人，又害怕婚姻。他说不清，但有点喜欢她。他感到她很有中年女人的韵味。他内心不知不觉有些紧张。李晓光开着车没有进城，直接来到城郊一家农家乐。他们一同下车进来。

大家起身异口同声："李副县长好!"

刘雅颂凑过来低声说："你可是他的贵人。"

马跃进一愣即刻明白过来。他不自然地笑笑。艾立文忙前忙后招呼大家。酒席主题自然是祝贺李晓光提拔晋升。马跃进看出李晓光郁闷释放的心情。他话不多只是举杯表示庆贺。李晓光简单介绍称赞，没有更多的言语。酒到兴致，李晓光把话题转到马跃进和刘雅颂一边。大家拍手起哄硬是把刘雅颂拉到马跃进一旁坐下。

艾立文兴奋地说："金家马家是一家，我家婆姨是金家。李家马家是一家。"

李晓光笑道：“马家刘家又一家。”

艾立文举杯即兴吟诗“马啸吟风歌，雅颂舞月乐。哥哥敬杯酒，妹妹一定喝。”马跃进与刘雅颂碰杯一饮而尽。大家拍手“哈哈”大笑。李晓光把马跃进和刘雅颂送到城街上戏谑打趣。男人结婚有个家，女人结婚有个主，可不能忘了媒人啊。

马跃进与刘雅颂默默走着。他想离开找家宾馆。刘雅颂犹犹豫豫不说话。马跃进把她送到家门口。刘雅颂一边开门邀请喝杯茶。马跃进有些迟疑还是跟着进去。他端端正正坐在沙发上。刘雅颂沏好茶递上一杯。她坐他身边从包里拿出一沓钱放在茶几上，付给编辑费。

马跃进从包里拿出一本残缺的《金马驹传说》秦腔戏本子说：“才收集到的是明代的。”

刘雅颂激动，拿过戏本子嫣然一笑道：“你是金马沟的金马驹。金马沟这下可是出名火哩。”

马跃进拘谨不自在问：“可以抽烟吗？”

刘雅颂撇一下嘴说：“抽吧，我喜欢你身上的烟味。”

马跃进深深吸口烟，安定一下起伏跳动的心。

刘雅颂激动地说：“你修家谱可是传奇，千里之外寻见马家人。”

马跃进：“这件事遇上了，赶着鸭子上架。”

刘雅颂抿一口茶道：“看过你的散文，很有文采。”

马跃进：“写作是学习，是学习生活。”

刘雅颂转过头，异样的目光看着他说：“讲讲你吧。”

马跃进明白她要知道什么，沉思片刻说：“我很简单，好像现在才成熟。到了知天命的年龄，回头去看，一路走来是那样的糊涂和可笑……”

刘雅颂借着酒劲问道：“你如何看待婚姻？”

马跃进轻轻叹口气说：“婚姻是命，是前世的缘。分分合合老天注定。”

刘雅颂笑道：“很多家庭还是幸福长久。”

马跃进：“我与她没有原则问题，也许性格不合。人都在成长变化，后来她病逝了。两人能使一个家幸福是一种能力。”

刘雅颂低下头说：“爱上一个人容易，如何去爱一个人很难啊。我的初恋是个军人在马兰堡服役牺牲了。”

马跃进起身向她行个军礼：“我认识他，他当年是英雄是我军学习榜样。”

刘雅颂打开电视搜寻频道：“所以我如今——哎呀，一部好电视剧错过哩。”

马跃进：“我十年没看电视剧了。”

刘雅颂转过头不解地看看他。

马跃进不自然地笑道：“主要是看新闻。”

刘雅颂睡意朦胧，喃喃自语：“你的声音好熟悉。”

马跃进大胆地摸摸她的头说：“我在梦里看见你在圪梁梁上向我招手呢。”

刘雅颂似在梦语：“也许是咱们的前世今生。我俊美吗？美吗……”

马跃进搂住她的肩学着当地的腔调：“俊格蛋蛋。”

刘雅颂拿出一张红纸和剪刀一边剪一边低声吟唱。“青线线那个蓝线线，蓝格英英的彩。生下一个兰花花，实实的爱死人。五谷里那个田苗子，数上高粱高……”她唱着唱着剪出一对男女在枣树下情意绵绵传送荷包。她送给马跃进，脸上挂着幸福的笑容。马跃进情不自禁一把搂住她。刘雅颂哼哼唧唧倦宿在他怀里。他就这样抱着她，闻着她身上的味道靠在沙发上。一缕阳光温暖地洒进来。刘雅颂睡眼朦胧伸伸懒腰。马跃进想让她再睡一会，一把抱起她放在床上。他们抱着一夜的温情滋润流淌在心里和身体里。

刘雅颂一下醒来说："夜天喝酒哩，今个你歇着。"

马跃进心里一团火也不想走点点头。

刘雅颂面带羞涩说："夜天丢人哩。"

马跃进笑笑说："没事，亲格蛋。"

刘雅颂拧一把他，抿嘴一笑："坏老汉。"

刘雅颂开车一路欢笑把马跃进带到到大堡子。她指着南山圪梁梁，神神秘秘要上去。马跃进懵然不知随她上去。两棵枣树粗壮挺立，枝叶茂密，红枣艳艳。他一见这情景激动地说，我好像来过这里也许梦里。刘雅颂露出幸福的笑容。她讲这两棵枣树的故事。她掏出两条红丝带面带羞涩。亲格蛋，这是夫妻神树。你知道这树枝上有多少条红布带。两人精心把两条红丝带永结百年系在树枝上。刘雅颂摘下一颗红枣告诉他。平常，自哒人不能随便摘下吃的。他们相拥吃下红枣依依不舍告别。

这事很快流传开来。马胜兵不好意思当面劝说马跃进。他在马富田那里唠唠叨叨。马跃进破烦窝火憋气，摆出长辈架子直接训斥马胜兵。马胜兵再不吱声提起这事。刘大山得知这事，把刘雅颂喊回来大骂一顿。刘雅颂委屈难过找马跃进倾诉。马跃进安慰她，也十分硬气。什么年代了，传统观念也害人。我在呢，我们在一起幸福就行。这段时间我就住在你那里。刘雅颂一愣，仿佛看到他是一座山，一棵大树。她坚定地点点头。

各家各门户分摊的钱收起来不是很顺利。大多门户理解爽快出钱。一些门户扣扣索索分期付款，还有以老物件抵款。马跃进针对这些门户，请求蔡保才上门收购老物件。蔡保才支支吾吾想吃“钱”。马跃进向他说明，你收购，县里有补助。蔡保才这才答应下来。龙王庙村有一家人询问马向前。刑徒人员能否入家谱？马向前不懂家规家训，向马富田讨教。马富田摇摇头态度坚定。家规家训，刑徒人员不能入家谱。一家人来到马家大院向马富田磕头，愿意多出几份钱，恳求入家谱。马富田表态儿孙可以入家谱，他的名字空下。各家各门户分摊的钱基本收齐，马小六和马远两家就是不交钱。委员会的人上门催要，正遇上两家打成一团。他们冲上去分别拉开，盘问事情原因。马小六要他还钱，只要他还账，就出分摊的钱。马远扯出陈芝麻烂谷子，他占我家宅基地。马胜兵和马向前分别解释说明。这与出分摊的钱没关系。他们胡搅蛮缠讲歪理。都是钱，怎么没关系。

马胜兵：“这事麻缠，干脆咱们把钱出了。”

马向前：“这不成，他们要尽孝。”

他们到村委会调解。蔡保才知道这两家的陈年老账，充当和事老。两人不买账又合起来骂他。马跃进遇到这事也头疼。他梳理一遍心想，这三件事，一件一件解决，只要把分摊的钱交出来，其他的村委会解决。马跃进提出这个解决方案。两人非要把其他事扯到一起都解决。马跃进头发蒙起身离开村委会。村委会里传出大吵大闹的声音。马小六非常气愤，追到马家大院与马富田说理。马富田耐心劝导他。你们都姓马，双方可以相互退一步……不要让外人看笑话。实在不行，找乡司法所干部调解。马小六认定自己占着理不依不饶。马小六眼角挂着泪水掏出钱递上。他一定尽孝，请求马富田做主。马富田拍拍他的肩答应一定管这事。

第三十七章　挖　坑

马家一连出事，愁眉苦脸沉浸在悲痛之中。马子忠心疼马兰草，吩咐金马沟人四处打探寻找，毫无音讯。他借酒消愁脸上没有往日的光彩。杜兰失去孩子要死要活大病一场。马子忠请来大夫抓药治病调理。他看着杜兰身心忧伤把她带到马家园子静养身子。蔡牛安慰马子忠要挺起腰杆来。马子忠强打精神领马家人敬拜黑水潭金马驹和土地庙。金兰与杜兰又去菩萨殿上香磕头。马家的事很快在大堡子一带传开。一些人同情怜悯。一些人传得奇妙。一些人幸灾乐祸指指戳戳。何里长受到刘玉佩打压，对马家的事也很冷漠。马子忠自以为是就看着金马沟那点田地。这下人家可是看笑话。刘玉佩暗自庆幸，风水轮流转。他虚情假意去金马沟看望。蔡牛一眼看穿他的嘴脸心里骂道“狐子戴毡帽。走着瞧。”

不能彻底失望。马兰草是他们的心头肉。马子忠天天陪着宽慰杜兰。刘憨憨这个挨千刀的不得好死。一定要找回马兰草。杜兰逐渐恢复生气，但是目光依然透着悲伤。马子忠硬是扛着这个家。他非常惦记马金武望穿欲眼挂念马兰草。他想送杜兰去马金文那里散散心。杜兰要守着家没答应。马子忠痛恨刘憨憨，担忧这块风水宝地。杜兰看出马子忠内心的艰难和压力。她不想看着马子忠心神恍惚，也不想看见马家如此死气沉沉。她精心选个吉日放竹炮除晦气，做一桌八大碗冲喜气。马子忠喝酒硬声硬气给家人打气。金马沟不是恶水沟。活着就要面对，往后光景还要过。他吩咐金马沟人留心刘憨憨动向。

无钱不住花柳巷，钱多不居骰子街。艾守关已有赌瘾，但把这事放在心上。他来到赌场小心翼翼，不下大赌注见好就收。刘贺还是特意关照他。艾守关经常出入赌场，自然听到关于刘憨憨的一些闲话。他渐渐与刘贺手下和一些赌徒混在一起。他赢下钱也请他们吃饭喝酒。刘贺看准时机连放三次鱼饵。艾守关兴奋开始押大赌注。他输掉一只羊惴惴不安。刘贺坦然一笑，显得很无所为。男人要有肚量，先欠着吧。艾守关不知是计，只想着如何赢回来。

刘贺已经套住艾守关，并告诉刘一六。刘一六喜形于色，艾守关赌博就是狗舔碾子。他开始盘算日弄货栈。他清楚艾巍山算盘打得精账算得清。他不好下手就在货物上打主意。他用金钱引诱几个赶脚客自盗。艾守兵领商队进货时，总是丢失一些货物。艾巍山只有自掏钱补上。这个窟窿越补越大。艾巍山怀疑雇下的赶脚客。他亲自领商队进货又没有发现问题。他叮嘱艾守兵进货出货要多长只眼。艾守兵进货看住进货，出货又有丢失。艾巍山与刘一六合计两家轮流领商队进货，但是货物仍然有丢失。

赌博场子十赌九输。刘贺在赌场上把艾守关喂饱，拿出欠条要钱。艾守关满口答应要赌赢回来。刘贺斜着眼一反常态。赌场有规矩，欠钱有期限。艾守关为难，不敢让家里知道。他哄骗母亲还赌债。他不甘心赌注下的越来越大。他赢小输多又欠下赌债。他开始跑客栈向父亲要钱。马子忠发现艾守关进赌场告知艾巍山。艾巍山把艾守关骂一头子心思忙在生意上。艾守关不得已偷家里羊还赌债。艾婆姨发现丢了羊大哭大闹到里公所。何里长早已没有心劲，打发到刘玉佩那里。刘玉佩“嘿嘿”一笑打发她。艾东家还缺这几个钱。夜天把羊放在你家炕上看住咧。艾婆姨难过含着眼泪嘟嘟囔囔走开。

艾守关又欠下赌债被逼无奈开始偷别人家的羊。刘贺夸他讲信用又点出偷羊的事，牢牢拿住他。五个甲首都上报丢羊的事。何里长还是把这事推给刘玉佩。刘玉佩认为这事闹大了要管要查。他把何里长训一头子指派两个差役查办。两个差役大吃二喝也没查出结果。一些民众十分不满撵着何里长尻子后面唾骂。何里长老成油滑把准事态。他心里有数明白是谁干的。他心想，刘玉佩朝里有人，常知县都让他三分。看不惯跟他斗，不如低下头敷衍他。他特意请刘玉佩和刘贺吃饭喝酒。他东拉西扯渐入正题。他提出里公所人手少忙活拾乱，要增添刘贺为差役协助办差。刘玉佩敬他一杯酒心里嘲笑他，话还是冠冕堂皇。何里长还是会做事。这都是为是县衙办事，不过这民众教化也要抓好。刘贺按捺不住内心喜悦向何里长连敬三杯。

刘贺做个小差役名正言顺地收土地香火钱。何里长心满也得意收下一份银子。民众看不下去怨言四起。他们写状子鼓动马子忠上告。马子忠回想往事心有余悸。他麻木不仁谢绝退却。刘贺怀恨马金武，人走也不能算完。他惦记马子忠，看他家笑话。他意外收到一条消息。马兰草被关中一家人收买做童养媳。他把这事告诉刘一六。刘一六眼仁子一转诡秘一笑。马子忠啊，也有今天。刘憨憨就是个扫把星。他吩咐刘贺先去打探一番。

刘一六不露声色等待着艾巍山出手。艾巍山不断地出钱补救。他终于撑不住，咬牙忍以分成抵货款。他没想到这些年白忙活劳苦，刘一六竟成大东家。刘一六向刘玉佩报喜。刘玉佩诧异，这家伙又鬼又狠。他淡眉笑眼一副不在乎的样子。刘一六把持货栈摆出大东家架子。他指手画脚吆五喝六紧紧盯着账目。刘贺传来消息。关中那家人收养的童养媳不是马兰草。不过那家人见过刘憨憨领着一个女娃贩卖。刘一六日谋夜算弄出一个狠毒计谋。

刘贺依计而行指派人去关中那家赎人。他得知那女娃到手后有意传出马兰草下落。艾守关欠下一屁子赌债坐立不安。这条消息勾起他胡思乱想。他想摆脱赌债离开赌场。他拿定主意要救回马兰草，马子忠一定会出钱。这样可以还掉赌债又能挽回面子。他四下打探找到一个操关中口音的知情人。关中人只图钱可以帮忙。刘贺大喜把这一切掌控在手里。艾守关把这个消息告知马子忠。马子忠信以为真心急火燎。他约见那个关中人细细盘问一番。关中人描述刘憨憨和马兰花模样。马子忠交上定金吩咐马金北和蔡远去赎人。

为了还上赌债，冒死走一趟。艾守关吞吞吐吐向马子忠道出赌债的事。他要一起前去救回马兰草。马子忠满口答应，马兰草回来了，一切都能成。马金北、艾守关和蔡远赶路来到关中。关中细雨蒙蒙。他们在一个关公庙前约见。关中人打着伞领着两人出来笑脸相迎。马金北提出先见到马兰草。一个人领着个女娃站在庙门里。女娃蒙着面不说话。马金北细细张望打量喊叫“马兰草”的名字。女娃惊吓发出“嘤嘤”哭喊声“哥，我怕。”马金北看不清脸面却听得真切。他把钱袋交给关中人，过来一把抱住女娃。他慢慢打开蒙面一看吓得瘫坐在地上。

这个女娃不是马兰草。马金北回过神来，那三人拿上银子早已不见踪影。艾守关悔恨不已自己扇自己嘴巴。蔡远恼怒一脚把他踢翻在地。马金北反应过来上当受骗。他不知如何向父亲交代。艾守关痛哭流涕跪在他们面前拔刀自残。蔡远夺下刀大骂他。脑子让驴踢咧。金武要在非砍下你的腿。艾守关一路担惊受怕悔恨混入赌场。他无脸面见到马子忠和父母。他想到死，一死了之。马金北看他神情沮丧叮嘱蔡远看紧他。

他们灰头土脸回到金马沟。马家人被骗又一次陷入悲痛之中。马子忠自责没有看清骗子嘴脸。金兰和杜兰掩面而泣。吴冬阳跑到艾巍山家大吵大闹。艾婆姨坐在地上嘶声哭嚎。何花受到惊吓去找艾巍山。艾巍山目眦欲裂张皇失措。他不敢多想，赶回来把艾守关绑了交给马子忠使用家法。马子忠板着脸不吱声。艾巍山把艾守关摁倒在马子忠面前请罪。

马子忠声音沉重道："书都白念咧。两个去做苦役，一个进赌场。金马沟球势咧。"

艾巍山羞愧满面低头不语。

蔡牛语重心长道："子不教父子过。艾巍山，女娃不是马兰草，既然领回来就给你家做童养媳。这钱给马校尉还上。"

艾巍山如释重负摸一把脸点头答应。艾守关咬牙暗暗发誓一定找到那个关中人。艾巍山不知道是刘一六给他挖的坑。他只有全部出让交了账册退出货栈还钱。刘一六大喜过望假心假意挽留下艾守兵。他请来刘玉佩大摆宴席，改名"刘家货栈"。刘玉佩坦然自若夸赞刘一六。刘一六眉飞色舞自吹自擂。金马沟就是道野狼沟。这下日塌了，活该。

刘玉佩举杯慢慢品味嘴角挤出一丝笑道："好酒坐稳慢慢品。"

刘一六猛灌一口酒大笑道："哈哈，戏场的婆姨，我是主。"

刘总管快马传来书信。刘喜入宫选为贵人。刘玉佩兴奋得似梦里坐朝廷，四处宣扬。他牛逼哄哄请来关中皮影戏班子庆贺。常知县带上礼物登门道喜。大堡子一带的人另眼相看纷纷上门送礼。

蔡牛打牙犯嘴嘲弄刘玉佩："刘乡约可是老公牛上炕啊。向刘公公问好。"

刘玉佩骂道："夹住你的臭嘴，野狼沟没个好货。"

不过，蔡牛一句"刘公公"倒是提醒他。他脸上露出得意的笑容，决意再进京城。刘玉佩带上重礼来到京城。刘总管格外客套热情。他招呼刘喜出宫与刘玉佩见面。刘喜略施粉黛桃尖顶髻发型，衣着华丽。刘总管引刘玉佩跪地行礼。刘喜端坐面色平静向刘玉佩回礼问安。刘总管按照宫里标准备好宴席。刘玉佩衣帽整齐坐在桌前，不失大体。刘总管向刘喜和刘玉佩敬完酒退下。刘喜面露笑容问候家人与刘玉佩拉话家乡事。她思念马金武又不敢提到他。马金文来找过她，道出马金武的事。她见过马金文如同看见马金武。她牵挂马金武偷偷抹泪。她实在难过就去求刘总管放过马金武。刘总管一直没有回应。

刘总管多年行走宫里，做事谨小慎微。他在魏忠贤与东林党之间左右逢源，生怕丢脑袋。刘喜虽然已是贵人，不知宫里深浅复杂。他把这事告知刘玉佩，说明利害关系。刘玉佩惊出一身冷汗跪在刘喜面前，反复叮嘱她。不要胡思乱想，马金武是个反贼，不要因为他连累刘家。刘家性命就捏在你手里……他向刘总管保证，那个马金武反贼永世不得回来。他又透露他的哥哥在朝廷工部供职，多加小心。刘总管面无表情点点头。他点拨暗示刘玉佩，一心一意忠孝朝廷。朔水也有东厂耳目。多做事少说话。耐心等待……

刘玉佩回来后细细琢磨刘总管的话满心欢喜。他又请来算命先生算一卦。算命先生眯着眼念叨"吉人自有天相。信则有，心诚则灵。老爷是抽签还是测字？"刘玉佩倒茶客套一番，伸手抽得下下签。

算命先生面无表情解签："老爷，刘家犯煞有凶。"

刘玉佩脸色骤变惊出一身冷汗，不敢言语。

算命先生："老爷莫慌，歹人陷害，贵人相助已逢凶化吉。"

刘玉佩摸一把脸放下心给算命先生放下银子，拱手道谢。

算命先生："老爷再来一次。"

刘玉佩抽得上上签，欢喜道："老天有眼。"

算命先生解签："多行善事，明年有贵人相助。二月二祭拜龙王，保一方风调雨顺。"

凡事信则灵，不信则不灵。刘玉佩开心见诚相信算命先生。他深刻记住"歹人陷害和贵人相助"这句话。他想起何花，念到刘总管。他变得小心翼翼躲事闭人。他请回家一尊佛，早晚上香祭拜，保佑升官发财。刘贺调戏女子惹出大祸。何里长推脱向刘玉佩禀报看他如何处置。乡约所门前围满愤怒的人。刘玉佩担忧坏他的好事指派何里长抓人。何里长把刘贺押解过来。刘贺满不在乎不以为耻。刘玉佩黑着脸拍下惊堂木断决。目无王法，败坏民风，押往县衙大牢。

刘一六花钱要把刘贺保出来。刘玉佩狠狠把他训斥一顿。他要让刘贺在牢里受罪反省。刘一六不明白又乞求刘玉佩。刘玉佩不耐烦发火训斥他。丢死刘家的人，我这乡约的脸面往哪搁。让他在牢里受着，不然去做苦役。出来后赶忙给他寻个媳子。刘一六是心疼大堡子的货栈没人看。他窝一肚子气还要使银子打发狱卒。刘贺出狱直接去找常彪喝酒。他回家后还是耀武扬威。刘玉佩教导他一番，许愿给他寻个媳子。刘贺嬉皮笑脸直言不讳看上艾巍山的女子艾小枣。刘玉佩把这事告诉刘一六。

山不转水转，水不转人转。刘一六心虚不敢攀这门亲事。他要在城里给刘贺说门亲。刘贺不愿意非艾小枣不娶。刘一六没办法找刘玉佩商议。刘玉佩诱导给他出主意。你有货栈，开出条件给他几份分成。艾巍山见利眼开。媳子娶回来再说。刘一六想来想去还是去找艾巍山。艾巍山贪财后悔失去的货栈心有不甘。他一听开出的条件怦然心动。他没有马上回应要与婆姨商议。艾婆姨见钱眼开喜格蛋蛋欣然同意。

艾巍山有所顾忌说："刘贺胡闹怂名声不好。"

艾婆姨："男娃胡圪搅，结过婚就收心哩。"

这事很快传到吴冬阳耳朵里。她怒气冲冲数落艾婆姨。她又在金兰面前说三道四。大堡子人都骂刘黑痞。这个艾巍山脑袋让驴踢了。金兰不想干扰他家的事。艾守关得知这事回想起刘贺的赌场，坚决反对这门亲事。他直接去找马子忠劝说父亲。马子忠气哼哼找见艾巍山。

艾巍山有利可图说话很轻松："男娃结过婚就收心咧。"

马子忠言语很重："刘家一窝骚狐子。刘贺是个黑痞。你这是把女子往驴圈里送。"

艾巍山道出刘一六开出的条件，大言不惭："没法子，赔个女子换来安生。"

马子忠："你家的事，我只是个建议。好马不吃回头草。"

艾巍山还是看上大堡子的刘一六货栈。他打定主意与刘一六讨价还价。刘一六咬牙忍痛出让货栈。刘家和艾家两厢情愿摆下订婚宴。刘玉佩喜形于色坐在酒桌前显然成了主人。他摆架子话多赞赏两家天作之合。马子忠不言不语只是喝酒。刘玉佩有意与马子忠碰杯，笑话他。人挪活，树挪死。刘家取上媳子，艾家得到货栈。两全其美皆大欢喜。他当众把刘贺教导一番。刘贺装出一副谦卑的样子。刘一六喜气洋洋挑选结婚日子。艾巍山选定来年初四。

刘玉佩一下想起二月二，举杯兴奋地说：“二月二龙抬头。”

刘一六端着酒杯随声附和。

艾巍山一口喝下酒连声说：“二月二好日子。二月二好日子。”

吉日良辰，刘玉佩头戴黑色六合帽，身着红色丝缎大袍。他领着民众上蒿子山祭拜龙王。他上香高声祈福祝愿“龙王保佑，风调雨顺。”他心里又默念“龙王保佑，贵人相助。”庙会开始，人多嘈杂很是热闹。刘玉佩下山直接去婚宴。他向新郎新娘祝词。刘一六和艾巍山两个亲家一起向刘玉佩敬酒。常知县领着布政使司衙门两个官人向刘玉佩通报。刘玉佩起身客气行礼。一个官人手举丝帛卷宣布“刘玉佩接旨。”刘玉佩惊喜毕恭毕敬跪地接旨。

第三十八章　土地爷

官人宣读圣旨“原朔水县的乡约刘玉佩，出任朔水县知县。”刘玉佩听到大喜过望。他连磕三头高呼“谢主隆恩！吾皇万岁！”官人呈上圣旨和官服。刘玉佩起身双手颤抖接过。常知县勉强装笑表达祝贺。婚宴上的人惊讶起身向刘玉佩道喜。刘玉佩非常热情留住常知县和官人喝喜酒。刘一六好像比刘玉佩还兴奋。他一脸喜色端着酒杯向刘玉佩敬酒。刘玉佩脸一沉训话。不懂规矩，先敬布政使司官爷，还有常知县。刘一六卑躬屈膝一一敬酒。艾巍山跟过来恭敬敬上。何里长领着甲首开始给刘玉佩敬酒。婚宴上喝酒嘈杂喧闹。大家议论纷纷说这说那。刘乡约是大堡子出来的。这下可火咧。朝里有人好做官，家里有狗好看门。土地爷穿官袍。他可要为大堡子多做些事。官官相护都一样。吃狗肉干驴活。马子忠慢慢喝酒，只听不言传。刘玉佩回到家激动得跪在佛像前磕头。他嘴里不停地念叨“感谢佛祖保佑，感谢刘总管，刘家的贵人。”他领刘家人重修祖坟祭奠，指派人给刘总管送去重礼。他穿上知县官服在窑里走来走去得意自赏。

刘婆姨笑格咪咪说：“老爷穿上这身衣裳可是好马配好鞍啊。往后咱们住在城里。你可要把小子安顿好。”

刘玉佩端端坐下道：“上茶，你眼里只有小子，看我再寻一房。”

刘婆姨捂嘴笑道：“老骚驴，有权有钱又要胡折腾。”

刘玉佩：“哼，老子就是要尝个鲜的。”

送礼的人络绎不绝。刘玉佩一下显得庄重温文有礼。县衙来人传来常知县的话。常知县要办理交接事宜。刘玉佩这才沉下心惦记起常知县。他想起何花，这个晦气的女人出现，一直磕刘家还差点送命。他回想在大牢差点见阎王心有余悸。他下狠心不能让他们轻轻松松一走了之。他们要出点血放下真金白银。刘一六阴狠火上浇油。老爷，无毒不丈夫，那起案子差点要命。明摆着有人陷害要你的命。这起案子要重审查出真凶。刘玉佩咬牙切齿，一股复仇的火焰在心里燃烧。

常知县接到任职想尽快离开。何花心虚没想到会是这样。她一边收拾家里财物，一边不停地催促常知县。她担忧刘玉佩翻旧账下狠手。她鼓动公婆给刘玉佩送重礼表示祝贺心意。她想试探一下刘玉佩。只要他接下礼物，这麻缠也许就不了了之。常知县看出何花心思也不踏实。他亲自上刘家门送礼物。刘玉佩一下明白常知县用意。他热情客套寒暄拉话。他拿出笔墨一一登记礼物收下。他把常知县稳住，暗地里操作抓捕常知县。何花得知刘玉佩收下礼物还是不放心。她打发常彪带上一些财物先行离开。

小人得志，君子道消。刘玉佩做好一切准备去县城赴任。常知县大摆宴席庆贺。刘玉佩装着没事的样子眉开眼笑频频举杯。常知县在县衙正式开始交接。刘玉佩身着官服端坐在公案前。常知县办理完交接手续客套一番正要离去。两个衙役进来把常知县送的礼物一一摆在他面前。常知县疑惑不解看着刘玉佩。刘玉佩拿出礼单讥笑他。我为官一任怎么能收受贿赂。两人击鼓上告常知县。常知县十分震惊，一下呆在那里。衙门外围过来很多人指指戳戳。来人递上状子状告常知县欺上瞒下，克扣田税收受钱财，陷害刘玉佩。……衙役把常知县押走。常知县愤怒地瞪着刘玉佩。一个人进来递上状子状告何花谋杀巧儿。刘玉佩把常知县送进大牢，即刻抄常家提审何花。他重审巧儿死亡一案。何花心惊肉跳死硬扛着。

刘玉佩在牢里单独审问她："你这个蛇蝎女人。我们说好把巧儿弄走。你非要弄死她，还要让我陪葬。一块土疙瘩二鸟啊。"

何花仇恨的眼睛瞪着骂他。

刘玉佩给她一个耳光道："你这个白虎精，当年祸害马子忠，又要弄死我。我在大牢里就怀疑是你。你不想让我活，我来成全你。"

何花"呸"一口骂道："你这个骚毛驴攀上个公公就日能死哩。你不得好死。"

刘玉佩："老实交代，留你活路。"

何花："无凭无据，我要告你。"

谁都清楚，一个知县家能抄出来钱财很正常。县衙一一登记造册罗列罪状。常知县不认罪暗地里传话吩咐常彪跑州、府衙门。刘玉佩不急不忙，一边用刑一边熬人。常彪跑州、府衙门送钱。州衙来人借审案子说情。刘玉佩不以为然振振有词。民不告，官不究。这案子要弄清楚有个交代。府衙也来人见过常知县，提醒刘玉佩。朝廷已传来常知县任职令不得违抗。

刘玉佩冷笑道："大人，你能担保吗？常知县任职期间有俸禄。他家的钱财多出上百倍，哪达来的？受贿行贿，搜刮民脂民膏。"

府衙的人噎得无话可说。

常知县只得认罪交出钱财。府衙传令押回审判。常知县临走前乞求刘玉佩放过何花。刘玉佩直截了当回绝。何花已经认罪。巧儿死亡案子基本明了。常知县大惊失色自嘲。我们都一样没好下场。

刘玉佩："哼，李自成欠债杀官逃窜，你难辞其咎。"

常知县叹道："世道要变，高迎祥反了。"

常知县一脸茫然默默离开。府衙审判贬职常知县去河西一个蛮荒之地。何里长三番五次为何花求情。刘玉佩劈头盖脸一口回绝。他去牢里看望何花。何花承认是她干的。何里长想弄明白来回问她。何花倒显得坦然平静。我对不住何家和常家。我克夫，早该死哩。

常彪悔恨当年没有听母亲的话。不该直接把巧儿弄死。他没办法找何里长。何里长想要自保变得冷漠。何四六已经死了是好事。何花白虎晦气死了一了百了。刘玉佩正在风头不能招惹。自己还不知往后如何。他摆出一副可怜样子摇摇头。常彪想去认罪救出母亲，又想弄清楚母亲和刘玉佩的真相。他去牢里看望母亲。何花不想把这丑事张扬出去。常彪走投无路求见刘玉佩。刘玉佩念着他的血脉打发他离开这里。他也不想让常彪再惹出麻缠事。常彪救母心切恨得咬牙切齿。他下毒手找人要弄死刘玉佩。刘贺向刘玉佩通报这事。刘玉佩指派衙役把常彪抓进牢里。常彪无奈认罪是他下毒害死巧儿。刘玉佩不想让这起案子再出乱子，判处常彪是从犯。何花被判处死罪。常彪被押往河西做五年苦役。他在半路上逃脱跑掉了。

刘玉佩处理完常家的事又把县衙安顿好。他心里轻松许多骑上马看看山看看水。他沾沾自喜翘起尾巴道。老子是朔水县土地爷。我说了算。他坐上县太爷的位上威风八面，但县衙各种事务多还是有压力。他明白自己是个庄稼人不能让人看不起。他整天装着平易近民一团和气。日子久了实在难受。他处理各种人和事还是缺乏经历不能游刃有余。他请来一位老秀才做师爷。师爷一把白胡子，牵着一只黑狗。他一就位教诲刘玉佩。为官一任要公正，轻财足以聚人，律己足以服人。量宽足以得人，身先足以率人……刘玉佩对这些大道理不感兴趣。他想要知道这官场为官之道。师爷言词一转，左右逢源。刘大人是一方土地爷，格局不同往日。官场盘根错节，水深莫测。要惟上是从，驾驭左右，洞察人心，权衡利弊，稍关打节……方能得心应手。刘玉佩眼开眉展信得过师爷。他一遇到些难事都有师爷指点。

师爷幕后精心点拨。刘玉佩不急不慌调整县衙人事收敛钱财。他又权衡调换各乡约。他想到马子忠还是一笔划去。他送银子把刘旺安置到州衙门。他特意留心大堡子里长的位子。他想使用刘贺又要避嫌。刘一六送上大礼求刘玉佩给刘贺安排做里长。刘玉佩巧妙与县丞做人事交易，把刘贺安插在刑房衙役。他细细琢磨把何里长的位置留给艾巍山。

艾巍山满心欢喜认为还是嫁女子得来的福。他也学着请来戏班庆贺炫耀。马子忠已见怪不怪麻木不仁。李盾嘻嘻哈哈戏谑艾巍山。艾里长大人，功夫不负有心人。舍得一个女子换来一顶官帽。可以再寻个媳子多下蛋。艾巍山厚脸皮得意“嘿嘿”一笑。老家伙，我还能亏了金马沟。何里长万万没料到黄风刮过，刘家上空飘来一片祥云。他像一只斗败的公鸡不言不语背着粪篓上地里干活。

两个小子在外做官支撑抚慰着马子忠的心。他就是夜夜思念马兰草。他对杜兰有愧带她去西安城散心。他们见到马金宝心里高兴。马金宝带他们串街。街上车水马龙，喧哗热闹。杜兰看见小女娃，眼睛就痴痴地看着发呆。她忧伤买下许多玩具。她想着马兰草会回来给她留下。马金宝带他们吃臊子面、油泼面……马子忠心里有事想喝酒拉拉话。马金宝把他们带到一家酒楼。马子忠一边喝酒，一边叙说朔水县发生的事。他发牢骚责骂朔水是一潭恶水。马金宝心情沉重，道出一句心里话。官府衙门都一样。马子忠再三叮嘱他要好好做人做好官。人活名望，树活阴凉。马金宝不想谈论官场的事。他有意岔开话题提起房学礼。马子忠没有接话依然坚持认为还是读书做官好。吃官饭稳当，庄稼人地里刨食受苦难活。

马金宝在官府看似光彩心里劳累难受。俗话说“争名者在于朝，争利者在于市。”官府送礼吃喝风气败坏，八股文章迂腐。惟上是从，人云亦云，拉帮结伙，明争暗斗。他显得只身孤单，只有当一天和尚撞一天钟。他夜里读书，思念房姿玉，看她的画像。他情不自禁给房姿玉写信放在枕头边。一天，马金宝头晕目眩身体虚弱。他找到一家仁济大药堂看大夫。药堂门联“本草药医病医心救人。仁济方诊治黎民百家。”引起他注目。他琢磨“医病医心”的含义，记在心里。坐堂周大夫一脸胡子发白，端坐着一边号脉一边观望。

周大夫提笔写下药方说：“先生脉搏虚弱，注意休养。”

马金宝问道：“大夫何为医心？”

周大夫：“病则心，心则病。先生心中郁结乃至心乱。放宽心，放下心。”

一个药师包好药微笑道：“先生无大碍。医病在心，心正药自真。”

一场病倒受到启发和思考。马金宝敬佩周大夫德善高明。他的身体明显康复，心里敞亮许多。他感慨草药和周大夫的医术。他心生一念行医治病，医病医心，不求闻达，只求安心。他心意已定带上礼物去仁济药堂拜师。他放下礼品跪在周大夫面前，自报姓名拜师学医。周大夫一把扶起请他喝茶慢慢拉话。他不急不忙要探察一番。马金宝连续三天来仁济药堂，向周大夫掏出心里话。周大夫看他诚实肚子里有墨暂且让他跑堂打杂。

马金宝手记。我在官场心里难受，越来越不想在官府做事。官不是爷，官是平民仆役，而非奴役平民。官爷忙忙碌碌装样子，踏踏实实混日子。官场的事不想提了，感觉就是在混日子。我已把官场看得真切，无耻无聊。我学会一点画技，把姿玉画出来挂在墙上。我一回来就能看见她，有时站在画像前傻傻地看着与她拉话。我实在念想她就给她写信，放在枕头边。父亲来西安城，很想说出心里话。我经常思恋梦见你，你能感觉到吗？我好想一下飞过去，一把抱住你。我心里还是怕是个胆小的羊娃子。我十分忧伤就跑到终南山吹一天唢呐。你现在孤单吗？你是我的亲格蛋。你好像流泪了。我感觉到了。我十分心痛。

我做出一件大事，拜师学医。我想摆脱官场，要仁心仁术济世救人。我暂且清早和夜天打杂。周大夫观察一月正收为弟子。我认真刻苦读书，学习医术。周大夫开始教授解读药方，识别草药，配药抓药。他一边又传授仁心医德。我心里充实，每当看见一个病人痊愈，心里欢畅喜悦。我渐渐融入药堂，俨然一个大夫模样。我终于找到我的仕途。我决意要离开官场。

学医是真本事，做自己想做的事。马金宝勤奋学医，做事有礼有节。周大夫越来越信任喜欢他，吩咐人打听他的家事。他得知他在官府做官是举人。他打定主意要把孙女许配给他。他侧面掏马金宝口风。马金宝心里装得只有房姿玉。他冷静地回应婆姨在家乡。

周大夫没有埋怨看中他的品德真心传授医术秘方。马金文希望马金宝来京城参加会试。他不放心捎信给父亲。马子忠带上信来找马金宝。马金宝支支吾吾不情愿。马子忠耐心劝导说服他。马金宝道出他拜师学医的事。

马子忠："学医是好事，做官为朝廷做事。"

马金宝："大，做官是朝廷给的。学医一辈子是自家的。周大夫带着孩儿坐堂医病咧。"

马子忠语气严厉道："小子看看你哥。你必须去参加，落榜不丢人。"

马金宝点点头勉强答应下来。

马金宝没有心思参加会试。他简单准备一下带上自己的道德经心得赴京城赶考。马金文见到马金宝，三番五次嘱咐他。马金宝脑子一片混乱，好像是给别人考的。他参加第一场考试，试卷题内容还是陈旧迂腐。他脑子一片空白不知如何下笔。他突发奇想写下道德经心得。他假装捂着肚子交过试卷。他走出考场身心一下轻松许多。他装病退考第二场和第三场。他回来没有心情等待结果。他依然在官府做事，坐堂看病。

一个落榜，一个入第贡士。马金文又参加殿试中进士。他带上夫人和孩子回到家乡光宗耀祖。马兴业招呼马家人祭奠祖先，请来秧歌吹鼓手大摆宴席。他过度兴奋一下背过去，死前嘴里不停念叨"马家一个甲子要出三品大员"。朔水县盛传震动很大。马子忠带家人在黑水潭敬拜金马驹，又在朔水城庆贺。刘玉佩得知马家又出进士羡慕眼热。他妒忌马子忠又在城里出风头。师爷引导他一定要代表县衙出面。刘玉佩一脸堆笑显得激动。他按照师爷的文稿冠冕堂皇赞扬县衙和大堡子，字里行间标榜自己。师爷向马子忠敬酒提出建进士牌坊，教化后人。马子忠正在兴头欣然接受。

马子忠已看出马金宝有叛逆心理。他猜测马金宝早晚要离开官府。他吩咐马金文去西安劝导他再次参加会试。马金文向父亲透出口风。这次回来要为马金宝谋个知县官位。马子忠喜悦“这可是一方土地爷”又再三嘱咐。丁亥扬眉吐气为女婿马金文祝贺。马金宝兴致勃勃提笔写下一幅字敬上。马金文要察看马金宝的心思。他单独与马金宝约定去终南山楼观台。楼观台翠竹掩映，溪水淙淙，清韵悠悠。他们祭拜老子，观望说经台。马金宝诚心敬献钱物。他感慨吟出苏轼的诗“鸟噪猿呼昼闭门，寂寥谁识古皇尊。青牛久已辞辕轭，白鹤来时访子孙。山近朔风吹积雪，天寒落日淡孤村。道人应怪游人众，汲尽阶前井水浑。”他静心听完一个道士宣讲道德经，若有所思随马金文默默下山回家。

马金文直接引出话题：“你的道德经心得引起礼部热议。”

马金宝谦逊道：“我还得要多来楼观台取道德经真谛。”

马金文：“你逃离会试对当下八股文有看法啊。”

马金宝：“我不适于做官，行医治人也是仕途。”

马金文道出父亲的心愿，又拿出房学礼的书信。马金宝看过信沉默不语。马金文讲国家和小家忠孝之道。君子忠义勇于担当。大者不能，小者不为，是弃国捐身之道也。为人臣者，以富乐民为功，以贫苦民为罪。……丈夫孝义，为家养家，光前裕后。官府来人传令。马金宝赴京城去礼部听命。

第三十九章　祸福无门

马金宝来京城听命。马金文一路传授为官之道。马金宝根本没有放心上，只是简单附和。马金文按照约定引荐马金宝面见礼部科考官王大人。他行过礼敬上礼品，介绍马金宝。马金宝有礼有节客套一番。王大人笑容可掬礼让品茶。三人随意寒暄一阵。

王大人打量马金宝一番道："本官与马大人一同在朝廷共事，很有交情。令弟相貌堂堂，才高八斗。"

马金文谦虚道："小弟不才，西安府行走办差。"

王大人："你参加会试如何又逃离。这可是一生的荣华富贵。这事说大是犯上，化小也不足齿数。"

马金文解释说："小弟当时身体欠佳。他还要完成会试。"

王大人话锋一转道："不过，你的道德经心得很有见解和文采。考官大为赞赏。"

马金宝一头雾水糊里糊涂听他们拉话。马金文诧异，王大人话里是拿捏他。王大人与马金文有个交易。他要把妻哥办到马金文手下，提升马金宝为知县。他们一直围绕马金宝谈论。马金宝似乎听出些道道。他连连点头笑而不语。王大人看准时机摆下家宴。马金宝当面不好回绝。他回到马金文家不解地询问。马金文这才道出实情。马金宝感激哥哥煞费苦心。他提出要去探查药材市场。京城最大药材市场草药繁多，买药卖药，人多喧杂。他来回转悠察看草药品种和品质。一个白胡子老汉把他拉进药房喝茶。马金宝稀里糊涂以为是推销药材。老汉自我介绍张药师。马金宝向他行礼。

张药师捻胡须道："先生口音是西北过来的。"

马金宝频频有礼自我推荐。

张药师抿一口茶说："关中可是药材集散地。"

马金宝："京城是东南西北药材汇聚的地方。"

张药师试探地问："我看你肚子里有货。可以下一单生意如何？"

马金宝："这次来京城是家事，没有多带银两。我还要先通报药堂东家。"

张药师点点头认准马金宝。两人侃侃而谈，投机相合。张药师一边交谈，一边观察马金宝的人品和本领。他们相互留下地址。马金宝拿定主意，临走前给马金文留下一封书信。马金文打开信一看心生不悦。这个不知好歹的胡脑子，不去做知县。两件好事都砸了，往后在朝廷如何做人。马金宝回来直接去药堂向周大夫通报。周大夫喜上眉梢又担忧马金宝的前程。马金宝决定辞去官职。官府传来礼部令，马金宝恃才自傲，目无律法，无视朝廷科考会试，品行不端，撤职辞退。丁亥也受牵连贬职。马金宝得到这样结果心里憋屈茫然若失。他想放空自己得以沉静又来到楼观台敬献功德箱。他看山观水，青山幽静，绿水潺潺。山还是山，水还是水。

一个道士过来放下一捆柴禾向他行礼："福生无量天尊。"

马金宝回礼敬上礼物道："清静为天下正。"

道士认出他说："施主，远道而来。可又是问道？"

马金宝拿过道士手里砍柴刀念道："道长，上善若水。水善利万物而不争，处众人之所恶，故几于道。"

道士看出他心思说："施主去吧，福兮祸所伏，祸兮福所倚。问道行善积德、济人利物，存善念、举善行，学习教义、咏诵经典。"

楼观台砍柴三天，安心恬荡悄然下山而去。马金宝回来身心清明，仰不愧天去药堂济人医病。他的医术已愈加成熟。周大夫打定主意与马金宝一起考察京城药材市场。他要采购关中稀缺药材。马金宝向他引荐张药师。张药师引他们观察药材市场细细介绍。他们交谈各自行情，品茶饮酒获得信任。周大夫列出药单做下第一单生意。马金宝买些礼品去探望马金文。他想念哥哥快步来到马府。嫂子见到他，面色冷淡不言不语离开。马金文简单给他备下便饭。马金宝有一肚子话想要解释说明。马金文打断他只是询问父母家人。他弄好父母的礼品简单交代一番，把马金宝送出门外。我会找机会办理房先生的事。家里有个行医的也成，好自为之。马金宝一脸尴尬离去。他心情复杂仰天长叹。衙门口朝南开，不是官爷别进来。

金马沟口立起进士牌坊。马金文捎来书信说明马金宝近况。马子忠一半欢喜一半忧愁。他自责愧疚痛骂马金武和马金宝不忠不孝。大堡子很快传出马金宝触犯律法，撤职辞退。马子忠害怕丢脸面暂且关闭酒铺。他回到家默不作声下地里干活。艾守关急匆匆捎话说房学礼病倒了。马子忠赶去请来大夫。房学礼头晕目眩手脚麻木。大夫吩咐去朔水城治疗。马子忠不敢拖延套上木轮车送房学礼。他骑上马先行寻家好的药堂。刘玉佩回大堡子正好碰上马子忠。他摆起架子停下马盯着马子忠下马行礼。马子忠心里有事不想搭理。

师爷冷笑道："马校尉骑马见了知县，为何不下马?"

马子忠沉下脸没好气道："不懂规矩，老子是六品官爵。"

师爷向刘玉佩使个眼色。刘玉佩下马行礼数落马子忠一番。马子忠跳下马回礼。不料，他的马嘶鸣着挣脱冲过去扬起前蹄打架。两匹马疯似的扭打在一起。师爷的黑狗在一旁叫个不停。

"你个骡子挡老子的道。"

"哪达来的野驴不识得县太爷。"

刘玉佩用鞭子抽打马子忠的马指桑骂槐道："你这牲口不知好歹，总是与老子过于不去。"

马子忠一把拉住他的马说："你这牲口打架，没看见县太爷啊。"

刘玉佩牵住马气哼哼瞪一眼马子忠说："花椒喂下牲口。人和牲口都不是好料。"说完走开。

马子忠把房学礼送到药堂。大夫细细号脉诊断开下药方。中风先兆。这是慢性病，好药稀缺，可以去西安城抓药。马子忠想起马金宝，吩咐马金北去西安抓药。马金北找见马金宝说明房学礼病情。周大夫亲自配好药细心叮嘱。这病还要结合针灸治疗。马金宝心里难过，一日为师终身为父。他向周大夫告假要回去为先生治疗。周大夫感叹马金宝一片孝心满口答应。

马金宝赶回来给房学礼熬药喂药针灸。他与房姿月见面话不多，以目传情。他把房姿玉的画像送给她。房姿玉看着心上的人，人见人还相思。她无奈拨动琴弦心里有很多话要对他说。马金宝抽空闲就在她门外聆听瑶琴的心音。他心里疼格楚楚想着房姿玉。房夫人心疼丈夫，思念家乡亲人。整天祈福保佑丈夫病情好转，祈盼早日回家乡团圆。房学礼气色日渐恢复。他看着马金宝俨然一个大夫。他想很多，官场仕途，贬职大堡子。他想通一下释然放下。五十而知天命，一切都是过往烟云。他拉住马金宝的手十分感慨金宝，济世救人，你走对路子。他又向马子忠坦言相告。马金宝有头脑。他已看清人间世事……行行出状元，事事在人为。

马子忠听下房学礼这一番话，宽慰自己。这也许就是命。马金宝见房学礼基本康复心生一念。他要回来开一家药堂。他要敬孝也惦念着他的亲格蛋。他把这一想法告诉父亲。马子忠想通欣然答应。济世救人是好事，靠本事吃饭不丢人。马金宝回到西安城向周大夫提出自己心意。周大夫舍不得放他走真心挽留。马金宝诚实道出心里话。他跪地向周大夫感恩拜谢。他诚心表白开一家分堂，挂上周大夫画像。周大夫含泪送走马金宝。马金宝在朔水城开起仁济大药分堂。他的药堂慢慢有些起色。

一个灰塌塌的天，马金宝的药堂门外躺着一个人。他以为是个讨饭的人，拿来黄馍和水。那人紧闭双眼，浑身无力。马金宝翻看眼睛又号脉。他诊断这人少气乏力虚汗淋漓，赶紧背到药堂治疗。天大亮，这人面色暗淡睁开眼睛。马金宝扶他起身端来饭菜。这人扒拉几口饭，跪地谢恩。他自报家门马金山，河东过来讨债，钱又被贼人偷了。马金宝一愣打量他，掏出些碎银子递上。

马金山接过银子细细打量马金宝道：“恩人，我好像见过你。一笔写不出两个马字。人生在世，富贵不可尽侍，贫贱不可尽期。”

马金宝：“行医人看的病人多咧。”

马金山一把拉住马金宝的手观看面相又要生辰八字，掐指默算道：“我祖上会算命。吉人自有天相。先生外表温和，生性刚硬。读过书做过官。”

马金宝微微点点头：“姓马的本是一家子。”

马金山："先生家与姓刘家相克。家乡死过一个算命先生。谷场着火是一劫，失去女娃又一劫。"

马金宝心里一惊递上茶水。

马金山喝口茶水道："世事自有因果，姻缘落在黄河东面。"

马金宝不动声色。

马金山拿出阴阳五行护身符，口中念道："先生自有白云护身。"

马金宝将信将疑送他离去。

春旱不算旱，秋旱减一半。庄稼人盼到一年收成，一场秋旱愁眉揪心。田地干巴巴地裂开口子。庄稼一片片叶子变黄打卷。庄稼人心慌意乱，驴驮和人背浇水。县衙指派粮长带着衙役下来催缴田税。田税年年涨，月尽看黄历。艾巍山忙活拾乱上下应付。庄稼人开始消极抵抗。各甲首想着法子糊弄粮长和里长。艾巍山看着庄稼受灾召集金马沟的人商议。马子忠眼看庄稼旱灾收成减少。他明事理缴完税心不慌，现在心里也慌。

马子忠硬撑着嘴上说："粮食是老天爷给的。小灾不用惊慌。"

李盾："二月二好好祭拜龙王。"

蔡牛："这天灾人祸躲不过，要有心里准备。"

艾巍山："咱们靠天吃饭，可以广种薄收，少报瞒报。"

马子忠："但愿来年立春阳气转，雨水沿河边。衙门不管平民死活。田税的事，咱们多想点办法。"

李盾："马校尉有这句话就行。咱们不能饿肚子讲大道理。艾巍山活泛，能糊弄过去就行。"

刘玉佩捎话让刘旺回家收拾庄稼。刘旺回来路上遇见一个长者领一男一女。长者掏出官书问路。刘旺一听是房学礼家人，热心带路。他自我介绍发现女子小脚走路身子一扭一扭显得很疲惫。他把女子扶上毛驴眼睛一亮。这个女子如此白净俊美。他怦然心动，莫非房先生的女子。这个女子一下走进他心里。他牵着毛驴不声不响走着。女子一股暖流涌上心头。刘旺带他们去县衙办理手续又送回房学礼家。他得知那女子正是房学礼女子房姿月。他回来收割庄稼又去帮助房学礼家。他身不由己就是想看看房姿月。他家来个媒婆给他物色一个官爷的女子。他坚定不同意要自己寻一个。刘玉佩回家把他训一头子。

老家伙见过房姿月心痒难搔。刘玉佩没想到房学礼还有这般细皮嫩肉的姿色女子。他回来借故探望房学礼病情，实为惦记上房姿月。房学礼半躺在炕上面色冷淡。他知道他家女子入宫坐上知县的位置。他对这世间怪事已麻木不仁。马金宝不是叛逆是放下执念回归安宁。刘玉佩一一安慰房学礼家人。他的眼睛落在房姿月身上。师爷看在眼里不动声色。刘玉佩精心把房学礼扶起嘘寒问暖。房学礼礼节性应答。师爷在一旁客套一番，向房学礼露出口风。刘大人专程来看先生。先生教书育人，积劳成病。刘大人决定免去你家田税。房学礼心里一热双手拉住刘玉佩的手表达谢意。刘玉佩回到家里朝思暮想房姿月。他请来师爷拐弯抹角提示他。师爷捻一把胡子露出笑容。刘大人看上房先生家女子吧。刘玉佩举止不自在给师爷递茶。

师爷吐口气说：“男婚女嫁是好事，不过大人这身份——”他话说一半又噎回去。

刘玉佩迫不及待说：“我娶过房先生女子，就把他家弄到朔水城里。”

师爷：“一方土地爷要留下好名声。房先生也是官爷见过世面。

他已熬过这些年不会轻易答应这事，当然可以等机会。”

刘玉佩满脸堆笑送上银子拜托师爷。刘旺下地干活没精打采满脑子都是房姿月。他在家发呆，夜里睡不着。他认准房姿月就是他命里亲格蛋。他心里难受不想对父母讲，也不知对谁说。他想起马金武，只要他在也许能帮助他。他心急火燎实在无奈去找马金宝。马金宝害怕房学礼担忧误了自己的事。刘旺再三恳求马金宝。我今生第一次遇见她，非她不娶。马金宝想一想答应去试试。他想起房姿玉借看望房学礼探房夫人口气。他与房夫人拉话有意提起往后打算。这话触动房夫人的伤痛。她衣襟拭泪不想说话。

马金宝：“世事难料，日子难熬。姿英哥哥，姿月姐姐都来了，不如安心过光景。”

房夫人：“先生咽不下这口气。他坚信朝廷会给他一个公道。”

马金宝：“这可耽误姿英哥哥，姿月姐姐。”

房夫人这才听明白直言道：“金宝是来做媒的吧。”

马金宝不想再绕圈子：“房先生的弟子刘旺看上姿月姐姐了。”

房夫人口气坚定要一家人完完整整回家乡。房夫人的坚定口气刺痛马金宝的心。他明白房夫人也是断了他的念头。他自然不敢提及房姿玉，仿佛房姿玉明天就要离开。老天爷啊，为何男女相好难成眷属。刘旺得知是这样十分悲伤。他想起马金武与刘喜。他愤然斥责“父母之命，媒妁之言。”他听说房学礼家要雇长工种地。他没有多想毅然辞去官差来做长工。房学礼不明原因感激这个弟子。房夫人心里提防把房姿月看得紧。房姿月在家待着烦闷就跟着房姿英去地里送饭送水。她看见刘旺赶着驴耕地心存感激。她行礼主动搭话。刘旺心里慌乱不敢直视房姿月。房姿月捕捉到刘旺那双惊慌含情的眼神。她羞涩地躲到一旁。

刘旺不知房姿月是含羞还是看出他的心思。他又念起马金武，如果这个货在该多好。他只有给自己打气要主动开口。房姿月这次一人来送饭送水。刘旺放下粪篓，壮胆结结巴巴向房姿月打招呼。房姿月抿嘴一笑羞答答地低下头。刘旺蒙头蒙脑冒出一句话“你可俊美。”房姿月的心“怦怦”直跳转身离开。刘旺大胆追上去塞给一小袋红枣和两个花馍。房姿月一下愣在那里看着刘旺的背影。她好奇地看看花馍心里泛出甜滋滋的味道。他们就这样在田地里一来一往。刘旺的话渐渐多起来。他给房姿月讲这里的传说故事。房姿月自觉不自觉地喜欢与他拉话。

刘玉佩不明白刘旺为什么辞掉官差去打长工。这房学礼能耐大使得什么魔法。他专程回来质问刘旺。刘旺心想，他与房姿月的事“八”字还没有一撇。

刘旺随口应付说：“做官不爽气，一满不自在。”

刘玉佩怒言道：“昏三葫芦，自古读书做官，荣华富贵。丢尽刘家的脸面。”

刘婆姨过来添油加醋说：“旺，你有了婆姨，在生几个娃就一辈子下地受苦。”

刘旺不想还口，默不作声。

刘婆姨：“旺，媒婆给你寻个官爷家女子，为甚不喜欢。官家找官家，亲上加亲，官气财运才旺。”

刘玉佩搬出三纲五常大声道：“父母之命，媒妁之言。”

这话一下刺痛刘旺的心。他绷着脸敢怒不敢言。这时，师爷进来掏出官书，凑到刘玉佩低声耳语。房学礼官复原职了。刘玉佩捻着胡须眨巴眨巴眼点点头。

第四十章　生死相许

一场大风，黄土高坡干巴巴地死气沉沉。庄稼人流传着天干旱人祸乱，黄土坡闹饥荒。受苦人要吃粮，饿死人盗而亡。马子忠和蔡牛蹲在田地边愁眉苦脸。他们看看天色盼着雨过下种子。他们又来到黑水潭边观望。马子忠心里泛起不祥之兆。他猜测黑水潭可知雨水。今年可能有大旱。蔡牛早已适应黄土天象。他有信心还是老一套庄稼人应对。大旱小旱，不过五月十三。赶着驴驮，人背浇水，下种子。

春耕无雨，庄稼人汇聚龙王庙敬香跪拜，四个汉子光着上身抬起龙王神像围着庙转三圈。唢呐吹起锣鼓喧天。众人跟在后面串沟走山。庄稼人从清早到夜天忙活弄水浇地。蔡牛出主意把沟里的流水一段一段打坝拦住。金马沟很快打起拦水坝。这下大堡子的人焦急慌乱。他们纠集起来提上棍棒冲向金马沟。双方商量不成争吵对峙。这是金马沟流出的水，金马沟想怎么弄就怎么弄。这水往年流得好好的，是你家缸里的尿尿啊。我家缸里的尿尿要喝就得掏银子。捶他把黑水潭挖咧。双方连续几天对峙打架，互有伤害。刘旺赶过来好心劝架。一块土疙瘩飞来打在他头上。双方混乱激烈厮打。李盾端着火铳枪朝天放一枪。双方惊讶停止打斗。马子忠站出来大声制止。艾里长马上到。你们来两个人商议。大堡子的人你看我我看你。刘旺站出来要去谈判。他领着一个人来到马子忠家。马子忠向艾巍山说明情况。艾巍山也没有遇到这种事，一时不知如何调解。

门外人群里有人喊叫“我们去找刘知县。”

艾巍山过来劝道：“散了散了，打架解决不了水。我们商量好通告你们。”

人群吵吵嚷嚷渐渐散去。

李盾：“艾里长知道，当年野狼沟没人来。”

马子忠：“这条沟的山和水是金马沟的。县衙官书划定的。”

蔡牛：“我们如果去大堡子开地能成嘛。”

刘旺看一眼艾巍山说：“当年的事，我不清楚，不过大旱要庄稼人的命。”

艾巍山洗耳静听心里有想法，调和折中慢腾腾说：“自哒都是受苦人，乡里乡亲。咱们浇完地可以豁个口子放水。”

马子忠脸色沉重，闭口不言。

艾巍山紧张等着马子忠答复。

刘旺拍着腔子担保：“我们可以给以补偿。”

蔡牛：“大户人家一家一只羊。”

刘旺不想僵着硬着头皮答应下来。

马子忠：“明个把羊赶过来。每天太阳落山放水。”

刘玉佩拿到房学礼官复原职官书。他心急火燎担忧房姿月就这样走了。他宴请师爷出主意。师爷满脸笑容端起酒杯。好事，喜事。这官书就是媒妁之言。刘玉佩举杯满意地笑笑。他击掌示意仆人呈上真金白银。两人对视举杯发出得意地笑声。师爷揣摩一番选定艾巍山先去房学礼家探口风。刘玉佩带上师爷去大堡子检查旱情。师爷单独召见艾巍山。

师爷有意放出话："刘大人非常看中你，乡约迟早是你的。"

艾巍山十分激动请师爷喝酒。

师爷举杯话题一转说："不过，有件事要麻烦你。"

艾巍山喝口酒说："大堡子一片的事包在我身上。"

师爷："刘大人看上房学礼大女子了。"

艾巍山一惊，不知如何应答。

师爷："不要慌张。哪家女子都要嫁人。房家可是攀高枝。"

艾巍山："房先生温文儒雅，清高傲骨，恐怕——"

师爷递上一只钱袋说："他是流放官人，该低头要低头。你先探风，我随后出面。"

艾巍山看着钱袋两眼放光说："能行，巧断鸳鸯。"

一番琢磨有备而来。艾巍山提着礼物装着去看望房学礼。他单独与房夫人拉话。他兜着圈子道出这事。房夫人惊讶难过衣襟拭泪。艾巍山劝导她，说明各种利害关系。房夫人平静下来思前想后。

艾巍山添油打气说："这事成了，房家搬去城里，一切都会好起来。"

房夫人犹豫不决说："这是大事，夫君做主。"

艾巍山："房夫人，房先生有病。这好事不能拖，你要拿主意。"

房夫人心神不定不好开口。艾巍山察言观色心里有底。房夫人想起刘旺思绪混乱。这刘家人一老一小卑鄙龌龊。她惴惴不安还是向房学礼道出实情。房学礼胸中充满愤怒疾言厉色。这世道要变了，人之丑恶不可救也……他一口气憋过去栽倒在地不能言语。马子忠收到马金文书信，赶来向房学礼报喜，官复原职。他一看房学礼嘴歪眼斜，一边掐人中招呼人套车。刘旺赶着一辆木轮车过来。马子忠陪着房学礼家人护送交给马金宝。房夫人得知夫君官复原职，把希望寄托在马金宝身上。

艾巍山没想到房学礼一下病倒，心里不是滋味。他向师爷禀报房学礼实情。师爷抚摸着黑狗的头眯着眼点点头。他盘算好套路引导刘玉佩去看望慰问房学礼和家人。刘玉佩暗喜带上重礼关怀问候，指派两人全天陪护。房学礼紧闭双眼不想看刘玉佩那副嘴脸。师爷见机与房夫人拉话。房夫人明白他们的心思流泪无语。师爷慢条斯理劝解。这是一件两全其美的好事。房夫人心有所动还是不敢做主。师爷把住她的命脉露出笑容。他话里暗含着胁迫。房学礼官复原职的官书就在县衙。一切都是为房家早日回到家乡。

房夫人看着房学礼躺在炕上像个木头人，内心纠结挣扎。她整夜整夜对着房学礼说话。房学礼死人一般没有感觉。房夫人心乱如麻不停地向马金宝打探房学礼病情。马金宝心里犯难摇摇头。这病难料，也许一两年才能醒来。房夫人的心一下凉半截。她不能把夫君留在这里愧对列祖列宗。她请巫医又进佛庙上香祈福。她想得很多，但是一定要把夫君带回家。她幻想抱着侥幸心里。女子出嫁也许能驱除邪祟冲喜。

趁人之危，一场利益交换。房夫人忍受痛苦决意嫁女。她把这事原原本本告诉房姿月。房姿月悲哀伤心，扑倒母亲怀里嚎啕大哭。房夫人安慰劝导她三天三夜。房姿月哭干眼泪，心情沉痛答应下这门婚事。房夫人通过师爷直接面见刘玉佩。刘玉佩十分热情送上真金白银。房夫人面色冷淡要看见官书。刘玉佩亮出房学礼官复原职官书和县衙手续。房夫人拿上官书和县衙手续，提出女子出嫁条件。刘玉佩爽快一一应承。房夫人最后提出女子出嫁后即刻回家乡。刘玉佩心满意得露出喜悦。

老子夺了小子的相好。刘玉佩按照婚俗出手阔绰指派师爷全权办理。他已在城里安排下订婚宴。房夫人瞒不住这才告知马子忠。马子忠怒言训斥她。这等大事，女人怎么能做主。房先生恐怕要到阴曹地府收拾你。房夫人泪流满面道出实情。马子忠瞋目切齿大骂刘玉佩祖宗三代。刘旺得知这事如晴天霹雳。他受到极大侮辱想要质问大骂父亲。他恸哭流涕扇自己嘴巴。他喝酒大醉三天木呆呆自言自语。房姿月是我的亲格蛋。房姿月是我的婆姨。

马子忠自作主张把房学礼拉回自家。他煎药喂药陪着他拉话。房夫人苦苦哀求马子忠代表娘家人作陪订婚宴。马子忠碍于面子窝着火气去了。订婚宴富丽堂皇喜气洋洋。男人偷偷低声取乐。刘大人有艳福，身子能行吗？老牛发情吃嫩草。没有耕坏的田，只有累死的牛。马子忠远远瞪着刘玉佩，气不打一处来。婚宴开始，马子忠咽不下这口酒，耳目鼻口直冒火。刘玉佩一脸喜气过来敬酒。马子忠实在看不下去他那张得意笑脸，他爆粗口骂人一把掀了桌子。众人一惊转过头来看笑话。刘玉佩大声指令抓捕马子忠。

两个衙役冲进来把马子忠押出去。马子忠在牢里破口大骂刘玉佩。房夫人恳求刘玉佩开恩放人。刘玉佩板着脸置之不理。马子忠要见刘玉佩当面羞辱质问他。刘玉佩这次下狠手，罗列罪状要判他去做苦役。师爷手指向上一指提醒他。这个老家伙朝里有人。关几天算咧。刘玉佩与马子忠多年的磕磕碰碰已淤积拧扯成死结。他强硬非要把他弄趴下。刘旺听说这事怒火在心中燃烧。他敬重马子忠，厌恶怨恨父亲。他难以忍受屈辱，憋着怒气和怨气去找刘玉佩。

刘旺来到县衙质问道：“刘大人，你是父亲，也为官一方。你趁人之危强娶豪夺，把刘家祖先的脸丢尽咧。”

刘玉佩吹胡子瞪眼上来给他一个耳光大声道：“跪下。”

刘旺瞪着父亲硬生生不下跪。

刘玉佩随手砸碎一只茶杯道：“你小子跟着房学礼念几天书来教训老子。”

刘旺忍住眼泪吼道：“房姿月已经有相好的咧。”

刘玉佩一愣摸不着头脑。

刘旺转身道：“你把马校尉放了，不然永远不回刘家。”说完甩手愤愤离开。

反了，反了。天要变了。刘玉佩气急败坏浑身发抖。他拗不过刘旺把马子忠放了。他耳边时而回响起刘旺那句话。他担忧夜长梦多抓紧办了婚事。刘旺萎靡不振整天借酒消愁。他思念房姿月想得苦，看这天雾气沉沉。他没有盼头想离家出走。他已不能自己看看夜空的月亮背上褡裢走了。他毫无目的一直向南走。他走走停停身子发软神志不清。他倒在一个山圪崂睡下去。他醒来发现自己躺在一座庙里。

一个和尚放下小米粥道：“阿弥陀佛，善哉，善哉。”

刘旺坐起听到轰隆隆的声音问道：“我与师父有缘。这是哪达？”

和尚：“黄河边上东山报恩寺。”

刘旺听见“报恩”两字，潸然泪下。和尚看出他有心结，端起小米粥要喂他。刘旺摸把泪水端过碗“呼噜呼噜”喝个干净。和尚把他引到佛祖像前祭拜。阿弥陀佛，救人之身，只及一世，若救人心，永超轮回。刘旺点上香火虔诚跪拜。和尚看他身心虚弱，安顿歇息几日。他点上香火盘坐为刘旺祷告祈福。刘旺恭恭敬敬跪在他面前。和尚起身道面向刘旺，口吐真言。阿弥陀佛，红尘如梦，人生遗憾，学会放下，方可上岸。刘旺听和尚讲经三日决意剃发出家。

马子忠打理完房学礼家的事，吩咐马金宝护送他们回家乡。他心里伤痛面色坚硬没有远送。他俯下身子安慰房学礼。先生已官复原职，回家好好养病。眼下天灾人祸，世道要变。西北多有乱贼起兵。房夫人亮出官书他。房学礼看见官书喊不出来眼角流下喜悦和痛苦的泪水。大堡子的人和房学礼的学生十里相送。房姿月坐上木轮车赶来要送陪着父亲一程。她一路悲痛欲绝泪满衣襟。他们情绪低落缓慢而行。他们路径报恩寺歇息。房夫人要去上香祈福。房姿月陪着母亲进来跪地磕头。她们起身发现刘旺光头，一身灰色布袍站在身后。刘旺知道她们要离开回家乡。他双手合十行过礼抬头看一眼房姿月。房姿月明白刘旺这样是为了她，一脸羞涩不敢抬头。刘旺要送先生和师母一程。

他们歇息片晌继续赶路。房姿月坐在木轮车上不时瞄一眼刘旺。她心里五味杂陈很不是滋味。她出嫁那天，才如梦方醒已经喜欢上刘旺。她闭上眼睛脑海浮现家人和刘旺干活的影子。她心里对着刘旺说话。刘旺，我出嫁那天心里突然有你。我告诉你，我稀罕你。你在我面前，我想你。我没办法，丢死人哩，对不起……刘旺遇见房姿月又深深刺痛他的心。他看见房姿月慌乱的眼神，看见她那颗跳动的心。他想对她说句心里话。姿月，你知道吗？我告诉你，我喜欢你。你在我面前，我想你。我没办法，耻辱丢人。我没脸回刘家，做个僧人。

他们来到黄河渡口。马金宝招呼大家把房学礼和家俬放到船上。房姿月看着汹涌的河水发呆。她忽然孤单和恐慌身子发凉。房夫人过来向她道别。房姿月扑到母亲怀里痛哭流涕。她上到船上又抱住父亲不忍离开。房夫人含泪安慰把她拉开。船缓缓离岸驶去。河面上飘荡着一曲凄婉悲伤的歌。房姿月远远看见家人走上东岸。她身心恍惚挥挥手，纵身跳进河里。刘旺大喊着“姿月”赶过来跃进滚滚的波浪里。

刘玉佩失去新婚婆姨和儿子，失声恸哭。城里和乡里人流传起刘旺和房姿月凄美的故事。何里长编出顺口溜笑话刘玉佩。刘玉佩自怨自艾无脸见人。他又听说张献忠自号“八大王”作乱。他心情烦躁思绪混乱大病一场。师爷没想到这件好事竟会变得这般丧气。他安慰劝导刘玉佩。刘大人要振作起来，你是自哒土地爷，乱贼起兵造反，民众都看着你呢。房家女子晦气一死百了。好女子多着咧。这事包在我身上。刘玉佩情绪低落一时回不过神来。他在家里随意砸东西不知道向谁撒气。他想忘掉过去，忘记眼前这一切。他盘算着大捞一把离开这个伤心晦气的地方。

马子忠痛惜两个孩子，诅骂刘玉佩。他吩咐马金北追赶向马金宝报个信。马金北一路打探寻见马金宝。马金宝伤感钦佩刘旺和房姿月。他仰天感叹“问世间，情为何物？直教生死相许。天南地北双飞客，老翅几回寒暑。欢乐趣，离别苦，就中更有痴儿女……”他暂且不敢告知房夫人。房姿玉骑着毛驴，心疼马金宝牵着缰绳走路。她就下来陪着马金宝走一段。他们躲开房夫人视线低声拉话。马金宝随意拉话不敢扯开两人的事。房姿玉大着胆子有意引出他们的话题。

房姿玉笑格蛋蛋说：“宝哥，这脚大走四方。往后可是大脚婆姨，丑死哩。”

马金宝“呵呵”一笑道：“亲格蛋，小脚女子才不美。”

房姿玉一把拉住马金宝的手，扭捏嗔怪道：“都是听下你的。”

马金宝看着房姿玉可爱的样子，心中掠过几分哀怜。他长叹一口气把刘旺和房姿月的事道出。房姿玉大吃一惊，“嘤嘤”哭出声来。她伤心地扑到马金宝怀里“你永远不许离开我。”马金宝难以言表紧紧拉住她的手。

回家了，终于回家了。马金宝把他们送回家。房学礼微微睁开眼睛。他盯着马金宝，嘴巴一张一张想说话。马金宝给他喂药说话。房学礼眼角流出眼泪。马金宝看着房学礼这副病态。他不好意思开口离开。房姿玉不许马金宝走。大大这个样子，你不能走。她又央求母亲让马金宝多留些日子，调治父亲。房夫人明白女子心思。她十分悲痛已失去一个女子，不想让房姿玉远离她。她请来一个当地大夫，满含眼泪答谢马金宝。马金宝心痛吞声忍泪理解房夫人。房姿玉哭哭啼啼伏在房学礼身上说话。大大，女子心上有金宝哥哩。女子不孝，要跟他走，死也要跟着他。她哭得泪人似的不停地重复这句话。房学礼的手无力地握住房姿玉的手。房姿玉惊讶地看着父亲睁开眼睛。她喊来母亲和马金宝。马金宝把脉看着房学礼的眼睛。房学礼嘴巴一张一张说不出话。房姿玉感觉不妙在一边哭嚎。大大挺住，金宝哥在呢，有话就说。房学礼眼睛示意房姿玉。马金宝明白过来从他枕头下拿出一本册子。封面赫然写着“朔水县民情民意书”。他打开第一页“臣子房学礼不才，呈报朝廷”。马金宝感动含泪跪地答应一定报上朝廷。房学礼嘴角露出一丝微笑。他用力把两人的手放在一起。房夫人衣襟拭泪点点头答应孩子婚事。

房学礼停止了呼吸，安详地闭上双眼。

第四十一章 祈 雨

天旱了，地干了，龙王爷球势了。

庄稼一块一块干黄干黄无精打采。庄稼人忧心如焚又盼着来年。春上一望无际的蓝天，没有一块云朵。金马沟的人眼巴巴地守着田地盼雨。马子忠蹲下抓一把干燥的黄土扬起，嘴里不停地念叨。天要变咧。天要变咧。龙王爷不开眼，乱贼祸患。庄稼人难活。李盾吃力地赶着毛驴犁地。毛驴走走停停较劲。李盾用鞭子抽打，毛驴立在原地不走了。

李盾仰天长叹摇摇头，一尻子坐在地上说："这毛驴不通人情。庄稼人靠天吃饭。地还得要种，没办法，驴驮，人背浇水吧。"

蔡牛手捻着胡子说："咱们不能坐等着。谷子耐旱可以多种些。大旱欠收，衙门的田税不会少。倒卖粮食，家家多屯下余粮。抗旱防乱贼。"

艾巍山愿意出面倒卖粮食。马子忠领着大家在黑水潭敬拜金马驹求雨，又叮嘱各家扩建粮窑屯粮。大堡子集镇已经没有往日的喧闹。一群一群的人围在一起神色慌张议论庄稼干旱的事。逃荒的人走来走去乞讨。艾巍山担忧人多汇集弄出事来。他指派人值守安慰驱散他们。庄稼人没办法，隔三差五抬楼子求雨。芒种过后，天空热烘烘的没落一滴雨。大堡子的庄稼人焦躁不安，聚集到里公所门前。艾巍山遇到这事，心慌头疼不知如何安抚。他胡乱应付几句领上人去龙王庙求雨。他领众人进香上贡品。众人齐呼“龙王爷开恩，赐雨救民。”大堡子又传来抬楼子求雨锣鼓声。何里长带着众人呼啦啦下山跟上走。

甘草根连根，穷人心连心。何里长鼓动众人一路喊唱着“祈雨调”进到城里。各乡里的人越来越多围到县衙门前。众人敲着木棍齐喊“天旱了地干了，龙王爷张开眼。粮没了肚空了，县老爷看不见。庄稼人受苦人，要吃饭过光景……”刘玉佩指派人即刻关门。他慌忙召集官员商议对策。各官员心里没底盯着刘玉佩不言不语。刘玉佩看着主簿要听他的主意。

主簿摇摇头说：“往年庄稼人抗旱自救。眼下大旱，朔水河的水都干了。只有等待龙王爷开眼降雨，也许抗一下就过去了。饥寒起盗心，关键关头在开仓救济。”

刘玉佩发出指令：“召集各乡约安抚庄稼人。抗旱自救，打井取水，防盗抗贼。寻衅闹事者抓。”

县丞出门喊话安抚民众。民众情绪不满吵吵闹闹散去。

马金宝带着房姿玉先去京城向朝廷呈报“朔水县民情民意书”。马金文脸色难看忧患朝廷存亡大事。他忙乱简单解释。眼下乱贼猖獗，朝廷那还顾得上民情民意。马金宝灰心丧气回来。他预感到大明要出大乱子。马子忠听到房学礼病亡消息十分难过。他为马金宝简单办过婚宴。

马金宝满口怨言：“房先生本来可以慢慢恢复。谁料想房姿月的事受到刺激病情加重。”接着又道出刘旺相中房姿月的事。

马子忠怒言道：“刘玉佩这个老牲口害人害己。谁做媒牵的线？”

马金宝：“艾里长。”

马子忠勃然变色骂骂咧咧去找艾巍山。

艾守关进门“噗通”跪在马子忠面前悔恨道：“马校尉赎罪。那个关中人找见咧。这一切都是刘贺捣的鬼。我大，胡脑子还赔上女子。”

马子忠瞪眼拉上他去找艾巍山。里公所的门闭得严实。师爷与艾巍山商量为刘玉佩做媒的事。他还是放话引诱艾巍山。你们都是亲戚，乡约就是你的。艾巍山一脸堆笑满口答应。马子忠怒气冲冲一脚踹开门。艾巍山一惊不知又出什么破事。他故作镇静给师爷丢个眼色。

师爷看一眼马子忠低声道：“哼，刁民。”说完拂袖而去。

马子忠质问艾巍山：“房先生女子是你做的媒。你伤天害理害死房先生。”

艾巍山辩解道：“那是成人之美。房先生的病是迟早的事。”

马子忠上去一把揪住艾巍山的衣领大声道：“放屁，刘玉佩老牲口抢刘旺的相好，害死三条人命。这事不能完。”

艾巍山不知羞愧还要争辩。艾守关过来向他道出刘贺挖坑耍诡计的事。艾巍山一脸茫然低头蹲在地上。挖坑这事心里疙疙瘩瘩。艾巍山联想起合意货栈的事。莫非刘一六给他挖下一个大坑。他在乎眼前，房学礼已经走了。马子忠还管这些事。他只能这样走一步看一步。他现在就是要紧紧抱住刘玉佩的大腿。他着实费心打听谁家女子。何里长丧眼溜尻子。他得知这事心有所动。何婆姨有所顾忌脸面。刘玉佩害死何花。他是何家仇人。何里长有心要嫁女子，把婆姨日歪一顿。你懂个屁，何花也不是个省油的灯。人都死凉咧。做事要狠，舍不得娃，套不住狼。我是为了这个家好。他思前想后心一横要送上女子攀个亲，靠着县老爷有面子又可以大捞一把彩礼。他觍着脸来找艾巍山。艾巍山自然高兴，两块肥肉满口香。他口头应承又有意拿捏何里长。何里长打起小算盘。吐出去的还会吃回来。

刘玉佩听说是何里长女子，心有余悸。师爷鼓动给他打气。这送到嘴边的肉是福分。一个黄花女子冲冲喜气。刘玉佩想起失去的儿子要续刘家血脉，家丁兴旺。黑豆换黑豆，看谁寻谁哩。刘玉佩与何里长相见各怀鬼胎，干干一笑。刘玉佩露出得意笑容答应下这门婚事。他如愿以偿把何里长的女子娶到家。何里长得到丰厚的彩礼露出贪婪的笑。他鼓动女子，他要重新坐上里长的位子。这正中刘玉佩下怀。何里长也就绿豆大点眼睛。刘玉佩手到拈来恢复他的里长，顺便提升艾巍山为乡约。

庄稼人天天盼雨求雨。他们叫天天不应，叫地地不灵。他们看到刘玉佩娶亲，指指戳戳发泄怒气。老毛驴吃嫩草。人都变坏哩。何里长芝麻官都不是，老不要脸，为了做官溜尻子卖女子。龙王爷不长眼。官人吃喝娶女子。受苦人求雨讨饭吃。一些人编出顺口溜。“县太爷不管天，日破天雨不见。县太爷不管地，晒干地收税钱。县太爷老毛驴，娶媳子骚得欢。”城里人敢怒不敢言，背地里诅骂。狗官，没有一个好东西。恶有恶报，不是不报，时候未到；时候一到，一切都报。马子忠实在看不下这些人的嘴脸。他又想起刘玉佩祸害三条人命，愤怒凝结成仇恨。他已无法控制自己，新仇旧恨动了杀念。

马子忠神神叨叨不停地说：“尔格，人变坏咧。老牲口坏透咧。”

李盾知道马子忠在骂刘玉佩，无奈地说：“这老家伙有权有势。”

马子忠一脸凶气道：“他祸害三条人命。天大旱，他作威作福，贪财贪色快活不管受苦人死活。我要出口恶气废掉他。”

李盾：“咱们手里有家伙，神不知鬼不觉干他一炮子。”

马子忠下狠心要打废刘玉佩。他与李盾商量，先打探刘玉佩回大堡子的消息，选好地点打他伏击。李盾摸清刘玉佩回何里长岳父的时间。他们分头埋伏在路两旁半山坡等待。刘玉佩一身官服骑着马领婆姨回家。他不知不觉进入射程范围。马子忠和李盾瞄准射击。刘玉佩应声栽下马来。师爷和两个衙役大惊失色。刘玉佩两腿鲜血直流疼痛喊叫。两个衙役撕下衣袖简单包扎。师爷沉稳冷静看看两边山坡。他的黑狗冲着山坡“汪汪”狂叫。他摸摸黑狗的脑袋指向山坡。黑狗“嗖”向山坡冲去。他指使两个衙役跟着黑狗追捕凶手。他赶忙把刘玉佩送到仁济大药分堂。马金宝处理好枪伤平静地叮嘱他。我会尽力，不过一条腿要留下残疾。刘玉佩闭着眼睛表情痛苦。师爷打发衙役正在追捕凶手。

马金宝：“眼下，乱贼四处流窜。”

刘玉佩微微睁开眼说：“一定要缉拿凶犯。”

两个衙役远远跟着黑狗搜索。黑狗一边嗅着气味追赶。李盾发现一条黑狗紧追身后。他转山沟向金马沟疾步行走。黑狗还是撵上一口咬住他的脚。李盾用枪猛烈击打。黑狗死死咬住不放，突然窜出两只狼撕咬。黑狗送开口“汪汪”叫两声跑了。两个衙役赶过来，黑狗倒地死去。他们望着金马沟胆怯，不敢向前追去。

李盾三拐两拐回到家。马子忠给他清理包扎脚伤。他当时看见那条黑狗感觉不妙。他向吴冬阳交待一番把李盾秘密藏在一处粮窑。两个衙役回来向师爷禀告。师爷心想，我的黑狗嗅觉灵敏不会有错。他猜测如果是乱贼一定会冲下来抢劫，不会逃离。他的疑心和思路指向金马沟。他指派这两个衙役去金马沟查枪和受伤的人。他们来到金马沟没有查到线索。师爷想到艾巍山亲自去询问。艾巍山坐上乡约的位子，十分感激刘玉佩。他惊讶以为刘玉佩遭遇乱贼。他随口向师爷道出马子忠和李盾留有枪支。

师爷脸色平静道："金马沟最近可有受伤的人？"

艾巍山："庄稼人都忙着侍弄田地，不过李盾回家看老母去了。"他说完忽然明白过来，接着说："这不可能，一定是流窜的乱贼。"

艾巍山回到金马沟询问马子忠。

马子忠佯装不知说："龙王爷不长眼，乱贼来了。县太爷活该。"

师爷经过缜密思索还是怀疑金马沟的人。他向刘玉佩禀报分析说明案情。刘玉佩挨上两枪受到奇耻大辱。他咬牙切齿还无头绪。他一听到"金马沟"就想起马子忠。他的头"嗡"得一下两眼发黑。他面前顿时浮现马子忠似虎狼张着血盆大口。他吓得浑身冒冷汗大骂马子忠。他脑子不打弯认定就是马子忠打黑枪。他指令刘贺带人先搜寻抓捕李盾。李盾在粮窑熬不住偷偷跑出来下地干活。

艾巍山发现他走路一拐一瘸关切地问："回来了。这是咋咧？"

李盾："没事，长虫咬一口。"

艾巍山疑惑暗示道："长虫有毒，不要感染咧。你还是回老母家好好养着。"

李盾听出话音拍拍脚满不在乎。刘贺带上一帮衙役过来抓人。他们不由分说直接捆了李盾押走。

刘玉佩拄着一根棍子升堂亲自审讯李盾：“刁民，光天化日射杀本官，居心何在。”

李盾：“狗官，抓人要有证据。”

师爷：“我的黑狗追捕咬伤的还要狡辩。”

李盾：“这伤口是长虫咬下的。”

刘玉佩拍下惊堂木道：“大胆刁民，强嘴硬牙，大刑伺候。”

刘玉佩摆手示意脱去李盾的鞋。刘贺过来扒掉他的一只鞋。师爷凑到刘玉佩近前耳语一番。他嘴角挤出一丝诡异的笑。请马金宝过来验伤鉴定，李盾有口难辩。刘玉佩指派刘贺请马金宝。马金宝得到父亲捎来消息揣摩出大事。刘贺把他请到县衙。马金宝背着药箱看一眼李盾，脑子飞快转动。师爷低声向马金宝交代一番。马金宝不紧不慢翻看李盾脚伤。他查看没有硬伤只是青肿。他拿出一根银针连扎两针流出淤血。

马金宝擦去血迹道：“长虫咬齿，毒液发作。”

两个衙役站出来指证亲眼看到狗咬。

刘玉佩：“你们看清人吗？”

两个衙役齐声道：“正是此人。”

刘玉佩：“大刑伺候。”两个衙役过来施行残酷夹棍刑。

李盾痛苦欲绝大声惨叫昏死过去。这起大案弄得满城风雨。民众愤恨痛骂县衙。师爷不全信马金宝，又另请大夫鉴定。大夫细细查看断定是狗咬伤。师爷提醒刘玉佩，这是两枪还有一人。刘玉佩想到马子忠，指派刘贺去金马沟强行抄家搜查枪支。刘贺带着衙役强闯民宅。马子忠带人拿着棍棒与他们对峙。

刘贺大喊道：“李盾已招认。违抗者抓进大牢。”

马子忠不信厉声道：“狗官胡乱抓人。你们有何证据。”

人越围越多，指骂刘贺。刘贺心虚不敢动手。艾巍山赶过来两方劝解。他凑到马子忠近前低声耳语。他们执行公务，搜查枪支。马子忠扯起嗓子大声吼叫。没有枪支，艾乡约亲自搜查。艾巍山看一眼刘贺，低声下气机警开脱。据我所知枪支是有过，当年常知县清缴枪支弹药已收去。刘贺自然不信用枪顶着马子忠。艾巍山挡下他的枪言语不轻不重。不要这样，眼下大旱民众怨愤，一点就着。若有死伤，酿成大乱，不好交代……刘贺冲着黑压压的人群发火悻悻离去。

艾巍山对此事疑惑不解。他单独询问马子忠。马子忠存有戒心掩饰过去。艾巍山去探刘玉佩口风。刘玉佩态度强硬认定李盾勾结乱贼杀官抢劫。马子忠要救出李盾，搜肠刮肚也没想出个好办法。他无奈与艾巍山商量。艾巍山两手一摊摇摇头。这是刺杀县太爷大案。当年李自成杀官逃脱引起震动。刘玉佩不会放人，宁可错杀一个震慑民众。马子忠无法冷静一股热血涌上心头。他不能丢下同生死共患难的兵。他要豁出去拼一把。他明白庄稼人饿肚子，抵抗田税。他纠集一帮民众打着“开仓救民，减免田税，赦令放人。”口号去县衙。县衙官爷心慌意乱，紧闭大门。刘玉佩倒背双手在大堂来回踱步痛斥马子忠。他担忧这会招来其它乡里的民众。师爷沉着冷静，静观事态发展。民众激愤打砸县衙大门。主簿坐立不安过来进见刘玉佩。

刘玉佩心中没有注意，故作镇定向周围扫视一眼说：“各位有甚好办法。”

县丞：“刘大人，只有下发救济粮打发他们走。”

主簿：“那其它乡里咋办？”

师爷慢条斯理道：“仓库粮食有多少石。主簿大人肚里一本账。”

主簿：“这要看给每户发多少斤。”

县丞：“表示一下即可。”

刘玉佩：“这些刁民喂不饱。”

师爷：“按黄册下发种粮，种粮可多可少。暂且安抚民众补种减灾。”

主簿：“庄稼人宁愿借粮吃饭，不敢把种子吃完。这是好办法，可取民心。”

刘玉佩心里有底发出两道指令。张贴布告，各乡约、里长领取种粮。抓捕领头闹事者马子忠。衙役贴出布告宣读。刘贺怀恨带人抓捕马子忠。马子忠临危不惧就是要当面质问刘玉佩。为何无凭无据胡乱抓人。他要上告州衙和府衙。刘玉佩升堂已给马子忠罗列好罪状。

马子忠不以为然地笑道：“你祸害三条人命。你要遭报应。”

刘玉佩怒言道：“你总是与老子过不去。你以为不敢收拾你。你勾结乱贼杀官抢劫，该当何罪。”

马子忠：“你早就该死。”

刘玉佩扔过来捏造的口供冷笑道：“到死还嘴硬。”

马金宝心急火燎，去西安府请人出面，但是没有带来好消息。马子忠与李盾关在一间牢里。李盾惊讶地看着马子忠。

马子忠坦然一笑说：“我不能丢下一个兵。”

李盾感动流下眼泪说：“校尉，我啥也没说。”

马子忠：“慌甚，县衙没有直接证据。我已吩咐艾巍山上告州衙门。”

李盾：“刘玉佩狠毒，不会放过我们。”

刘贺大打出手亲自给马子忠和李盾上刑。马金北心急如火领上金马沟精壮汉子冲击县衙。马家园子也来人大打出手。县衙派出衙役难于招架。不怕杀人的，单怕递刀的。师爷再三提示刘玉佩。这样闹下去要出大乱。眼下乱贼猖獗，果断审判处决以免再出个李自成。刘一六扇风鼓动。刘家和马家不对头。不能前怕狐子后怕狼。刘玉佩磨牙凿齿指令要杀李盾，但是对马子忠犹豫不决。他最后断决判马子忠陪法场，做苦役。

艾巍山手足无措无法应对。他含泪来到大牢送上酒菜。马子忠坦然自如向他交代后事。天灾人祸，一定藏好粮食，把羊都杀了做成风干肉，一定要保住金马沟老老小小性命。艾巍山紧紧握住他的手坚定允诺。马子忠一遍一遍叮嘱他。刘贺是个恶人，管好你女婿，遭报应的。马金北召集金马沟、马家园子和金家庄精壮汉子做好埋伏要劫法场。天空灰暗沉闷。县城戒严死一般安静。衙役两排开道，两辆囚车押送马子忠和李盾上路。囚车一出北门，马家和李家老小齐齐跪在囚车前哭天喊地。衙役鞭打脚踢，大声吼叫。围观的人越聚越多一片混乱。这时，一个身穿盔甲骑马的军爷领一队兵马迎面过来。

第四十二章　黄　风

这个骑马的军爷是李二蛋千总。他奉命驻防朔水城清剿乱贼。马家人认出李二蛋，跪地大喊冤枉啊。大大要被杀头咧。李二蛋大惊失色翻身下马。他不管三七二十一拔刀一挥。士兵冲上来围住囚车。他过来一看正是父亲和马子忠。

师爷过来客气道："军爷，这可是乱贼死犯。"

刘玉佩厉声道："哪来的兵痞，没有王法。"

李二蛋哪里听得进去，指令打开囚笼。他一把把刘玉佩拽下马来。他用刀指着刘玉佩自称"老子李千总。驻防朔水城清剿乱贼。"刘玉佩露出笑容赔礼。误会，误会。这两个乱贼杀官抢劫。李二蛋大骂刘玉佩。他妈的，张开狗眼看看，他俩是我大大。刘玉佩惊讶一下愣在那里。马金北也带人抄着棍冲过来。

李二蛋暂且把马子忠和李盾安顿在兵营里。他跪地向他们赔罪。马子忠看他出息了，以前的事也不计较了。李二蛋简单了解这起案子真相。他派人直接去县衙查看案卷。他发现没有直接证据，自然向着马子忠和李盾。他当面质问刘玉佩。刘玉佩有口难辩，要上告州衙。师爷在一旁据理申辩。李二蛋白他一眼一把撕掉案卷。信口胡言。他们效忠大明，戍守边关，何为乱贼。眼下当务之急是清剿乱贼。刘玉佩还是上告州衙。州衙查明马子忠和李盾身份回复出具官书。证据不足，指令放人。眼下乱贼猖獗，即刻组建乡兵……

马子忠和李盾接到释放官书。他们十分不满提出赔偿损失，张贴布告恢复名声。刘玉佩受气受辱大发雷霆。李二蛋手握兵权咄咄逼人。他不敢违背总兵命令，还得与刘玉佩协作。他在兵营约见刘玉佩。刘玉佩忍气吞声前去会面。李二蛋摆下酒宴，脸色平和。刘玉佩一看马子忠和李盾在场心里别扭。李二蛋举杯苦笑。没想到都是大堡子人。干杯。这三人一见面就置气憋火。他们不言不语喝闷酒。四人喝到酒酣耳热。李二蛋击掌发出指令。两个士兵进来递上笔墨纸砚。李二蛋端起酒杯盯着刘玉佩。州衙门已出具官书。该给他们恢复名声咧。刘玉佩震怒一口酒喷出来。两个士兵站在他身边目露凶光。

李二蛋板起脸道："还要赔偿损失。"说完拿出一张赔钱数额单子。

刘玉佩起身厉声道："大胆，一个军爷如此嚣张干涉县衙公务。"

李二蛋冷笑道："自哒是兵营。"

县丞与师爷进来送上赔偿金，放下张贴布告。县丞看清当下局势，劝导刘玉佩。眼前大敌当前，大局为重。刘玉佩一脸怒气欲言又止。李二蛋还是认定这案子不好交代。他看一眼师爷，心想这案子要有人背着。他就是要给刘玉佩脸色看看。他指令士兵抓捕师爷把他送进大牢。师爷一把老骨头抗不住死了。

他回来了，报应啊。李二蛋亲自送马子忠和李盾回家。他放下一些军粮叮嘱他们。天有不测风云，大旱贼乱，防患未然。多屯粮，防盗贼。秋天，庄稼人眼泪汪汪看着一块一块干死的庄稼。各家各户慌乱不安开始稀汤咽菜度日。县衙衙役下到各里公所监督收缴田税。大堡子出现盗贼，鸡犬不宁，家家自危。夜色昏暗，秋风呼啸。一队土匪偷偷摸进大堡子。他们一路进入刘家大院肆意偷粮，牵驴拉羊。一路进到金马沟胡乱挖掘破坏黑水潭。刘家大院传出哭嚎厮打声。金马沟狼嚎四起，人人抄起家伙喊打。马子忠领人打跑盗贼，发现黑水潭破乱不堪。他十分痛心，自言自语“好风水球势咧。一群土匪。知道刘憨憨回来咧。”马金北绑着两个狼咬伤的盗贼过来。马子忠揪起一个询问当家的是谁？土匪瞪着眼强硬不吐口。马子忠一脚踢翻土匪，吩咐扔到后沟喂狼。一个土匪吓尿了，浑身发抖道出“刘憨憨，常彪。”艾巍山赶过来把他们押去县衙。

刘玉佩得知师爷死了，很明白是李二蛋给他一个下马威。他听说刘憨憨和常彪当土匪，懊悔不已恨之入骨。他没办法也只有与李二蛋配合。李二蛋向他禀告总兵府指令。县衙设置团练，组建乡兵。刘玉佩接到消息，土匪头子刘憨憨来了，祸害大堡子和金马沟。李二蛋下令各乡里加强布防，遇见土匪格杀勿论。他们达成一致意见。李二蛋按照总兵府指令绘制城防图修筑工事。全城军事管制严查出进人员。刘玉佩提供乡里黄册与李二蛋商议组建乡兵。李二蛋提出马子忠为团练总兵，总教头李盾。各里组建五十兵勇。里长为总旗。刘玉佩想法很多，这组建的乡兵可是马家兵啊。他不想让马子忠和李盾掺和进来。李二蛋劝导他放下旧怨，他们本是军爷，保卫家园青史留名。刘玉佩犹犹豫豫应答下来。李二蛋硬是拉上他去请马子忠。

马子忠不想接这个差事，眼睛只是盯着金马沟。艾巍山摆下家宴，力图借此劝和缓解他们之间的怨恨。他们边喝酒边拉话。马子忠与刘玉佩的旧怨已成死结。他撂出话答应这个差事，但不听刘玉佩调遣。

刘玉佩脸色难看低声骂道："这个老家伙死磕老子。"

李二蛋看一眼刘玉佩面带笑容道："马校尉高风亮节，眼下大敌当前，一致对敌。"

马子忠："一定要活捉刘憨憨，救回女子兰草。"

乡兵很快组建起来。马子忠赴任团练总兵训练总旗。他制定出各里防务。各重要道口山梁上修建简易烽火台。乡兵日夜巡逻，严查闲杂陌生人。家家挖密洞躲避，信号"黄风"。民众为粮食吃饭犯愁，穷得揭不开锅，那里顾得上土匪。县城周围和乡里到处是难民逃荒。县衙和驻兵已无法阻止。刘玉佩寝食不安，粮仓只出不进，难以顾暇驾驭。

刘憨憨和常彪窜到这里主要是报仇。他们有目标的抢大户。他们踩好点又趁夜抢劫大堡子和金马沟。各哨点点燃烽火发出"黄风"信号。艾巍山指令乡兵分两路围堵。双方遭遇拼杀互有死伤。常彪有自己的目的，先骚扰外围再混进城里刺杀刘玉佩。各乡里不断出现土匪抢掠。李二蛋派兵出击总是扑空而返。各乡里上报有难民混入土匪。土匪越来越胆大妄为，白天抢夺粮食牲口，奸淫女人。沟沟岔岔经常传出敲锣和"黄风来了"的声音。刘玉佩震怒，在县衙召见李二蛋和马子忠商议。马子忠提出摸清直捣土匪老巢。抢回财物和粮食分发民众。李二蛋十分赞同眉头一展计上心头。他指派两个老兵假扮难民混入土匪。各里潜伏两个探子传送快报。大堡子秘密驻扎一支伏兵。三人合谋共计议定。

庄稼人痛恨大户人家，眼里没有好人。刘憨憨已经变得心狠手毒，侵扰朔水就是要逼出李二蛋。他要亲手砍下他的脑袋一雪耻辱。他领土匪跑东窜西看似乱杂无序，实则紧盯着李二蛋。刘憨憨花重金收买何里长。何里长见钱眼开做眼线。朔水县到处尘土飞扬鸡犬不宁。刘憨憨看准时机放出鱼儿钓出李二蛋。李二蛋得到刘憨憨消息急功心切带兵出击。他领一支兵马潜入一条山沟前行偷袭。山梁上传来刘憨憨的唢呐声。李二蛋，你这个骚叫驴夺我婆姨，挨千刀的死可。他举刀手一挥。两边山梁上的土匪吆喝着卷着尘土似黄风铺天盖地猛扑下来。

李二蛋沉着观察山沟两头，领兵向前快速突围。前面传来常彪的喊杀声。李二蛋摆好火枪和弓箭阵势突击。土匪攻杀势猛，纷纷应声倒下。刘憨憨领土匪围堵。李盾领乡兵杀进山沟。土匪死伤惨重四散而逃。李二蛋与李盾合并一处。他悔恨草率轻敌。李盾数落李二蛋不会带兵打仗。马校尉不放心，指派我侧翼掩护。李二蛋吸取教训，派出小股兵马假扮难民主动出击。

马子忠思念女子马兰草，大胆提出与刘憨憨谈判。刘玉佩心想，刘憨憨已犯下滔天大罪，六亲不认。马子忠正气凛然，生死由他去吧。他假心假意夸赞勇武不屈，为民除害平定一方。李二蛋听出刘玉佩的话意，坚决不同意。

李二蛋提示道：“刘憨憨想要啥。我们答应不了他的条件。他要的是我的脑袋。”

马子忠：“我替你死换回我女子。”

他执意去见刘憨憨。没有老虎胆不敢进深山。李二蛋说服不了马子忠，暗地派人保护。他们在一孔破窑里相见。刘憨憨跪在马子忠面前不言语。

马子忠一脚踢翻他，骂道：“你这个驴日的。我眼瞎。祸害我女子，破我家风水，烧杀淫掠。人拉着不走，鬼牵着胡跑。”

刘憨憨起身脸色一变道：“这世道坏了。好人受欺，穷人受辱。”

马子忠恼怒抬手又要打他。

刘憨憨挡过去说：“马校尉，我不是你家拦羊娃。”

马子忠大声道：“你还给我女子。”

刘憨憨拍拍马子忠的肩冷笑道：“能成，交换李二蛋和马兰花。我就退出朔水县。”

马子忠拔出刀子架在自己脖子上说：“我替他死。”

刘憨憨阴阳怪调：“你不能死，还有大买卖。”

两个土匪把马子忠押出去。常彪向刘憨憨献出计谋，潜入城里放把火杀几个官爷。刘憨憨扣着马子忠心里有底气。他指使常彪把事弄大，逼出李二蛋。常彪带着十几个土匪进城主要是摸清刘玉佩的行动线路。他要为母亲报仇雪恨。李二蛋得到探子来报暗中监视。他发现常彪的手下跟踪刘玉佩，掌握他们的意图。他在刘玉佩府内埋下伏兵。常彪盘算好夜里下手。他们趁夜翻墙进入府内。伏兵迅速出击全部拿下。刘玉佩出现在常彪面前露出得意笑容。

李二蛋用鞭子抽打常彪，一边诅骂。常家怎么弄出你这个牲口，祸害平民。常彪忍住疼痛硬撑着大声喊叫。狗官，我要一一宰了你们。李二蛋把常彪押入大牢，等待刘憨憨来交换马子忠。刘玉佩来到大牢审讯常彪。

常彪恶狠狠瞪着刘玉佩道：“老子要杀了你，下到阴曹地府也不放过你。”

刘玉佩：“小子，判你苦役就是放你一条生路。不好好过光景当土匪是找死啊。”

常彪："老家伙还我妈。"

刘玉佩："小子，你是老子的种。李二蛋一定要杀你。"

常彪不语脑子混乱陷入深深的痛苦之中。

马子忠被刘憨憨扣下。马家人慌乱恳求蔡牛拿主意。蔡牛心里有数，刘憨憨暂时不敢对马子忠下手。他安慰马家人要去与李二蛋商量。杜兰哭得死去活来要去找刘憨憨。李二蛋向蔡牛说明情况。马兰花有气又急要去杀刘憨憨。刘憨憨念旧情不想杀害马子忠，但是还要钓出李二蛋。他没想到常彪把事弄砸了。他思来想去只得用马子忠交换常彪。他派人给李二蛋送去书信。

双方交换各自走人。马子忠回来拿出刘憨憨老巢草图。李二蛋诧异，还是老马识途宝刀不老。他又撒出去一些探子监视刘憨憨动向。马子忠献计再打入老巢一些内应，一旦偷袭包围内外夹击。刘憨憨不放心派人进城踩点要来个黑虎掏心。李二蛋得到情报铺下天罗地网。他看准时机坐镇县城送出假消息引诱刘憨憨。何里长信以为真向刘憨憨传去情报。刘憨憨带着土匪一路陆陆续续进入县城，一路埋伏城外。马子忠深夜带兵出城直捣土匪老巢。

土匪夜袭李二蛋兵营。李二蛋一声号令紧闭城门，士兵冲出杀声震天。刘憨憨发现城内异常，吹响唢呐下令攻城。他大吼着"活捉李二蛋，赏银一百两。"土匪一哄而上，箭如雨下死伤无数。李二蛋站在南门楼上手举火把。他冲着刘憨憨大喊刘憨憨不是男人。你日能就进来。老子打开城门。南门大开，冲出一队兵马杀来。刘憨憨见势不妙向南逃窜。

刘憨憨逃回到老巢没有坐稳。马子忠看见老巢内烟火四起，发令团团围住发起攻击。他们火枪和弓箭很快攻上山。刘憨憨惊慌失措指令突围下山。他们匆忙下到一条沟里。马子忠领兵挡在他面前。刘憨憨杀红眼，提着刀冲过来。他身旁一个人把他扑倒在地。两个士兵押着常彪过来。土匪个个东倒西歪缴械投降。马子忠押着土匪，拉上财宝和粮食得胜而归。

刘玉佩有喜又愁心里还是放不下常彪。他与李二蛋摊开要放过常彪。李二蛋不明白刘玉佩为什么要救常彪。他拿不定主意讨教马子忠。马子忠火冒三丈大骂刘玉佩。这老家伙为什么救一个土匪。土匪头子作恶多端不杀难以平民愤。民众饥寒又遭匪患，怨气很大容易激怒。刘玉佩使下重金疏通李二蛋。李二蛋装模作样收下真金白银。刘玉佩去大牢单独与常彪会面。两人心情复杂对视话不多。刘玉佩最后放下话。你是老子的种。老子上辈子欠下你的。天黑你可以走了。常彪这次相信向刘玉佩鞠个躬。他出城一身轻松，躺在一山坡上回想往事。两个黑衣人偷偷靠近绑了他。他们就地挖坑活埋了常彪。

马子忠质问李二蛋为何放走常彪。李二蛋诡秘一笑向他露出风。不知刘玉佩为什么要救常彪。天知地知，常彪已被悄悄埋咧。马子忠开始审讯刘憨憨。他要掏出话找回女子。刘憨憨嘴硬不言语。李二蛋使用各种刑法折磨他。刘憨憨满身是伤死去活来。杜兰跪在他面前哀求要马兰草。刘憨憨铁了心闭眼无语。马兰花琢磨一番来看他。毕竟夫妻一场，一个将死的人，送他一程。她带上马兵娃提着酒菜来大牢。刘憨憨嘴角挂着微笑。他有气无力地坐起喝酒，看一眼马兰草。婆姨终于来了。死而无憾。他又喝口酒拉着马兵娃的手念叨。黑水潭有一对金马驹。好风水日塌咧。金马驹跑咧……他不知道自己说些什么，拿起唢呐吹响一支凄惨的曲子。马兰花悲悲戚戚衣襟拭泪。马兵娃心痛难受抹去刘憨憨眼角的泪。李二蛋下令把刘憨憨拉到南门外斩首示众。

剿灭土匪，民众称快。刘玉佩开仓放粮救济难民安抚民心。旱灾无情，庄稼人把粮食种子下到地里就惶惶不安。他们看天守地，盼着庄稼长出绿茵茵的苗。山黄凸凸瘦得像干瘪的奶子。庄稼人家粮食越来越少，只有吃糠窝窝糠搭搅。大人带着孩子要饭挖野菜。他们开始宰杀家畜、打猎，捋树叶子剥树皮。家家几乎断粮了，整天是野菜稀糠汤。一些人家饿得受不住整天躺在炕上，有些人已浑身浮肿。金马沟的小子四处挖野菜，掏老鼠洞，白丁老实巴交不偷不抢要保住后生小的。他打发婆姨带着孙娃挖野菜。孙娃饿极了揪出野菜就往嘴里塞，吃得两眼发绿，只往外吐绿水。婆姨舍不得两手兜住就往嘴里咽。饥饿的日子，一个女人饿得不死不活疯了。她抓住什么吃什么，见到男人就脱衣裳咬人。男人把她捆起来，一阵阵就死了。沟沟岔岔下陆陆续续大人小孩一个个死去。各甲首已没有眼泪带着人埋死人。一人一张草席一卷就埋了。何家洼家家饥饿地盼着粮食。一天一天难熬。何里长两眼暴凸哄骗孙娃说，明个有粮了有馍吃了。他无奈地看着一张张饥饿的面孔也想到死，难活啊。他一次一次向刘玉佩借粮。刘玉佩面无表情摇摇头就那句话“给你粮，我咋活。”何里长卖女子换一袋子麸糠，十个鸡蛋。他还是想到一个没法子的法子。放弃老人，保住后生。何里长母亲快不行了。母亲无力地指指后生就断气了。他面无表情叫来几个人商议。深夜，何家家里聚集十来个后生。何婆姨面色土黄噙着眼泪。她颤颤巍巍给每个娃端上一碗油花花的肉汤。何里长有气无力骗孩子。吃吧，山上掏的老鼠。一次，一个后生偷偷看见何里长剁肉。那是一块血淋淋的人手。他吓得尿了一裤裆，不敢吭声。他再也不喝那油花花的肉汤了。何婆姨对这事很后悔，不停地呕吐昏过去。何里长好几天没进食了。他也不顾脸面带上孙娃步履蹒跚去向马子忠借粮。马子忠饥饿的面色灰黄。他蹲在磨盘上只是喝水，冷漠地看着何里长。何里长又去刘玉佩家，死在半路上。

庄稼人都断粮了，饿死人了，人吃人了。刘玉佩无奈看着饥民和死人，万念俱灰。县衙官爷私吞粮食各自保家。李二蛋只有克扣军粮偷偷弄回金马沟。马子忠为保住儿孙，扣着粮食吃糠喝稀。杜兰经常饿着肚子偷偷把她的饭留给马子忠。马子忠眼巴巴看着杜兰身子发软。杜兰老是眼前发黑摔倒。她感觉自己快不行了。她想念马金文和马兰草，抑郁成疾。她似乎听见马金文的声音。她嘴里不停地念叨马兰草。过年了，马金北弄来一些野菜包扁食。马子忠默默守在杜兰身边，给她喂扁食。杜兰含着扁食睁开眼睛冲他一笑。她吐出扁食哼哼唧唧低声唱小曲。“马老汉二杆子，买豆腐瞅女子。马老汉二杆子，骑大马守边关。马老汉二杆子，吃饱饭上金山。”杜兰没有吃上顿饱饭就走了。马子忠难受愧对杜兰，抱着她嚎啕大哭。

老天要收人呢。山梁梁上狼嚎鬼叫。庄稼人实在难活四处讨饭。一些难民聚集在一起疯一般抢劫。沟沟岔岔又传出“黄风来了”的声音。民众各自为战，烽烟四起。刘玉佩难以掌控局面唉声叹气。天要人命，人要变天。马金宝关闭药堂带上家人回到金马沟。金马沟的人饿得受不住，整天躺在炕上。吃糠野菜，吃多呕吐拉稀扛不住，有人已浑身浮肿。马子忠看着孙娃一张张饥饿的面孔想到死。他们不偷不抢，无奈地等死。他有气无力自言自语“人变坏了。老天爷要收人咧。咱们都准备死要保住马家的根。……”天空一阵雷声。金马沟的人爬到山梁上看天求雨。山沟里远远传来“义军来了”的声音。

第四十三章　义　军

义军来了闹得厉害。四处流传“吃他娘，穿他娘，闯王来了不纳粮。”的顺口溜。难民逃荒，有的观望，有的投奔义军。马子忠听说过李自成，认定是一伙乱贼翻不起大浪。他看着群狼啃食死人，又怀疑困惑天灾人祸要变天。蔡牛亲眼见过义军。他们专打明军，一路接济难民。他急忙告诉马子忠。马子忠将信将疑无动于衷。李二蛋送来些军粮，领马子忠进城商讨防务。马子忠提出把乡兵集结到城里加大兵力死守城池。

刘玉佩不断得到义军一路告捷向北挺进的消息。他一边转移家产打算逃回大堡子。县衙官爷人人自保开始逃命。李二蛋接到总兵府命令，召回马子忠，张贴布告。全城戒严加强工事。全民皆兵死战到底。官爷和民众不得逃离县城。发现者一律处斩。刘玉佩畏惧胆怯不理军务，他整天躲在府内盘算着如何保命。他偷偷起草好投降书揣在怀里。李二蛋硬是把他拉上城墙一同巡查安抚民心。马子忠蔑视义军没把他们放在眼里。他身体虚弱坚持要亲眼看看那个义军头领李自成。

义军浩浩荡荡果然来了。他们一路围住朔水城，一路绕过北上攻打白榆城。沟沟岔岔到处是平民期盼的声音。李闯王来了。李闯王来了。金虎将军领兵围困朔水城。他打探到守城军官是李二蛋和马子忠，哭笑不得左右为难。金虎正是当年的马金武。他做苦役日子难熬领一帮人杀了看守去投军。军队一样黑暗打骂士兵，克扣军饷。马金武无法忍受领兵发动兵变投奔义军。他犯愁不知如何攻城。他找李云商量斟酌。

马金武："眼下各为其主，但是哪有小子打老子的。"

李云想想说："攻城刀枪不长眼，派人送去一封劝降书。"

马金武："我大的脾气刚硬倔强。"

李云："我去金马沟送些粮食，顺便请家人进城送信。"

马金武点点头说："大军围攻白榆城吃紧，朔水城是个威胁，也只能这样了。"

李云回金马沟送粮。家人有惊又喜抱头恸哭。李云向他们说明义军都是受苦人，官兵逼得活不下去才揭竿而起……他说服马金北一起进城送信。马金武指令一部分士兵给难民分发粮食，一部分士兵喊叫"义军不是土匪，闯王来了不纳粮。"李二蛋和马子忠在南门楼上看得真切听得清楚。李二蛋心动想要派人出城试探摸底。马子忠一把老骨头要前去会一会。马金北领着李云进城面见李二蛋。李云跪在马子忠和李盾面前请罪。他向他们讲明他的遭遇，为何投奔义军。

马子忠深感耻辱吹胡子瞪眼道："逆子马金武亲自来给老子解释。"

李云："马校尉，他不想攻城，不想杀戮。如果大军攻下白榆城，掉头就会攻打朔水城。"

马子忠："我是大明的兵，是大明的鬼。人在城在，人死城亡。"

马金北劝解道："大，义军不抢不偷，送粮救民。"

他们是亲人，这仗如何打。李二蛋明白义军不是乱贼也不是土匪。他犹豫不决难以决定。他要打是死，不打也会军法处斩。马子忠似监军不断给他施压。总兵府发来指令，出兵包抄后路解围白榆城。他不敢怠慢急中生计。他秘密联络马金武带兵进城控制马子忠。他带兵出城假意败逃。马金武认定这是两全之策依计而行。他领兵进城控制马子忠。马子忠受到奇耻大辱，气得浑身发抖。他大骂马金武，咬牙昏过去。卫兵过来掐人中灌水。马金武跪在他面前百般解释。天不遂人愿。大明朝廷官官相护，贪墨成风。苛捐杂税，劳役繁重。官逼民反，到处揭竿而起，大明气数已尽……马子忠醒来怒言。大逆不道的反贼。马金武起身不想再争辩。他指令两个卫兵全天伺候马子忠。

马金武坐镇县衙下令张贴告示，不得虐待祸害平民，安置难民救济点。他报复抓捕刘玉佩和刘贺。他收集证人和罪证在县衙升堂审讯刘玉佩。刘玉佩明白这是报仇。马金武大骂刘玉佩。为任一方，欺压搜刮民脂民膏。强抢民女，身背三条人命，该当何罪。刘玉佩胆战心惊两腿发抖。很多证人当场揭发举证。民众围在县衙门外高喊"狗官，狗官。天道轮回，善恶有报。"刘玉佩有口难辩，汗如雨下递上早已拟好的投降书。

马金武看一眼扔在一边说："你还有甚要说的，按照大明律法应当问斩。刘公公也救不了你。"

刘玉佩跪地求饶："将军，义军不杀降民。我愿捐出粮食和钱财救济难民，保得小人性命。"

马金武冷笑道："不用你费心咧。刘府、刘家货栈和县衙官爷财产已归义军所有。"

马金武对刘家怀恨在心自然不会放过刘贺。马子忠有吃有喝脑子依然转不过弯。我是大明的兵。大明朝廷怎么会这样？那些大臣将军都在干什么？大明日月光天德，洪武山河壮帝居。他不信大明江山就这样完蛋。他跪地祈福，保重大明，保佑皇上。马金武提上酒菜过来看望父亲。马子忠不吃不喝闭口无言。马金武憋不住再三辩解。大明朝廷都是些提上夜壶坐大堂的赃官。刘玉佩小人还配做知县。马子忠心知肚明却不认这个理。他心里破烦赶马金武走。马金武没有办法带上他和李盾上街观望。街道秩序井然，士兵在难民点发放救济稀汤。难民见着马金武，齐齐跪地谢恩。马子忠见状心潮起伏。这帮义军难道真是救民于水火之中的仁义之军。李盾感慨天不亡民，难民有救咧。马子忠还是不信，这眼前的光景只是浮光掠影。他自言自语，白榆城激战正酣胜败不明。他们就是流寇，一溜烟就跑了。

马金武决定要杀刘玉佩和刘贺，以泄私恨平民愤。马子忠得知这一消息，心情复杂。他回想他们多少年来的积怨心里骂他。“狗改不了吃屎，该死”。马金武一定还念想着刘喜。刘玉佩关在牢里头发蓬乱吓得半死。他想起很多刘家与马家的事，两家相克应验了。他痛哭流涕后悔不该招惹马子忠。他孤立无助等着一死了之。他要酒大口喝想昏睡过去算了。他醉梦中始终出现马子忠提着一把刀站在他面前。他惧怕又撵不走他，跪在马子忠面前认罪讨饶。马子忠骑着毛驴耻笑他。毛驴“啊呃—啊—啊呃—啊—”叫个不停。他迷格瞪瞪醒来冒出一身冷汗。马子忠是人还是鬼，不放过我。他掏出一枚铜钱抛起落下猜正反面占卜生死。他猜正面是反面，猜反面还是反面。他纳闷不接，生死由天吧。一个狱卒过来送饭看在眼里戏弄他。刘大人，反面可是“翻”字，也许有贵人相救。刘玉佩心里得到一丝安慰。他接过饭碗，把那枚铜钱送给狱卒。

刘玉佩思绪混乱苦思冥想要抓住一棵救命稻草。他顿然想起一句俗言。梦是反的，梦福得祸，梦笑得哭。他想起梦中的马子忠。这个家伙还是重情义命明事理。他向狱卒央求要见马子忠。马子忠不屑一顾倒也想看看这个将死之人。他提上酒菜进牢里看他。刘玉佩一见马子忠跪地喊救命。

马子忠放下酒菜面无表情道："吃饱喝足再说话。"

刘玉佩抓过酒壶猛灌一口不言语，哀求的眼神盯着马子忠。

马子忠："人生一世，做事先做人，做人就要先立德。"

刘玉佩只是喝酒无言以对。

马子忠："官是你家供奉的神啊，为了官不要命咧。"

刘玉佩老泪纵横抱着马子忠的腿说："马校尉，我糊涂啊，我老糊涂啊。当年不该拆散两个娃的好事。"

马子忠："虎毒不食子。房姿月是刘旺相好。你倒乘人之危抢去小子的婆姨。你还是人嘛。"

刘玉佩羞愧至极扇自己嘴巴。这话深深刺痛他的心。他无脸见人起身撞墙要死在马子忠面前。刘一六过来看望明示他。好死不如赖活着，银子能使鬼推磨。

多年的怨恨难以解开。马子忠一把揪住他，大声训斥。刘玉佩瘫坐在地上垂下头一副羞恶面容。马子忠捻胡子看看他。两人都是一把胡子人这副模样，还死死纠结在一起。他动了恻隐之心，他也为大堡子和朔水县做些好事。两个老家伙冤冤相报何时了，得饶人处且饶人。

刘玉佩又一把抱住马子忠的腿，一把鼻涕一把泪道："我不是人，自作自受。我只是判决你做苦役，没有要杀你。那是师爷要你的命。马校尉要救救我。我愿低头甘做拉磨驴。”

马子忠思绪万千五味杂陈涌上心头，不想说话。

刘玉佩起身异常郑重地说：“如果我死，我会把县衙大印交给马校尉，一定保护好，我们是大明子民。”

马子忠一愣拿起酒壶喝一口说：“赤尻子推磨丢一圈人。我那一枪应该打死你。”说完转身走了。

马子忠琢磨纠结三天三夜终于长舒一口气。刘玉佩还知道他是大明子民。马子忠打开心结向马金武摊开。马金武沉默半晌坚持要杀刘玉佩。马子忠盯着马金武，语气平静。留他一条狗命陪法场。马金武下令张贴出杀人布告。刘一六和艾巍山找上门来跪在马金武面前哀求。马金武拿出一叠状子扔在他们眼前。刘一六老泪纵横捶胸顿足。养不教，父之过。马金武怒言训斥。刘家蛇鼠一窝，好好看看状子。欺男霸女，贩卖人口，杀人越货，罪不可赦。刘一六爬到马金武跟前磕头要死要活。艾巍山哀求马子忠和马金武。

马金武大声吼道：“你们把马兰草弄哪去了？”

刘一六：“这都是刘憨憨做下的。”

马金武一脚踢开他道：“一窝骚狐子。刘贺早就该死。”

刘贺五花大绑押到南门外。刘玉佩和十个土匪陪法场。围观的人指指点点叽叽喳喳。马金武走到刘贺面前拍拍他的脸大笑。我要看着你死。刘贺脸色难看死死瞪着马金武。老子下到阴曹地府不会放过你。马金武“哈哈”大笑，一脚把他踢翻在地。他又来到刘玉佩跟前，一把揪住刘玉佩的头发。刘玉佩浑身发抖说话含糊不清。马金武踢他一脚“呸”一口。刘家没有一个好货。刘玉佩心惊肉跳，脸色苍白一头栽倒。刽子手不慌不忙给刘贺套上黑罩头。驴子拉磨蒙眼不痛苦。马金武手一挥高声宣判。时辰已到，行刑。刽子手手起刀落血溅一地。

死罪可免，活罪难逃。马金武判决刘玉佩随军做苦役。马子忠心里想法很多情绪复杂。这个逆子如此斗狠。这还是要了刘玉佩的老命。当年两个老家伙为何要拆散两个娃的好事。刘玉佩受到惊吓身体虚脱奄奄一息。马子忠听到这个消息来牢里看他。刘玉佩躺在草堆上微微睁开眼。他心里感谢马子忠，又感到是来耻笑他。他支撑着坐起来不知如何开口。马子忠看他这副模样长长叹口气。两个老家伙一把胡子的人还有什么坎过不去呢。他心中骤然放下平静。大明子民既然没死就要活下去。他不想说话要带他去金宝药堂。他心想，刘玉佩也就是回到大堡子尥个蹶子。刘玉佩跪地老泪纵横无言以对。马子忠看他这幅可怜相来县衙找见马金武，摆出父亲严厉神态。马金武一看父亲这副面孔，跪地不敢言语。

马子忠拉下脸说：“逆子，起来吧。放人，得饶人处且饶人。刘旺也死了。他这把岁数咧，也做过好事。”

马金武敬畏不语递上茶水。

马子忠：“你肚子里那点小九九，老子明白。当年儿女之事，父母之命。”

马金武一听这话心里顿时窜出一股火。他沉下脸张口想要争辩。

马子忠摆手打住他道：“这是大明子民的事。老子会解决。”说完放下茶杯走开。

刘玉佩身体渐渐康复。刘兴牵着毛驴来接他。刘玉佩羞愧难当身背县衙大印蒙着脸骑上毛驴出南门。马子忠骑着毛驴正等着他。他们心里还是疙疙瘩瘩，一路默不作声。两头毛驴走走停停，相互对视。我家主人怎么就放过他了。刘玉佩就是一块茅坑的石头。我家主人心软彻底完了。马子忠还是肚量大。他们一把胡子没精力斗了。马子忠和刘玉佩半路下来歇息。两头驴猛然对着叫个不停。刘玉佩双手捂着县衙大印，看着毛驴嘴角挤出一丝苦笑。马子忠拿出一壶酒喝一口。两头叫驴弄不到一个槽里。两头毛驴撂起蹶子厮打在一起。马子忠和刘玉佩相视笑出声来。

马金武和李云带些粮食回家看望父母。他们跪地滔滔不绝诉说天下受苦人没有活路，起兵反抗。马子忠恼羞成怒大骂“逆贼”把他们捆起来。他使用家法吊打想要他们回心转意。金兰和吴冬阳含泪苦口婆心劝他们放下刀枪。两人无泪无语，不吃不喝。马子忠欲哭无泪亲自用鞭子抽打他们。

马金武强忍伤痛说：“大，眼下外面到处起兵反抗。大明气数已尽。”

马子忠大吼道：“逆贼先杀老子。”

李云：“马校尉，我们铁了心要回去。”

金兰和吴冬阳心痛难过，偷偷把他们放走。白榆镇总兵关闭城门坚守等待援军。李二蛋领兵出城快速向北进发。他抢先进攻义军粮草辎重。义军攻城军队认为守城援军包抄过来。他们分兵攻打李二蛋一路。李二蛋率兵且战且退，夜间袭扰。义军分兵难以顾及两头。各路援军陆续赶来形成外围之势。总兵见势打开城门向义军发起反攻。李自成判断形势发出指令，收缩兵力向南突围。总兵亲率大军乘胜追击。义军溃败退进朔水城布防。

总兵任命李二蛋为守备，犒赏将士。他下令停止追击跟踪监视义军动向。李自成进城一边安抚平民，谋划挥师南下关中。他命令马金武就地征集粮草。他得知马金武父亲是明军校尉，要召见请他出任知县镇守朔水城。马金武心里没底，硬着头皮回家请父亲出山。马子忠大骂李自成反贼，拒绝面见李自成。李自成气愤又压住怒火派人请刘玉佩。刘玉佩心有所动惧怕犹豫不决。刘一六心怀鬼胎认定义军不会久留。他心想，只要刘玉佩再坐上知县位子不要放过马子忠。他鼓动恐吓刘玉佩。这义军就是土匪流寇，不讲朝廷律法，杀个人如同宰只鸡。他们正是用人之际。你去上任是活路不去就是死。你出头露面也是挣个脸面。马子忠仗着他小子，李自成不看僧面看佛面。刘玉佩胆战心惊去面见李自成。

义军与明军对峙时有威胁。民众粮荒，难民不安定。马金武征集粮草不顺利。李自成扶上刘玉佩，笼络县衙官爷和当地财主。他大讲义军反明是救济黎民于水火。他归还刘玉佩府邸，指派他联络官爷和当地财主献出粮草。马金武暗地里胁制他。刘玉佩唯唯诺诺恭顺听从。他咬牙切齿盼着他们早日离开爬远远的。马子忠看刘玉佩那副样子发笑无语。马金武征集粮草还要指靠刘玉佩。他心里隐隐约约翻动。刘玉佩往后是个祸根必须死。马金武指派士兵跟着刘玉佩。

李二蛋领兵发现义军大量征集粮草。他推断义军很快要撤兵，主动出击袭扰抢夺粮草。马金武十分恼怒，派兵护粮草。李二蛋不依不饶，声东击西四处埋伏。马金武派出小股兵马以牙还牙设伏出击。李二蛋想方设法与义军周旋。这把马金武搅得焦头烂额。他不敢向李自成禀报，指派李云前去与李二蛋谈判。李二蛋客气对待兄弟，摆下酒宴。李二蛋满脸笑容举杯，说情道义。眼下各为其主，但还是一家兄弟。两人相互揣测一饮而尽。李二蛋有意东拉西扯家里的往事。

李云坐卧不安道：“小弟来的用意，哥哥心知肚明。”

李二蛋神闲气定说：“大道理讲不通。两军对垒，你来我往。”

李云："明军只要不骚扰。哥哥有甚条件？"

李二蛋从他口中套出义军要撤兵确切消息，举杯大笑道："当然是真金白银。"

李云端杯起身道："哥哥一言为定。"说完放下一袋金银元宝离开。

第四十四章　天狗食日

李二蛋送走李云，即刻派人向总兵传报。总兵大喜，亲率大军向朔水城围来。李自成得知白榆城出兵围追而来，决意要亲率大军血战。军师出谋献计。义军长远战略在关中，占领关中坐西望东。一路边打边撤边征粮草。李自成豁然省悟，下令一路兵狙击明军，大军南撤进关中。明军大战义军非常惨烈。义军一边抵抗且战且退。刘玉佩一直疑神疑鬼。夜里，马金武鬼一样提着刀在他眼前晃悠。刘玉佩惊恐失色背上县衙大印望风而逃。马金武悔恨没有机会杀掉刘玉佩。总兵率兵进入朔水城，大摆酒宴庆贺。他命令李二蛋领兵继续追剿乱贼，召回刘玉佩赴任知县，维护秩序。

刘玉佩趁乱逃回躲到金马沟。他跪在马子忠面前哆哆嗦嗦自言自语。马金武要杀我。马金武要杀我。马子忠不冷不热安慰他。明军把他们打跑咧。他们就是一帮流寇，到哪里也站不住。刘玉佩歇息几日，确信义军走了。他趁着夜色悄悄回到大堡子。他安安心心在家睡一夜。天亮了，刘家的狗叫个不停。大门“嘭嘭”急促的声音惊醒刘玉佩。刘玉佩急忙藏好县衙大印，躺在炕上装病。两个士兵进来毕恭毕敬行礼称呼“刘大人”，亮出总兵指令。刘玉佩眼睛一亮起身穿上衣服。一个士兵传令，白榆镇总兵召见。总兵在县衙召见刘玉佩。刘玉佩十分紧张察言观色。

总兵慢慢喝茶道："刘大人可是大明官爷，为何为乱贼办事？"

刘玉佩大呼冤枉："总兵大人，属下诈降，为黎民死活差点死在乱贼刀下。他们逼我征集粮草，实属无奈。"

总兵："本官念你守城有功，将功补过。县衙大印可在？"

刘玉佩掏出大印双手呈上说："属下乃大明子民，誓死守护县衙大印。"

总兵："刘大人听命。继任知县，收罗县衙官爷恢复秩序，救济难民，协助李守备加强城防。"

刘玉佩看着这个烂摊子，点头不知是喜是忧。

正月雷打雪，大旱一百八。炎天日头热辣辣地灼烤大地。庄稼人眼巴巴看着干裂的田地，呼天抢地。天着火啦！地哭啦！受苦人泪水流干啦！沟沟岔岔到处是难民、土匪、义军混杂兵荒马乱。难民急急慌慌，有人求拜龙王，有人怒砸龙王。县衙粮仓告急，四处调粮难解危机。逃荒难民天天围着县衙大门要饭。刘玉佩坐卧不安又不敢动军粮。他天天到南门楼上看着城里城外遍地东横西倒的饥民。他悲伤无奈仰望天空默默祈求龙王。

马子忠每天忍着饥饿，领上孙娃在黑水潭看夜空。他身心苦闷，低声不停地念叨。大涝三年，大旱三年，天下要变咧。李二蛋派重兵守着粮草。他经常偷偷送些军粮接济金马沟。刘一六对马家恨之入骨。马金武走后，他一直盘算着找机会报仇。他多次试探刘玉佩。刘玉佩感恩马子忠放过他一次，含含糊糊应付刘一六。刘一六发现有人往金马沟送粮，认定是李二蛋干的。他赶忙上告刘玉佩。刘玉佩惹不起李二蛋，但也想捞些军粮。他面见李二蛋，煞有介事道出有人举报偷送军粮。李二蛋哭丧着脸摇摇头拐弯抹角解释。老天不让人活啊。我们做官的自家人都饿死了，那是大不孝。刘大人也不易，可以接济些军粮。刘玉佩点点头心满意足。

刘一六没有等到刘玉佩动作非常恼火。他打起难民主意，煽动他们去金马沟抢粮。难民食不果腹，一点就着火。他们饿狼一般扑向金马沟。金马沟男女老少抄起家伙与难民打成一团。双方各有伤害。四只灰狼冲过来龇牙咧嘴。难民愤怒离开推倒进士牌坊。马子忠非常伤心看着牌坊想起马金文。刘一六一看打斗火候不烈，又添一把火。他找来一具难民尸体向领头的交代一番。难民抬着尸体来到金马沟闹事。他们不打不闹诬赖敲诈大声喊叫。金马沟偷吃军粮。金马沟人打死人了。赔上人命，赔上钱粮。吴冬阳怒气冲冲冲到前面跳着嚎哇大骂。难民横七竖八或立或躺齐声哭喊。金马沟偷吃军粮。金马沟人打死人了。吴冬阳骂累了，一看这架势打发小子进城找李二蛋。李二蛋直接派一支兵马驻防金马沟。军爷粗暴蛮横抓住领头人打跑难民。

领头人受不住肉刑很快交代咬出刘一六。李二蛋大怒下令抓捕刘一六。他二话没说重判刘一六通匪聚众滋事，随军做苦役。他想这样理所当然把刘一六折磨死。刘玉佩到牢里看望刘一六。刘一六跪地哭嚎死去的儿子。刘玉佩厉声训斥他。马家调教出来的娃就是有出息。刘贺就是黑痞在县衙不思悔改还不收手。李二蛋为自家接济军粮那是尽孝。人不为己，天诛地灭。这几十年了，刘家没有摁住马家，你还去招惹。

刘一六异样的眼睛看着他说：“哥，你咋还替马家说话。刘家完咧。”说着流下痛苦的眼泪。

刘玉佩：“刘家和马家搅在一起，不能往死里走。马校尉要一枪打死我，又有肚量救下我一条命。你能招惹他啊。”

刘一六痛哭流涕哀求救他一命。

刘玉佩："认怂吧，眼下世道乱，保命要紧。这还要花银子。"

刘玉佩与刘一六毕竟是刘家人。他带上银子觍着脸求见李二蛋。李二蛋收下银子打哈哈劝说他。马家和刘家的事尽是些鸡零狗碎的破事。刘玉佩点头哈腰附和。李二蛋心想，眼下时局混乱危难，不想危难刘玉佩。他淡淡吐口气随意宣判。刘贺该死。刘一六就去随军喂马吧。刘一六吓破胆侥幸逃过一劫。他缓过劲来看到刘玉佩这副怂样子，为刘家悲哀。他一边喂马琢磨着如何回家。他开始装病躺下呻吟。李二蛋又讹他一些粮食，骂一头子打发他回家。

日月往昔，度日如年。腊月盼到春，秋天没收成。庄稼人终于盼来一场大雪，敲锣打鼓祭天拜地。金马沟的人激动地聚到田地观望茫茫白雪。他们围坐一大圈摆上酸臭的腌菜喝酒言欢。马子忠蹲着一脸沧桑露出笑容。蔡牛抹把眼泪一脸苦笑。这下安生了，不用出去讨饭。孙娃后生欢闹着在雪地打滚打雪仗。艾巍山拿起酒壶喝一口，含泪唱一曲。"天阴了下雪了，地下的庄稼吃水了。天阴了下雪了，地下的庄稼青绿了。老天爷开眼了，受苦人跪地磕头了。"

雪花飞飞扬扬。马金宝回家悲喜交加，拿出唢呐仰天一曲，高亢嘹亮响彻云霄。庄稼人有盼头开始拾掇农具家俬，等候春天下种子。天旱雨涝不均匀，世上的事情说不成。义军浩浩荡荡又杀来了。他们一路杀声震天势如破竹。李二蛋传令各路乡兵集结守城。马子忠召集乡兵擦枪磨刀进城。他十分焦虑猜测是不是又是那个逆子领兵过来。李二蛋宣读总兵命令。坚守朔水城，人死城亡。马子忠和李盾询问李二蛋。马金武和李云回来怎么办？李二蛋来回度步犹疑的眼睛不敢看他们。马子忠一腔怒火仰天长叹。逆子，人拉着不走，鬼牵着胡跑。刀枪不长眼，听天由命吧！

马金武领一路兵很快攻到朔水城下。他派人向李二蛋送去劝降书。李二蛋又遇上马金武，不知如何交战。他一时判断不清战事如何。如果弃城而逃那是死罪。双方交战死伤无情。马子忠态度坚定要死守。李二蛋每天上城墙观望见机行事。两军对峙没有动作。马金武没有等到李二蛋回音，揣摩父亲一定在城内。他不能坐失良机，指令士兵不停喊叫瓦解守兵士气。杀牛羊，备好酒，开城门迎闯王，闯王来了不纳粮。城内守兵人心开始动摇。夜天，守兵偷偷打开南门。马金武发出攻城号令。义军一波一波飞箭齐发，人喊马叫杀进城里。

义军进城打起火把维护秩序。马金武领兵冲进县衙大堂。李二蛋中箭身亡，死尸冰凉摆在那里。马子忠、刘玉佩和李盾正守围着他。李二蛋临死前留下最后一句话。这是怎么了，天下这么大自家人打起来。各自为主，我不怨他们。李盾坐地搂着李二蛋的头喃喃自语。小子好样的，没有给李家丢人。马子忠怒气冲冲给马金武一个耳光。李盾起身一脚踢翻李云。李云伏在李二蛋身上痛哭。马金武要送二蛋哥回家。

一队士兵抬着棺材回到金马沟。马金武按李家规矩习俗埋葬李二蛋。马子忠焦躁不安还是想劝马金武迷途知返，弃暗投明。他知道马金武倔强要强行把他留下。他拿出三眼火铳装好火药和弹丸，把李盾喊叫来。李盾一看明白他的意思，拿来自己的枪。马金武和李云还没有进马家院门。马子忠和李盾端着枪对着他们。士兵护着马金武举枪对峙。

马子忠："小子站住，自古君君臣臣，父父子子。今个要么回家种地，要么打废你。"

李盾："小子，官打民不羞，父打子不羞。我们是大明军可以打死你们。金马沟规矩可以清除你们。”

马金武：“大，你打死我也是闯王的兵。”

双方枪对枪僵持不下。金兰和吴冬阳火急火燎跑到双方之间有哭又闹。马子忠点火打出一枪，金兰挡住应声倒下。吴冬阳一把抱住金兰，大声哭喊。李盾接着对李云开枪。一个士兵挺身护住，中枪倒下。马金武见机一摆手。几个士兵冲上去夺下马子忠和李盾的枪。金兰的身子动几下看一眼马金武。

马子忠抱着金兰大骂：“小子，死可，你们永远不要回来。”

马金武跪地磕头含泪道：“大，妈，孩儿不能尽孝。你们老咧，好好保重。”

金兰眼角挂着泪水有气无力说：“金武，妈不怪你。”

马子忠脸色凝重安慰金兰。

金兰微笑着说：“马老汉，我不怨你。金武像你，二杆子命硬着呢。”

马金武抹把眼泪起身看看母亲悲伤离开。马子忠伤心无语抱起金兰回家。马金武偷偷回来到金山上为母亲守坟三天三夜。他跪地向金马沟三叩头。他身着白衣盔甲他率兵一路北上与大军合兵一处攻下白榆城。义军留下驻军，挥师南下进入关中攻破西安。李自成在西安称帝建立大顺国。

马子忠蹲在圪梁梁上没有一点心情。他眼含泪水引金马沟老小向东跪地磕头保佑大明，保佑京城。天空忽然飘来一疙瘩黑云。他们起身仰望天空，太阳渐渐似被一块黑云吞食。天一下黑沉沉的要塌下来。他们吓得乱作一团。蔡牛捻着胡须慢悠悠念叨。天狗食日——大明要亡。马子忠不敢相信“大明要亡”一头栽倒。金马沟老老小小哭成一片。

马子忠心里有团火还想着要召集乡兵夺回朔水城。他找来李盾和艾巍山商议。他们分头出去四处鼓动拉人，没有结果。民众陆续回到家下种子种地。马金宝回来向他们说明城里情况。马子忠不相信来到城里查看。城里恢复秩序，难民排队领救济粮。马金宝劝导说服父亲。肚子有粮，谁愿意去打仗。平民不关心谁是皇上，只要有粮就安生。马子忠异想天开又琢磨去城里策反守城官兵。蔡牛一句话“皇帝无能，大明兵尽力了，大势已去。”打断马子忠的念头。

马金宝手记。我在守望什么？我的内心一直矛盾冲突或是混乱的。《四书五经》陪我成长也使我迷茫。我厌恶八股文风，难于融入官场。我是谁？一个平庸懦弱的人。那里还有“先天下之忧而忧，后天下之乐而乐”的情怀。更没有“人生自古谁无死，留取丹心照汗青”的豪情。天狗食日，我不想看到大明这个样子，但这已是一个朝廷病入膏肓。庄稼人要吃饭。每一张沧桑的脸上都刻着忧伤和坚毅、天灾、土匪和义军的祸难。到处是死人。庄稼人迷茫挣扎，承受苦难，顽强抗争。他们伟大渺小美好丑陋，欢乐痛苦。活着是一种力量。天灾必有人祸，大明要亡。我是大明举人深感耻辱。治病医人救不了大明。父亲忠心尽到一个大明兵的责任。马金武是闯王手下的将军。他不会认为走错路。他们打着“均田免赋”旗号，打富济贫建立大顺国。他们广招难民又向京城进发要改朝换代。大明还能支撑多久？大明不能轰然倒下。我很卑微跪地向皇上祈福，保佑京城，保佑皇上。

义军向京城进发，一路传来胜利捷报。马子忠彻底失望，天天背着枪爬到山梁梁向东张望。他有气又恨还是惦记放不下马金武。打仗要死人的，要死很多人。金兰死后，吴冬阳伤痛似丢了魂。她担忧马金武和李云，心里难过整天以泪洗面想念金兰。她神神叨叨不知恨谁，只有埋怨马子忠和李盾。她哭闹向马子忠和李盾发泄。马金武和李云糊脑怂去寻死啊。马子忠心想，他们进京城会不会与马金文打起来。

马子忠心里没底吐口气说：“顺其自然吧！顺其自然吧！”

吴冬阳神志不清嘶哇喊叫：“马校尉，你要去京城把他们弄回来。”

马子忠脑子一片空白昏昏沉沉。他已无力拯救自己的小子。由他去吧。生死由天。马金宝担心父亲的身子。他也无奈不知如何开导他们。吴冬阳抓住马金宝苦苦哀求。金马沟再不能死人了。马金宝答应父亲去京城。马子忠苦涩地自言自语。活要见人，死要见尸。

李自成率领大军攻到京城下。他指派马金武随一个投降太监给皇上送上一封书信。太监引马金武一道一道过门槛。马金武四处张望金碧辉煌的宫殿，惊诧有点紧张。出出进进的人向他投来异样的眼神。一个官爷把他们带进一个房间等候。马金武整整衣装，神态庄严端坐着喝茶。一个身着官服官爷进来客套施礼。马金武起身回礼，一眼认出是马金文。两人对视一下愣住。太监向马金文介绍马金武。马金文把太监打发出去紧闭房门。

马金文惊讶地问道：“武弟，家里可好？”

马金武：“哥，朔水县连年大旱。平民到处逃荒难活。家里缺粮饥饿，杜妈走了。”

马金文十分伤心，又板起脸质问道：“武弟，你咋变成反贼。”

马金武面色难看说：“一言难尽。你在朝廷做官高高在上。你出去看看天下生灵。官逼民反到处揭竿而起。”

马金文厉声道：“你咋读的书。君为臣纲，父为子纲。你这是大逆不道。”

马金武起身想要争辩，又平静地说：“我是闯王手下将军，也是使臣。”说着他从怀里掏出书信递上继续说：“我们没有啥可辩论的。眼下，各为其主。自古胜者王，败者寇。闯王要与皇上议和。”

李自成遭到皇上拒绝，向京城发起攻击。马金武领兵冲进京城。他一个念头就是要找见刘喜。他四处打探遇见刘田。刘田跪地求饶，引马金武去后宫。后宫女子吓得乱作一团。刘田揪住一个宫女盘问。宫女指着一个寝宫哆哆嗦嗦。刘喜悬梁自尽了。马金武进去一把抱下刘喜。刘喜气息奄奄眼角噙着泪水。马金武泪流满面呼唤她。刘喜朱唇张开露出一丝微笑。马金武抚摸她的脸庞嚎啕大哭。亲格蛋，我一直期盼这一天。无奈的守望是甜美也是痛苦的。他眼珠子发红充满杀气。他听出刘田家乡口音，把刀架在他脖子上审问。刘田吓个半死不敢隐瞒如实交代。马金武手起刀落砍了刘田。他金刚怒目大吼着“杀阉驴！杀阉驴！”京城大乱，鬼哭狼嚎。马金宝找见马金文要带他回家。

马金文悲痛欲绝声泪俱下：“皇上驾崩去了。大明完了。前是反贼后又清兵。”

马金宝十分伤感说：“天要灭大明。哥，咱们一起寻找武哥，回家种地。”

马金文点点头带马金宝去找马金武。

马金武在军营一身盔甲脸色难看，拿起酒壶灌口酒道：“我来晚了。刘喜死了。刘喜死了。”

马金宝：“武哥，大明亡了。大大让我带你回家。”

马金武大声道：“自古忠孝不能两全。我乃大顺国将军，身不由己。”

马金文拿过酒壶喝一口说："各为其主。咱们兄弟就此别过，各自保重。大明还在，我要追随明军南下与反贼抗争到底。"

马金宝痛心难堪拿过酒壶猛喝一大口酒。他摔碎酒壶悻悻离去。马金宝回来愁眉不展，怅然若失。沟沟岔岔传出敲锣打鼓声。盘龙山上栽旗杆，西角楼底压条龙。老鼠倒、狐子刨，出个闯王李自成，大明亡了，京城破了。马子忠一夜白了头，身子瘦弱无力。他天天拄着一根棍子到田地边木呆呆地坐着。他失望痛苦，大明没了，家破了还活着干什么。李盾和艾巍山提着酒和菜来看他。他们默默坐在他身旁，自斟自饮不敢打搅他。马子忠拿过酒壶自言自语。我要去京城。我们带上家伙去京城。他猛灌一口酒又喷出来。他不停地咳嗽吐出一口血。李盾和艾巍山把他搀扶回家。马金宝从城里赶回来给父亲看病。马子忠神志不清动手摔东西打人。马金宝心里有数给父亲备下一口棺材。马子忠病情渐渐好转。他可以起身拄着一根棍子来回走动。他每天要看一遍那口棺材，轻轻抚摸，自言自语："我老了，也累了。"马金宝向父亲叙说义军败逃出京城与清军交战。马子忠目光无神一句话不说。他想念三个婆姨，总是偷偷抹泪上到金山与叶兰、金兰和杜兰拉话。

甲申年冬节，静静的金马沟飘着白的雪。

马子忠身着黑色棉袍容光焕发来到黑水潭。他若有所思开口说话。黑水潭，金马驹。黑水潭，金马驹。一只灰狼带着狼娃跟过来，饥饿地眼睛看着他。马金宝赶过来拉父亲回家。马子忠抱起狼娃提高嗓门喊叫。冬节，一场大雪，好收成啊。回家宰羊、炸油糕、吃扁食、熬冬。马金宝看他这股精神气欣慰地笑了。马金北和婆姨忙着宰羊收拾家宴。一个孙娃提来一条新鲜的羊腿喂狼。灰狼和狼娃嚎叫两声谢恩。金马沟的人都聚过来要喜庆一番。马子忠非要戴上乌纱帽，穿上那套青色盘领窄袖绘彪大袍。他领金马沟的人上金山烧纸，祭拜土地庙。他们又到黑水潭敬拜金马驹。

刘玉佩怀揣县衙大印没有再去过县城。他听说刘喜死了，疯疯癫癫不正常。他冥冥之中想要去见马子忠。他心存感恩要与马子忠攀亲家。他穿上知县官服带上孙女去金马沟。马子忠没想到刘玉佩出现在面前。他笑而不语把他拉到身边。刘玉佩傻眉流眼憨笑。

李盾戏谑道："老狗鼻子灵啊。"

刘玉佩手指李盾痴笑："狗眼看人低。"

他们吃羊肉吃扁食。马子忠端起酒杯隐隐伤痛翻上心头。他不知要说什么一口干杯。几个人面面相觑，心心相通一饮而尽。刘玉佩收起笑脸掏出县衙大印放在炕桌上。大明还在。大明不亡。马子忠眼睛噙着泪水，内心翻腾又喝干一杯。人与天斗，人与人斗，斗来斗去就是为一张嘴，一顶帽子。我的终于变得一样，没有那么好，也没有那么坏。他突然发蒙晕眩眼前一黑倒下。几个人惊讶撤下炕桌放平马子忠。蔡牛一边掐人中一边呼喊。刘玉佩一口酒下肚嘴歪流口水。

刘玉佩指着马子忠口齿不清道："金马酒，你酒量不行。量小非君子。"说着倒在马子忠身边。

马子忠声音低弱自语："金生水，水生木，木生火……"

刘玉佩奄奄一息拉住马子忠的手有气无力说："金克木，木克土，土克水……咱们攀个亲家吧。"

两人永远闭上眼睛。

前门里走了虎，后门里进来狼。清兵来了攻下朔水城。苍生又经历一次困惑和挣扎。清兵维护秩序，贴出布告安抚平民。男子剃发留辫……大堡子很多男人不满聚集到一起拿着棍棒大喊大叫。他们撕掉布告与清兵对抗。一个领兵头领得知艾巍山是乡约，带上兵去金马沟。金马沟老老小小拿着棍棒拭目以待。头领找到艾巍山，宣读清兵布告命令。艾巍山看看周围的人，胆怯心虚。头领带兵驻扎在金马沟等候答复。艾巍山死迷庆眼没主意找马金北商量。马金北叹口气两手一摊，一副无奈又如释重负的模样。自古改朝换代，这山梁梁沟岔岔还是那山梁梁沟岔岔。哪家的皇上都一个样，不管怎样，明天太旭照样出来。庄稼人还是种地吃粮。他想开了带头剃发留辫。

一道道山，一道道沟，太阳落到天尽头。

马金宝上到金山跪在父母墓碑前上香烧纸磕头。他凝视石牌坊“大明昭信校尉马氏之茔”。很想痛哭一场“大大忙活一辈子挣得这个名头。他是大明人，大明鬼，安息闭眼了。人活着走来走去，梦来梦去。忙活着生老病死。忙活着爱恨离别。忙活着快乐痛苦……接着还要忙活下去。今天活着，明天是希望还是末日？”他悲悲戚戚回忆这几十年光景。他十分沉重含泪与父母拉话。他起身望着血红的夕阳沉痛茫然。天变了，这个往后——结束了。一曲唢呐高亢悲凉哀伤，悠悠回荡。他静静地仰望夜空。一弯残月思绪万千，黯然神伤。他高亢吟诵“春花秋月何时了？往事知多少。小楼昨夜又东风，故国不堪回首月明中……”他愤然拿起酒壶“咕嘟咕嘟”似乎一下解脱了。这片土地历经千年风雨依然活着，他残存的希望只有等待。他恍恍惚惚看见远处圪梁梁上一个黑影挑着一盏灯笼闪亮。他神使鬼差地向那盏灯笼走去。他梦游一般跟着走，好像是马金山挑着灯笼一直在他前面晃悠。公鸡“喔——喔——喔”打鸣了。他微微睁开眼睛看见白云观。马金山身着青色布衣道袍站在他面前。

第四十五章　祭祖大会

蔡保才摆架子不来，认为这是公事要在村委会办理。马跃进请来乡里司法所干部。司法所所长带队要彻底解决两家纠纷问题。马小六拿出一张欠条交给司法所干部。

司法所所长态度坚定地说："欠债还钱，这事没啥可争辩的。"

蔡保才笑呵呵劝导他们。

马远狡辩耍赖说："钱是要还，尔格没钱。"

司法所干部："你已经拖欠五年，必须限时还钱。"

马远吵闹扯出占宅基地的事。

马小六拿出两家转让宅基地的资料说："五年前他大就转让了，尔格又要搬过来。"

马远："大大老了，想搬回老窑住。"

蔡保才："卖房能行，宅基地使用权不得单独转让。两家私下买卖房子，变相交易宅基地，手续无效。"

马远明白这个理盘算着不还钱。他以宅基地的事与马小六交易。马小六认死理，矛盾越积越深。司法所所长决定宅基地交易的事调查完再解决。马富田劝导马远的父亲。马远的父亲深知理亏，提出村里另外审批一块宅基地。司法所所长带队又来到村委会向两家通报。马小六与马远的宅基地交易必须补办手续。村委会给马远的父亲另外审批一块宅基地。马远一听愣住了。马远的父亲探询的眼睛看看马远。马远装着委屈的样子黑着脸不答应。蔡保才想吃钱埋怨他。年四，村委会就这样解决，你不听。马富田也来村委会劝解马远。马远奸猾勉强答应，并提出宅基地批下来再说。马远思来想去，弄不明白如何把欠款搅和在宅基地审批里。他提上烟酒向蔡保才打探。

蔡保才："宅基地每平米都是有价格的，价格涨了。你们交易的宅基地要重新核算，多退少补。"

马远："中宅基地价格高了。他要补偿。"

蔡保才："马小六家多退少补好算。你家要补偿还得村委会决定。"

马远急切地恳求："蔡支书，这两面的核算？"

蔡保才暗示道："宅基地是死的，人是活的。"

马远心里明白，咬咬牙掏出一千元钱压到蔡保才手里，犹疑的目光看看他。

两家交易的宅基地按照当年价重新核算。双方交易公平合理。马小六补办手续，缴纳各种费用。马远的父亲家新批宅基地升值，马小六家按价格给予补偿。马小六的头"嗡"一下要炸了。他算不清补办手续要缴纳多少费用，补偿又是多少钱。他脑子不转弯死死咬住欠款不放。蔡保才对双方施加压力调解。双方都不松口答应又陷入僵局。蔡保才无奈想到马跃进。马跃进头疼这些麻烦事婉言谢绝。马小六登门找马富田出面做主。马富田带上马小六直接去找县委书记。书记指派司法局局长驻村一个月，彻底解决两家问题。

司法局局长经过细致调查，直接起诉到县法院。县法院依法传唤马远。马远依然抵赖不还钱。法院执行庭强制执行。马远这下服软窝着气退还钱。他不依不饶咬住宅基地的事。司法局局长不予调解直接说明。马小六补办宅基地交易手续，马远家已有三处宅基地，不予审批新的宅基地。马远这下傻了打掉牙往肚里咽。马胜兵向他追要家谱分摊钱。

马远气哼哼地撂下话："家谱，家谱。你们吃钱咧，找蔡保才要去。"

马胜兵听话听音大声回道："丢你先人的，你这黑痞不入家谱算球咧。"

马军田和金福山都带来团队。"金马林果苗圃生态科技示范园"和"金马煤业有限公司"正式奠基开业。金福山吩咐马跃进掌管"金马农家乐"。马跃进犹犹豫豫，不好推辞。金马农家乐顾客少，大多是金福山接待的客人。刘雅颂有时过来帮忙。马富田听说马跃进与刘雅颂的事。他劝马跃进就在这里成个家。十一假日，金马农家乐引来南方来四个女游客。来人是马军田和金福山夫人，林田玉、陈晓。她们带着女儿寻祖认亲看望家人。马跃进热情接待又把她们请到马家大院。林田玉、陈晓拿出各自家谱资料交给马跃进。马富田大喜在大院里摆出丰盛的家宴。马胜兵拉着马行道过来凑热闹。他抓住机会恳求林田玉给马行道解决个工作。林田玉爽快答应。

马富田笑道："大学生当干部好，马家一个甲子年要出个三品大员咧。"林田玉："那就考公务员吧。"

马胜兵满心欢喜，专门把林田玉请到家里，送上一对玉马驹。林田玉拿在手里眉开眼笑，细细观赏。马军田和金福山从县城赶过来与家人团圆。马军田神神秘秘把林田玉引到金山上一座墓前。林田玉心里有点紧张。

马军田手指一指说："金福山要回祖坟抱穴口。我也回来续上，这是我给咱们准备的。"

林田玉有点紧张说："不怕吗？"

马军田笑道："咱们有准备就不怕。走，进去看看。"

林田玉恐慌不敢进。

马军田过去打开墓门说："不用怕，这和城里的房子一样。"

林田玉战战兢兢跟着进来。墓穴黑森森的瘆人。墓室墙壁上有壁画。墙角下摆放着石头轿车、电视、电脑、冰箱……还有石人、石马、石牛……

马军田打开手机灯光说："这是按照两居室楼房设计的。"

林田玉："这里真安静。"

马军田惬意地说："这墓地是请风水先生看过的。"

林田玉惊讶的喘着气说："我好像看见鬼了。"

马军田搂住林田玉说："先祖来看咱们呢。老娘说，墓穴里可以看到自己的前世。你信吗？"

林田玉一脸茫然点点头。

马行道喜出望外把去建南市的事告知女朋友刘彩。刘彩撒娇闹着要一起报考建南市公务员。他们在网上一起报过名。马行道这才向马胜兵求情再帮忙加一个人。马胜兵得知刘彩是刘大山的孙女，大骂马行道。马胜兵说明情况，态度强硬要马行道与刘彩断绝来往。马行道歪着脑袋犟嘴。刘大山得知这事追到门前破口大骂。马胜兵家里冲出几个后生把他撵走。马胜兵气得躺在炕上装病不起。马行道心里害怕请马跃进开导劝解。马跃进难以解开这个死结，请刘雅颂出面。刘雅颂一边向马家人道歉，一边调解。马富田出面讲现在形势文化，做人道理。马胜兵终于开口要刘大山跪在祖坟前磕头道歉。

刘雅颂又跑去说服刘大山。刘大山反而训斥她一番。刘雅颂受到委屈不想管这事。马跃进细心向马胜兵讲道理，把脉他的心思。马胜兵十分不满意。他认定孙娃的事是好事，就是咽不下那口气。马跃进拉上刘雅颂又劝说刘大山。他指出毁祖坟的事，摆事实讲道理。刘雅颂在一旁换位思考引导他。三人争吵一天一夜平静下来。

刘大山长叹口气道："那件事是公社安排的。那时到处都在破四旧。"

马跃进："那个年代——你也许没错。但是还要尊崇传统文化。"

刘大山缓下气说："其实那件事，我也一直后悔。腿被打断又判刑，那就是报应啊。"

马跃进："两个孩子的事再不要扯到那个年代。"

刘大山低下头说："马胜兵就是个倔驴，我向他道过歉。"

马跃进："好事多磨吧。"

一波未平，一波又起。马向前来到马家大院跪在马富田面前哭哭啼啼。我家小子把那口铜钟卖咧。大跃进大炼钢铁。龙王庙那口铜钟，父亲藏起来留下话，上面有刻字，不能丢了祖先。他很后悔没有把那口钟交出来。马富田板着脸气得来回走步。马向前起身惊慌地看着他。马富田用拐杖使劲跺地骂人。丢你先人的。丢你先人的。

马跃进过来得知这事，直接掏出手机报警。县公安局接到报警立案侦查，带走马向前小子。马向前心慌意乱追问马跃进。马跃进解释说明这是倒卖文物，只要把那口钟追回来，人就没事。县公安局很快破案找回那口铜钟。马向前迫不及待带人去要那口铜钟。他看见那口铜钟如见先人，抱着痛哭流涕。他向警察解释要拿走那口铜钟。警察要按照法律程序办理。马向前一听这话头“嗡”的一下瘫坐在地上。李晓光带着县文物局的人来到金马沟村。他通报马家老窑没事遗址申报批准为县级文物保护单位。县文物局出人出资进行保护性发掘。马家人得知这事深感显祖荣宗。马跃进向李晓光提起那口铜钟的案子。李晓光兴致勃勃地告诉他。县博物馆开办一个民俗陈列厅。马家老窑洞遗址历史和文物已列在里面。

马跃进想起那口铜钟若有所思。马向前隔三差五打发人过来询问那口铜钟的事。李晓光提出把那口铜钟捐献给县博物馆，人也许判得轻。马跃进要听取马富田的意见。马富田亲自去看看那口铜钟。他认出那口铜钟心情沉重。他最后同意把那口铜钟捐献给县博物馆。马向前嚎啕大哭，不愿意捐献。李晓光又来劝导他，说明利害关系。马向前欲哭无泪来到祖坟前磕头谢罪捐出那口铜钟。

春雷日日阴，半晴半雨到清明。

马家人一色黑衣，脖子上围着黄色围巾。他们聚集祖坟地开始祭祖大会。石牌坊、墓碑、坟头修葺一新，松柏苍翠肃穆。祭祀台上摆着铜香炉。马跃进站在石雕牌坊前宣读《金马沟马氏家谱》排位和祭祖秩序。马家人按照伯、仲、叔、季四支十二、十三世……前后整理衣装，净手列队入场。

马跃进宣布：“今天黄道吉日吉时，恭迎列祖列宗……”

马富田双手捧香到祭祀台。

马跃进高声道：“上烛、上香、吹奏唢呐。”

天空下起小雨。唢呐声声，悲悲戚戚。马跃进陪马富田双手举烛过头顶，供身上烛。马富田上第一枝香、第二枝香、第三枝香，跪拜三叩首。全体族人向列祖列宗三鞠躬。两个童男敬献猪头、全鸡、全鱼和供果。伯、仲、叔、季四支依次上香祭奠……马富田敬读祭文“庚子年清明，马家后裔嗣孙虔备香楮财帛，三牲素果，不腆凡仪，稽首而泣，致告于天地神只，日月星辰……追念先祖，家业艰难。耕读传家，四百春秋。世世代代，繁衍生息……”祭文宣读完毕，马富田向伯、仲、叔、季四支长者马跃进、马军田、金福山、马向前发放《金马沟马氏家谱》副本。马跃进特意烧掉祖上手记默念。先祖在天有灵，手记还于你。

马跃进宣布“恭送列祖列宗。鸣炮、奏乐。”马家人齐跪三叩头。祭祖大会圆满完毕。马家人渐渐散去吃坟会。马胜兵吩咐后生焚烧花圈、纸钱祭品。他这才发现刘大山送来的花圈。他两眼发热，心里默默向刘大山鞠个躬。马远悄悄跟在马胜兵身后。马胜兵发现他，转过身没好气地告诉他的大名入家谱咧。

马远一脸愧疚默不作声。他掏出一把钱压到马胜兵手里，鞠个躬转身走了。马跃进请马军田、金福山、马向前来马家大院。大家喝茶等待马军田。

马胜兵进来拿着一支三眼火铳枪说：“这是祖上传下来的。”

马跃进掂在手里细细打量问道：“这枪还能用吧？”

马胜兵拿过三眼火铳枪，点点头。马跃进似乎明白什么，若有所思。

马跃进点起一根烟，慢腾腾地说：“你们该握手言和了。”

马行道急冲冲跑进来大喊道：“马军田被两个人带走了。”

大家吃惊，愣在那里。马跃进直接给李晓光打电话。李晓光压低嗓子通知他。他们省纪检委来人找县委书记谈过话。你也要来一趟。马跃进没有多想打车去县城。他心情复杂一直念叨。我要见他一面，我有话要对他说，我要送他回家。他给刘雅颂打电话。刘雅颂要跟他一起去。他俩打探到马军田的行踪，即刻赶往火车站。他们远远跟在马军田后面。李晓光带着县纪委的人出现在马跃进面前。李晓光面部严肃郑重其事。他们省纪检委决定要带你一起去配合调查。马跃进一脸茫然发愣。

火车站候车厅电子屏幕不断显示白榆市铁路局发布特大新闻，列车提速，时速一百二十公里。首列由白榆市直达建南市。刘雅颂买来车票好生奇怪。一个票价十块钱。她看见马跃进与县纪委的人在一起，感到一丝不祥。李晓光偷偷给她打电话说明。火车缓缓进站。站台上扭秧歌打腰鼓、唢呐声响成一片。一个副省长从火车上下来剪彩。他发表热情洋溢的祝词，微笑着挥挥手登上火车。

火车“呜——呜”驶出车站，“哐当——哐当——哐当”越来越快。车厢里飘出悠扬的轻音乐。旅客个个喜形于色谈笑风生，享受着首列时速的快感。不知什么时候轻音乐悠然而止，传出女播音员阴柔细软的声音：“各位旅客，你们好！欢迎您乘坐这趟列车！这趟首列途经十站，全程一千五百公里。你们很幸运，这趟首列是一次‘榆南列车文化’旅行。把你们的喜悦和幸福分享给你们的家人和朋友……祝各位旅客旅途愉快！”马跃进坐在二号车厢。他没有心思享受“榆南列车文化”旅行。马军田坐在卧铺上面对马跃进不说话。他神情紧张脑子很乱，又感到愧对祖先。马跃进给他续上茶水，心里不停地翻腾。怎么会这样呢？马军田不是那种人吧。刘雅颂坐在车窗边看到这种情形心里害怕。她冲着马军田露出不自然的微笑。

第一站就要到了，列车员在每节车厢叫号。请注意，叫到号的旅客，整理好你的物品，准备下车。旅客开始准备物品纳闷。这是不是搞错了，我不在这一站下车。列车员毫无表情不断地叫号，并直接查号催促准备下车。

一个列车员解释道："这是一次特殊列车，车票上只有数字号码，没有站位。我们是执行这趟特殊列车的规定，请给予配合，谢谢！"

旅客嘈杂开始发问："你们搞错了吧，我不在这个站下车。"

一个列车员对着五号车厢的一情侣说："你是四一号，准备下车。"

男人睡眼朦胧，看也不看列车员嘟囔道："对不起，我是终点站。"

列车员重复一遍，男人翻身坐起，质问列车员。列车员耐心作解释。

男人忍不住发火说："这是违反人道，你们懂不懂法，我要告你们。"

列车员还是耐心作解释。

男人下软话："美女大姐，你看，我们专程这趟列车度蜜月……要不，我和妻子一同下车。"

一个男人下车冲着列车员大喊："我是律师，你们等着，终点站一到，你们就会收到法院传票。"

列车员面无表情。有的旅客不满拒绝下车，此时，不知从哪冒出来很多列车员，押着那些旅客下车。这对情侣难舍难分，永别似的双双落泪。天亮了，旅客纷纷议论夜天发生的奇怪事，是真是假，整个列车里一片疑惑忧虑。五号车厢，操河南口音的男人抱着侥幸的心理。靠他娘，骑别人的驴，还得听驴摆弄啊！车厢里飘出悠扬的轻音乐，旅客个个竖起耳朵急切地想知道昨夜发生的事。轻音乐悠然而止，传出女播音员阴柔细软的声音。各位旅客，早晨好！昨夜，大家享受着列车的快感，进入甜甜的梦想。这是你们一次精彩的旅行，一次幸福的旅行。为了纪念这次列车的伟大历程，我们在这趟首列上举行一次特别的文化活动。欢迎各位旅客踊跃参加。旅客疑惑不解，开始嘈嘈嚷嚷。

操河南口音的男人自言自语："这女人声音可好听，可好听。"

"怎么跟没事似的。"

"拿我们开涮呀！"

"我们找列车长去。"

一段轻音乐，接着，女播音员阴柔细软的声音。各位旅客，这次活动是列车文化的一次征文活动。奖项设一等奖、二等奖和三等奖。一等奖，建南市作协副主席，列车文化研究会会长。二等奖，美女一位。三等奖，五千元。各位旅客踊跃报名或指定车票号……女播音员阴柔细软的声音在车厢里轻柔飘荡。车厢里一下涌动沸腾了。旅客似信非信，心态各异，跃跃欲试，有人贪婪美色，有人想要权力。

"我不信，忽悠吧，简直是恶搞。"

"也许是真的。"

"不用怕，也许你得不上奖，只是玩玩，也许抱个美人归，哈哈！"

"呵呵！就当看看耍猴的。"

……

刘雅颂胆战心惊度过一夜。她给马跃进送水紧紧挽住他的胳臂。这是怎么回事？现在怪事可多。马跃进一边安慰她，又提起那个梦。那个梦好像很久远。我做过很多次就是你站在那圪梁梁上向我招手……马军田僵硬地坐在那里，昏昏欲睡。他很想紧紧握住马跃进的手。

刘雅颂眼泪兮兮地笑笑说：“咱们第一次见面，就听见那么久远熟悉的声音。我认定我们似曾相识。”

马跃进深情地看着她说：“咱们前世的缘。”

刘雅颂嫣然一笑拥到他怀里说：“我有点怕。”

马跃进：“将军在你身边呢。”

第二站就要到了，列车员在每节车厢叫号。旅客恐慌起来，有的旅客已与列车员发生争执。列车长面无表情来回巡视。五号车厢里，一个男人听到列车员叫他的号，怒火骤起。他忽然反应过来，对呀，可以和别人换票，可是没人搭理他。他心急火燎找到列车长。列车长面无表情不言不语。陌生男人软硬兼施，死缠烂磨。他垂头丧气从包里掏出一叠百元票子甩在列车长面前。列车长慢条斯理让他到三号车厢。男人走着心里骂他。

第三站就要到了，列车员在每节车厢叫号。

操河南口音的男人噗通跪在列车长面前，哭天喊地。“大爷，你行行好，俺娘快不行了。求求你，俺下一站下车。”

列车长正憋着一肚子火大声道：“这是规定，是法律。”

操河南口音的男人一下站起来两眼怒睁说：“今天，俺脑袋让驴踢了，你让我死我就死去。”

列车长心烦气躁脸色铁青，不理会他。你想死就跳下车，早死早托生。他走到二号车厢，眼前一个领导模样的人。他脑袋发蒙火冒三丈冲着领导撒气。

列车长不知哪来的胆子，面无表情高声喊叫“二号车厢四十四号，准备下车。”

马跃进十分惊讶看看省纪委领导。

秘书开口解释道：“这是省纪委领导。”

列车长不耐烦道：“你们规定下的，都得执行。”

秘书一头雾水道：“你疯了。”

省纪委领导看一眼马军田，交代一番下车。

列车长骂道：“哪有这样的文化列车。谁搞得？简直就是胡整。腐败分子一脸装逼相。”

第四站就要到了，列车员在每节车厢叫号。刘雅颂听见叫她的号，紧紧拉住马跃进。她一脸无奈像是永别准备下车。马军田眯着眼时不时瞄他们一眼。他不想说一句话。刘雅颂十分难过，怎么会这样呢？怎么会这样呢？这个列车长一定疯了。马跃进回想起续修家谱发生的那些事，心里烦乱。他被指定参加征文活动。他无奈看着车厢这样景象，感叹人世喃喃自语。春花秋月，花开花落。人生就是一场旅行。我们走来走去，祈盼着什么，寻找着什么。我们来到一个地方预约相见了又离开，拥有了又失去。哪里是归处，说不清道不尽。

一个列车员过来指着马跃进让他必须参加文化活动，否则下一站下车。马跃进心里有事苦笑摇摇头。这还叫文化。他心里难受默默看着刘雅颂，紧紧握住她的手。刘雅颂恐惧的眼神看看马军田向他告别。马军田默默点点头，满眼的祝福。

刘雅颂含泪恋恋不舍松开马跃进的手下车。车厢里飘出一首情深酸楚楚的民歌。“对面站的那个圪梁梁上，那是一个的谁。那就是我的那个要命的二啦妹妹……”马跃进听着歌曲眼睛湿漉漉地看着她孤零零的背影。火车“哐当——哐当——哐当”缓缓启动。他隔着车窗玻璃依稀看见她站在站台上向他招手，又仿佛看见她站在那圪梁梁上向他挥手。他听见她祈盼的声音。跃进哥，我等着你！我等着你！